Karl Alman
Ritterkreuzträger
des Afrikakorps

Karl Alman

Ritterkreuzträger des Afrikakorps

„An OKW: Munition verschossen ·
Waffen und Kriegsgerät zerstört ·
Afrikakorps hat sich bis zur
Kampfunfähigkeit geschlagen."
13. Mai 1943

Mit 37 Fotos
und einer Namensliste
aller Ritterkreuzträger
des Afrikakorps

Pabel Verlag KG
Rastatt

Die Bildvorlagen stellten zur Verfügung:

Ullstein-Bilderdienst · Weitere Fotos aus Privatbesitz

© Copyright 1975 by
Druck- und Verlagshaus Erich Pabel KG, Rastatt
Alle Rechte vorbehalten
Herstellung: May & Co. Nachf., Darmstadt
Printed in Germany
5. Auflage
ISBN 3-488-00506-2

Inhaltsübersicht

Was am Morgen des 24. Februar im Jahre 1941 mit dem Ge-
fecht zwischen einem deutschen und einem englischen moto-
risierten Spähtrupp in der Wüste Libyens begann und am
13. Mai 1943 in Tunesien endete, nennt die Geschichte den
Feldzug in Nordafrika. Das dramatische Geschehen ging als
ein Ringen zwischen Gegnern in die Historie ein, dessen ober-
stes Gebot die Fairneß war, die Achtung vor dem Menschen
in der anderen Uniform.
Von diesem Orlog in der Sonnenhölle der Wüste, über die
Schlachten in einer gnadenlosen Natur und vor allem über
soldatische Persönlichkeiten, deren kämpferische Größe bei-
spielhaft war für den Verlauf der militärischen Ereignisse,
berichtet dieses Buch.
Sie fuhren in Panzern und Spähwagen durch die Wüste, zo-
gen in Flugzeugen durch den Himmel, standen im Ghibli,
dem heißen Sandsturm, hinter den Geschützen oder lagen
unter glühender Sonne im gelben Wüstensand, wenn die Stun-
den ihrer Bewährung kamen. In der Schreckenswelt des Wüsten-
krieges, dessen Schlachtfeld sich von Horizont zu Horizont
breitete, vollbrachten sie Leistungen, denen der Gegner da-
mals und heute seine Achtung nicht versagt.
Wie es geschah, daß die Namen dieser Tapferen Geschichte
wurden, soll auf den folgenden Seiten lebendig werden und
aus dem Dunkel der Vergangenheit in die Gegenwart zurück-
kehren.

Autor und Verlag

DER FELDZUG IN NORDAFRIKA

Die Kämpfe in Nordafrika als Teil des Zweiten Weltkrieges waren viel wichtiger für den Ausgang des gesamten Krieges, als die meisten damals Beteiligten je annehmen konnten. In Deutschland war man zunächst nur verblüfft, als der Bericht des OKW, allgemein „Wehrmachtbericht" genannt, am 26. Februar 1941 überraschend und zugleich lakonisch meldete:

„An der libyschen Küste südostwärts Agedabia stießen in den Morgenstunden des 24. Februar ein deutscher und ein englischer motorisierter Spähtrupp zusammen. Eine Anzahl englischer Kraftfahrzeuge, darunter mehrere Panzerspähwagen, wurden vernichtet, einige Gefangene eingebracht. Auf deutscher Seite entstanden keine Verluste..."

Dies war der erste Bericht des deutschen Oberkommandos der Wehrmacht über die Kämpfe in Nordafrika. Die Menschen daheim wunderten sich. Was wollte ein deutscher „Spähtrupp" in Nordafrika?

Noch machte man sich in diesen letzten Februartagen des Jahres 1941 Hoffnung, daß der Krieg bereits vorüber sei. Im September 1939 hatte die deutsche Wehrmacht in einem Blitzfeldzug Polen überrannt; im April 1940 Dänemark kampflos besetzt und in Norwegen über das alliierte Expeditionskorps Sieg auf Sieg errungen bis zur endgültigen Besetzung Norwegens; dann war in nur sechs Wochen Frankreich niedergerungen worden, nachdem bereits Luxemburg, Holland und Belgien vor dem überwältigenden Ansturm der deutschen Truppen kapituliert hatten. Am 22. Juni 1940 unterzeichneten die Vertreter der französischen Regierung im Wald von Compiègne die Kapitulation.

Gewiß gab es seitdem noch den Seekrieg gegen England und den Luftkrieg beider Staaten gegeneinander. Aber der Luftkrieg spielte sich ohnehin fast ausschließlich über der britischen Insel ab. Man wartete darauf, daß Großbritannien endlich zu Friedensverhandlungen bereit sei. Nein, ein „richtiger" Krieg war das wohl nicht mehr. Und nun deutsche Soldaten in Afrika!

Tatsächlich begann der Krieg, der nahezu ein Dreivierteljahr eingeschlafen schien, jetzt erst richtig. In Nordafrika wurden Schlachten geschlagen, noch bevor der Krieg auf dem Balkan und der Krieg gegen die Sowjetunion entbrannte.

Mehr als zwei Jahre dauerten die Kämpfe in dem riesigen Raum zwischen Alexandria und Tunis. Dann veröffentlichte das Oberkommando der Wehrmacht den letzten Bericht über die Front in Nordafrika. Und der las sich ganz anders als jener erste über das Zusammentreffen eines deutschen Spähtrupps mit einem britischen:

„13. Mai 1943 —

Im tunesischen Brückenkopf kämpften die deutsch-italienischen Truppen auch gestern mit äußerster Erbitterung gegen den in überlegener Stärke von Front und Rücken angreifenden Gegner. Nach Erschöpfung der letzten Munition und Vernichtung des gesamten Kriegsgeräts wurde auch an größeren Abschnitten der Südfront der Widerstand eingestellt. Dagegen setzen im tunesischen Küstengebirge einzelne Kampfgruppen, soweit sie noch über Munition verfügen, in vorbildlicher soldatischer Pflichterfüllung ihren Widerstand fort..."

Wenige Stunden später, am gleichen 13. Mai 1943, verkündete das OKW erstmals nach der Katastrophe von Stalingrad eine Niederlage durch „Sondermeldung" über den Rundfunk:

„Der Heldenkampf der deutschen und italienischen Afrika-Verbände hat heute sein ehrenvolles Ende gefunden..."

Und Hitler, der „Führer und Oberste Befehlshaber der Wehrmacht" schickte noch einen letzten Funkspruch nach Afrika:

„Voll Bewunderung verfolgt mit mir das ganze deutsche Volk den Heldenkampf seiner Soldaten in Tunesien. Für den Gesamterfolg des Krieges ist er von höchstem Wert gewesen.

Der letzte Einsatz und die Haltung der Truppen werden ein Vorbild für die gesamte Wehrmacht des Großdeutschen Reiches sein und als ein besonderes Ruhmesblatt der deutschen Kriegsgeschichte gelten.

Adolf Hitler"

Was aber zwischen jenem ersten Wehrmachtsbericht vom 26. Februar 1941 und dem 13. Mai 1943 für die Soldaten des Deutschen Afrikakorps lag, das ist fast unermeßlich: Hunger und Durst, Hitze und Staub, Dreck und Kälte, Sand und heißer Wüstenwind, Salzwasser und Schlamm, Mücken und Malaria, Skorpione und Fliegen, feindliche Bomben und Granaten, Siege und Niederlagen, Tod und Teufel.

Diese Geschichte des Krieges in Afrika hatte eigentlich schon im Juni 1940 begonnen, genauer gesagt, am 11. Juni. An diesem Tage erklärt Italien Frankreich und England den Krieg. Frankreich ist von der deutschen Wehrmacht schon geschlagen, die Kapitulation Frankreichs kann nur noch eine Frage von wenigen Tagen sein. Da entschließt Mussolini sich zum Angriff auf seinen westlichen Nachbarn, um noch etwas von der Kriegsbeute abzubekommen — wie er hofft. Doch seine Truppen werden nach kleinen Anfangserfolgen von den schon durch die Deutschen zerschlagenen französischen Truppen wieder zurückgeworfen.

Mussolinis Ziel ist es außerdem, von Italiens nordafrikanischer Kolonie Tripolitanien aus nach Westen anzugreifen und die französische Kolonie Tunesien, möglichst auch noch Algerien, zu erobern. Die Franzosen selbst hatten dort, südlich des tunesisch-tripolitanischen Grenzortes Mareth, zum Angriff gegen die italienischen Besitzungen in Nordafrika bereitgestanden. Zusammen mit dem britischen Oberkommando war bereits ein Plan zur gemeinsamen Offensive ausgearbeitet worden, der die Italiener von Ägypten und Tunesien her in die Zange genommen hätte. Aber bisher war noch kein Krieg zwischen Italien und den beiden Westmächten gewesen.

Jetzt kommt Mussolinis nordafrikanischen Plänen die rasche Kapitulation der Franzosen dazwischen. Ehe die Italiener sich von ihrem Schrekken angesichts der harten Gegenwehr in Frankreich erholt und bevor sie die französische Kolonie in Nordafrika angreifen können, hat Frankreich schon kapituliert.

Und dann macht Mussolinis Freund Hitler diesem einen dicken Strich durch die Rechnung. Mussolini will Nizza und Korsika als Kriegsbeute von den Franzosen, dazu vor allem Tunesien, einen Teil Algeriens, die französische Kolonie Dschibutij in Ostafrika, außerdem die französische Kolonie Äquatorial-Afrika. Und die gesamte französische Kriegsflotte soll an Italien ausgeliefert werden.

Mussolini fährt eigens deshalb am 18. Juni zu Hitler nach München. Doch der „Führer" lehnt die Wünsche des „Duce" kategorisch ab: Frankreich ist von Deutschland besiegt worden, nicht von Italien. Und Deutschland wird dem besiegten Gegner nur zumutbare und ehrenvolle Waffenstillstandsbedingungen stellen. Hitler lehnt es sogar ab, die Italiener an den Waffenstillstandsverhandlungen überhaupt teilnehmen zu lassen. Italien soll allein und gesondert mit Frankreich verhandeln, und damit basta!

Und so geschieht es. Nicht eine der italienischen Forderungen wird erfüllt. Die Franzosen wissen sehr wohl, daß Italien gegen Hitlers Absicht keineswegs den Krieg noch einmal anfangen wird und lehnen daher jede Annexion französischen Gebietes ab. Lediglich eine kleine Besatzungszone von der italienischen Grenze bis Nizza wird zugestanden.

Mussolini ist wütend. Das ist ohne Zweifel die demütigendste Niederlage seines Lebens. Und ihm ausgerechnet zugefügt von seinem Verbündeten Hitler. Und so sinnt er darauf, diese Schlappe wieder wettzumachen. Er weiß, daß Hitler nach dem Sieg über Frankreich an der baldigen Herstellung des Friedens auch mit England interessiert ist.

Mussolinis Schwiegersohn und Außenminister Graf Ciano ist mit in München gewesen und hat darüber in seinem berühmt gewordenen Tagebuch notiert:

„Hitler hält es nicht für wünschenswert, das britische Weltreich zu zerstören, weil er es auch jetzt noch für einen bedeutenden Faktor für das Gleichgewicht in der Welt hält. Ich frage Ribbentrop *(den deutschen Außenminister)* unumwunden: ‚Was ziehen Sie vor, Fortsetzung des Krieges oder Frieden?‘ Er zögert keinen Augenblick: ‚Frieden!‘ Er berichtet auch von Versuchen, durch Vermittlung Schwedens eine Verbindung zwischen London und Berlin zu knüpfen. Aus Hitlers Worten während der Konferenz ergibt sich, daß er der ganzen Geschichte *(dem Krieg)* schnell ein Ende machen möchte ... Heute spricht er mit einer Vorsicht und einer ruhigen Überlegung, die nach so einem Sieg wirklich bewundernswert sind ... Mussolini fühlt sich sehr gekränkt, weil er sich bewußt ist, daß er keine Hauptrolle spielen darf ...“

Mussolini will aber eine „Hauptrolle" spielen. Und so sieht er sich nach einer Gelegenheit um. Sie scheint ihm in Nordafrika in einem Angriff auf das von England seit 1882 besetzte Ägypten zu bestehen. England ist dort schwach: Noch haben die Engländer die Niederlage in Frankreich nicht überwunden. Noch warten sie täglich und stündlich auf eine deutsche Invasion in Großbritannien und konzentrieren daher alle Kräfte darauf, die Heimatinsel verteidigungsbereit zu machen. Die dadurch in Ägypten bestehende Schwäche der Engländer will Mussolini ausnutzen.

Aber seine Generale weigern sich, Ägypten anzugreifen. Sie sind heilfroh, daß sie nicht selbst von den britischen Truppen angegriffen werden. Denn Mussolini hat zwar jahrelang große Töne über die Stärke des faschistischen „Imperiums" von sich gegeben, aber in Wirklichkeit ist die italienische Armee äußerst mangelhaft ausgerüstet und ausgebildet.

Erst im September kann sich Mussolini gegenüber Marschall Graziani, dem Oberkommandierenden in Nordafrika, durchsetzen. Und so beginnt am 13. September 1940 die italienische Offensive gegen Ägypten. Die Engländer haben nur eine schwache Grenzsicherung, die vor den sechs italienischen Divisionen und den acht Panzerbataillonen zurückweicht.

Trotzdem kommen die Italiener nur bis Sidi Barani, dann steht die Front wieder.

Statt dessen hat Mussolini schon wieder eine neue Möglichkeit entdeckt, doch noch einen militärischen Sieg zu erringen: Am 28. Oktober 1940 marschieren italienische Truppen von dem 1936 durch Italien annektierten Albanien aus in Griechenland ein. Mussolini hofft auch hier auf einen raschen Erfolg. Er hält von den Griechen militärisch nicht viel. Außerdem hofft er, daß die Briten Griechenland unterstützen und so ihre Kräfte in Ägypten selbst zersplittern. Doch die Italiener werden bald von den Griechen wieder weit nach Albanien hinein zurückgetrieben.

In Nordafrika ist der Siegesjubel ebenfalls nur von kurzer Dauer. Im Morgengrauen des 7. Dezember greifen die Engländer an: die 7. Panzerdivision und die 4. Indische Division. Am 11. Dezember 1940 strömen die von den Briten unter General Wavell geschlagenen Italiener wieder über die libysch-ägyptische Grenze zurück.

Die Engländer stoßen weiter nach. Bardia wird schnell erobert. Schon meldet Radio Kairo viele Zehntausende Gefangene, Hunderte von vernichteten oder erbeuteten italienischen Geschützen und Panzern.

Am 7. Januar greift Wavell die starke Seefestung Tobruk an. Am 23. Januar kapituliert die Besatzung. Die Stadt Derna, bereits weit von der libysch-ägyptischen Grenze entfernt, wird ebenfalls von den Briten erobert. Derna ist das Eingangstor zur libyschen Provinz Cyrenaika — und bald ist die ganze Cyrenaika in britischer Hand.

Die Engländer erreichen Anfang Februar den Ort Agedabia am Rand der großen Syrte und machen hier erst einmal halt, um sich zu sammeln und den Nachschub in Ordnung zu bringen. Vorausabteilungen dringen am 8. Februar noch rund 100 Kilometer weiter westlich bis el Agheila vor. Was Italien nun noch von seiner nordafrikanischen Kolonie geblieben ist, ist nur die Provinz Tripolitanien.

Zur gleichen Zeit beginnen die Engländer — am 19. und 24. Januar 1941 — mit Offensiven gegen die ostafrikanische italienische Kolonie Eritrea und gegen Äthiopien, das die Italiener 1935 überfallen und erobert hatten. Auch hier erleiden die italienischen Truppen Niederlage auf Niederlage. Das faschistische „Imperium Romanum" schmilzt zusammen wie ein Schneemann in der Sonne.

In Italien beginnt das Volk zu murren. Die Italiener haben sowieso von Anfang an keinen Sinn in diesem Krieg gesehen, sie wissen nicht, weshalb und wofür sie eigentlich kämpfen. Das ist eine der Ursachen dafür, daß die italienischen Truppen nirgendwo Siege erringen können.

Auch im Zeitalter der Technik spielt die Moral einer Truppe noch immer eine entscheidende Rolle. Was aber soll eine Truppe für eine Kampfmoral haben, wenn sie nicht weiß, wofür sie kämpft?

Gewiß gibt es eine Anzahl von Leuten, die seit Deutschlands Sieg über Frankreich französisches Gebiet annektieren möchten und daher bei Massenkundgebungen immer wieder schreien: „Korsika! Tunis! Nizza!" Aber das sind die unverbesserlichen faschistischen und monarchistischen Schreihälse. Das Volk hat kein Interesse an der Annexion fremden Gebietes, es will in Frieden leben, sonst nichts. Die Stimmung im italienischen Volk kehrt sich immer mehr gegen den „Duce" Mussolini und seine faschistische Partei.

Ein wichtiger Grund für Hitler, dem „Duce" zu helfen, obwohl der ihm und seinen Plänen schon jetzt so viel Schaden zugefügt hat, daß es kaum je wieder gutzumachen ist: zuerst am 1. September 1939 die Erklärung der italienischen Neutralität, wegen der Frankreich den Mut fand, dem alleinstehenden Deutschland den Krieg zu erklären, dann der ungewünschte Eintritt in den Krieg gegen das bereits geschlagene Frankreich, zuletzt der Überfall auf Griechenland, der Hitler zum Balkanfeldzug zwingt und damit zur Verschiebung des Ostfeldzuges.

Viel allerdings kann Hitler gerade wegen des von Mussolini verursachten Balkanfeldzuges und wegen des danach vorgesehenen Unternehmens „Barbarossa" den Italienern nicht helfen, aber er tut, was er kann. Zunächst einmal wird im Januar 1941 das X. Fliegerkorps nach Sizilien verlegt, von wo aus es die Italiener gegen die britische Luftüberlegenheit schützen, italienische Transportschiffe absichern und britische Flotteneinheiten angreifen sowie Vorbereitungen für Operationen gegen den Suezkanal treffen soll.*

Am 6. Februar erhält Generalleutnant Erwin Rommel im Führerhauptquartier zu seiner eigenen großen Überraschung den Befehl, ein deutsches Expeditionskorps für Nordafrika zu übernehmen.

Afrika?

Rommel ist nie in Afrika gewesen, er hat sich auch noch nie für den fremden Kontinent interessiert. Er weiß kaum etwas über Afrika. Es ist dort wärmer als in Deutschland, Palmenoasen, Wüste, Sand und Durst. Das ist alles, was er über Afrika sagen könnte.

Die 5. leichte Division soll er übernehmen, dazu später die 15. Panzerdivision, und mit ihnen einen „Sperrverband" bilden. Den Italienern bei

---

* siehe Kapitel „Generalleutnant Martin Harlinghausen"

der Verteidigung gegen eine neue britische Offensive helfen soll er — sonst nichts.

Die Briten stehen nicht mehr weit von Tripolis, der Metropole Italienisch-Nordafrikas. Fällt Tripolis, dann sind die Engländer die Herren Nordafrikas und die Herren des gesamten Mittelmeeres!

Am 12. Februar 1941 kommt Rommel in Tripolis an. In Catania auf Sizilien hat er am Tag zuvor mit General Geisler, dem Kommandierenden General des X. Fliegerkorps, die Bombardierung des jetzt britischen Nachschubhafens Bengasi sowie der britischen LKW-Kolonnen auf der Küstenstraße vereinbart. Noch hat Rommel keine rechte Vorstellung davon, was er weiter tun soll.

Das beste ist, sich erst einmal an der Front umzusehen, was da eigentlich los ist. Mit den ersten Teilen seiner Division, die ebenfalls gerade in Tripolis eingetroffen sind, fährt er nach vorn. Es sind die Aufklärungsabteilung — die AA 3 — und die Panzerjägerabteilung 39 der Division.*

Alles ist anders, als die Landser es sich vorgestellt haben. Nichts ist mit Oasen, an deren Rand sich Palmen mit süßen Datteln im sanften Winde wiegen, nichts mit weidenden Kamelherden, auf feurigen Hengsten galoppierenden Beduinen. Es ist alles viel nüchterner, prosaischer.

Bald nachdem die deutsche Kolonne Tripolis verlassen hat, gerät sie in einen Ghibli. Von Süden aus der Sahara kommt der heiße Staubsturm, der sie mit glühendem Atem anhaucht und ihnen jede Sicht nimmt. Die Augen beginnen zu brennen, die Zunge liegt trocken und dick im Mund, das Schlucken fällt den wunden Kehlen schwer.

Dann ist Rommel mit seinen Landsern vorn bei den italienischen Stellungen. In Tripolis hat man ihn schon mit der Hiobsbotschaft empfangen, daß die Engländer wieder angetreten und weit über Agedabia hinaus vorgestoßen sind. Er hat sich über den Wirrwarr in der italienischen Führung gewundert, aber was er nun hier an Ort und Stelle sieht, entsetzt ihn geradezu.

Die Italiener haben Stellungen gebaut, ja. Aber keine Stellungen gegen feindliches Artilleriefeuer, gegen Panzer oder gegen Luftangriffe. Es sind Stellungen gegen die Unbequemlichkeit, Stellungen, die vor der Hitze des Tages und der Kälte der Nacht schützen — aber nicht vor einem angreifenden Feind.

Die Offiziere speisen von feinem Tafelgeschirr, natürlich ein wesentlich besseres Essen, als es die Unteroffiziere bekommen. Die Unteroffiziere

---

* siehe Kapitel „Generalleutnant Johannes Streich"

wiederum speisen natürlich besser als die „gewöhnlichen" Soldaten. Es finden sich da vorn Betten, Tische, Stühle, elegante Uniformen, sogar ein Kasino. 1967, sechsundzwanzig Jahre danach, wird sich der ganzen Welt ein ähnliches Bild bei der ägyptischen Armee bieten, die in einem einwöchigen Feldzug von den Israelis geschlagen wird.

Rommel wundert sich nicht mehr, daß die Italiener von den Engländern bis hierher zurückgedrängt worden sind. Es wäre auch kein Wunder, wenn es den Engländern binnen kurzer Zeit gelänge, tatsächlich Tripolis einzunehmen und damit die Italiener völlig aus Nordafrika zu vertreiben.

Er hat sich bei General Gariboldi gemeldet, dem Nachfolger von Graziani, der soeben wegen der Niederlagen abgelöst worden ist. Gariboldi beschäftigt sich damit, Tripolis für eine Verteidigung auszubauen. Rommel sieht darin keinen Sinn, nachdem er die italienischen Truppen kennengelernt hat. Diese durch die ständigen Niederlagen demoralisierten Soldaten haben echte Festungen wie Bardia und Tobruk nicht halten können, geschweige denn eine Stadt wie Tripolis. Nein, das kann nicht der Weg sein, den Italienern zu helfen.

Der Befehl, den Rommel aus Deutschland mitgebracht hat, ist klar. Er soll seine Truppen sammeln, bis die ganze 5. leichte Division beieinander ist. Dann soll er mit der geschlossenen Division zur Front und dort gemeinsam mit den Italienern die britische Offensive abwehren. Die 15. Panzerdivision wird ihm erst im Mai vollständig zur Verfügung stehen.

Rommel hält nichts vom Abwarten. Zwischen Hitler und Mussolini ist vereinbart worden, daß die motorisierten italienischen Verbände dem Befehl Rommels unterstellt werden, Rommel selbst aber wieder dem italienischen Oberkommandierenden in Nordafrika, also dem General Gariboldi.

Rommel macht seinem italienischen Vorgesetzten den Vorschlag, entgegen dem Befehl nicht erst seine Division zu sammeln, sondern jede Einheit, sowie sie in Tripolis ankommt, an die Front zu schicken. Die beiden italienischen Divisionen „Pavia" und „Brescia" sowie die Panzerdivision „Ariete" mit dem Überrest ihrer leichten und altmodischen Panzer, die jetzt rund um Tripolis zur Verteidigung der Stadt aufgebaut sind, sollen ebenfalls vor zur Front. Mit diesen Truppen will Rommel die Engländer angreifen und wenigstens bis Agedabia vorstoßen, denn bei Agedabia liegen die für das Leben in der Wüste so wichtigen Süßwasserquellen.

Gariboldi ist entsetzt. Dieser neue deutsche General kennt die Wüste nicht, hat keine Ahnung vom Kampf in dieser furchtbaren, wasserlosen

Einöde, durch die auch der ganze Nachschub hindurchgeführt werden muß. Vor allem — wenn die Engländer sich zum Kampf stellen, und das werden sie tun, was dann?

Rommel bleibt bei seiner Meinung. So wie sie eintreffen, werden seine Einheiten nach vorn geschickt. Es kommt zu den ersten Gefechten, in denen die deutschen Soldaten in Afrika siegreich bleiben*. Am 21. März erhält Rommel bei einer Besprechung in Berlin den Befehl, einen Plan zur Wiedereroberung der Cyrenaika auszuarbeiten. Bis zum 20. April soll er diesen Plan vorlegen.

Inzwischen hat sich die britische Führung auf die Anwesenheit der Deutschen eingestellt. Ein Tagesbefehl wird erlassen, in dem es heißt, es bestünde kein Grund zu Befürchtungen. Die Deutschen seien keine Übermenschen, sondern sogar recht minderwertige Soldaten. Der General, der diesen Tagesbefehl unterzeichnet, weiß noch nicht, daß er selbst sich schon zehn Tage später in der Gefangenschaft dieser „minderwertigen" Soldaten befinden wird. Vielleicht hätte er diesen Tagesbefehl sonst nicht unterzeichnet.

Am 31. März beginnt Rommel mit seinem Angriff, nachdem die bisherigen kleinen Aktionen gezeigt haben, daß die Briten recht vorsichtig geworden und die bisher siegreichen Fronttruppen zum Teil abgelöst und durch kampfungewohnte neue Einheiten ersetzt worden sind. Von seinem Vorhaben hat Rommel niemanden informiert.

Es gibt gute Gründe dafür. Er weiß, daß das OKH, insbesondere Generalstabschef Halder, ihm den Angriff untersagt hätte. Der Oberbefehlshaber des Heeres, Generalfeldmarschall von Brauchitsch, und Halder sind überhaupt gegen die Entsendung deutscher Truppen nach Nordafrika gewesen. Denn nach ihrer Meinung müsse man dann mindestens vier Panzerdivisionen einsetzen, um Erfolg zu haben. Für soviel Truppen aber könne man erstens nicht den Nachschub organisieren, und außerdem werden diese Divisionen in Kürze auf dem Balkan und gegen die Sowjetunion gebraucht.

Nein, in diesem Fall handelt Rommel lieber auf eigene Faust. Inzwischen ist nach dem größten Teil der 5. Leichten auch die erste Einheit der 15. PD eingetroffen — das Panzerregiment 5. Diese Streitmacht, meint Rommel, muß genügen. Im Morgengrauen beginnt der Angriff auf die britischen Linien bei der arabischen Siedlung Marsa el Brega.

---

* siehe Kapitel „Oberst Irnfried Freiherr von Wechmar"

Panzer, 8,8-cm-Flak und Kradschützen stürmen in der Mitte vor, während links an der Küste Panzerjäger vor einem möglichen Gegenangriff die Flanke decken. An der rechten Flanke läßt Rommel eine große Anzahl Panzer rollen, so daß es für die Engländer so aussehen muß, als ob dort, aus der Wüste heraus, der Hauptstoß erfolge. Aber Rommel hat mit seinem Trick die Engländer gleich doppelt hereingelegt. Denn die zahlreichen Panzer sind nicht einmal Panzer, Rommels rechte Flanke ist sogar völlig ungedeckt: Was bei den Engländern den Eindruck einer starken Panzerstreitmacht erweckt, sind alte italienische, schrottreife LKW, die als Panzerattrappen mühsam in der Wüste herumkurven und eine ungeheure Menge von Staub erzeugen. Weiter nichts!

Bei einer Temperatur von 40 Grad um die Mittagszeit sind die britischen Artilleriestellungen durch den direkten Beschuß mit der Acht-Acht und durch Stukaangriffe ausgeschaltet. Als die Sonne hinter dem westlichen Horizont verschwindet, ist Marsa el Brega in der Hand der deutschen Truppen. Rommel steht an der Grenze zur Cyrenaika. Wie war das? Bis zum 20. April soll er einen Plan zur Wiedergewinnung der Cyrenaika ausarbeiten? Rommel hat jetzt keine Zeit dafür.

Er entschließt sich, weiter zu handeln. Den Engländern nachsetzen und ihnen keine Zeit zur Besinnung lassen, das ist das einzig richtige! Vorstoß auf Agedabia, lautet sein Befehl. Dabei sind immer noch keine weiteren Panzer der 15. PD eingetroffen; und von den Italienern hat er nur die Abteilung „Santa Maria" bei sich vorn.

Am 2. April steht Rommel vor Agedabia. Schon am Nachmittag ist der Ort genommen, die Engländer sind völlig überrascht worden. Große Mengen an Munition, Treibstoff, Verpflegung, Lastkraftwagen und andere Ausrüstung werden erbeutet. Rommel hält in Agedabia nicht an. Immer weiter vorwärts, den Engländern keine Ruhe lassen.

„Tuchfühlung halten mit dem Feind und ordentlich Staub machen!" befiehlt er. „Staub spart Munition!"

Die deutsche Luftaufklärung stellt fest, daß die Engländer offensichtlich noch keine neue Widerstandslinie aufgebaut haben. Also stößt Rommel immer weiter nach. Bald ist auch Bengasi, die fruchtbare, von Grün umgebene Kolonialstadt, erobert. Aber Rommel ist noch nicht zufrieden.

„Bis jetzt haben wir den Gegner nur verfolgt und vertrieben. Das genügt nicht. Vernichten müssen wir ihn!"

Die Küste macht einen weiten Bogen nach Norden. Entlang der Küste führt die einzige gute Straße, die Via Balbia. Alle Bewegungen müssen dort entlanglaufen. Aber Rommel hat eine andere Idee. Man muß dem

Gegner den Weg abschneiden, selbst den viel kürzeren Weg quer durch die Wüste nehmen, um den Feind zum Kampf zu stellen.

Vorläufig aber muß Rommel doch erst einmal halten. General Gariboldi hat ihm einen Funkspruch geschickt, in dem er feststellt, daß Rommel mit seinem Vormarsch gegen den Befehl gehandelt habe. Er verbietet Rommel, noch weiter vorzustoßen, und begibt sich am 3. April zu ihm.

Aber Rommel verweigert ihm den Gehorsam und beginnt, zum Vorstoß quer durch die Wüste zu rüsten. Zum Glück bekommt er unmittelbar nach der Auseinandersetzung mit Gariboldi einen Funkspruch des OKW, der ihm völlige Handlungsfreiheit gibt. Soll Gariboldi sich also an das deutsche Oberkommando wenden! Rommel plant, über die Oase Mechili nach Derna zu gelangen, noch vor der zurückgehenden britischen Hauptstreitmacht. Es ist eine öde, völlig wasserlose Strecke von 300 Kilometern; eine Straße gibt es nicht.

Am 7. April haben die verstreut durch die Wüste ziehenden deutschen und italienischen Kolonnen Mechili, das die Engländer zu einem starken Stützpunkt ausgebaut haben, erreicht. Rommel selbst hat die Kolonnen immer wieder zusammengeführt, ihnen den Weg gewiesen. Mit seinem Fieseler „Storch" ist er ständig unterwegs wie ein Schäferhund, der seine Herde zusammenhält.

In Mechili sind starke britische Streitkräfte versammelt, darunter eine Panzerdivision und eine motorisierte indische Division. In der Abenddämmerung beginnt der Angriff der Deutschen. Die ganze Nacht tobt der Kampf hin und her. Schließlich versuchen die Engländer, die ringsum eingeschlossen sind, einen Ausbruch. Nur wenigen gelingt er.

Am Morgen des 8. April ist die Schlacht geschlagen, Mechili ist erobert*. Die Briten haben die bisher blutigsten Verluste des ganzen Krieges erlitten. Unermeßlich reich ist die Beute, die Rommels Truppen machen. Wie hat Rommel zu Gariboldi gesagt, als dieser auf die Schwierigkeiten des Nachschubs hinwies? „Den Nachschub hole ich mir bei den Engländern!"

Viele Hunderte von Kraftfahrzeugen, jede Menge Treibstoff, Geschütze, Munition und die Verpflegungslager von drei Divisionen.

Und unter den Gefangenen befinden sich der gerade zu Besuch in Mechili weilende Oberkommandierende aller britischen Streitkräfte in Ägypten und Transjordanien, General Neame; General Wiard, der in Norwegen die britischen Truppen bei Andalsnes kommandiert hat; General

---

* siehe Kapitel „Generalleutnant Johannes Streich"

O'Connor — und der General Gambier-Parry, der noch vor ein paar Tagen den Tagesbefehl über die „minderwertigen deutschen Soldaten" herausgegeben hat. Der Tagesbefehl wird zusammen mit seinem Unterzeichner erbeutet.

Aus Derna kommt die Meldung, daß die nach dort weiter vorgestoßene Aufklärungsabteilung 3 unter Oberstleutnant Freiherr von Wechmar ebenfalls den Sieg davongetragen hat.*

Schon am 9. April geht es weiter. Rommel ist angekündigt worden, daß zu seiner Verstärkung die 15. Panzerdivision so schnell wie möglich eintreffen wird. Die Division ist außer dem 5. Regiment noch in Deutschland, aber ihr Kommandeur, General von Prittwitz, ist eben eingetroffen. Ihm überträgt Rommel das Kommando über die Vorausabteilung, die in Richtung der Festung Tobruk vorstoßen soll. Dahinter folgt die Masse der 5. leichten Division; die Italiener sollen nur die Sicherung von Mechili und der anderen zurückgewonnenen Gebiete übernehmen.

Tobruk wird am 10. April erreicht, aber es gelingt nicht, die Festung zu nehmen. Die mittlerweile durch italienische Einheiten verstärkten Truppen des Deutschen Afrikakorps stoßen daher zum Teil an der Festung vorbei und erobern am 13. April Sollum. Sollum liegt bereits in Ägypten!

Der Plan, den Rommel am 20. April zur Wiedereroberung der Cyrenaika vorlegen soll, ist noch nicht ausgearbeitet und doch schon mehr als erfüllt. Nicht nur die Cyrenaika ist wieder in der Hand der Achsenmächte, sondern ganz Libyen — bis auf die von Land her eingeschlossene Festung Tobruk.

Nun beginnt an der libysch-ägyptischen Grenze bei Sollum und ebenso vor Tobruk ein Stellungskrieg, der in seiner Härte nur mit den Materialschlachten an der Westfront des Ersten Weltkrieges verglichen werden kann.

Am härtesten ist der Kampf um Tobruk, denn wenn Rommel noch weiter nach Ägypten hineinstoßen will, dann muß dieser schmerzende Dorn im Rücken des Deutschen Afrikakorps entfernt werden. Vor allem braucht er den Hafen Tobruk für den dann notwendigen Nachschub, denn Tobruk hat den besten Hafen der Cyrenaika.

170 einzelne Festungswerke, noch von den Italienern ausgebaut, liegen auf und unter karstigen Felsen, durch Drahtverhaue, Minensperren und Panzergräben geschützt. Und geschützt durch das Gelände mit seinen

---

* siehe Kapitel „Oberst Irnfried Freiherr von Wechmar"

Schluchten und Bergen selbst. Eineinhalb Meter Betondecke liegt über jedem Fort, dazu noch der Fels.

Überall sind außerdem offene Kampfstände verstreut. Sie sind gut getarnt und werden erst dann besetzt, wenn der gegnerische Sturmangriff beginnt. Oft stoßen die deutschen Landser bei einem Angriff an diesen unsichtbaren Kampfständen vorbei, werden dann von hinten angegriffen und aufgerieben.

Die Besatzung der Festung besteht aus den besten Truppen, die das britische Empire in Afrika besitzt: Neuseeländer, Australier und Engländer. 30 000 Mann, die trotz der deutschen Luftangriffe ständig über See mit allem notwendigen Nachschub versorgt werden.

Hier um Tobruk und Sollum frißt sich der Krieg fest. Auf beiden Seiten wird er mit verbissener Hartnäckigkeit geführt.

Inzwischen haben die unerfahrenen Soldaten des Deutschen Afrikakorps eine Menge gelernt. Sie wissen jetzt, daß man auch salziges Wasser trinken kann, ja sogar muß, weil eben nichts anderes da ist. Dieses scheußlich schmeckende Wasser regelt mit verblüffender Geschwindigkeit die Verdauung — aber man kann auch das aushalten. Die jungen deutschen Soldaten haben gelernt, wie man den heißen Wüstenwind übersteht, der mit seinem Gluthauch feinsten Staub überallhin bläst. Sie haben gelernt, daß man auch in der ebenen, vegetationslosen Wüste Deckung finden kann, und wie man Fahrzeuge und Zelte tief im Sand vergraben kann, ohne verschüttet zu werden.

Das Wichtigste aber, was sie schon gelernt haben, noch bevor überhaupt die 5. leichte Division vollständig in Nordafrika versammelt ist — von der angekündigten 15. Panzerdivision noch gar nicht zu reden —, dieses Wichtigste ist die Erkenntnis, daß sie trotz aller Unerfahrenheit und trotz zahlen- und waffenmäßiger Unterlegenheit in der Lage sind, den Gegner zu schlagen. So ist die Kampfmoral des Deutschen Afrikakorps von Anbeginn unvergleichlich hoch, und jeder, der noch neu eintrifft, wird von dieser Moral, dieser Siegeszuversicht angesteckt.

Das Hauptproblem für das DAK ist immer noch der Nachschub. Täglich werden 1500 Tonnen Nachschubgut einschließlich Wasser und Verpflegung benötigt. Aber soviel kommt nicht auf Schiffen aus Italien über das Mittelmeer herüber, und danach verschwindet noch so manches Versorgungsfahrzeug spurlos in der Wüste.

Das Schlimmste — Rommel steht schon hier vor dem gleichen Problem wie ein Jahr später die zum Kaukasus vorstoßenden Panzer der Heeresgruppe A in den endlosen Steppen Südrußlands: der Transportweg ist viel zu weit. Noch ist Tobruk in britischer Hand. Der einzige Hafen, dessen Kapazität ausreicht, ist Tripolis. Die Strecke von Tripolis zum Halfaya-Paß an der ägyptischen Grenze, wo die Front erstarrt ist, beträgt rund zweitausend Kilometer.

Mehr als ein halbes Jahr dauert dieser Stellungskampf in Nordafrika, immer wieder unterbrochen von britischen und deutsch-italienischen Vorstößen, Erkundungs- und Stoßtruppunternehmen. Während die Wehrmacht mittlerweile den Balkanfeldzug gegen Jugoslawien und Griechenland siegreich beendet hat und nun in Rußland vorwärts stürmt, treten die Gegner in Afrika noch immer auf der Stelle.

Angriffe, die Rommel zu dieser Zeit unternimmt, dienen nicht einer Offensive, sondern dem Zweck der Täuschung des Gegners — eigene Stärke vorzutäuschen, damit der Gegner von einer Offensive abgehalten wird — und der Eroberung britischer Versorgungsstützpunkte.

Am 18. November 1941 beginnt die lange vorbereitete britische Offensive, nachdem eine erste Offensive im Juni — unter dem Decknamen „Battleaxe" (Streitaxt) — nach heftiger deutscher Gegenwehr gescheitert war. Monatelang ist jetzt hinter der Front Nachschub gesammelt worden, monatelang sind Verstärkungen herangerollt. Ziel Nummer eins ist die Zerschlagung der beiden Panzerdivisionen, die Rommel inzwischen zur Verfügung hat: die 15. und die 21. Panzerdivision. Zweites Ziel ist der Durchbruch nach Tobruk, um die britische Besatzung zu befreien und von der sicheren Festung aus Vorbereitungen für eine weitere Offensive zu treffen.

Der britische Angriff ist mit aller Sorgfalt vorbereitet worden. Eine Eisenbahnlinie ist so weit wie möglich an die Front herangebaut worden. Von Alexandria aus sind eine Treibstoff- und eine Wasserleitung bis dicht hinter die Front gelegt worden. Nahezu 30 000 Tonnen Munition und Nachschubgut lagern hinter der Front. Die Royal Air Force hat die deutschen Stellungen und die deutsche Stärke genau erkundet und zusammen mit der Flotte die deutschen Nachschublinien bombardiert und unter Feuer genommen.

Aus dem „Deutschen Afrikakorps" hat sich inzwischen die „Panzergruppe Afrika" entwickelt. Diese setzt sich zusammen aus dem alten DAK — der 15. PD der 5. Leichten, die nun 21. PD heißt, und der aus Stellungs-Bataillonen und den Oasenkompanien neugebildeten „90. leichten Afrika-Division". Hinzu sind gekommen das italienische Armeekorps mit sechs Infanteriedivisionen und der Panzerdivision „Ariete".

Formell führt der italienische General Bastico die deutsch-italienische Streitmacht. Aber das italienische AOK sitzt fast 2000 Kilometer von der Front entfernt in Tripolis. In Wahrheit führt der zum General der Panzertruppe beförderte Rommel, und nur er.

Im Laufe des September und Oktober ist der deutsche Einschließungsring um die Festung Tobruk enger gezogen und verdichtet worden. Ende November soll Tobruk erobert werden. Für diesen Angriff sind die 90. leichte Division, die 15. PD und zwei italienische Infanteriedivisionen vorgesehen. Als Sicherungsgruppe werden bis zum 15. November 1941 die italienische Panzerdivision „Ariete" und die motorisierte Division „Trieste" sowie die deutsche 21. Panzerdivison mit 115 Panzern in den Raum südlich und südostwärts Tobruk zwischen Bir Hacheim, Gast el Arid und Got el Gariga verlegt. Diese Sicherungsgruppe soll aus Osten erfolgende Entlastungsvorstöße der Briten gegen den Rücken der Angriffsverbände aufhalten. Den Einschließungsring um Tobruk selbst bilden die italienischen Divisionen „Brescia" und „Trento".

Während Rommel seinen Angriff zur Eroberung von Tobruk auf den 23. November festgelegt hat, bestimmt der neue britische Oberkommandierende in Nordafrika, General Auchinlek, daß die britische Großoffensive am 18. November beginnen soll. Allein diese beiden Daten sind schon von entscheidender Bedeutung für den späteren Sieg der Briten: Sie stoßen mitten in den deutsch-italienischen Aufmarsch hinein, aus dem heraus schwer zur Verteidigung übergegangen werden kann.

Am 17. November 1941, einen Tag vor der britischen Großoffensive, regnet es in der Wüste. Zum ersten Male seit Monaten in Nordafrika. Im Djebelgebiet des während des ganzen Sommers umkämpften Halfaya-Passes hatte es seit 60 Jahren nicht mehr geregnet. Jetzt bricht eine wahre Sintflut herein. Zelte, Wagen und Menschen werden von reißenden Sturzbächen weggewirbelt, die sich plötzlich durch die sonst ausgetrockneten Wadis ergießen. Landser ertrinken — mitten in der Wüste!

Während in den frühen Morgenstunden des 18. November auf deutscher Seite alles mit Bergungs- und Aufräumungsarbeiten beschäftigt ist, eröffnet die britische Artillerie das Feuer. Aus dem Raum Maddalena tritt das britische XXX. AK mit der 7. Panzerdivision und der 1. südafrikanischen Infanteriedivision an, während die Gardebrigade als Reserve bereitsteht.

Gleichzeitig damit stößt auch das britische XIII. Armeekorps aus dem Raum nordwestlich von Habata frontal auf die Sollum-Front vor. Es sind die 4. indische Division, die direkt auf Sidi Omar zielt, und die neuseeländische 9. Division, die Sidi Azeiz als Angriffsziel hat. Die Operation „Crusader" läuft, das Unternehmen „Kreuzfahrer".

Gleich zu Beginn der Offensive fällt der Gefechtsstand des Deutschen Afrikakorps in die Hände der Neuseeländer. Ein schwerer Verlust. Das einzige Glück im Unglück: Rommel ist gerade wieder einmal an der Front unterwegs und entgeht so der Gefangennahme.*

Wenn auch die Schlacht zunächst hin und her wogt, so gelingt den Briten doch ein solcher Durchbruch, daß sich nun die Entscheidung in der Nähe von Tobruk anbahnt, in der Wüste bei Sidi Rezegh. Panzer gegen Panzer, Mann gegen Mann.

Mit ungefähr 1000 Panzern und gepanzerten Fahrzeugen stehen die Briten in der Schlacht. Rommel kann ihnen nur die halbe Anzahl von Panzern entgegensetzen, darunter sind noch viele der leichten und kaum tauglichen italienischen Panzer. Genau sechs Tage dauert der Kampf, der nun mit der sagenhaften „Schlacht am Totensonntag", am 23. November 1941, seinen Höhepunkt findet. Es ist der Tag, an dem Rommel seinen eigenen Großangriff beginnen wollte!

Die Kämpfe konzentrieren sich schließlich auf ein Viereck zwischen Capuzzo — Sidi Omar — el Gobi und Sidi Rezegh. Am Mittag des 23. November greifen die 15. und 21. PD (letztere ist inzwischen aus der 5. leichten Division gebildet worden) bei Sidi Rezegh im Gegenzug an und schlagen die britische 7. PD General Campbells vernichtend.**

General Crüwell, der Kommandierende des „Deutschen Afrikakorps", meldet am 24. November dem Befehlshaber der „Panzergruppe Afrika", daß der Feind bei Sidi Rezegh geschlagen sei. Da beschließt Rommel wieder einmal, alles auf eine Karte zu setzen. Rommel läßt die restlichen britischen Panzer mitten in der Schlacht einfach stehen und dirigiert seine noch·verbliebenen Panzer in Richtung Osten, dorthin, von wo die Briten ihn eben·vertrieben haben. Er rechnet damit, daß er dort nur Nachschubtruppen vor sich haben wird, mit denen er fertig werden kann. Mit diesem Streich hofft er, die drohende Niederlage in einen überraschenden Sieg zu verwandeln.

Der Plan schlägt fehl, obwohl nur zweitausend Meter an seiner Verwirklichung fehlen. Die deutschen Panzer stoßen zwei Kilometer an den unermeßlich reichen britischen Nachschublagern vorbei. Die Lager werden aus der Ferne gesehen, aber keiner der deutschen Offiziere und Sol-

---

* siehe Kapitel „General der Kavallerie Siegfried Westphal"
** siehe Kapitel „General der Panzertruppe Ludwig Crüwell"

daten ahnt die Wichtigkeit der Zeltstadt dort im flimmernden Dunst. So ist es vergebens, die Briten abschneiden zu wollen, denn sie haben ihren Nachschub bei sich. Eine kurze Rechtswendung hätte genügt — das DAK hätte den Feindnachschub für sich gehabt, der Feldzug in Afrika hätte in jener Stunde entschieden werden können.

Die deutschen Panzer kommen wieder an die ägyptische Grenze. Hinter ihnen fast die gesamte britische 8. Armee, vor ihnen nur schwache Sicherungen. Aber es sind nur noch 20 bis 30 Panzer der 21. PD unter General Ravenstein, die am 25. November von Rommel den Befehl erhielten, auf Teufelkommraus nach Ägypten vorzustoßen.

Die Panzer stehen bereit zum weiteren Vormarsch, zum Sturm auf den Halfaya-Paß, da kommt ein Funkspruch: „Bisherige Befehle aufgehoben. Indische Stellungen in Richtung Bardia durchbrechen!"

Bardia liegt westwärts, im Rücken von Ravensteins wenigen übriggebliebenen Panzern, dort, wo noch immer die Hauptstreitmacht des Gegners steht.

Tatsächlich gelingt es Ravenstein, bis Bardia durchzukommen. Dort findet er Rommels Befehlspanzer vor. Rommel sitzt darin und schläft. Ravenstein weckt ihn und meldet sich. Der verschlafene Rommel fällt aus allen Wolken.

„Was soll das heißen? Was wollen Sie hier?"

Nun ist das Erstaunen an Ravenstein. Er berichtet Rommel von dem Funkspruch, daß der Befehl, nach Ägypten vorzustoßen, aufgehoben sei und er nach Bardia durchstoßen sollte.

„Schwindel!" explodiert Rommel. „Die Engländer müssen unseren Funkschlüssel haben! Von denen kommt dieser Befehl!"

Später stellt sich heraus, daß es doch nicht die Engländer waren. Der Befehl kam vom Ia des DAK, Oberstleutnant Westphal, der die zusammenfassenden Aufklärungsergebnisse der Luftwaffe erhalten und daraus ersehen hat, daß die britischen Streitkräfte um Tobruk so stark waren, daß der Vorstoß so weniger deutscher Panzer in entgegengesetzter Richtung nach Ägypten hinein glatten Selbstmord bedeutet hätte. Die Briten konnten dann ungehindert, mit der Besatzung von Tobruk vereint, weiter nach Westen vorstoßen, bis Tripolis. Die paar Panzer Ravensteins in ihrem Rücken waren so ungefährlich, daß sie sich darum nicht zu kümmern brauchten. Westphal hat Rommel fieberhaft zu erreichen versucht, aber der OB war wieder einmal nicht auffindbar. So hat der Oberstleutnant auf eigene Faust Rommels Befehl widerrufen und dem General Ravenstein einen neuen Kampfauftrag erteilt.

So wütend Rommel im Augenblick ist, so hat er doch die menschliche Größe, seinen Fehler — als er ihn erkennt — einzugestehen. „Sie haben richtig gehandelt", sagt er später zu Westphal. „Ich bin Ihnen wirklich aufrichtig dankbar."

Aus dem Vorstoß des Afrikakorps nach Ägypten ist diesmal nichts geworden. Die längst in Rommels Rücken stehenden Briten haben sich am 27. November mit der Besatzung von Tobruk vereinigt, nachdem sie in der Nacht zuvor trotz des deutschen Sieges in der Panzerschlacht Sidi Rezegh eingenommen haben. Der General Godwin-Austen sendet nach Kairo den Funkspruch: „Ich und Tobruk erlöst."

Bis el Agheila, in der Südostecke der Großen Syrte, müssen die Deutschen und Italiener zurückweichen. Immerhin hat Rommels dann abgeblasener Vorstoß nach Ägypten große Verwirrung angerichtet. Die britischen Nachschubtruppen, die natürlich nicht wissen konnten, wie schwach Rommel in Wirklichkeit war, sind zum Teil mit Vollgas bis Alexandria und Kairo durchgebraust, Panik um sich verbreitend, während Rommel schon wieder auf dem nicht von ihm, sondern von Oberstleutnant Westphal angeordneten Rückzug war.

Bei el Agheila treten die Gegner wieder auf der Stelle, wobei ausdrücklich angemerkt werden muß, daß die Italiener jetzt, unter Rommels Führung, zum Teil außerordentlich tapfer gekämpft haben, insbesondere bei der Verteidigung von el Gobi.

Nachdem die Panzergruppe Afrika am 25. Dezember Agedabia erreicht hat, ist die schlimmste Gefahr vorüber. In einem drei Tage während — vom 27. bis 29. Dezember — gegen die nachstoßenden Briten gelingt es den deutschen Afrikakämpfern sogar, dem Gegner einige schwere Schläge zu versetzen. Die vorgeprellten britischen Panzer werden fast völlig vernichtet.

Dabei zeichnet sich wieder die Flak besonders aus. Tatsächlich sind vor allem die eigentlich nur für die Fliegerabwehr konstruierten 8,8-cm-Geschütze die beste Panzerabwehrwaffe der Welt. Das Flakregiment 135 unter Major Hecht hat den größten Anteil am Erfolg vor Agedabia. Hechts Kanoniere schießen die meisten Feindpanzer ab.

Zwei Tage nach diesem Erfolg schießt das Regiment auf ganz andere Ziele — auf die Sterne über der nächtlichen Wüste. Mit Leuchtgranaten wird Punkt 00.00 Uhr das neue Jahr eingeschossen.

Alle Einheiten des Afrikakorps fallen in das Silvesterschießen mit ein. Leuchtspurketten aus MG, ES-Zeichen aus Signalpistolen, Leuchtkugeln aller Farben steigen zum Himmel; die Infanteristen schießen mit ihren Karabinern.

Die Italiener rufen entsetzt den Gefechtsstand an und beschweren sich wütend. Oberst Bayerlein antwortet am Telefon:

„Bei Ihnen ist es doch dunkel! Da kann Ihnen ja auch nichts passieren!"

Dann klingt in die eingetretene Stille hinein, erst nur von wenigen gesungen, dann zunehmend lauter, bis die ganze kilometerlange Front davon erfaßt ist, das Deutschlandlied auf.*

Am nächsten Tag funkt die 22. britische Panzerbrigade einen Bericht über das deutsche Neujahrsschießen und über den nächtlichen Gesang nach Kairo:

„Das Deutsche Afrikakorps sang gestern in den Stellungen die deutsche Nationalhymne. Rommels Verbände haben vielleicht keine Panzer mehr, aber von einer geschlagenen Armee zu sprechen wäre verfrüht. Wir sollten uns nicht darüber täuschen, daß diese von einem ungebrochenen General geführten Soldaten nicht geneigt sind, den Kampf aufzugeben . . ."

Die Offiziere der britischen Panzerbrigade haben die Kampfmoral der deutschen Landser des Afrikakorps richtig eingeschätzt. Bald werden sie das wieder zu spüren bekommen.

Der britische General Desmond Young, der in Nordafrika in deutsche Gefangenschaft geriet, hat nach dem Krieg ein Buch über Rommel geschrieben. Darin sagt er:

„Wenn Rommel eine hervorragende Eigenschaft hatte, war es die, daß er bei jedem Anprall sofort wieder zurückprallte. Er war wie ein Stehaufmännchen. Kaum hatte man ihn umgekippt, stand er wieder auf den Beinen. Am 11. Januar 1942 lag er hinter el Agheila und suchte sich von den schweren Schlägen der letzten Kämpfe zu erholen. Am gleichen Tage eroberten die Südafrikaner *(die ebenfalls in Nordafrika eingesetzt waren)* 550 Kilometer weiter östlich Sollum. Anfang Januar war Bardia gefallen. Am 17. Januar kapitulierten auch die deutschen Kräfte am Halfaya-Paß. Ihre Wasserversorgung war abgeschnitten. Sie waren vor Hunger erschöpft."

Der Halfaya-Paß, den General Young erwähnt, ist von Major Bach verteidigt worden, im Zivilberuf — Pfarrer.

General Young schreibt weiter: „Zwei Drittel der Achsenstreitkräfte waren vernichtet. Knapp die Hälfte des Afrikakorps war dem Tode

---

* siehe Kapitel „Generalleutnant Fritz Bayerlein"

oder der Gefangenschaft entronnen oder unverletzt aus den Kämpfen hervorgegangen . . . Von Rommels 412 Panzern lagen 386 ausgebrannt, als rauchgeschwärzte Wracks auf den Schlachtfeldern."

Am 21. Januar 1942, während die Landser in Rußland nach dem Rückschlag von Moskau und dem Kampf in den Kesseln von Cholm und Demjansk noch in den eisigen Stellungen liegen, greift Rommel wieder an. General Young schreibt, wie erschöpft Rommel und seine Truppen waren, ohne regelmäßige Mahlzeiten, ohne genügend Schlaf, bittere nächtliche Kälte, glühende, alles ausdörrende Hitze am Tage:

„Als er el Agheila erreichte, war er wirklich erschöpft. Und doch gab er den Soldaten des Afrikakorps gleich wieder einen neuen Marschbefehl, sogar ohne begrenztes Kampfziel. Sie sollten Marschverpflegung für drei Tage fassen und ihm dann so rasch wie möglich folgen. Mit einigen Verstärkungen, aber doch nur mit etwa 100 Panzern, darunter einigen leichten, und nahezu ohne Jägerschutz brach Rommel dann in drei Kolonnen auf . . ."

Am 5. Januar 1942 war endlich wieder ein Geleitzug in Tripolis eingetroffen. Er brachte 55 Panzer, 20 Spähwagen, einige Pak und Versorgungsgüter. Das war Grund genug für Rommel, mitten auf dem Rückzug wieder neue Angriffspläne zu schmieden. Wenn er den Gegner rasch angriff, konnte er ihn noch in seiner Schwächeperiode fassen.

Am Morgen des 13. Januar ist es soweit. Rommel hat sich entschieden. In einer Stabsbesprechung verkündet er seinen Einschluß:

„Wenn wir dem Tommy bis Februar Frist geben, haut der uns endgültig in die Pfanne. Nichts kann die 8. Armee dann mehr aufhalten. Wenn auch unser Nachschub jetzt besser rollt, seit Kesselrings Luftflotte 2 Malta und die britische Flotte niederhält – aber so schnell kriegen wir keine genügenden Kräfte, vor allem nicht genügend schweres Material herüber. Also dürfen wir nicht warten. Also müssen wir dem Tommy das Konzept verderben."

Um die Tarnung des Angriffs vollkommen zu machen, läßt Rommel das Gerücht verbreiten, er wolle auch noch die Marsa-el-Brega-Stellung räumen und weiter bis auf Tripolis zurückgehen. Das Comando Supremo in Rom wurde sogar mißtrauisch, und damit war der Zweck erreicht: Bereits am 18. Januar 1942 erhält der britische Oberkommandierende in Kairo die Agentenberichte aus Rom und Neapel:

„Rommel plant weiteren Rückzug!"

Am 19. Januar weht ein starker Ghibli, der jede britische Luftaufklärung und auch die Bombenangriffe auf den deutschen Nachschub unterbindet. Am nächsten Tag steht der Panzergruppe Afrika wieder ein einigermaßen ausreichendes Potential an Panzern zur Verfügung. Beim DAK sind es 110 an der Front und 28 im rückwärtigen Kampfgebiet. Das italienische Korps hat 89 Panzer zur Verfügung. Rommel meint, das reicht. Auch der Gegner ist angeschlagen, vor allem: Jetzt haben die Engländer den langen Nachschubweg!

Am Abend des 20. Januar gehen in Marsa el Brega einige Hütten in Flammen auf. Alte Schiffswracks, die schon lange im Hafen liegen, werden noch einmal gesprengt.

„Rückzugsvorbereitungen bei Rommels Truppen!" melden die Vorposten der Engländer. Als General Auchinleck diese Meldung erhält, sagt er zu seinen Stabsoffizieren:

„Meine Herren, der letzte Akt beginnt. Rommel weicht! Stellen Sie sich auf einen langen Vormarsch ein."

In der gleichen Stunde erläßt der Befehlshaber der Panzergruppe Afrika, General der Panzertruppe Rommel, einen Tagesbefehl:

„Deutsche und italienische Soldaten!

Ihr habt schwere Kämpfe gegen weit überlegenen Feind hinter euch. Euer Kampfgeist aber ist ungebrochen.

Zur Zeit sind wir zahlenmäßig stärker als der Feind vor unserer Front. Zur Vernichtung dieses Gegners tritt daher die Armee heute zum Angriff an.

Ich erwarte, daß jeder Soldat in diesen entscheidenden Tagen das Letzte gibt.

Es lebe Italien! Es lebe das Großdeutsche Reich! Es lebe unser Führer!"

Um 8.30 Uhr am 21. Januar greifen die deutschen Spitzenverbände an. Die Überraschung ist vollkommen — und nicht nur bei den Engländern, sondern auch bei den Italienern. Niemand hat Bescheid gewußt. Lediglich zu General Gambarra hat Rommel gesagt, daß er „eine kleine Sache" vorhabe.

Kurz bevor General Rommel von seinem Gefechtsstand aufbricht, um zur Spitzengruppe zu fahren, laufen zwei Funksprüche aus dem Führerhauptquartier ein. Im ersten wird bekanntgegeben, daß die Panzergruppe Afrika ab sofort „Panzerarmee Afrika" heißt. Im zweiten wird General Rommel mitgeteilt, daß ihm am 20. Januar 1942 als 6. deutschen Soldaten die Schwerter zum Eichenlaub verliehen wurden.

Um elf Uhr hat die an der Spitze vorstoßende Kampfgruppe Marcks die englischen Verteidigungsstellungen durchstoßen und rollt auf Agedabia zu, das am nächsten Tag von ihr erobert wird.* Das DAK stößt bis Antelat-Saunnu vor. Dabei wird eine starke Kampfgruppe der britischen 1. PD eingeschlossen und gefangengenommen. 117 Panzer, 33 Geschütze und eine riesige Zahl von Kraftfahrzeugen werden vernichtet oder erbeutet und 1000 Gefangene gemacht. In den englischen Verpflegungslagern können sich die Landser mit Tabak, Whisky und Keks versorgen.

Rommel und sein Ia, Oberst Westphal, fliegen im Fieseler „Storch" über das Schlachtfeld, um sich einen Überblick zu verschaffen. Der „Storch" wird zweimal von englischer Flak beschossen und durchlöchert, kommt aber glücklich durch.**

Am 23. Januar erscheint der italienische General Cavallero im Gefechtsstand Rommels und verlangt den Rückzug in die Ausgangsstellung. Rommel weigert sich ganz entschieden. Daraufhin zieht Cavallero sämtliche italienischen Truppen zurück. Rommel läßt sich nicht entmutigen und marschiert allein weiter, nur mit dem Afrikakorps.

Bengasi wird erreicht und genommen. Am 30. Januar 1942 rückt Rommel mit seiner Kampfstaffel in der Hauptstadt der Cyrenaika ein. In der Nacht darauf fällt Maraua in deutsche Hand. Es sieht so aus, als sei das Deutsche Afrikakorps nicht mehr zu bremsen.

Am 2. Februar erreichen die Spitzenverbände Giovanni St. Berta. Bei Martuba wird die 5. indische Brigade gestellt und vernichtet. Derna wird von Rommel selbst im Panzerspähwagen erreicht — die Stadt ist feindfrei! Bis zum 9. Februar sind die Flugplätze Martuba, Derna und Tmimi wieder von der deutschen Luftwaffe besetzt.

Nun gibt Mussolini die italienischen Verbände wieder frei; bis auf das X. AK (Gambarra), das als Heeresreserve in Agedabia blieb.

In siebzehn Tagen hat Rommel fast alles zurückgewonnen, was er in fünf Wochen schwerer Kämpfe hatte preisgeben müssen. Nun kann das Afrikakorps endlich wieder Kräfte sammeln, denn das ist bitter notwendig.

Die Gesamtverluste des DAK im Jahre 1941 betrugen:

1634 Gefallene

5952 Verwundete

5054 Vermißte

---

* siehe Kapitel „Generalleutnant Werner Marcks"

** siehe Kapitel „General der Kavallerie Siegfried Westphal"

Die Zeit der Auffüllung verrinnt. Nach vorsichtigen Schätzungen kann die Panzerarmee Afrika im Mai wieder voll aufgefüllt sein.

Im April 1942 wird General Student, der Kommandierende General des XI. Fliegerkorps — der deutschen Luftlandetruppen — von Generalfeldmarschall Kesselring, dem OB Süd, nach Rom gerufen. Hier findet er schon General Ramcke vor, der seit dem Frühjahr als Berater der jungen italienischen Fallschirmtruppe wirkt, die Fallschirmdivision „Folgore" aufstellt und nach deutschem Muster ausbildet.

Es geht darum, einen Plan zur Eroberung der Insel Malta auszuarbeiten. Mit General Ramcke gemeinsam macht General Student den ersten Entwurf. Die Gesamtleitung soll in den Händen des italienischen Comando Supremo unter Generaloberst Graf Cavallero liegen.

Für dieses Unternehmen mit dem Decknamen „Herkules" steht eine große deutsch-italienische Streitmacht bereit. Mussolini sagt den Einsatz der gesamten italienischen Flotte einschließlich der Schlachtschiffe zu.

Mitten aus diesen Vorbereitungen ruft ein Telegramm General Student ins Führerhauptquartier. Bei seiner Ankunft sagt ihm Generaloberst Jeschonnek, Chef des Generalstabes der Luftwaffe:

„Sie werden morgen beim Führer einen schweren Stand haben. General Crüwell vom Afrikakorps war heute hier. Er hat ein negatives Urteil über die Kampfmoral der Italiener abgegeben. Das Malta-Unternehmen ist in Gefahr."

Am nächsten Tag entwickelt General Student dem Obersten Befehlshaber seine Pläne zu Malta. Hitler stellt mehrere Zwischenfragen, zeigt sich gründlich informiert und heißt den Plan schließlich gut. Dann aber bricht es aus ihm heraus:

„Die Bildung des Brückenkopfes auf Malta mit Ihren Luftlandetruppen ist gewährleistet. Schön. Ich garantiere Ihnen aber dann folgendes: Wenn der Angriff beginnt, läuft natürlich sofort das britische Geschwader von Alexandria aus, und auch von Gibraltar kommt die britische Flotte heran. Sie sollen mal sehen, was dann die Italiener machen. Schon wenn die ersten Funksprüche kommen, läuft alles in die Häfen zurück; die Kriegsschiffe sowie die Transporter. Und dann sitzen Sie mit Ihren Fallschirmern allein auf der Insel."

General Student meint, daß dann die Luftflotte 2 angreifen und die britische Flotte vernichten könnte, daß in diesem Falle Malta das Grab der britischen Mittelmeerflotte würde.

Aber Hitler ist nicht zu überzeugen. So sehr er die Bedeutung Maltas richtig einschätzt — aber er traut den Italienern nicht mehr; und er denkt an die katastrophalen Verluste der deutschen Fallschirmjäger bei ihrem großen Sieg von Kreta. —

Seit Anfang April bomben deutsche Flugzeuge Malta in fast ununterbrochenem Angriff. Damit ist der Konvoiweg der deutsch-italienischen Transporter von Italien nach Afrika gesichert. Kaum ein deutsches Schiff geht mehr verloren. Aus diesem Grunde war Anfang Mai die Versorgung der Panzerarmee Afrika sichergestellt; darüber hinaus können sogar Reservelager angelegt werden.*

Die Engländer wollen Mitte Mai losschlagen, verschieben ihre Offensive jedoch auf Mitte Juni, weil ihre Überlegenheit ihnen noch nicht groß genug erscheint.

Rommel setzt seinen Angriff auf den 26. Mai fest. Diesmal hat er den Vorteil für sich, überraschend in den feindlichen Offensivaufmarsch hineinzustoßen. Sein Operationsplan ist einfach und klar. Er will die britischen Befestigungen von Gazala bis Bir Hacheim, also von der Küste bis 65 Kilometer tief nach Süden, umgehen, sie buchstäblich „links liegenlassen" und durch die offene Hintertür — die Wüste — ins Herz der Gazala-Stellung eindringen.

Ein Frontalangriff auf die Stützpunkte dieser Gazala-Linie würde zu verlustreich sein. Aber es muß ein solcher Frontalangriff vorgetäuscht werden, damit die Briten seinen Plan nicht erkennen.

Während auf seiten der Panzerarmee Afrika insgesamt 560 Panzer einschließlich der italienischen stehen, hat die britische 8. Armee 631 Panzer, zu denen später noch weitere 250 Panzer hinzukommen.

Den frontalen Scheinangriff führt die 90. Leichte mit zwei italienischen Korps unter Führung von General Crüwell. Dahinter rollen Rommels „Staubmaschinen" — auf Lastwagen montierte Flugzeugmotoren, deren Propeller den Staub einer ganzen Panzerarmee aufwirbeln sollen.

Diese Frontalgruppe eröffnet die Offensive am 26. Mai um 14 Uhr.

General Ritchie, der die 8. britische Armee übernommen hatte, ahnt eine Falle. Und er soll recht behalten, denn um 20.30 Uhr gibt Rommel das Stichwort „Venezia": Die 10 000 Fahrzeuge des DAK, der Offensivgruppe, schwenken nach Süden ein und rollen durch die nächtliche Wüste. Fünf Divisionen fahren in dieser Offensivgruppe, und als der strahlende Morgen des 27. Mai heraufzieht, ist diese Armada schon südlich um Bir Hacheim herumgeschwenkt und rollt jetzt nach Norden weiter. Es sind:

---

* siehe Kapitel „General der Flieger Stefan Fröhlich"

Die Division „Ariete" auf dem linken Flügel, nach rechts anschließend die 21. und 15. PD. Auf dem rechten Flügel rollt die 90. „Leichtsinnige" mit den zusammengefaßten Aufklärungsabteilungen des DAK, den AA 3, 33 und 580.

Das Regiment 8 der 15. PD unter Oberstleutnant Teege stößt zuerst auf den Feind. General von Vaerst braust sofort in seinem Befehlswagen nach vorn, um seine 15. PD weiterzuführen.*

Das DAK unter General Nehring zerschlägt den Widerstand und fährt weiter nach Norden in Richtung Mittelmeerküste und Festung Tobruk, nun schon längst im Rücken der Gazala-Stellung. Die 21. PD erreicht Akroma und dann das Meer. Panzerspähwagen der 90. Leichten erreichen El Adem.

Dann aber wird der gesamte Troß des DAK abgeschnitten.

Die Panzer des Gegners sind nicht nach Tobruk oder nach Gazala, sondern nach Osten ausgewichen. Plötzlich sitzt der Wüstenfuchs Rommel mitten in der Falle, die er selbst aufgestellt hat, eingeklemmt zwischen den starken Befestigungen von Gazala und Tobruk zur Linken sowie der feindlichen Panzerstreitmacht zur Rechten. Vorn das Meer, hinten die Wüste.

Die Verbindungslinien der 90. Leichten zum DAK werden durchschnitten. Im Norden liegen die beiden Panzerdivisionen fest, und der britische Stützpunkt Knightsbridge ist unerwartet stark besetzt. Am 28. Mai gegen 16 Uhr stoßen 65 Feindpanzer in die Flanke der 15. PD. Die Existenz dieser Division, ja des gesamten DAK steht auf dem Spiel.

Generalleutnant Walther K. Nehring hat die rettende Idee. Er befindet sich eben mit Oberst Wolz, dem Kommandeur des Flak-Regiments 135, auf einer Erkundungsfahrt, als sie sich plötzlich inmitten von zurückflutenden eigenen Troßeinheiten sehen.**

„Eine Flakfront, Wolz! Ihre Kanonen schießen weiter als die der Panzer. Bauen Sie aus allen verfügbaren Geschützen eine Front der Acht-Acht zur Panzerabwehr auf."

Dies geschieht, und bei Einbruch der Dunkelheit liegen 24 abgeschossene Panzer auf dem Gefechtsfeld.

Auf der Suche nach einem Ausweg aus der Falle taucht das Fort Got el Ualeb aus der Wüste auf. Das III. Bataillon des Panzergrenadierregiments 104 unter Major Ehle kämpft den Weg frei. Der Major wird ver-

---

* siehe Kapitel „General der Panzertruppe Gustav von Vaerst"
** siehe Kapitel „Generalmajor Alwin Wolz"

33

wundet. Wenige Tage später gelingt es der 15. Panzerdivision, die 4. indische Division zu zersprengen. Im Süden der Gazala-Linie fällt am 11. Juni Bir Hacheim, das sich bis dahin verzweifelt wehrte. Das Blatt hat sich gewendet.

Neun Tage später, am 20. Juni, beginnt der Kampf um Tobruk. Die Festung, die sich im Vorjahr 28 Wochen verteidigt hatte, fällt binnen 24 Stunden. Am 21. Juni trifft Generaloberst Rommel gegen zehn Uhr vormittags westlich von Tobruk auf den britischen General Klopper, in dessen Händen die Verteidigung von Tobruk gelegen hat. Wenig später gibt Rommel einen neuen Tagesbefehl heraus:

„Soldaten!
Die große Schlacht in der Marmarica hat mit der raschen Erstürmung von Tobruk ihre Krönung gefunden. Insgesamt wurden über 45 000 Gefangene gemacht, über 1000 Panzerkampfwagen, fast 400 Geschütze vernichtet oder erbeutet. Durch eure unvergleichliche Tapferkeit und Zähigkeit habt ihr in dem langen, harten Ringen der letzten vier Wochen dem Gegner Schlag auf Schlag versetzt. Durch euren Angriffgeist verlor der Gegner den Kern seiner Feldarmee, die sprungbereit zum Angriff gegen uns stand. Anerkennung der Führung und Truppe für diese hervorragenden Leistungen!
Soldaten der Panzerarmee Afrika!
Jetzt gilt es, den Gegner vollends zu vernichten. Wir wollen nicht eher ruhen, bis wir die letzten Teile der britischen 8. Armee zerschlagen haben. In den nächsten Tagen fordere ich nochmals große Leistungen von euch, damit wir unser Ziel erreichen.   Rommel"

Das Ziel ist der Nil, und vom 21. Juni 1942 an führt nicht mehr der Generaloberst, sondern der Generalfeldmarschall Rommel die Panzerarmee Afrika in Richtung auf dieses Ziel. Generalleutnant Walther K. Nehring wird zum General der Panzertruppe befördert. Die italienischen Generale Graf Cavallero und Bastico erhalten von König Victor Emanuel ihre Feldmarschallsränge. Aber zum Feiern kommt niemand, denn es geht weiter.

„Ausnutzen!" lautet Rommels Parole wieder, und der folgen sie alle. Am 22. Juni befindet sich Rommel bereits in Bardia und gibt den Befehl zum neuen Angriff nach Osten. Der Halfaya-Paß wird erreicht, wo Major Bach mit seinen Getreuen gekämpft hatte. Sidi Barani fällt mit seinem großen Treibstofflager in deutsche Hand.

Marsa Matruk wird am 27. Juni erreicht. Bis zum 29. Juli dauern die Kämpfe um diese Stadt, die von Indern und Neuseeländern zäh verteidigt wird.* Der Vorstoß geht weiter. Rommel will noch vor den zurückflutenden Massen der Engländer in Alamein sein.

Am 1. Juli stellen sich die inzwischen völlig erschöpften Truppen zum Angriff auf el Alamein bereit. Das DAK hat für diesen Angriff noch 55 Panzer zur Verfügung. Jenseits von Alamein liegt der Nil. Jenseits von Alamein liegt der Gesamtsieg im afrikanischen Krieg, er liegt greifbar nahe.

Am 1. Juli 1942 wird der Stützpunkt Bir el Shein von der 21. PD genommen. Die 90. Leichte dagegen bleibt im Abwehrfeuer der englischen Artillerie zunächst liegen. Am 2. Juli kämpft sie sich weiter vorwärts, und auch am 3. Juli wird der Angriff erfolgreich fortgeführt. Bei einem englischen Gegenstoß auf Bir el Shein werden 30 englische Panzer abgeschossen.

Am Abend des 3. Juli hat die 90. Leichte endlich den Rand der Betonstellungen von Alamein erreicht. Hier aber bleibt sie, am Ende ihrer Kraft, endgültig liegen. Der Durchbruch durch die Alameinstellung ist mißlungen.

In den folgenden Wochen versuchen die Briten, das DAK zurückzuschlagen. Es gibt heiße Panzerkämpfe mit wechselnden Erfolgen. Bei einem Angriff in der Nacht zum 22. Juni verlieren die Briten 90 Panzer. Das DAK steht trotz aller Erschöpfung unerschütterlich.

Feldmarschall Rommel läßt alle eigenen Angriffe einstellen. Aber gedrängt vom OKW und von Hitler selbst, muß die Panzerarmee Afrika am 30. August 1942 abermals antreten.

Beide Panzerdivisionen des DAK greifen um 20 Uhr im Südabschnitt der Alameinfront an. Hinter den Angreifern hängt die sinkende Sonne tief über der Wüste und blendet die Verteidiger.

Die 15. PD besitzt wieder 70 Panzer, die 21. PD sogar 120 Wagen der Typen III und IV. Bei der 21. PD fährt General Nehring den Angriff im SPW-Befehlswagen mit. Bei ihm ist sein Chef des Generalstabes, Oberst i. G. Bayerlein. Die ersten Funkmeldungen besagen, daß Generalmajor von Bismarck, der Kommandeur der 21. PD, gefallen ist. Generalmajor Kleemann, der Kommandeur der 90. Leichten, wird verwundet.

Als der 31. August heraufdämmert, greifen britische Schlachtflieger auch den Befehlswagen von General Nehring an. Einer der Schlachtflie-

* siehe Kapitel „Oberst Albert Panzenhagen"

ger wirft eine Bombe, die unmittelbar neben der Vorderachse des SPW einschlägt. General Nehring wird schwer verwundet. Für ihn ist der Afrikafeldzug vorerst beendet. Unter dramatischen Umständen wird er jedoch später an die Afrikafront zurückkehren.

General von Vaerst übernimmt nun die Führung des DAK.*

Der deutsche Angriff bricht wenig später in einem breiten englischen Minengürtel zusammen. Anstatt an dem befestigten Höhenrücken Alam Halfa vorbeizustoßen, muß das DAK wegen des Minenfeldes früher als vorgesehen nach Norden eindrehen und trifft dadurch auf die Höhe 132 des Alam Halfa. Oberst Crasemann führt die 15. PD gegen Alam Halfa und gelangt nach hartem Kampf bis kurz vor die Höhe 132. In der entscheidenden Phase jedoch trifft ein Panzerangriff der 7. britischen PD die Ostflanke der auf Alam Halfa zufahrenden Divisionen des DAK. Zugleich fliegt die Royal Air Force starke Angriffe gegen die Panzerverbände, und britische Artillerie deckt sie mit mächtigen Feuerwalzen ein. Am Abend muß der Angriff abgebrochen werden. Schließlich befiehlt Rommel den schrittweisen, geordneten Rückzug, nachdem ihm gemeldet wird, daß der langerwartete Transporter mit Sprit und Munition versenkt worden ist. Die beiden Panzerdivisionen verfügen aber nur noch über einen Tagessatz Benzin — das reicht allenfalls für einen langsamen Rückzug, nicht mehr für den Angriff.

Das schrittweise Zurückkämpfen dauert weitere drei Tage bis zum 4. September. Dann ist das „Sechstagerennen" bei el Alamein zu Ende.

Seit Beginn der Gazala-Schlacht am 26. Mai hat die Panzerarmee Afrika folgende Verluste erlitten:

Deutsche:

Gefallen:	272	Offiziere	2632 Mann
Verwundet:	521	„	8505 „
Vermißt:	75	„	3985 „

Italiener:

Gefallen:	115	„	1323 „
Verwundet:	724	„	10 733 „
Vermißt:	54	„	5533 „

Die Kampfhandlungen erstarren. Rommel weist das OKW darauf hin, daß spätestens im November die Gegenoffensive der Engländer — diesmal unter der Führung des neuen Armeeoberbefehlshabers General Bernard Montgomery — zu erwarten sei.

---

* siehe Kapitel „General der Panzertruppe Gustav von Vaerst"

Der Feldmarschall, seit dem ersten Tage des Afrikafeldzuges auf diesem Kriegsschauplatz, nimmt nun den kurzen Urlaub, den ihm seine Ärzte längst dringend anrieten. Außerdem begibt er sich ins Führerhauptquartier, um die Nachschubfragen zu regeln. Als sein Vertreter kommt am 19. September 1942 General der Panzertruppe Stumme nach Afrika.

Bei den Besprechungen im Führerhauptquartier überreicht Hitler Rommel den Marschallstab. Zugleich verspricht er ihm, trotz der angespannten Lage an der Ostfront — soeben ist die Schlacht um Stalingrad entbrannt und die deutsche Heeresgruppe A ist bis in den Kaukasus vorgestoßen — jetzt vordringlich für die Front in Nordafrika zu sorgen. Rommel selbst allerdings soll nicht mehr nach Afrika zurückkehren, er soll Oberbefehlshaber einer Heeresgruppe an der Ostfront werden.

Rommel begibt sich in ein Sanatorium. Am 24. Oktober — Rommels Genesungskur hat gerade erst begonnen — erhält er einen Anruf. Am Apparat ist Hitler.

„Rommel", sagt Hitler, „die Nachrichten aus Afrika klingen schlecht. Die Lage sieht höchst düster aus. Niemand scheint zu wissen, wo Stumme ist und was mit ihm passiert ist. Fühlen Sie sich wieder gesund genug, um zurückzukehren?"

Nein, Rommel ist noch längst nicht gesund, aber er sagt Hitler sofort zu, wieder die Führung seiner Soldaten in Afrika zu übernehmen. Noch am gleichen Tag fliegt er los, am 25. Oktober trifft er an der el Alamein-Front ein.

Dort scheint schon alles verloren. Zwei Tage zuvor, am späten Abend des 23. Oktober, hat der britische Großangriff begonnen, mit einem solchen Bombardement aus der Luft und mit derartigem Artilleriefeuer, wie es der Krieg in Nordafrika noch nie gesehen hat. Stundenlang hämmern Bomben und Granaten ohne Unterbrechung auf die deutschen und italienischen Stellungen ein. Die Nacht leuchtet im Schein der Mündungsfeuer und Leuchtkugeln, in den Brandfackeln detonierender Munitionslager, brennender Kraftfahrzeuge.

Rommels Nachfolger, General Stumme, fällt als einer der ersten. Für einen Tag ist die Panzerarmee Afrika, ist das Deutsche Afrikakorps ohne zentrale Führung.

Nun aber ist Rommel wieder da. Wird er die Lage noch zum Guten wenden können? Er selbst hat schon vor vier Wochen, bevor er nach Deutschland flog, den Plan für die Verteidigung gegen einen eventuellen britischen Großangriff ausgearbeitet. Die beiden deutschen Panzerdivisionen, die 15. und die 21., hat er im Norden und Süden der Front Stellung beziehen lassen. Aber er hat sie — ganz im Gegensatz zu seiner sonstigen Kampfweise, Schwerpunkte zu suchen — nicht nach dem Motto „Klotzen, nicht kleckern" aufgebaut, sondern in kleinere Kampfgruppen aufgeteilt. Immerhin hat er einen Grund dafür gehabt: Er traut der Kampfmoral der Italiener nicht. Wie sich bald zeigt, noch immer mit Grund.

„Sein Mißtrauen war gerechtfertigt", schreibt General Young. „Eingeschüchtert durch das Feuer aus über tausend Geschützen, pausenlos aus der Luft angegriffen, hatten die Italiener auch den letzten Funken von Kampfgeist verloren, als der Angriff losbrach. Ohne die deutsche Infanterie und die deutschen Fallschirmjäger, die zu ihrer Absteifung eingesetzt waren, wären die Italiener noch rascher zusammengebrochen."

Rommel muß bald einsehen, daß hier kaum noch etwas zu retten ist. Die Briten sind zahlen- und waffenmäßig weit überlegen, ihre Übermacht an Panzern und Geschützen ist fast erdrückend, und ihre Luftherrschaft ist absolut.

Montgomery hat die Achsentruppen — abgesehen von der gewaltigen Übermacht, die Rommel nie besaß — mit Rommelschen Methoden geschlagen. Er hat Scheinstellungen anlegen lassen, Geschütze mit LKW-Attrappen getarnt, Panzer sehen aus wie Feldküchen — und er hat noch mitten in seinem Trommelfeuer einen Scheinangriff führen lassen, auf den die führerlose Panzerarmee Afrika zunächst ihre Kräfte konzentrierte, bis endlich schmerzhaft klar wurde, wo Montgomery seinen Hauptschlag wirklich führt.

Dennoch hält die Panzerarmee Afrika zehn Tage lang stand. Bis zum 31. Oktober sind der britischen 8. Armee von den Verteidigern folgende Verluste zugefügt worden, also in einem Zeitraum von acht Tagen: 448 Panzer (vernichtet, zum Teil aber auch von den Deutschen erbeutet und gleich wieder eingesetzt), 21 Panzerspähwagen, 56 Karetten, 6 Artilleriegeschütze, 45 Panzerabwehrkanonen.

Trotzdem muß Rommel am 2. November einen bitteren Bericht an das Führerhauptquartier geben, vor allem deshalb, weil wieder kein Treibstoff für die Panzer und keine Munition für die Geschütze mehr vorhanden ist und kein Nachschub herankommt.

„Die Kraft der Abwehr", meldet Rommel, „ist nach zehn Tagen härtesten Kampfes gegen vielfache britische Überlegenheit zu Lande und in der Luft . . . erschöpft. Die Armee wird daher nicht mehr in der Lage sein, einen heute oder morgen zu erwartenden erneuten Durchbruchsversuch starker feindlicher Panzerverbände zu verhindern. Eine geordnete Rückführung der sechs italienischen und der zwei deutschen nichtmotorisierten Divisionen bzw. Brigaden ist aus Mangel an Kraftfahrzeugen nicht möglich. Ein großer Teil dieser Verbände wird voraussichtlich dem voll motorisierten Feind in die Hände fallen.

Aber auch die schnellen Truppen sind so eng in den Kampf verstrickt, daß nur ein Teil von ihnen sich vom Feind wird lösen können. Die noch vorhandenen Munitionsbestände liegen im Frontgebiet, während im rückwärtigen Gebiet ein nennenswerter Bestand nicht verfügbar ist. Die geringen Betriebsstoffbestände gestatten eine rückläufige Bewegung über größere Entfernungen nicht. Die Armee wird auf der einen zur Verfügung stehenden Straße bei Tag und Nacht von der britischen Luftwaffe angegriffen werden.

Bei dieser Lage muß trotz des heldenhaften Widerstandes und vorzüglichen Geistes der Truppe mit der allmählichen Vernichtung der Armee gerechnet werden..."

Ein düsterer Bericht, der niederschmetterndste Bericht, den bis dahin jemals ein deutscher Oberbefehlshaber erstatten mußte — Stalingrad liegt noch drei Monate in der Zukunft, sechs Tage nach Rommels Bericht wird Hitler in München noch von dem deutschen Sieg in Stalingrad sprechen.

Rommel beginnt vorsichtig mit dem Rückzug, versucht sich vom Gegner zu lösen, um zu retten, was zu retten ist. In die eingeleitete Rückzugsbewegung hinein kommt ein Befehl Hitlers, in dem es heißt:

„... In der Lage, in der Sie sich befinden, kann es keinen anderen Gedanken geben, als auszuharren, keinen Schritt zu weichen... Beträchtliche Verstärkungen an fliegenden Verbänden werden in diesen Tagen... zugeführt werden. Auch der Duce und das Comando Supremo werden die äußersten Anstrengungen unternehmen, um Ihnen die Mittel zur Fortsetzung des Kampfes zuzuführen.

Trotz seiner Überlegenheit wird auch der Feind bald am Ende seiner Kraft sein. Es wäre nicht das erstemal in der Geschichte, daß der stärkere Wille über die stärkeren Bataillone triumphiert..."

Rommel gehorcht noch einmal und macht mitten in der Rückzugsbewegung kehrt. Damit beschleunigt er selbst die Niederlage, denn nun sind seine Truppen nicht mehr in Verteidigungsstellung. Und dabei stellt sich später heraus, daß Hitler diesen Befehl irrtümlich gegeben hat. Durch Versehen oder Schlamperei im Führerhauptquartier ist Rommels Bericht über die katastrophale Lage nicht zu Hitler gelangt. Rommel aber hat angenommen, der „Durchhaltebefehl" sei die Antwort auf seinen Bericht.

Als Rommels Katastrophenmeldung endlich Hitler vorliegt, ist dieser einsichtig und genehmigt den Rückzug sofort.

Jetzt aber ist es zu spät. Die britischen Verbände stoßen nun mitten in eine Armee hinein, die sich in Auflösung befindet. Hinter der el Alamein-Stellung quirlt auf deutsch-italienischer Seite, verurascht durch die begonnene und wieder abgebrochene erste Rückzugsbewegung, alles wild durcheinander.

Rommel hat jetzt noch 80 Panzer, die Briten verfügen über 600. Die Truppenstärke der Panzerarmee Afrika beträgt noch ungefähr die einer Division — eine Division gegen eine ganze Armee.

Bei Marsa Matruk ist es dann fast soweit. Die Engländer haben die Reste von Rommels Verbänden eingekesselt, das Deutsche Afrikakorps und die italienischen Verbündeten stehen kurz vor der endgültigen Vernichtung. Da hat der Wettergott ein Einsehen. In der Nacht zum 6. November geht ein schwerer Wolkenbruch über dem Kampffeld nieder, der im Nu das ganze Gelände in einen zähen Morast verwandelt. So kann Rommel sich und seine Soldaten noch einmal aus der Falle befreien.

Zwei Tage später aber, am 8. November, ist der Anfang vom Ende doch da. Amerikaner, Engländer und de Gaulle-Franzosen sind in Casablanca, in Oran und Algier gelandet — in Französisch-Marokko und Algerien. Teile der französischen Truppen haben sich tapfer gegen den Überfall auf die Besitzungen ihres seit 1940 neutralen Landes gewehrt, sind aber der Übermacht erlegen. Seit dem 10. November sind die Alliierten überall an Land und stehen nun im Rücken Rommels.

Deutsche Truppen besetzen sofort Tunis, das bisher entsprechend dem Waffenstillstandsvertrag vom 22. Juli 1940 deutscherseits als neutrales Gebiet respektiert worden ist. Sie halten Rommel den Rücken frei gegen die von Algerien heranrückenden Alliierten.

Dabei kommt es wieder zu einer deutsch-italienischen Auseinandersetzung. Auch die Italiener wollen Truppen nach Tunis schicken. Die französische Regierung aber hat aus sehr verständlichem Grund nur der deutschen Reichsregierung die Erlaubnis zur Truppenentsendung gegeben. Nach allen früheren Erfahrungen scheint den Franzosen klar, daß die Italiener bei dieser Gelegenheit Tunesien zu einer italienischen Kolonie machen wollen.

Rommel indessen muß sich immer weiter zurückziehen. Teilweise wird der Rückzug zur wilden Flucht. Die italienische 6. Division ergibt sich geschlossen und ohne Kampf den Briten, mit Mann und Maus, mit Waffen und Material. Die Entfernung von el Alamein bis Bengasi wird in nur zwei Wochen zurückgelegt, das sind 1100 Kilometer.

Und während Rommel auf dem Wege nach Tripolis zurückgeht, muß die Oberste Führung Nachschub aller Art in den neuen Brückenkopf Tunesien werfen, um der Panzerarmee Afrika den Rücken zu decken. Es ist wenig genug, aber mit diesem Wenigen wird der bei Casablanca, Oran und Algier gelandete und schnell nach Osten vorstoßende Gegner gehalten und ein Zweifrontenkrieg der Rommelschen Panzerarmee verhindert.

Es sind Truppen, die mühselig auf allen Kriegsschauplätzen und in der Heimat zusammengesucht werden müssen. Das Wunder aber geschieht. Diese Truppen halten den Brückenkopf! Sie können wenig später die ersten Truppen der Panzerarmee Afrika aufnehmen.

Vom 16. bis 22. Januar 1943 legen die Soldaten Rommels 350 Kilometer zurück. Sie lösen sich von den Verfolgern und gewinnen die eigene Bewegungsfreiheit teilweise zurück.

Am Morgen des 23. Januar — nur eine Woche, bevor die Reste der 6. Armee in Stalingrad kapitulieren, zur gleichen Stunde, da Tausende von Landsern rund um den zerschossenen Flugplatz Gumrak bei Stalingrad einen schrecklichen Tod in eisiger Kälte finden — ziehen die 11. britischen Husaren als Sieger in Tripolis ein.

Vier Wochen später wird die „Heeresgruppe Afrika" gebildet. Noch einmal wird an der Mareth-Linie, die einst die Franzosen zum Schutz gegen einen italienischen Angriff auf Tunesien angelegt haben und die sie selbst 1940 zum Ausgang ihrer mit den Engländern geplanten Doppeloffensive gegen Italienisch-Nordafrika machen wollten, hartnäckiger Widerstand geleistet. Aber die von Westen und Osten kommenden alliierten Truppen haben sich bald vereinigt, und die „Heeresgruppe Afrika" ist eingekesselt. Einen Ausweg gibt es nur noch nach Norden, zum Mittelmeer hin.

Rommel fliegt am 7. März 1943 ins Führerhauptquartier zu Hitler. Er will ihm klarmachen, daß nur die Rückführung der Heeresgruppe über das Mittelmeer nach Italien noch Rettung bedeutet. Geschieht das nicht, dann ist diese Streitmacht für Deutschland verloren. Hitler aber glaubt, noch einmal das Kriegsglück in Nordafrika wenden zu können. Er teilt Rommel keine Entscheidung mit, sondern schickt den Marschall, der das längst nötig hat, sofort in ein Lazarett. Generaloberst von Arnim übernimmt als Oberbefehlshaber Rommels Heeresgruppe Afrika.*

---

* siehe Kapitel „Generaloberst Jürgen von Arnim"

Acht Wochen später sieht auch Hitler ein, daß der Rückzug über das Mittelmeer unvermeidlich ist, will man die Truppen für die Kämpfe auf dem europäischen Festland retten. Am 8. Mai 1943 gibt er selbst den Befehl zum Rückzug.

Abermals ist es zu spät. Selbst die beste Seetransportorganisation der Welt könnte die Massen von Truppen und Material nicht so schnell be- fördern, wie jetzt die alliierten Truppen in den Kessel um Tunis hin- ein- und vorwärtsstoßen. Bald stehen sie dicht links und rechts vom Hafen Tunis. Einschiffungen sind nun überhaupt nicht mehr möglich.

Am 12. Mai 1943 funkt Oberbefehlshaber Generaloberst von Arnim an das OKW, daß sein Gefechtsstand eingeschlossen sei. Dann gibt Gene- ral der Panzertruppe Cramer, der sich bis zum Gefechtsstand des OB durchgeschlagen hat, von dort den letzten Funkspruch der deutschen Afrikakämpfer in die Heimat durch:

„An OKW: Munition verschossen. Waffen und Kriegsgerät zerstört. Das Afrikakorps hat sich befehlsgemäß bis zur Kampfunfähigkeit ge- schlagen!"

Am 13. Mai kann der britische Oberkommandierende, General Alex- ander, in einem Funkspruch an Premierminister Winston Churchill mel- den:

„...daß der Tunesien-Feldzug zu Ende ist. Aller feindlicher Wider- stand hat aufgehört. Ganz Afrika ist unser!"

Für die Weiterführung des Krieges ist das Ende in Afrika für die deutsche Wehrmacht ebenso katastrophal wie ein Vierteljahr zuvor Sta- lingrad. 130 000 deutsche und 180 000 italienische Soldaten gehen hier in Gefangenschaft. Der Zeitpunkt ist nun abzusehen, an dem die Alliier- ten das Tor zur „Festung Europa" aufstoßen werden. Den Schlüssel dazu haben sie jetzt in der Hand.

GENERALOBERST
HANS-JÜRGEN VON ARNIM

*Der letzte Oberbefehlshaber
der Heeresgruppe Afrika*

Als am 1. September 1962 Generaloberst a. D. Hans-Jürgen von Arnim starb, trauerten die alten Afrikakämpfer um einen ihrer besten Soldaten. Hans-Jürgen von Arnim war einer von dreißig Generalen, die aus der alten Soldatenfamilie von Arnim hervorgingen.

An seinem Grab sprach General der Kavallerie Siegfried Westphal das aus, was alle Männer bewegte, die diesen aufrechten Mann gekannt hatten:

„Die deutschen Afrikakämpfer des Zweiten Weltkrieges haben die schmerzliche Pflicht, heute Abschied zu nehmen von Hans-Jürgen von Arnim, weiland Generaloberst, erster Befehlshaber der 5. Panzerarmee in Tunesien und letzter Oberbefehlshaber der Heeresgruppe Afrika.

Ich habe persönlich aus nächster Nähe erlebt, wie oft der Generaloberst für das Wohl der ihm anvertrauten Truppen eintrat, mit welcher Unbeugsamkeit er sich für seine Soldaten einsetzte. Daher wurde ihm allgemeine Liebe und Achtung zuteil. Sie hat bis zum heutigen Tage angehalten. Auch der Feind konnte diesem Manne seinen Respekt nicht versagen.

Generaloberst Hans-Jürgen von Arnim war so, wie ein hoher Truppenführer sein muß:

Ein Mann, ein Mensch, ein Herr!"

Hans-Jürgen von Arnim wurde am 4. April 1889 zu Reichenbach in Schlesien als Sohn eines Generals geboren. In Görlitz besuchte er das Humanistische Gymnasium und trat nach der Reifeprüfung in das 4. Garderegiment zu Fuß ein, das in Görlitz stationiert war.

Den Ersten Weltkrieg erlebte er beim Reserve-Infanterieregiment der 4. Garde-Infanteriedivision an der Westfront. Zuerst als Bataillonsadjutant, dann als Kompanieführer. Dreimal wurde er verwundet und mehrfach ausgezeichnet.

Nach dem Kriege tat von Arnim als Hauptmann abwechselnd Dienst bei der Truppe und im „Truppenamt", dem illegalen Generalstab der

Reichswehr. Im Herbst 1931 kam er, inzwischen zum Major befördert, als Kommandeur der „Ortelsburger Jäger" nach Ostpreußen.

Gleichzeitig mit seiner Beförderung zum Oberst am 1. Juli 1934 wurde er Ia der Division „Bremen", der späteren 22. Infanteriedivision. Im Oktober 1935 kam von Arnim als Kommandeur zum Infanterieregiment 68 nach Brandenburg. Hier erfolgte im Januar 1938 seine Beförderung zum Generalmajor. Am 1. April 1938 wurde er schließlich Chef der Heeresdienststelle 4 in Schweidnitz.

Bei Kriegsausbruch 1939 wurde von Arnim Kommandeur der 52. ID. Diese Division führte er 1940 im Frankreichfeldzug und erwarb sich hier die Spangen zu beiden Eisernen Kreuzen.

Als am 22. Juni 1941 der Rußlandfeldzug begann, führte Generalmajor von Arnim die 17. Panzerdivision, die zur Panzergruppe Guderian gehörte. Bei Pratulin ging die Division über den Bug. An der Erstürmung von Brest-Litowsk waren von Arnims Panzer beteiligt. Minsk wurde von den Soldaten der 17. PD genommen. Bereits bei Stolpce, nach wenigen Tagen des Rußlandkrieges, wurde Generalmajor von Arnim verwundet. Er mußte in ein Heimatlazarett. Ein paar Tage vorher, am 24. Juni 1941, war er mit viel Soldatenglück dem Tode entronnen. Zwei russische Panzer tauchten an jenem Tage am Westrand von Slonim auf, das die 17. PD soeben genommen hatte. Sie eröffneten das Feuer auf Generaloberst Guderian, den OB der Panzergruppe 2, auf General der Panzertruppe Lemelsen, den Kommandierenden General des XXXXVIII. Armeekorps, und auf von Arnim, die sich eben auf der Straße begrüßten. Die Generale entgingen dem Feindfeuer, und die beiden T 26 wurden abgeschossen.

Für die Erfolge seiner Division und die bewiesene eigene Tapferkeit erhielt Hans-Jürgen von Arnim am 4. September 1941, soeben war er Generalleutnant geworden, das Ritterkreuz.

Ende September kehrte der Divisionskommandeur an die Front zurück. Unmittelbar nach seiner Rückkehr begann am 30. September 1941 das Unternehmen „Taifun".

In zwei großen Kesseln bei Wjasma und Brjansk waren die sowjetischen Truppen von Marschall Timoschenkos „Westfront" mit sechs Armeen und von Generaloberst Jeremenkos Brjansker Front mit drei Armeen eingekreist worden.

Am Abend des 5. Oktober befahl von Arnim einer Kampfgruppe, über den russischen Panzergraben nordwestlich Akulowa vorzugehen und die Straße Karatschew—Brjansk zu gewinnen.

Die 17. PD, die am 4. Oktober über die Nerussa gegangen war, sollte dieser unter Major Gradls Befehl stehenden Kampfgruppe nachfolgen.

Als Gradl bei Gluschy einen Halt einlegte, tauchte Major von Bonin, der Ia der 17. PD, auf. Er brachte einen Befehl von Generalleutnant von Arnim, nach einer Umgruppierung entlang der Nordweststraße in Richtung Brjansk zu fahren und die Stadt aus dem Rücken im Handstreich zu nehmen.

Dieses Vorhaben gelang, und Brjansk, das nach Westen zur waffenstarrenden Festung ausgebaut war, fiel am 7. Oktober.

Damit war die Verbindung zwischen der Panzergruppe 2 und der deutschen 3. Armee, die von Westen herankam, hergestellt. Die Sowjets saßen endgültig im Kessel.

Bis Tula, der russischen Waffenschmiede südlich Moskau, führte Generalleutnant von Arnim seine Division. Dann mußte er sie abgeben, um im Dezember 1941 am Wolchow das XXXIX. Panzerkorps zu übernehmen. Gleichzeitig wurde er zum General der Panzertruppe befördert.

Das XXXIX. Panzerkorps, das vom Wolchow zum Swir nach Norden vorstoßen und Verbindung mit den Finnen aufnehmen sollte, „hing in der Luft". In der schrecklichen Eiseinöde griffen sibirische Elitedivisionen unentwegt an. Das Korps, in exponierter Stellung stehend, konnte sich nicht halten, und anstatt die geplante Verbindung mit den Finnen aufzunehmen, mußte am 9. Dezember Tichwin aufgegeben werden. Mühsam, unter schweren Verlusten — auch durch Erfrierungen — mußte sich das XXXIX. Panzerkorps den Rückzug zum Wolchow freikämpfen, um nicht eingekesselt und vernichtet zu werden.

General von Arnim, der das Korps von Generalleutnant Schmidt übernommen hatte, schaffte das unmöglich Scheinende.

„Was auf dem Wege von Tichwin zum Wolchow an Gehorsam und Tapferkeit geleistet wurde", sagte später Generaloberst Halder, „ist ein Ruhmesblatt soldatischer Tugend."

Am 22. Dezember 1941 hatte Hans-Jürgen von Arnim sein Korps über den Wolchow zurückgeführt. Bei 52 Grad Kälte hatten alle Divisionen hohe Verluste erlitten. Am schwersten hatte es die 18. ID (mot.) getroffen, die über 9000 Mann verlor und deren Gefechtsstärke nur noch 741 Mann betrug!

Es waren die Divisionen des Korps von Arnim, die später das von den Sowjets eingeschlossene Cholm im Entsatzvorstoß erreichten. Am 5. Mai rollten die ersten beiden Sturmgeschütze nach Cholm hinein und schossen dem IR 411 unter Oberst Tromm den Weg in die Stadt frei. Damit hatte das Korps von Arnim die über 100 Tage lang von Generalmajor Scherer verteidigte Stadt befreit und wieder eine feste HKL gebildet.

Mit seinem XXXIX. Panzerkorps stand General der Panzertruppe von Arnim im Sommer und Herbst 1942 im Raum Rshew in schweren Kämpfen. Hier erhielt er eingangs Dezember 1942 ein Fernschreiben, mit welchem er ins Führerhauptquartier „Wolfsschanze" gerufen wurde. Zu dieser Zeit waren die deutschen und italienischen Truppen in Nordafrika unter dem Ansturm der Alliierten fast zusammengebrochen. Mit letzter Kraft wurde noch el Agheila verteidigt — danach lag ganz Tripolitanien frei vor den Alliierten. Und im Rücken der Achsenstreitkräfte waren eben die Amerikaner gelandet und marschierten durch Marokko und Algerien nach Osten.

Am 3. Dezember traf von Arnim im FHQ in Rastenburg ein. Was er zu diesem Zeitpunkt noch nicht wußte, war, daß Hitler unmittelbar vor ihm Generalleutnant Heinz Ziegler empfangen hatte. Ziegler gegenüber äußerte sich Hitler wie folgt:

„In Tunesien soll die 5. Panzerarmee neu gebildet werden. Die außerordentlichen Verhältnisse in diesem Raum machen trotz der geringen Truppenstärke den Führungsrahmen eines Armeeoberkommandos notwendig."

Auf Zieglers unausgesprochene Frage nach dem Oberbefehlshaber fuhr Hitler fort:

„Generaloberst von Arnim, der noch heute hier eintreffen wird, ist von mir zum Oberbefehlshaber vorgesehen, und Sie, Ziegler, nehmen die Stelle seines bevollmächtigten Vertreters ein."

Hitler begründete diesen völlig neuen Schritt damit, er wolle nicht, wie bei Feldmarschall Rommel, daß alles auf einer einzigen Führerpersönlichkeit stehe. Vor allem sollte bei Frontfahrten des Oberbefehlshabers ständig ein Vertreter auf dem Gefechtsstand anwesend sein.

„Auf diese Weise", schloß Hitler, „ist jederzeit die Möglichkeit für Entscheidungen durch das Oberkommando in Tunesien gegeben."

Generalleutnant Ziegler erwies sich als kühl denkender Realist. Seine Fragen an Hitler zielten darauf, ob es denn überhaupt möglich sei, Truppen in genügender Anzahl für diese neue Armee zu erhalten.

Feldmarschall Keitel, Chef des OKW, versprach daraufhin die Zufüh- daraufhin die Zuführung von drei Panzerdivisionen und drei motorisierten Divisionen.

Auf die Frage Zieglers, ob die Versorgung so großer Truppenkontingente über das Mittelmeer hinweg gesichert werden könne, bejahte Hitler entschieden. Im darauffolgenden Gespräch legte Ziegler dar, daß es unter diesen zugesagten Voraussetzungen wieder zu einer offensiven Kriegführung in Afrika kommen könne.

„Unabdingbare Voraussetzung für eine solche Entwicklung der Lage ist aber der Nachschub", schloß Ziegler.

Nach Generalleutnant Ziegler sprach der inzwischen eingetroffene Generaloberst von Arnim mit Hitler. Auch er stellte die Frage nach der Sicherung des Nachschubs und der Zuführung von Divisionen für das neue Panzer-AOK. Auch Generaloberst von Arnim war zuversichtlich, daß unter den gegebenen Zusicherungen der Rückzug beendet und eine neue Offensive geführt werden könne.

Wenig später trafen sich die beiden Männer, auf deren Schultern in Zukunft das Schicksal des Brückenkopfes Tunesien und schließlich gar der gesamten Heeresgruppe Afrika ruhen sollte.

Hans-Jürgen von Arnim fand in Heinz Ziegler einen guten „Stellvertreter" und gleichzeitig einen Menschen, dem er vertrauen konnte. Beide Männer waren in der alten preußischen Tradition erzogen worden. Sie verstanden sich sofort. Am 4. Dezember 1942 schon meldeten sie sich bei Feldmarschall Kesselring in Frascati bei Rom. Ein Fauxpas, der jedoch nicht zu Lasten der beiden Generale ging, war passiert. Man hatte General der Panzertruppe Nehring, der in Tunesien das XC. Armeekorps aufgebaut und bis dahin geführt hatte, nichts von seiner Ablösung gesagt.

Nehring hatte in der vom 1. bis 3. Dezember andauernden Schlacht um Tebourba mit schwachen Kräften den Wettlauf nach Tunis gegen die von Algerien heranstürmenden Amerikaner gewonnen.

Erst als Generalmajor Gause am 6. Dezember auf dem Gefechtsstand in Tunis eintraf, um die Entwaffnung der noch unter Waffen stehenden Vichy-französischen Besatzung von Bizerta durchzuführen, erfuhr Walther Nehring, daß in den nächsten Tagen seine Nachfolger eintreffen würden.

Am 8. Dezember trafen von Arnim und Ziegler in Tunis ein. Dort war von General Nehring bereits die Fortführung des Angriffs angeordnet worden. Bei der Übernahme der Geschäfte begrüßte Generaloberst von Arnim die getroffenen Maßnahmen.

Am nächsten Tage, als der Angriff begann, verabschiedete sich General Nehring von seinen Soldaten in einem Tagesbefehl und fuhr nach Europa zurück.

Damit war von Arnim auf einen Kriegsschauplatz gekommen, der ihm alles abverlangen sollte und auf dem er das schwerste Schicksal eines Befehlshabers, die Kapitulation, erleben sollte.

In den Dezemberkämpfen konsolidierte sich die Lage im Brückenkopf Tunesien. Aus dem Nichts entstanden, hatte das Panzer-AOK 5 am 31. Dezember 1942 158 Panzer III und IV sowie 11 Tigerpanzer zur Verfügung.

Die Regenfälle im Januar ließen keine größeren Kampfhandlungen zu. Ende des Monats traf von Osten her die 21. PD des DAK im Befehlsbereich der 5. Panzerarmee ein. Sie war die erste Division, die im Zuge der Absetzbewegungen der Panzerarmee Afrika die libysch-tunesische Grenze überschritt. Generaloberst von Arnim setzte sie sofort zum Angriff auf den Faidpaß an. Gemeinsam mit der 10. PD griff die 21. PD an. Der Angriff wurde geführt von Generalleutnant Ziegler.

Ziegler zeigte sich hier als hervorragender Taktiker. Er setzte die Divisionen beiderseits umfassend auf den Paß an. Zwei Tage und Nächte dauerte der Kampf, dann war der Paß in deutscher Hand. Ein Bataillon der französischen Division „Algier" wurde vollständig gefangengenommen. Ein Gegenangriff des II. US-Korps mit Panzern am 2. Februar 1943 wurde abgewiesen. Generalleutnant Ziegler konnte über Funk den Sieg bei Faid zum Hauptquartier durchgeben lassen. Dort wandte sich Generaloberst von Arnim an seinen I a:

„Jetzt ist ein Alpdruck weg, Pomtow!" sagte er erleichtert.

„Ja", erwiderte der Oberst, der schon mit General Nehring nach Afrika gekommen war, „man wird bescheiden."

Durch diesen erfolgreichen Vorstoß war eine drohende Gefahr beseitigt worden. Jetzt traf auch Feldmarschall Rommel mit dem Gros der Panzerarmee Afrika, von Tripolitanien kommend, in Tunesien ein.

Sowohl von Arnim als auch Rommel arbeiteten neue Offensivpläne aus, die weitergehend waren als die vorher laufenden Operationen. Generaloberst von Arnim kam zu der Überzeugung, daß im Südabschnitt der Tunesienfront in absehbarer Zeit mit einem Großangriff gerechnet werden müsse.

„Ziel dieses feindlichen Großangriffs wird es sein, das Meer zu erreichen und die Panzerarmee Afrika von der 5. Panzerarmee zu trennen", sagte er im Gespräch zu Oberst Pomtow. Darauf basierend, arbeitete er einen Plan zur Abwehr des befürchteten Angriffs aus. Generaloberst von Arnim sagte in seinem Bericht „Tunesien nach 14 Jahren" selbst darüber:

GENERALOBERST JÜRGEN VON ARNIM

Der letzte Oberbefehlshaber der deutsch-italienischen Heeresgruppe Afrika

Generaloberst v. Arnim spricht an der tunesischen Front mit Landsern in der vordersten Stellung, der Mareth-Linie

Besprechung mit einem italienischen Admiral zur Frage des Nachschubs von Italien über das Mittelmeer

„Von Tebessa her zeichnete sich durch die Amerikaner eine neue schwere Bedrohung ab, deren erste Fühler auf Gafsa, Sened und den Faidpaß zielten. Das ergab eine große Rückengefährdung, sowohl der Mareth-Linie (in welcher die 1. Armee unter dem italienischen General Messe verteidigte), wie einer späteren Verteidigung der Seen-Linie. Alles kam darauf an, daß die Amerikaner abgewehrt wurden."

Generaloberst von Arnim und Generalleutnant Ziegler planten, unterstützt vom Chef des Generalstabes der 5. Panzerarmee, Oberst von Quast, die 10. und 21. PD zu einem überraschenden Vorstoß gegen die sich westlich des Faid-Passes versammelten Amerikaner anzusetzen.

Diese Planung erhielt die Codebezeichnung „Unternehmen Frühlingswind". Abermals sollte Generalleutnant Ziegler die Führung übernehmen.

Die stählerne Spitze des Angriffskeils bildeten die Tiger der schweren Panzerabteilung 504 unter Major Seidensticker. Die Tiger sollten an der Spitze der 10. PD durch den Paß stoßen.

Mit Generalleutnant Ziegler ging Oberst Pomtow als Chef des Stabes der Führungsgruppe nach La Fauconnerie, wo der Gefechtsstand eingerichtet wurde. Hier traf auch Feldmarschall Rommel ein und machte Ziegler den Vorschlag, mit seinen schnellen Verbänden diesen Vorstoß aus der Mareth-Linie, der Sicherungsstellung gegen die Briten im Osten, heraus zu unterstützen.

Auf diese Weise wollte Rommel seinen geheimen Plan verwirklichen, weit in den Rücken des Gegners hinein auf Tebessa vorzupreschen.

Vor der Mareth-Stellung herrschte zur Zeit Ruhe, weil die 8. britische Armee unter Montgomery noch nicht wieder einsatzbereit war.

Rommels weiterer Plan sah vor, nach dem Abkneifen der alliierten Invasionsarmee von ihren Versorgungslinien im zweiten Zuge aus Richtung Tebessa nach Norden bis zur Küste emporzupreschen. Gelang dieses kühne Unternehmen, dann war die gesamte alliierte Front in Tunesien vernichtet.

Aber zu dieser großräumigen und überaus kühnen Planung fehlten die Voraussetzungen. Zum einen waren die verfügbaren Kräfte dazu zu schwach, und zum anderen würde es unmöglich sein, selbst die benötigten Versorgungslinien zu unterhalten.

Aus diesen Gründen mußte Generaloberst von Arnim Rommels Plan ablehnen. Ein solcher Stoß, der durch das tunesisch-algerische Bergland gegangen wäre, konnte nicht mehr geführt werden. Es blieb bei „Frühlingswind".

In den frühen Morgenstunden des 14. Februar 1943 rollte „Frühlingswind" an. Wieder teilte Ziegler vor dem Faidpaß seine Angriffsverbände. Durch den Paß rollte die 10. PD, während die 21. PD südlich herum mitten durch die Wüste fuhr. Die 10. PD schoß sich den Weg durch den Paß frei, schwenkte am Djebel Lessouda, am berühmten Aquädukt, nach Süden auf Sidi bou Zid ein, das auch die 21. PD zu erreichen strebte. Die Panzer der 1. US-PD stellten sich der 10. PD entgegen. Die Panzerschlacht von Sidi bou Zid konnte beginnen. Major Seidenstickers Tiger schossen mit jedem Treffer einen Feindpanzer zusammen. Dieses tödliche Feuer ließ die Feindarmada zusammenschmelzen, und dennoch wäre es nicht gut für die 10. PD ausgegangen, wenn nicht in diesem kritischen Moment die 21. PD aufgetaucht wäre, die sich durch den Wüstenstaub nach Sidi bou Zid durchgekämpft hatte. Das Kampfgetöse verdoppelte sich. Von drei Seiten erhielten die Amerikaner Feuer. Das 168. US-Panzerregiment steckte im Kessel. Das Kampfkommando A, das soeben noch von General Eisenhower besucht worden war, wurde schwer eingedeckt. Sein Kommandant, Oberst Alger, mußte zusehen, wie seine Panzer vernichtet wurden. Vergebens versuchte das Kampfkommando C — das 6. Panzer-Infanterieregiment unter Oberst Robert I. Stack — den Panzern zu Hilfe zu kommen.

John D'Arcy-Dawson, der Beobachter der Schlacht, schrieb in seinen Erinnerungen „Tunesien Battle":

„Was noch wenige Stunden vorher die ausgezeichnete Panzerwaffe des II. US-Korps ausgemacht hatte, war in den Abendstunden des 14. Februar nur noch ein Haufen glühender, qualmender Trümmer. Über siebzig Sherman-Panzer lagen vernichtet, ausgebrannt und einige noch immer brennend, auf der Plaine bei Sidi bou Zid."

Die deutschen Panzer hatten einen großen Erfolg errungen. Aber General Ziegler ging noch weiter. Am frühen Morgen des 15. Februar stieß er entlang des Aquäduktes auf Sbeitla vor. Er hatte beide Divisionen jetzt zu einer Kampfgruppe zusammengefaßt.

Die beiden amerikanischen Kampfgruppen A und C versuchten abermals, die Deutschen aufzuhalten. Sie waren durch Reservepanzer verstärkt worden. Erneut kam es zu einem erbitterten Gefecht, bei dem wieder fast alle amerikanischen Panzer vernichtet wurden. Die II./PzRgt. 1 der Amerikaner unter Oberst Alger wurde förmlich in den Boden gestampft. Oberst Alger geriet in deutsche Gefangenschaft.

Am Abend des 15. Februar alarmierte General Fredenhall das Kampfkommando B unter Generalmajor Robinett. Er sagte zu Robinett:

„Rollen Sie mit Ihren dicken Elefanten nach Sbeitla, fahren Sie schnell und kommen Sie bald zum Schießen!"

Am 14. Februar verloren die Amerikaner 165 Panzer. Präsident Roosevelt wandte sich nach Eingang der Nachrichten im Weißen Haus an seine Militärexperten:

„Können unsere Jungens denn nicht kämpfen?" fragte er verzweifelt.

Am 16. Februar schwenkte Generalleutnant Ziegler mit der 10. PD auf Pichon ein. Doch dieser Angriff drang nicht durch. Auch der Weg der 21. PD zum Kasserinepaß wurde gestoppt — aber von deutscher Seite. Rommel hatte die 164. Leichte (Generalmajor von Liebenstein) und die 15. PD zum Vorstoß versammelt. Das Panzergrenadierregiment Afrika unter Oberst Menton hatte Gafsa genommen. Die nachstoßende 15. PD eroberte am 17. Februar den Flugplatz Thelepte, hart nördlich Feriana, und auf einmal erschien Rommels kühner Plan sich doch noch realisieren zu lassen.

Jetzt unterstellte das OKW die beiden Panzerdivisionen der 5. Panzerarmee Rommel, und damit war die Kampfgruppe Ziegler aufgelöst.

Der Kasserinepaß wurde von allen Divisionen des DAK nacheinander angegriffen. Hauptmann Hans-Günther Stotten gelang schließlich der Durchbruch mit seiner Panzerabteilung. Wie ein stählerner Sturm fegte er durch den Paß. Er stieß das Tor ins Hinterland des Feindes auf und erhielt dafür am 10. Mai 1943 das Eichenlaub zum Ritterkreuz.

„Ausnützen!" war auch hier Rommels Parole.

Auch dieser neue Angriff kostete den Gegner wieder 169 Panzer, 95 Spähwagen, 36 Selbstfahrlafetten und 50 Geschütze. Thala wurde von der 10. PD erreicht. Der Kampf um den letzten Paß vor Tebessa begann.

Dramatische Kämpfe entwickelten sich, und das amerikanische Kampfkommando B (Robinett) hielt das entkräftete DAK auf. Die 21. PD, die auf Pichon stürmen und das dort angreifende IR 47 (Oberstleutnant Buhse) unterstützen sollte, blieb bei Sbiba vor einer Minensperre liegen. Die übermüdeten und dezimierten Kräfte schafften es nicht. Generaloberst von Arnim sollte — leider — Recht behalten mit seiner Skepsis gegenüber Rommels Plan.

Zudem kamen alarmierende Nachrichten aus der Mareth-Stellung, wo die Engländer im Rücken der Deutschen überraschend und vorzeitig wieder antraten. Nach einer Lagebesprechung am Kasserine-Paß mit Feldmarschall Kesselring beschloß Rommel, den Rückzug anzutreten.

Am 23. Februar entschloß sich die oberste deutsche Führung zu einer klaren Befehlsgebung in Afrika. Mit deren Inkraftsetzung durch Feldmarschall Kesselring war die „Heeresgruppe Afrika" geboren. Rommel sollte sie noch vier Wochen weiterführen, ehe er sich zur dringend notwendigen Kur begab. Als sein Nachfolger wurde Generaloberst von Arnim vorgesehen.

Rommel billigte in den nächsten Tagen die von Arnim ausgearbeiteten Pläne, sich mit der 5. Panzerarmee günstigere Verteidigungsstellungen gegen die vom Gegner zu erwartende Frühjahrsoffensive zu erkämpfen.

Diese Operation erhielt die Bezeichnung „Ochsenkopf". Sie begann am 26. Februar und wurde am 28. Februar abgebrochen. Nur an wenigen Stellen konnten die erhofften Geländegewinne erzielt werden.

Am 9. März übergab Feldmarschall Rommel den Oberbefehl in Afrika an Generaloberst von Arnim, flog nach Rom und von dort aus weiter ins FHQ. Heinz Ziegler wurde von Arnims Stellvertreter. Chef des Stabes blieb Generalmajor Gause und Ia wurde Oberst Pomtow.

Am 23. März fuhr Generaloberst von Arnim zur 1. Armee und billigte den Entschluß des italienischen Oberbefehlshabers Messe zum Rückzug in die Akaritstellung. Seit diesem Tag kam kein Schiff mehr in Tunesien an. Als man Generaloberst von Arnim vom OKW vorhielt, er schiele ständig nach hinten, entgegnete er freimütig und nicht ohne Sarkasmus:

„Gewiß schiele ich nach rückwärts; in der Hoffnung, wenigstens einige Versorgungsschiffe zu entdecken. Aber da kommen keine; trotz aller Zusagen!"

Daß es ihm trotz dieser Schwierigkeiten gelang, einen Vorstoß der britischen 8. Armee mit 7000 Fahrzeugen auf Gabes abzuwehren, ist eines der Wunder des an Wundern so reichen afrikanischen Kriegsschauplatzes.

Generaloberst von Arnim sah sich vor einer der schwierigsten Situationen, denen ein Oberbefehlshaber begegnen konnte. Er mußte, um das Leben der ihm Untergebenen zu schonen, Rückzugsbefehle geben. So scheute er sich nicht, am 6. April der 1. Armee (Messe) den Befehl zum Absetzen zu geben. Er ließ drei Tage die Luftsicherung durch Flugzeuge ausfallen, um mit dem eingesparten Benzin Kranken- und Verwundetentransporte durchführen zu können. Es gelang der 1. Armee, bis zum 14. April die Enfidaville-Stellung zu erreichen.

Zur allgemeinen Lage Mitte April 1943 im Brückenkopf sagte Generaloberst von Arnim:

„Alle entbehrlichen Flak-Batterien wurden zum Erdkampf westlich Tunis vorgesehen. Dem gegenüber stand ein erschütternder Mangel an Nachschub. An der erwarteten Stoßfront, ostwärts Medjez el Bab, fehlten Stacheldraht und Minen; natürliche Panzerhindernisse aber gab es in diesem Raum nicht. Am schlimmsten war, trotz allen Bittens und aller Anforderungen, das Absinken des Munitionsvorrates, besonders der Artillerie und der panzerbrechenden Waffen, auf eine halbe Tagesrate."

Ende April begann der Endkampf. Mit allen verfügbaren Divisionen stießen die Alliierten vor. Aber bis zum 4. Mai 1943 konnte die Linie Bjord Toum-French — Fourna — Ksar Tyr — Kamelberg-Höhen bei Pont du Fahs gehalten werden.

In diesen ersten Maitagen passierte ein Zwischenfall, der mehr als alle Worte das Wesen und den Charakter von Generaloberst von Arnim kennzeichnet.

Vor Tunis, auf der Reede von La Goulette, lag der italienische Dampfer „Belluno" mit 700 englischen Kriegsgefangenen an Bord. Britische Bomber griffen das Schiff an. Die Besatzung ging von Bord. Hafenkapitän Keller rief Oberst Pomtow an und beschwor ihn, etwas zu tun. Dieser ging sofort zum Oberbefehlshaber und schilderte ihm die grausige Situation der Gefangenen, die von ihren eigenen Bombern getötet werden würden.

„Geben Sie sofort über Funk an General Alexander durch, er soll die Bombenangriffe auf seine eigenen Leute einstellen!" befahl von Arnim dem für die Feindnachrichten zuständigen Ic, Major Moll*. Dieser ließ einen offenen Funkspruch tasten. Er hatte folgenden Wortlaut:

„Stoppen Sie Luftangriff auf Hafen Tunis. Angegriffenes Schiff hat 700 englische Kriegsgefangene an Bord."

Sir Harold Alexander reagierte blitzschnell. Die Bomber wurden zurückgerufen.

Der Kampf ging zu Ende. Mit den letzten seiner Leute, zu denen noch General der Panzertruppe Cramer mit seinem Korpsstab kam, entschloß sich Generaloberst von Arnim am 12. Mai 1943 auf dem Gefechtsstand bei Ste. Marie zu Zit, den Kampf einzustellen. Er schickte Oberst i. G. Nolte, den Chef des Stabes des DAK, zum englischen Befehlshaber. Auf das Kapitulationsangebot erschienen zunächst in einem Jeep Oberstleutnant I. B. Glennie und Major C. Bryant vom Royal Sussex Regiment. Etwas später kamen der Kommandierende General der britischen 1. Armee, General Anderson, und der Kommandeur der 4. Indischen Division, Generalmajor Tucker.

Vorher hatte der Oberbefehlshaber noch Rommels Wohnwagen anzünden und die letzten beiden Befehlspanzer Rommels in eine tiefe Schlucht

---

* der jetzige Inspekteur des Heeres der Bundeswehr.

des Zaghouan-Berges stürzen lassen. Er wollte nicht, daß irgendein Erinnerungsstück an Rommel in die Hände des Feindes fiel.

Als die britischen Gegner erschienen, ging der Generaloberst — dem die Rettung durch ein Flugzeug angeboten worden war — aufrecht und ungebeugt den schweren Gang, den alle „Afrikaner" gehen mußten.

General Eisenhower weigerte sich in seinem chronischen Haß gegen die Deutschen, den letzten Oberbefehlshaber in Afrika zu sehen. Aber General Harold Alexander empfing von Arnim mit allen Ehren. Nach dem Gespräch fragte er ihn:

„Herr Generaloberst, haben Sie noch einen Wunsch?"

Hans-Jürgen von Arnim nickte. Er hatte einen Wunsch, und wie immer galt er nicht seiner Person.

„Revanchieren Sie sich für die 700 Engländer und lassen Sie 700 deutsche Schwerverwundete mit Lazarettschiffen nach Italien bringen!" bat er.

Einen Augenblick zögerte General Alexander. Dann nickte er und legte salutierend die Hand an die Mütze.

„Ich werde Ihren Wunsch erfüllen!" versprach er.

In England, Amerika, Belgien und im Munsterlager war der Generaloberst in Gefangenschaft. Auch hier setzte er sich für die Belange seiner Mitgefangenen ein, als die Amerikaner nach Kriegsschluß eine Hetzkampagne gegen die Gefangenen veranstalteten und sie schikanierten.

Ungebrochen, zuversichtlich kehrte er nach vier harten Jahren zu seiner Familie zurück.

Mit seiner Frau lebte er in Bad Wildungen. Hier starb er am 1. September 1962 im Alter von 73 Jahren. Hunderte alter „Afrikaner" gaben ihrem verehrten Oberbefehlshaber das letzte Geleit.

Hans-Jürgen von Arnim, * 4. April 1889 in Reichenbach/Schles.
Letzter Dienstgrad: Generaloberst
Einsätze:
Erster Weltkrieg: Frankreich
Zweiter Weltkrieg: Frankreich, Rußland, Tunesien
Auszeichnungen:
Eisernes Kreuz I. und II. Klasse im 1. Weltkrieg
Spangen zum Eisernen Kreuz I. und II. Klasse
Ritterkreuz am 4. September 1941
Gestorben am 1. September 1962 in Bad Wildungen

OBERSTLEUTNANT PAUL AUDORFF

Mit dem Grenadierregiment 754 in Tunesien

Am 12. November 1942 — vier Tage nach der amerikanischen Landung in Marokko und Algerien — wurde im OKH das Stichwort „Krimhilde" gegeben, mit welchem die Aufstellung einer neuen Infanteriedivision begann. Diese Division, welche die Nummer 334 erhielt, war für den afrikanischen Kriegsschauplatz bestimmt. Und zwar sollte sie im bisher noch französischen Tunesien zum Einsatz gelangen.

Generalmajor Friedrich Weber stellte diese Division auf. Das Grenadierregiment 754 war bereits vorher von Oberstleutnant Paul Audorff aufgestellt worden. Es bildete nunmehr den Kern der neuen Division.

Audorff war ein erfahrener Offizier, der sich bereits in Frankreich ausgezeichnet hatte.

Paul Audorff wurde am 6. Februar 1904 in Hof in Bayern geboren. Seine Jugend verbrachte er im Elternhaus im nordöstlichen Zipfel von Bayern, wo sein Vater als Reichsbahnbeamter tätig war. Nach den vier Grundschuljahren besuchte er die Realschule. Hier ging er nach dem Einjährigen ab, um anschließend die Forstschule zu absolvieren.

Nach abgeschlossener Forstschulausbildung trat er als Neunzehnjähriger im Jahre 1923 bei der 14. Kompanie des 16. (bayer.) Infanterieregiments ein, um Berufssoldat zu werden.

In den Garnisonen Landshut und Erlangen tat er als Gruppen- und Zugführer Dienst und avancierte dabei zum Feldwebel.

Audorff gehörte zu den ersten Unteroffizieren, die bereits am 1. Juli 1934 unter gleichzeitiger Beförderung zum Leutnant und Oberleutnant in das aktive deutsche Offizierskorps übernommen wurden.

Am 1. Januar 1937 wurde er Hauptmann und führte die 9. Kompanie des IR 42. Während seiner Reichswehrzeit war er sportlich sehr vielseitig tätig. Außer Schwimmen betrieb er Leichtathletik und auch Schwerathletik. Im Schießen hatte er es zu zwei Schützenabzeichen und einem Scharfschützenabzeichen gebracht.

Am 1. September 1939 lag die Kompanie Audorff in einem Kartoffel-
acker vor der polnischen Grenze. Um 4.45 Uhr eröffnete die deutsche
Artillerie das Feuer. Dann griff die Kompanie an. Ihr Ziel war eine Zie-
gelei. Sie wurde im ersten Angriff genommen.

Am 15. September hielt das III. Bataillon des IR 42 das Dorf Stud-
zianka besetzt. Die Kompanie Audorff lag nachts in einem großen Gut,
ungefähr 500 Meter vom Dorf entfernt. Es gab zum erstenmal ein rich-
tiges Ausruhen. Aber die Nachtruhe wurde jäh durch MG-Feuer beendet.
Sofort war Audorff auf den Beinen.

„Erster Zug und Kompanietrupp fertigmachen!" befahl er.

Zwanzig Minuten später stieß diese kleine Gruppe, der Hauptmann
an der Spitze, in den Wald hinein. Aus diesem Wald waren die Salven
gekommen.

Plötzlich bellte rechts von ihnen am Waldrand abermals ein MG.

„Rechts um. In Schützenkette folgen!"

Die Männer bemühten sich leise zu sein. Paul Audorff wollte versuchen, dem dort liegenden Feind in den Rücken zu kommen. Aber sie
kamen zu spät. Als sie die Stelle erreichten, ritten eben ein paar Polen
in wildem Galopp davon und verschwanden im Wald.

Am Waldrand fanden sie einen zerschossenen Pkw der 14. Kompanie.
Daneben einen Feldwebel, tot. Von den übrigen Kameraden keine Spur.

„Melder zum Bataillon!" rief Hauptmann Audorff. Der Schütze Zapf
baute sich vor dem Chef auf. „Holen Sie die übrigen Züge der Kompanie heran, Zapf!" befahl er dem Melder des Kompanietrupps.

Der Melder stieß auf dem Wege zur Unterkunft auf einen Spähtrupp
der 10. Kompanie. Es waren sieben Männer. Zwei waren tot und vier
schwer verwundet. Nur ein Mann war unverletzt. Es war der MG-
Schütze I, dem es gelungen war, in letzter Sekunde das Feind-MG zum
Schweigen zu bringen.

Schütze Zapf alarmierte die beiden übrigen Züge und erreichte den
Bataillonsgefechtsstand. Man gab ihm einen Funktrupp mit. Als Zapf
auf dem Rückweg den Wald erreichte, hörte er aus Richtung der Kompanie eine wilde Schießerei. Es gelang ihm, Hauptmann Audorff zu finden und ihm die Meldung des Bataillons zu übergeben. Er erfuhr auch,
daß die Kompanie, die übrigen Züge waren inzwischen herangekommen,
von drei Seiten von Polen eingeschlossen sei.

Baumschützen, ferner gutgetarnte und eingegrabene Schützen feuerten
auf alles, was sich zeigte. Der Feind drängte dichter heran. Immer mehr
Verlustmeldungen trafen bei der Kompanie ein, und auf eine baldige

Unterstützung war nicht zu rechnen, wie die Meldung Audorff gezeigt hatte.

Er überlegte nicht lange. Hier kam nur eines in Betracht:

„Durchbruch in Richtung Gut, ohne Rücksicht auf Verluste!"

Ein Zug bildete die Nachhut, der zweite stieß auf der Straße zur Unterkunft durch, der dritte ging mitten durch den Wald. Der Durchbruch gelang, und Paul Audorff hatte seine Kompanie vor einem Massaker bewahrt. Er wurde mit dem Eisernen Kreuz II. Klasse ausgezeichnet.

Bereits Anfang Oktober verlegte die Division wieder in die Heimat. Im Februar 1940 wurde Audorff Kommandeur des I./IR 330, einem neuaufgestellten Regiment, das wenig später in IR 596 umbenannt wurde.

Mit diesem Bataillon kämpfte Audorff im Frankreichfeldzug beim Durchbruch durch die Maginot-Linie. Hier erhielt er im Juni 1940 das Eiserne Kreuz I. Klasse.

Nach der Kapitulation Frankreichs war das I./IR 596 als Wachbataillon in Paris eingesetzt. Später wurde es zur Atlantikküste verlegt, um am geplanten Unternehmen „Seelöwe", der Invasion in England, teilzunehmen. Hier wurde Paul Audorff am 1. Oktober 1941 Major.

Im Herbst 1942 stellte Major Audorff auf dem Truppenübungsplatz Grafenwöhr das Infanterieregiment 754 auf. Mit dem Stichwort „Krimhilde", welches die Aufstellung der 334. ID auslöste, wurde Audorff Regimentskommandeur.

Er war bei der Ausrüstung des Regiments mit Tropenuniformen und bei der von Unterarzt Dr. Franz Bachmayr durchgeführten Tropentauglichkeitsuntersuchung die treibende Kraft, so daß das I. Bataillon seines Regiments unter Major Fritz Weidenhammer bereits am 14. Dezember in Grafenwöhr verladen werden konnte.

Im Bahntransport ging es über München, Innsbruck und den Brenner nach Neapel. Hier zog ein Teil des Bataillons in einem Zeltlager bei Torre Annunziata am Fuße des Vesuvs unter. Der Bataillonsstab und die 1. Kompanie unter Oberleutnant Konrad Theiss fuhren bis Sizilien weiter und erreichten nach einer nächtlichen und stürmischen Überfahrt auf dem italienischen Zerstörer „Pompadieri" am 21. Dezember 1942 bei Bizerta afrikanischen Boden.

Am 22. Dezember folgte die 3. Kompanie unter Hauptmann Wilhelm Schwarz nach. Sie war in Palermo auf dem italienischen Zerstörer „Bersaglieri" eingeschifft und ebenfalls nach Bizerta gebracht worden. Das I. Bataillon des Regiments Audorff wurde unmittelbar nach der Landung zur Verstärkung in den Raum Medjez el Bab-Tunis geworfen. Major

Weidenhammer errichtete den Bataillonsgefechtsstand am 22. Dezember in der St. Georges Ferme zwischen Tebourba und Eddekhila, nördlich des Medjerda-Flusses, im Gebiet der später noch zur Berühmtheit gelangenden „Weihnachtsberge".

Dann führte Major Audorff den nach Westen gerichteten Abwehrkampf in diesem Raum, der unmittelbar nach seinem Eintreffen begann. Als am Heiligabend Einheiten der 78. britischen ID angriffen und sich ein drohender Durchbruch abzeichnete, wurden die Briten vom Bataillon Weidenhammer zum Stehen gebracht. Das Infanterieregiment 754 bewies zum erstenmal seine außerordentliche Standfestigkeit. Nach erfolgreicher Abwehr wurde der Bataillonsgefechtsstand in die St. Gilbert Ferme verlegt, die am Fuße des Weihnachtsberges nahe der Eisenbahnstation Bordj-Thoum lag.

Major Audorff setzte am 25. Dezember die 1. Kompanie auf Heidous an. Wieder zeigte sich, daß der Angriffsschwung und der Einsatz der Grenadiere beispielhaft war. Die Kompanie stürmte mit Hurra und nahm Heidous trotz heftiger Gegenwehr der Briten in Besitz. Sie machte 115 Gefangene, darunter 35 Verwundete. Letzteres zeigt die Härte des Kampfes auf. Die Verwundeten wurden sofort versorgt.

Nun baute das Bataillon im Gebiet des Weihnachtsberges bis zum Medjerda die Stellungen aus und errichtete feste Unterstände. Major Audorff war unerbittlich, wenn es darum ging, sichere Stellungen anzulegen. Nach und nach trafen auch die übrigen Einheiten des Regiments ein, und anschließend war die gesamte Division mit den Grenadierregimentern 754 und 755, dem Gebirgsjägerregiment 756 und dem Artillerieregiment 334 eingetroffen.

Hier auf dem verlorenen Kriegsschauplatz mußte sich die rasch zusammengesuchte Division in den folgenden Wochen in schwersten Kämpfen behaupten.

Im Januar setzte Major Audorff zahlreiche Spähtrupps ein. Er selbst führte zwei Offizierspähtrupps, die bis nach Medjez el Bab vorstießen. Mehrfach wurden Gefangene eingebracht.

Der Regimentsgefechtsstand war von Audorff in Massicault eingerichtet worden. Von hier aus konnte der Regimentskommandeur rasch zu allen Bataillonen gelangen und mit seiner Eingreifreserve blitzartig zur Stelle sein, wenn es brannte.

Am 1. Februar 1943 wurde Paul Audorff zum Oberstleutnant befördert. Immer wieder zeichnete er sich mit seinen tapferen Grenadieren aus. Einsatzfreudig, tapfer, ein fürsorglicher Vorgesetzter und guter Kamerad, konnte er des vollen Vertrauens eines jeden Mannes seines Regiments sicher sein. Er konnte sich auf den letzten Grenadier ebenso verlassen wie auf seine Offiziere.

Am 2. Februar 1943 wurde das II. Bataillon durch das I./Gebirgsjägerregiment 756 am Weihnachtsberg abgelöst. Es kam jedoch nicht etwa in Ruhestellung, sondern mußte von Audorff an einen neuen Brennpunkt der Front geschickt werden. Er setzte es auf der Höhe der Straßenabzweigung nach Goubellat–Bou Arada, ungefähr zehn Kilometer ostwärts Medjez el Bab, ein. Der Bataillonsgefechtsstand wurde auf der Weinferme Montarnaud, zirka fünfzehn Kilometer ostwärts Medjez el Bab, eingerichtet. Damit verteidigte das Regiment Audorff den wichtigsten Abschnitt der tunesischen Westfront.

Im Februar und März führte Oberstleutnant Audorff mehrere gewaltsame Erkundungen durch, die in die Blauen Berge von Bou Arada und bis zur Doppelmoschee dicht vor Medjez el Bab zielten.

Am 21. März 1943 unternahm er einen gewaltsamen Erkundungsvorstoß mit Teilen des I. Bataillons unmittelbar auf Medjez el Bab. Für den Fall, daß die Ortschaft schwach besetzt war, wollte Audorff sie im Handstreich in Besitz nehmen, denn nach wie vor war Medjez el Bab „der Schlüssel zum Tor" nach Tunis.

In der Nacht drangen die Grenadiere immer weiter vor. Die feindlichen Vorposten wurden überrumpelt, und dann erreichte der Stoßtrupp schließlich den Bahnhof von Medjez el Bab, keine zwei Kilometer nördlich des Ortes.

Der Feind geriet in Gefahr, hier aus seiner Schlüsselposition geworfen zu werden.

Generalmajor Evelegh, der Kommandeur der im Raum Medjez el Bab liegenden britischen 78. ID, ließ aus allen verfügbaren Rohren das Feuer eröffnen. In diesem massierten Stahlhagel blieb der Angriff liegen. Die 1. Kompanie, die im Zentrum des Abwehrfeuers gelegen hatte, wurde bis auf dreißig Mann aufgerieben. Oberstleutnant Audorff mußte den Rückzug in die Ausgangsstellungen befehlen. Der Handstreich auf Medjez el Bab war mißlungen. Er hatte gezeigt, daß der Gegner diesen Punkt zu stark gesichert hatte.

Mehrere kleine Feindvorstöße wurden in den folgenden Wochen blutig abgewiesen.

Am 20. und 21. April ließ Oberstleutnant Audorff das I. Bataillon gemeinsam mit den Fallschirmjägern des FschJägRgt. 5 (Oberstleutnant Koch) zum Angriff gegen den englischen Aufmarsch antreten, der hierdurch gestört werden sollte. Dieser Angriff wurde am Djebel Hoka, südlich der Hauptstraße nach Medjez el Bab, geführt. Wieder waren die deutschen Kräfte zahlenmäßig unterlegen und besaßen keine schweren Waffen. Hierbei wurde die 3. Kompanie abgeschnitten und erlitt schwere Verluste.

In dieser Situation zeichnete sich der Bataillonsadjutant, Leutnant Hutzler, besonders aus. Mit seinem Krad fuhr er zweimal durch das geballte Feindfeuer, um der abgeschnittenen Dritten Munition zu bringen. Mehrmals wurden ihm die Reifen seines Krads durchschossen, aber er kam durch. So konnte dieser eine Offizier die Überlebenden der 3. Kompanie retten. Oberstleutnant Audorff gab ihn zum Ritterkreuz ein.

Am frühen Morgen des 21. April fiel an der Spitze der 2. Kompanie Major Fritz Weidenhammer durch Kopfschuß.

Der Bataillonsarzt ·Dr. Bachmayr und Bataillonsadjutant Leutnant Hutzler versuchten, den toten Kommandeur zu bergen. Aber sie wurden durch undurchdringliches MG- und Gewehrfeuer zurückgetrieben.

Paul Audorff mußte den Absetzbefehl geben. Das I. Bataillon zog sich in die Ausgangsstellungen zurück. Noch am 21. April traf·Major Walther Herrmann auf dem Bataillonsgefechtsstand ein, um das verwaiste Bataillon zu übernehmen.

Die Abwehrfront der 334. ID verlief zu dieser Zeit wie folgt:

Das Grenadierregiment 754 (Audorff) verteidigte im Vorfeld von Medjez el Bab bis zum Medjerda hinunter. Links an das I. Bataillon angelehnt, jenseits der Straße Tunis—Medjez el Bab, lagen die Fallschirmjäger des Regiments 5. In den Medjerdabergen bis hinunter zum Tine-Fluß mit dem Djebel Lanserine stand das Regiment 755 unter Oberst Martin Eder. Mit einem Bataillon verteidigte es auch den Longstop Hill (den berüchtigten „Stillstandshügel"). Das Gebirgsjägerregiment 756 unter Oberst Lang, der dem am 13. Februar 1943 gefallenen Oberst Haussels in der Regimentsführung gefolgt war, verteidigte den schmalen, aber stark bedrängten Abschnitt vom Qued el Tine bis Sidi Nsir. Von hier aus schloß sich nach Norden die Division von Manteuffel an.

In der Nacht zum Karfreitag, dem 23. April 1943, begann der englische Großangriff, der mit Zielrichtung Tunis geführt wurde. Es begann ein Kampf auf Biegen und Brechen.

Eine englische Infanteriedivision und eine Panzerbrigade griffen pausenlos an. Die Grenadiere, unterstützt von einigen Flak-Einheiten, schlugen alle Angriffe ab. Paul Audorff fuhr im Befehlswagen von einem Bataillon zum anderen. Wo der Gegner einen Einbruch erzielte, dort warf ihn Audorff wieder hinaus. Oberstleutnant Audorff bestand hier seine größte soldatische Bewährung. Mit seinen schwachen Kräften, nur von den Fallschirmjägern auf der Südflanke unterstützt, schlug er den englischen Großangriff ab. Völlig außer Tritt stellten die Engländer ihre Offensive ein.

Aber auch das Regiment 754 hatte schwere Verluste hinnehmen müssen. Die HKL wurde jedoch lediglich wenige hundert Meter zurückverlegt. Der Bataillonsgefechtsstand des II. Bataillons wurde von Montarnaud nach Massicault zurückverlegt.

Die Frontlinie führte jetzt von Bjord Thoum über den Djebel Bou Aoukaz nach Fourna. Hier wurde das durch die schweren Kämpfe der vergangenen Großkampftage dezimierte Regiment Audorff von Einheiten der 15. PD abgelöst. Unter dem Kommando des letzten Panzerführers Afrika, Oberst Josef Irkens, dem 50 Panzer zur Verfügung standen, kämpfte die 15. PD hier noch einmal mit vorbildlichem Einsatz. Irkens warf sich mit seinen Kampfwagen der feindlichen Springflut von über 1000 Panzern entgegen. In erbitterten Gefechten gelang es ihm, über 90 Feindpanzer abzuschießen.

Der feindliche Durchstoß nach Tunis gelang am 7. Mai.

Aber für Paul Audorff war das Kriegsende noch nicht gekommen. Er füllte sein I. Bataillon mit den Resten der beiden übrigen Bataillone auf, verstärkte dieses Bataillon noch durch Regimentseinheiten, ferner durch die Pak- und Regiments-Geschützkompanie. Danach erhielt Audorff Befehl, mit seiner Kampfgruppe als Armeereserve nach Ferryville zu gehen.

In der Nacht des 7. Mai fuhr diese Kampfgruppe los. Auf dem Wege in die neuen Stellungen verunglückte Bataillonsadjutant Leutnant Hutzeler tödlich.

„Mit ihm", sagte Oberstleutnant Audorff später, „ging einer der tapfersten Männer von uns, die jemals einen Stahlhelm getragen haben."

Als letzten Befehl auf afrikanischem Boden erhielt Oberstleutnant Audorff den Auftrag, mit Unterstützung einer Panzerabteilung den Djebel Achkel anzugreifen, um den Rückzug anderer Einheiten zu decken.

Noch einmal folgten die Soldaten des Regiments ihrem Kommandeur. Auf dem Djebel Achkel hatten sich am Tage zuvor die Amerikaner festgesetzt.

„Wir sitzen auf den Panzern auf!" befahl Oberstleutnant Audorff.

Und so rollten sie nach Einbruch der Dunkelheit los. Aus dem Anmarsch heraus mußte Audorff seine Grenadiere ins Gefecht werfen. Gegen Mitternacht wurde die Höhe des Djebel Achkel erreicht. In kurzem

Gefecht, von seiten der Grenadiere mit größter Verbissenheit und Angriffskraft geführt, wurden die Amerikaner geworfen. Fluchtartig verließen die Überlebenden diese Höhe. Die Grenadiere Audorffs gruben sich ein. Da die wenigen übriggebliebenen Panzer keinen Kraftstoff mehr hatten, wurden sie von Audorff als Kampfgeschütze stationär dicht hinter der eigenen Linie eingesetzt.

Oberstleutnant Audorff fuhr nun in Richtung Protville, um Verstärkungen und Munition heranzuholen. Hierbei geriet er plötzlich in eine Feindgruppe und wurde nach kurzer Gegenwehr gefangengenommen.

Am 9. Mai traten die Amerikaner mit massierten Panzerkräften zum Angriff auf den Djebel Achkel an. Teilen der Angreifer gelang es, auf die Höhe zu kommen und sich festzusetzen. Die letzten bewegungslosen deutschen Panzer gingen im Duell gegen eine feindliche Übermacht unter. Aber die Grenadiere steckten noch nicht auf. Die eingedrungenen Feindpanzer wurden durch Sprengmittel vernichtet. Noch einmal konnte sich das Bataillon halten.

Das Ende kam dann am 10. Mai 1943. Major Herrmann hatte die Überlebenden seines Bataillons in der Nacht nach Ferryville zurückgeführt, um sie nicht noch einmal diesem verheerenden Granatenregen auszusetzen. Hier in Ferryville wurden die letzten des Regiments Audorff von den Amerikanern gefangengenommen.

Oberstleutnant Paul Audorff, der ja bereits am 8. Mai bei Protville in Gefangenschaft geraten war, als er noch Verstärkungen für seine Kampfgruppe heranholen wollte, wurde nach Amerika transportiert. Eingangs Juli 1943 erfuhr er, daß ihm am 27. Juni 1943 das Ritterkreuz verliehen worden war.

Bis zum 13. März 1946 blieb Paul Audorff in Gefangenschaft, dann kehrte er nach Deutschland zurück und trat als Mitarbeiter in die Brauerei seines Schwiegervaters in Marktleuthen ein, in der er auch heute noch tätig ist.

Paul Audorff, * 6. Februar 1904 in Hof in Bayern
Letzter Dienstgrad: Oberstleutnant
Einsätze:
Polenfeldzug, Frankreichfeldzug, Tunesien
Auszeichnungen:
EK II. Klasse im September 1939
EK I. Klasse im Juni 1940
Ritterkreuz am 27. Juni 1943

GENERALLEUTNANT
FRITZ BAYERLEIN

Rommels Stabschef in Afrika

Die Sommernacht des 21. Juni 1941 stand sternenklar über dem deutsch-sowjetischen Grenzfluß Bug. Frösche quakten ihr knarrendes Lied in diese Nacht hinein, die bald vom Getöse der Waffen durchbrüllt werden sollte.

Auf dem vorgeschobenen Gefechtsstand der Panzergruppe 2 nahe dem Dorf Wolka Dobrynska war alles wach. Auf den Fahrzeugen des Gefechtsstandes, die hier standen, waren große weiße „G" aufgemalt. „G", das hieß Guderian. Generaloberst Heinz Guderian sollte die Panzergruppe 2 gegen die Sowjets führen.

Im Zelt des Operationsstabes schrillte der Fernsprecher. Der erste Generalstabsoffizier, Oberstleutnant Bayerlein, nahm den Hörer auf.

„Brücker", meldete sich der Sprecher am anderen Ende der Leitung, um sogleich fortzufahren: „Bayerlein, an der Kodener Brücke hat es geklappt."

Einen Blick warf Fritz Bayerlein zum Chef des Stabes der Panzergruppe 2, Oberst Freiherr von Liebenstein, hinüber und nickte diesem zu. Dann verabschiedete er sich von seinem Gesprächspartner.

„Gut, Brücker. Hals- und Beinbruch weiter!"

Oberstleutnant Brücker, der Ia des XXIV. Panzerkorps, hatte mit diesen wenigen Worten gemeldet, daß der Stoßtrupp der 3. PD (Generalleutnant Model) diese für den Vorstoß auf Brest-Litowsk wichtige Brücke im Handstreich genommen hatte.

Der Krieg gegen Rußland hatte begonnen, wenn auch erst um 3.15 Uhr die Artillerie das Feuer eröffnete.

Oberstleutnant Fritz Bayerlein, seit langem mit der Persönlichkeit von Generaloberst Guderian vertraut, begleitete den „schnellen Heinz" fast ständig. Mit dem Chef des Stabes, Oberst von Liebenstein, hatte er in den folgenden Wochen immer wieder neue Befehle zu formulieren und deren operative Durchführung möglich zu machen.

Eingangs Juli stellte sich immer dringlicher die Frage, ob die Panzergruppe 2 den Stoß nach Osten allein fortsetzen oder ob sie auf das Nachkommen der Infanteriedivisionen warten sollte. Aber Oberstleutnant Bayerlein hatte anhand der Feindnachrichtenmappe des Ic starke Bewegungen motorisierter sowjetischer Einheiten auf den Dnjepr gemeldet. Darum wollte Guderian so rasch als möglich vorstoßen. Und so geschah es auch..

Über vier Wochen lag schließlich der Stab in Prudki, westlich von Potschinok. Die Panzergruppe 2 hatte ihre Ausgangsposition zum Sturm auf Moskau erreicht. Binnen weniger Tage würden die Panzerdivisionen zum Angriff auf das Herz der Sowjetunion antreten. Aus dem Jelnja-Bogen hatte die dort liegende 292. ID noch genau 298 Kilometer bis Moskau; das hatte Bayerlein an der Karte nachgemessen.

Bei einer Besprechung in der Wolfsschanze beschwor Guderian Hitler, gegen Moskau marschieren zu lassen.

„Ich brauche meinem Stab nur ein telefonisches Stichwort zu geben", sagte er abschließend.

Dieses telefonische Stichwort erwartete Oberstleutnant Bayerlein in Prudki. Als schließlich das Telefon schrillte, griff der Ia danach und riß es hoch. Er vernahm die Stimme seines Oberbefehlshabers:

„Bayerlein, was wir vorbereitet haben, findet nicht statt. Das andere geht los; hinunter, verstehen Sie?"

„Ich verstehe", erwiderte Bayerlein. Hinunter, das hieß in die Ukraine.

In Schumjatschi wurde der neue Gefechtsstand dicht an der Moskauer Chaussee errichtet. Hier gab Guderian am 24. August den Befehl zum Vorstoß in die Ukraine. Fünf Tage später flogen Generaloberst Guderian und sein Ia über die russische Front hinweg in Richtung Unetscha, dem HQ der Panzergruppe 2. Oberstleutnant Bayerlein hatte das Kartenbrett mit der Lagekarte, in welche die sowjetischen Divisionen eingezeichnet waren, auf den Knien.

Ihre Überlegungen auf diesem Flug galten den Befürchtungen, daß es Marschall Jeremenko gelingen könnte, die eigenen Divisionen aufzuhalten und gar den deutschen Frontvorsprung einzudrücken.

Bayerlein bestätigte diese Gefahr, denn er hatte am Vortag mit Oberstleutnant Feyerabend, dem Ia der 2. Armee (Frhr. von Weichs), gesprochen. Dieser hatte ihm mitgeteilt, daß sich aus der Dnjeprfront russische Divisionen lösten und nach Süden, Richtung Kiew verlegten.

Der Kampf an der Desna dauerte acht Tage, dann gelang den deutschen Panzern der Durchbruch bei Konotop, und die 3. PD stieß auf Romny hinunter. Dort, im Rücken des Feindes, sollte der Kessel von Kiew geschlossen werden.

Oberstleutnant Paul Audorff

Generalleutnant Fritz Bayerlein

Generalleutnant Bayerlein, Oberst Scholze, Oberst Gutmann

Ende November in der El-Gazalah-Stellung. In Felshöhlen richtete man sich ein, so gut es ging

In der Wüste abgeschossen. Einer der in Nordafrika meist eingesetzten britischen Panzer vom Typ Mark II „Waltzing Matilda" mit 87,5 mm Panzerung, einer 4-cm-Kanone, 26 t Gewicht und 24 km/h Höchstgeschwindigkeit

Doch dies erlebte Fritz Bayerlein nicht mehr, denn Generaloberst Guderian hatte ihn an General Erwin Rommel abgegeben, der für das Deutsche Afrikakorps einen taktisch versierten und kühn operierenden Chef des Generalstabes benötigte.

Mit Fritz Bayerlein gab Guderian seinen besten Mann, den er nur sehr ungern scheiden sah. Aber er wußte, daß Bayerlein für Rommel genau der richtige Stabschef war.

Fritz Bayerlein wurde am 14. Januar 1899 in Würzburg geboren. Am 5. Juni 1917 trat er nach bestandener Reifeprüfung in das 2. Jägerbataillon Aschaffenburg ein und erlebte das letzte Jahr des Ersten Weltkrieges an der Front.

Nach Kriegsschluß in die Reichswehr übernommen, wurde er am 21. Januar 1922 Leutnant. Im weiteren Verlauf seiner Dienstzeit erhielt Bayerlein eine gediegene Generalstabsausbildung. So diente er 1935 als Hauptmann im Generalstab des XV. Armeekorps des damaligen Generals der Infanterie Hermann Hoth. Eine der drei neuaufgestellten Panzerdivisionen dieses Korps übernahm der damalige Oberst Guderian, der am 1. August 1936 zum Generalmajor befördert wurde.

Am 1. Juni 1938 wurde Bayerlein Major und arbeitete als Ib unter dem Chef des Stabes, Oberst Stever, im Generalstab der 3. Panzerdivision. Zehn Monate darauf wurde er Ia der 10. PD, mit der er in den Polenfeldzug ging. Divisionskommandeure waren Generalleutnant Schaal und, nach dessen Verwundung, Generalleutnant Stumpff.

An den kühnen Operationen dieser Division hatte Fritz Bayerlein in Polen und Frankreich großen Anteil. In Anerkennung dessen wurde er am 1. September 1940 zum Oberstleutnant befördert.

Generaloberst Guderian holte diesen jungen, tatkräftigen Generalstabsoffizier in seinen Stab. So erlebte Fritz Bayerlein an der Seite des Schöpfers der deutschen Panzertruppe die gewaltigen Panzervorstöße in die Weiten Rußlands, bis ihn Guderian nach Afrika abstellte.

Hier in Afrika traf Fritz Bayerlein in Erwin Rommel auf einen Vorgesetzten, mit dem er sich vom ersten Augenblick an sehr gut verstand. Und auch Rommel vertraute dem hochgewachsenen, schlanken Generalstabsoffizier, der bereits beide Eisernen Kreuze trug.

Mit Beginn der englischen Großoffensive „Crusader" am 18. November 1941 stand auch Fritz Bayerlein als Oberstleutnant und Chef des Stabes beim DAK im Raum Bardia im Brennpunkt des Geschehens.

Als am Mittag des 18. November 1941 bei Sidi Suleiman ein Stabswagen der 4. indischen Division von einem deutschen Panzerspähwagen gestellt und die Besatzung gefangengenommen wurde, ließ Oberstleutnant Bayerlein den Unteroffizier des Stabswagens nach Bardia bringen. Er selbst vernahm ihn, und was er erfuhr, das verschlug ihm fast den Atem. Der Stabsunteroffizier berichtete, die britische Führung sei im Besitz des Angriffsplanes, den Rommel eigenhändig zur Eroberung Tobruks gemacht hätte. Eine Karte, die der Gefangene bei sich trug, bezeichnete er als Aufmarschplan Auchinlecks, des britischen Oberbefehlshabers.

Sofort nach dieser Vernehmung ließ sich Bayerlein mit Rommels Gefechtsstand in Gambut verbinden. Seine Meldung erschien Rommel einfach unglaublich.

„Die Karte hat uns der Gegner zur Irreführung zugespielt, Bayerlein!" mutmaßte Rommel.

In den folgenden Tagen wurde diese Karte dennoch vom Stab ausgewertet. Oberstleutnant Bayerlein hatte als Chef des Stabes immer neue Blitzentschlüsse Rommels in die Tat umzusetzen.

Mit General Crüwell, dem Kommandierenden General des DAK, fuhr Fritz Bayerlein im Befehlswagen „Moritz" am Totensonntag in die Schlacht bei Sidi Rezegh. Oft verfuhren sie sich in der Wüste, standen allein mitten im Verkehr feindlicher Panzerkolonnen und Nachschubeinheiten. Die Novemberkämpfe im Raum Sidi Rezegh und der Rückzug in Richtung El Agheila trugen die Handschrift Bayerleins. Am 26. Dezember 1941 erhielt er wegen schlachtentscheidender Führungsleistungen das Ritterkreuz.

Im Raum Agedabia erlebte Bayerlein das Jahresende und den Feuerzauber, den das DAK Punkt 24 Uhr veranstaltete.

„Es sah wie ein Großangriff aus, und immer wieder stoben einander widersprechende Leuchtkugeln in den Himmel empor. Grüne, rote, gelbe und weiße wild durcheinander", berichtete Feldwebel Frantzke vom Flak-Regiment 135.

Sofort klingelte im Gefechtsstand Bayerleins das Telefon. Italienische Kommandostellen protestierten gegen diesen Feuerzauber. Aber Fritz Bayerlein erklärte ihnen mit der ihm eigenen Ruhe:

„Beruhigen Sie sich doch! Bei Ihnen ist es ja dunkel. Ihnen kann doch nichts passieren."

Und ebenso wie alle Soldaten, die an diesem 1. Januar 1942 das neue Jahr anschossen, packte es auch Oberstleutnant Bayerlein, als auf einmal eine Melodie zu ihm hereinklang:

„Deutschland, Deutschland über alles . . ."

Die 22. britische Panzerbrigade wurde Zaungast dieses Geschehens, und ihre Funkstelle meldete nach Kairo:

„Das Afrikakorps sang gestern nacht in seinen Feldstellungen die deutsche Nationalhymne. Wir sollten uns nicht darüber täuschen, daß diese von ungebrochenen Offizieren gefehligten Soldaten nicht geneigt sind, den Kampf aufzugeben."

Daß sie dies auf keinen Fall waren, zeigte die neue deutsche Offensive, die überraschend am 21. Januar 1942 begann. Agedabia fiel. Antelat, Msus und Benina wurden erobert. Am 29. Januar erreichte die Kampfgruppe Marcks Bengasi und nahm die Stadt in Besitz. Mit dem letzten Tropfen Sprit erreichte das DAK am 6. Februar die Gazala-Linie.

Ganze siebzehn Tage hatte es gedauert, um das in der vergangenen Herbstschlacht verlorene Gelände zurückzugewinnen. Die „Panzergruppe Afrika" wurde in „Panzerarmee Afrika" umbenannt.

Am 1. April 1942 wurde Fritz Bayerlein Oberst. Er war an den neuen Operationsplänen beteiligt, die eine Eroberung von Tobruk vorsahen.

Dieser Angriff begann am 26. Mai 1942 gegen 14.10 Uhr. Das Grenadierregiment 361 und Teile der 90. leichten Division traten mit dem italienischen Infanteriekorps zum Frontalangriff auf die Gazala-Stellungen an, um den Feind zu binden. Die bereitstehenden Mot.-Verbände aber schwenkten auf Rommels Stichwort „Venezia" nach Südosten ein. Sie umgingen die Gazala-Linie und standen im Rücken des Feindes.

Hier aber wurde das DAK selbst isoliert, und in einer Lagebesprechung am Abend des 29. Mai machten die Generale Nehring und Gause ebenso wie die Stabsoffiziere Westphal und Bayerlein kein Hehl daraus, daß die Lage sehr ernst sei.

Fritz Bayerlein forderte einen Durchbruch aus der Umklammerung nach Westen. Der Vorstoß der frontal vor der Gazala-Linie liegenden deutsch-italienischen Streitkräfte hatte nicht stattgefunden. Ihr Befehlshaber, Generalleutnant Crüwell, war in Gefangenschaft geraten.*

Kurz nach Mitternacht, man schrieb den 30. Mai, ging es nach Westen. Im Morgengrauen wurde der Minenriegel erreicht. Eine Gasse mußte hindurchgeschlagen werden. Als es beinahe schon rollte, stieß das DAK auf die bisher noch nicht bekannte „Box" Got el Ualeb. Hier verteidigte die britische 150. Brigade mit 2000 Mann und 80 Panzern des modernen

---

* siehe Kapitel „General der Panzertruppe Crüwell"

Typs Mark II. Die deutschen Minengassen wurden unter Artilleriefeuer gehalten.

Bei Knightsbridge hielt die englische Gardebrigade gegen die hier zum Durchbruch antretende 90. Leichte mit den Aufklärungsabteilungen 3 und 33. Schon gerieten die beiden Panzerdivisionen des DAK in schwere Gefahr.

„Rommel weicht!" funkte General Ritchie, der britische Oberbefehlshaber nach Kairo.

„Bravo, 8. Armee! Geben Sie ihm den Rest!" ließ General Auchinleck zurückfunken.

Rommel dagegen befahl: „Got el Ualeb muß fallen!"

Der Angriff des von Rommel selbst angesetzten Panzerregiments 5 blieb liegen. Hinter den Scherenfernrohren suchten General Nehring und Oberst Bayerlein das Gelände ab. Sie zeichneten alle britischen MG-Stände in die Karten ein.

Generalmajor von Bismarck erhielt Befehl, Major Ehle mit dem III./PzGrenRgt. 104 anzusetzen. Major Ehle ging zur Erkundung vor und stieß auf General Nehring und Oberst Bayerlein.

„Ehle", sagte Bayerlein, der neben einer Acht-Acht stand, „Major Beil wird Sie mit seiner Artillerieabteilung unterstützen. — Kordel!" wandte sich Bayerlein dem Adjutanten zu. Der Oberleutnant kam herbei, und der Chef des Stabes orientierte ihn anhand der Karte.

„Achtung, Tiefflieger!" brüllte da irgend jemand.

Alles warf sich in Deckung. Granateinschläge krachten, und MG-Salven fauchten über das Gelände. Als der Tiefflieger vorbei war, blieb Major Ehle verwundet liegen.

Hauptmann Reißmann übernahm das Bataillon Ehle und griff im ersten Büchsenlicht des 1. Juni an. Nach schwerem Kampf ergaben sich die letzten 300 einsatzfähigen Männer der britischen 150. Brigade. Der Ausweg nach Westen war für die Deutschen frei.*

Während dieser erbitterten Kämpfe wurden Generalmajor Gause, der Chef des Stabes, und Oberstleutnant Westphal, der Ia der Panzerarmee Afrika, verwundet. Neuer Chef des Stabes der Panzerarmee wurde Oberst Bayerlein.

„Wir müssen jetzt den Angelpunkt der Gazala-Linie nehmen, Bayerlein", sagte Rommel, als er beim Gefechtsstand eintraf, wo der Befehlswagen, die beiden Funkwagen und die Kampfstaffel warteten.

---

* Hauptmann Reißmann erhielt dafür am 1. August 1942 das Ritterkreuz.

„Also Bir Hacheim, Herr Generaloberst?" erwiderte der neue Chef des Stabes.

„Genau. Hinein in den Wagen, Bayerlein, ich führe selbst gegen Bir Hacheim!"

Wenig später fuhren sie mit einer rasch zusammengestellten Kampfgruppe zum Südpfeiler der Gazala-Linie, der noch immer nicht gefallen war.

Aber auch diese Kampfgruppe schaffte es nicht, und selbst mit massierten Stukaangriffen war diese Box, die von 3000 Freifranzosen unter General König und einem 1000 Mann zählenden jüdischen Bataillon verteidigt wurde, nicht zu überwältigen.

Eine Kampfgruppe unter Führung von Oberst Hecker, dem Pionierführer der Panzerarmee, drang ebenfalls nicht durch.

Erst Oberstleutnant Baade gelang es mit seinem Panzergrenadierregiment 115, am Abend des 10. Juni nach vierundzwanzigstündigem Kampf in das Fort einzudringen. Am frühen Morgen des 11. Juni ergaben sich hier die letzten Überlebenden.*

Oberstleutnant Baade war auf Vorschlag von Bayerlein, der sich mit Rommel besprach, eingesetzt worden.

Nun folgte Schlag auf Schlag, und am Morgen des 21. Juni fuhr Fritz Bayerlein an Rommels Seite gegen fünf Uhr nach Tobruk hinein, das binnen vierzehn Stunden erobert worden war. Diese Stadt hatte vorher achtundzwanzig Wochen allen Anstrengungen des DAK getrotzt.

Am Nachmittag des 22. Juni badete Oberst Bayerlein gerade mit Nehring, dem eben zum General der Panzertruppe beförderten Kommandierenden General des DAK, im Mittelmeer, als die beiden Männer um ein Haar von zwei in einem kleinen Steinhaus versteckten Engländern gefangengenommen worden wären. Aber General Nehring meisterte die Lage. Die Engländer wurden entwaffnet und in die Stadt geschickt. Sie flohen jedoch in die Wüste und erreichten nach achtunddreißig Tagen Fußmarsch ihre eigenen Stellungen.

Als Nehring und Bayerlein ihr Bad gerade fortsetzen wollten, wurden sie durch Melder ins HQ zurückgerufen. Hier teilte der inzwischen zum Feldmarschall beförderte Rommel ihnen mit, daß er sofort weiter auf Alexandria vorstoßen wolle.

Generalleutnant Bayerlein schildert Rommels Worte, mit denen dieser seinen Entschluß bekanntgab:

---

* Ernst-Günter Baade erhielt hierfür am 6. 7. 1942 das Ritterkreuz.

„Ich muß mit aller Gewalt vermeiden, daß die Briten irgendwo eine neue Front aufrichten und dieser Front frische Verbände aus dem Nahen Osten zuführen. Die (britische) 8. Armee ist jetzt außerordentlich schwach. Ihr Rückgrat sind zwei Infanteriedivisionen. Die Panzerverbände, die in aller Eile aus dem ägyptischen Hinterland zugeführt worden sind, können keine nennenswerte Schlagkraft besitzen."

Es ging weiter, und bis zum 30. Juni hatte sich die Panzerarmee Afrika wirklich bis auf 85 Kilometer an Alexandria herangeschoben. Am Nachmittag dieses 30. Juni befahl Rommel die Befehlshaber zu sich auf den Gefechtsstand, der zwischen El Daba und Sidi Abd el Rahman lag.

Oberst Bayerlein mußte sich, um vom Gefechtsstand des DAK im Südabschnitt dahin zu gelangen, 50 Kilometer weit durch die zurückflutenden Verbände der 1. brit. PD schleichen. Stundenlang fuhr er in englischen Fahrzeugkolonnen mit, um nicht erkannt zu werden. Aber er kam durch und erfuhr, daß am anderen Morgen der Angriff auf die Alamein-Stellung beginnen würde.

Bis zum 17. Juli dauerte dieser Kampf. Dann griffen die Engländer bis zum 22. Juli an, und schließlich erlahmten die Kräfte auf beiden Seiten.

Am 30. August gab Rommel in einem Armee-Tagesbefehl den neuen Angriff bekannt, der zur Schlacht von Alam Halfa führen sollte. In einer besonderen Karte hatte Oberst Bayerlein die Angriffsrichtungen, die Truppen und alle Fakten des Angriffs eingezeichnet. Diese Karte war von einem britischen Stoßtrupp erbeutet worden.

Am 30. August 1942 gegen 20 Uhr, kurz nach Einbruch der Dunkelheit, begann der Angriff im Südabschnitt der Alamein-Stellung. Die 15. und 21. PD rollten mit insgesamt 190 Panzern vorwärts. Innerhalb der 21. PD fuhr auch der SPW von General Nehring. Neben Nehring saß Oberst Bayerlein. Ferner saßen noch Oberleutnant von Burgsdorff, der Ordonnanzoffizier, die beiden Fahrer und drei Funker im SPW.

Ebenso wie die Spitzengruppen der 15. PD gerieten auch die der 21. PD in ein tiefes Minenfeld. An der Spitze seiner Division fiel hier Generalmajor von Bismarck.

Kurz nach Mitternacht stieß ein britischer Schlachtflieger im Licht der Leuchtgranaten und der explodierenden Minen auf den Befehlswagen Nehrings herunter. Im Tiefangriff wurde eine Bombe geworfen. Splitter durchschlugen den Panzerschutz, und General Nehring brach blutend zusammen. Fritz Bayerlein wurde durch das Funkgerät gerettet, in dem die Splitter steckenblieben, die sonst ihn getroffen hätten.

Oberleutnant von Burgsdorff, der sich gerade außerhalb des SPW aufhielt, und der neben ihm stehende Korps-Nachschuboffizier Schmitt wurden getötet. Im Kübelwagen fuhr Unteroffizier Voller den verwundeten General Nehring zum Verbandsplatz. Eine weitere Nachricht besagte, daß auch Generalmajor Kleemann, der Kommandeur der 90. Leichten, durch Verwundung ausgefallen war.

Oberst Bayerlein stieg in einen anderen SPW um und führte das DAK so lange weiter, bis General von Vaerst den Oberbefehl übernehmen konnte.

Alam Halfa wurde für die Panzerarmee Afrika das „Stalingrad in der Wüste". Am Abend des 1. September 1942 entschloß sich Rommel, den Angriff abzubrechen und schrittweise in die Ausgangsstellungen zurückzugehen.

Während nun die Panzerarmee Afrika zum Stellungskrieg überging, versuchte Feldmarschall Rommel in Deutschland, den dringend notwendigen Nachschub und Nachersatz zu bekommen, denn die Feindlage zeigte, daß sich die 8. Armee unter ihrem neuen Oberbefehlshaber, General Bernard Montgomery, zu einem neuen Schlag rüstete. Mit großer Sorge sah Oberst Bayerlein die Entwicklung. Für ihn stellte sich die Aufgabe, einen Durchbruchsversuch der Briten um jeden Preis zu verhindern.

Mit einem Feuerschlag aus 1000 Geschützen eröffnete Montgomery am 23. Oktober 1942 seine Offensive. Fünf Stunden dauerte das Trommeln. Dann stürmten die 9. australische und die 51. schottische Division und eröffneten ein zehntägiges Ringen um die Stellungen bei El Alamein.

Am Vormittag des 4. November hielten die Reste des DAK mit der 90. Leichten noch eine schwache Frontlinie beiderseits der niedrigen, aber beherrschenden Sanddüne Tel el Mampsra. General Ritter von Thoma hatte den Befehl über die Reste des DAK übernommen. Der Führerbefehl zum „Halten um jeden Preis" war eingegangen, und als sich Oberst Bayerlein am frühen Morgen des 4. November von General von Thoma verabschiedete, um südlich el Daba den neuen Gefechtsstand einzurichten, sagte ihm dieser:

„Bayerlein, der Führerbefehl ist ein Wahnsinn. Das ist das Todesurteil für die Armee. Wie soll ich das vor den Soldaten vertreten?" Der zwanzigmal verwundete Offizier des Ersten Weltkrieges, der den Militär-Max-Josephs-Orden trug, sah Bayerlein noch einmal an. „Gehen Sie nach el Daba. Ich bleibe hier und übernehme persönlich die Verteidigung des Tel el Mampsra", schloß er dann.

Was ist mit dem General? dachte Fritz Bayerlein, als er nach El Daba fuhr. Will General von Thoma sterben?

Gegen elf Uhr, Bayerlein hatte sich in El Daba gerade notdürftig eingerichtet, erschien Oberleutnant Hartdegen, der Ordonnanzoffizier Thomas, auf dem Gefechtsstand.

„Was ist los, Hartdegen?" fragte Bayerlein.

„General von Thoma hat mich mit der Funkstelle zurückgeschickt. Er sagte, er brauche mich nicht mehr, Herr Oberst."

„Wie sieht es dort aus? Was macht der General?" fiel Bayerlein ihm

„Auf dem Tel el Mampsra sind unsere Panzer, unsere Pak und unsere Flak vernichtet, Herr Oberst. Was mit dem General ist, weiß ich nicht."

Bayerlein sprang in einen Spähwagen und fuhr nach Osten. Plötzlich wurde er von Panzern beschossen und mußte ausbooten. Zu Fuß lief er zu der Düne hinüber. Er kletterte die wenigen Meter empor und sah — ein Bild der Verwüstung. Brennende, zerschossene Panzer, vernichtete Flak; Pak, die völlig unbrauchbar geschossen war, und Tote. Viele Tote!

Schließlich entdeckte er auch den General, der ungefähr 200 Meter voraus neben einem brennenden Panzer stand — ohne jede Deckung, hoch aufgerichtet, den Tod erwartend, der doch nicht kam. Bayerlein hörte noch, wie das Feuer plötzlich schwieg, und er sah, daß General von Thoma gefangengenommen wurde. Dann mußte er zurück, wenn er nicht selbst in Gefangenschaft geraten wollte. Auf dem Gefechtsstand El Daba berichtete er wenig später dem zurückgekehrten Feldmarschall Rommel. Anschließend sagte Rommel zu Bayerlein:

„Unsere Front ist zerbrochen. Wir weichen in die Fukastellung aus, um zu retten, was noch zu retten ist." Und nach einer kleinen Pause fügte er hinzu: „Oberst Bayerlein, ich übertrage Ihnen die Führung des DAK. Sie wissen, was das bedeutet. Wenn wir für den Ungehorsam, den wir jetzt begehen, vor ein Kriegsgericht gestellt werden, so müssen wir für unseren Entschluß geradestehen. Machen Sie Ihre Sache gut. Alle Ihre Befehle an die Truppe sind in meinem Namen gegeben. Sagen Sie das den rangältesten Kommandeuren, falls Sie Schwierigkeiten haben soll-

Ein paar Herzschläge lang herrschte Schweigen. Feldmarschall Rommel hatte sich gegen einen Führerbefehl gestellt und sich zum Ungehorsam entschlossen.

„Ich werde mein Bestes tun, Herr Feldmarschall", erwiderte Bayerlein.*

---

* Am späten Abend dieses Tages traf dann aus der Wolfsschanze der Funkspruch Hitlers ein, in welchem dieser Rommels Entschluß guthieß.

76

Der Rückzug begann. Als Rommel von der Invasion der Alliierten in Casablanca, Oran und Algier erfuhr, befand er sich im Raum Capuzzo. Der Feldmarschall sprach das aus, was auch Bayerlein dachte:

„Der Feldzug ist verloren, Afrika ist verloren. Wenn man das in Rastenburg und Rom nicht einsieht und nicht rechtzeitig Maßnahmen zur Rettung meiner Soldaten trifft, dann wird eine der tapfersten deutschen Armeen in die Gefangenschaft wandern. Wer soll dann Italien gegen die drohende Invasion verteidigen?"

In den nächsten Tagen und Wochen führte Oberst Bayerlein das DAK und hatte schwere Entschlüsse zu treffen. Wie folgenschwer diese Entscheidungen hätten ausgehen können, die Bayerlein zu fällen hatte, zeigte sich darin, daß er, der alte Kampfgefährte von Feldmarschall Rommel, mit dem Kriegsgericht bedroht wurde, weil er ab und an nicht wörtlich nach Rommels Befehl gehandelt hatte, sondern auf Grund seiner Einsicht in die Lage anders befahl.

Als dann der italienische Generaloberst Giovanni Messe eingangs Februar 1943 in der Marethstellung die Panzerarmee Afrika übernahm, bestand Rommel darauf, daß ihm Oberst Bayerlein als deutscher Chef des Stabes beigegeben wurde. Beim letzten deutschen Panzerangriff auf Thala fuhren Oberst Bayerlein und Feldmarschall Rommel noch einmal zusammen an der Spitze des DAK.

Am 12. Mai 1943 ging der Krieg in Afrika zu Ende.

Für seine Führungsleistungen und für persönliche Tapferkeit und Einsatzbereitschaft in schwierigen Krisenlagen erhielt Oberst Bayerlein am 6. Juli 1943 als 258. Soldat der Wehrmacht das Eichenlaub zum Ritterkreuz. Am 1. August 1943 wurde er zum Generalmajor befördert.

Einige Wochen lang führte er schließlich die 3. PD, ehe ihn der nunmehrige Generalinspekteur der Panzertruppen, Generaloberst Guderian, mit der Aufstellung und Führung der Panzerlehrdivision beauftragte.

In harter Ausbildung machte Generalmajor Bayerlein diese Division zur stärksten deutschen Panzerdivision.

Am 1. Mai 1944 erfolgte seine Ernennung zum Generalleutnant.

Am 6. Juni 1944 begann das alliierte Unternehmen „Overlord", die Invasion an der Normandieküste, und die Panzerlehrdivision rollte durch den Feuerofen der Invasionsschlachten. Die Namen Tilly, Cagny, St. Lô, Avranches – und schließlich während der Ardennenoffensive Bastogne – sind mit der Geschichte der Panzerlehrdivision und ihres Kommandeurs unlösbar verknüpft.

Bereits am 20. Juli 1944 wurde Fritz Bayerlein als 81. deutscher Soldat mit den Schwertern zum Eichenlaub ausgezeichnet.

Am 7. Februar 1945 übergab Generalleutnant Bayerlein die Division an seinen Nachfolger, Generalmajor Horst Niemack, und übernahm das LIII. Panzerkorps, das er bis zu dessen Ende im Ruhrkessel am 15. April 1945 führte.

Wie alle deutschen Generale ging auch Generalleutnant Bayerlein in die Gefangenschaft. Während dieser Zeit, zweieinhalb Jahre, arbeitete er auch für die amerikanische Historical Division, die sich um die Erarbeitung einer exakten Kriegsgeschichte bemühte.

Heute lebt Fritz Bayerlein in Würzburg.

Fritz Bayerlein, * 14. Januar 1899 in Würzburg
Letzter Dienstgrad: Generalleutnant
Einsätze:
Polen, Frankreich, Rußland, Nordafrika, Frankreich, Ruhrkessel
Auszeichnungen:
Ritterkreuz am 26. Dezember 1941
258. Eichenlaub am 6. Juli 1943
81. Schwerter am 20. Juli 1944

GENERAL DER PANZERTRUPPE
LUDWIG CRÜWELL

Erster
Kommandierender General
des Deutschen Afrikakorps

Polen, Sommer 1915.

Die Nacht war stockdunkel, als die drei Reiter unter der Führung eines Leutnants in Richtung Brzeziny trabten. Leutnant Crüwell, der an der Spitze ritt, versuchte die Finsternis mit den Blicken zu durchdringen. Jederzeit konnten die Russen vor ihnen auftauchen.

Er gehörte zu der kleineren der beiden Dragonerabteilungen, die versucht hatten, das Hauptquartier Skiernewice des russischen Oberbefehlshabers, Großfürst Nikolai Nikolajewitsch, auszuheben. Dieses Vorhaben war mißlungen, und nun sprengten diese drei Reiter als Melder in Richtung Brzeziny, wo die eigene 6. Kavalleriedivision vermutet wurde. Dieser Division sollte gemeldet werden, daß einmal der geplante Überfall mißlungen war und daß zum anderen sibirische Truppen in Skiernewice ausgeladen wurden.

Rittmeister Frisch, Crüwells Abteilungskommandeur, sah in dem jungen Leutnant den Soldaten, dem es gelingen konnte, das Ziel zu erreichen.

Als die drei Reiter die Mroga erreichten, bemerkten sie, daß sämtliche Übergänge durch die Russen besetzt waren.

„Was nun?" fragte einer der Dragoner.

„Wir müssen sehen, daß wir einen Landeskundigen finden, der uns eine Furt zeigen kann", erwiderte Leutnant Crüwell.

Und das unmöglich Scheinende trat ein: Sie fanden einen Mann, der die Mroga kannte und ihnen eine Furt zeigte, die unbewacht war.

Die Patrouille kam durch, und am nächsten Morgen machte Leutnant Crüwell dem Ia der 6. Kavalleriedivision Meldung.

Diese Meldung war für den Fortgang der Kämpfe entscheidend. Der junge Dragonerleutnant hatte der Division einen großen Dienst erwiesen.

Ludwig Crüwell wurde am 20. März 1892 in Dortmund als Sohn eines Verlegers geboren. Er besuchte das Dortmunder Humanistische Gymnasium und widmete sich nach dem Abitur in Grenoble und München dem Studium der Rechtswissenschaft und der Nationalökonomie.

Im Jahre 1911 beschloß er, Offizier zu werden. Als Fahnenjunker trat er bei den 9. Dragonern in Metz ein. Als Leutnant ging er mit seinem Regiment in den Ersten Weltkrieg. Als Patrouillenführer bewährte er sich im Herbst 1914 in Frankreich. Dann nahm er als Ordonnanzoffizier an den Schlachten im Osten bei Kutno und Lodz teil. Bei Brzeziny ritt er mit seiner Schwadron den zum Durchbruch führenden Angriff mit und nahm dann — wie eingangs dargestellt — an dem Versuch teil, das Hauptquartier des Großfürsten Nikolai Nikolajewitsch auszuheben.

1916 wurde Crüwell Oberleutnant, diente als Regimentsadjutant und begann dann bei verschiedenen hohen Stäben seine Generalstabsausbildung.

Nach dem Krieg tat Oberleutnant Crüwell bis 1925 im Reichswehrministerium Dienst, davon drei Jahre unter Major Kurt von Schleicher, dem späteren General, Reichswehrminister und Reichskanzler. Im Mai 1922 erfolgte seine Beförderung zum Rittmeister.

Nach beendeter Generalstabsausbildung wurde Crüwell in den Stab der 2. Kavalleriedivision nach Breslau versetzt. Von 1928 bis 1931 war er Eskadronschef im Reiterregiment 12 in Großenhain/Sachsen. Dies war wohl die schönste Zeit des jungen Kavallerieoffiziers, der ein bekannter Turnierreiter war. Anschließend ging er als Generalstabsoffizier zum Wehrkreiskommando VI, das ab Oktober 1935 VI. Armeekorps hieß, und somit in seine engere Heimat nach Münster in Westfalen. Seit 1934 war er hier Ia.

Zur neugebildeten Panzerwaffe stieß der nunmehrige Oberst Crüwell, als er 1937 als Kommandeur zur Panzerabwehrtruppe nach Stuttgart kommdandiert wurde. Von hier als Kommandeur zum Panzerregiment 6 nach Neuruppin war es nur ein Sprung von einem Jahr. Doch 1939 wurde er bereits Abteilungschef im Generalstab des Heeres.

Bei Kriegsausbruch 1939 stand Oberst Crüwell zunächst zur Verfügung des Oberbefehlshabers des Heeres, nahm aber schließlich als Oberquartiermeister der 16. Armee noch am Westfeldzug teil.

Am 1. August 1940 erhielt er als Generalmajor die ehrenvolle Aufgabe, die 11. Panzerdivision aufzustellen. Binnen kurzer Zeit gelang es ihm, die Schlagkraft der neuen Division herzustellen.

Die 11. PD bestand ihre erste Bewährungsprobe im April 1941 während des Feldzuges gegen Jugoslawien. Wie Crüwell als junger Leutnant seinen Dragonern vorangeritten war, so führte er auch als Generalmajor die Division von vorn. Unter seiner entschlossenen Führung gelang ihr der Durchbruch durch die jugoslawischen Grenzbefestigungen im Risavatal. Nisch wurde von der 11. PD genommen, und auch Belgrad fiel wenig später beim entschlossenen Angriff der Division.

Generalmajor Crüwell war bei diesen Erfolgen der 11. PD durch seine persönliche Tapferkeit und den mitreißenden Schwung seiner Führung hervorgetreten. Am 14. Mai 1941 wurde er mit dem Ritterkreuz ausgezeichnet.

Mit Beginn des Ostfeldzuges trat die 11. PD im Verband der Panzergruppe 1 (Generaloberst von Kleist) zum Angriff nach Osten an. Der Panzergruppe gegenüber lag eine zur sowjetischen Heeresgruppe „Südwestfront" unter dem legendären Marschall Budjonny gehörende Armeegruppe (Generaloberst Kirponos) mit vier Armeen in tiefgestaffelten Bunkerlinien, in schwerbestückten Feldstellungen und hinter gutgetarnten Hindernissen.

Am 7. Juli gelang es der 11. PD, bis 19 Uhr die stark verteidigte Stadt Berditschew zu erobern. Am 8. Juli gewann die Division — nach dem Durchbruch durch zwei Bunkerlinien — den Raum südlich Schitomir. Südlich der Division wurde die SS-Brigade (mot.) „Leibstandarte" eingeschoben. Diese erweiterte den Durchbruch. Nowograd Wolynsk wurde genommen und ein Brückenkopf über den Sluczek gebildet.

Am 10. Juli setzte der sowjetische Gegenangriff ein. Marschall Budjonny, Trotzkis berühmtester Reiterführer aus den Anfangszeiten der Roten Armee, übernahm am selben Tag den Oberbefehl über die gesamte Südfront. Er gab den Befehl:

„Keinen Fußbreit mehr zurück! Halten — und dann Gegenangriff!"

Stoßrichtung des sowjetischen Gegenangriffs war Berditschew. Nach allen Seiten mußte sich die im Raum Berditschew liegende 11. PD der angreifenden roten Divisionen erwehren. Nicht weniger als zehn Schützen- und zwei Panzerdivisionen der Sowjets rannten von Osten und Südwesten gegen diese eine deutsche Panzerdivision an.

Generalmajor Crüwell mußte in seinem Befehlswagen von Schwerpunkt zu Schwerpunkt hetzen und mit seiner Kampfstaffel an Krisenpunkten eingreifen. Die Division war so vollständig eingeschlossen, daß sie aus der Luft versorgt werden mußte. Weder ein Ausbruch noch Entsatz waren zu diesem Zeitpunkt möglich.

Auch hier erwies sich Ludwig Crüwell in schwerster Krisenlage als der überragende Truppenführer, der die schwierigsten Situationen zu meistern verstand. Die vier Tage des erbitterten Abwehrkampfes am Teterew gehören zu den schwersten — und erfolgreichsten — Einsätzen dieser deutschen Panzerdivision. Immer wieder griffen sowjetische Panzerrudel

— mit dem damals völlig neuen und besten Panzer der Welt, dem T 34, ausgerüstet — die Verteidigungsinsel der 11. PD an. Fünf Tage hielt die Division durch, ehe doch endlich Hilfe nahte und sie in letzter Minute entsetzte.

Für seine schlachtentscheidende Führungsleistung wurde Generalleutnant Crüwell zum Eichenlaub eingegeben.

Beim Durchbruch des XXXXVIII. AK (General der Panzertruppe Kempf) südostwärts Berditschew über Kasatin führte Crüwell seine Division in schwungvollen und kühnen Operationen, die den geborenen Kavallerieoffizier nicht verleugneten. Bis zum 21. Juli 1941 erreichte die 11. PD am äußersten linken Flügel des XXXXVIII. AK das Gelände nördlich Uman. Hier wurde sie wieder vom IV. sowjetischen Panzerkorps angegriffen, und zum zweitenmal wurde die SS-Brigade (mot.) „Leibstandarte Adolf Hitler" zwischen der 16. PD und der 11. PD eingesetzt. In der Kesselschlacht um Uman bildete die Division Crüwell den nördlichen Sperriegel. Am Dnjepr kam es zu einem ersten größeren Halt.

Am 22. August durchbrach die 11. PD die Linien der eigenen Infanterie, drehte zum Teterew ein, eroberte Gornostaipol und rollte mit ihrer Vorausabteilung über die unbeschädigte Dnjeprbrücke dieser kleinen Stadt ostwärts. Durch den Angriffschwung der 11. PD wurde das im Norden benachbarte XXXXIV. AK mitgerissen und drückte die ihm gegenüberstehenden vier Feinddivisionen auf den Dnjepr zurück. Damit war Kiew von Norden abgeriegelt.

Die Vorausabteilungen der 11. PD wurden von Generalleutnant Crüwell nach Osten weiter vorgetrieben und näherten sich im Raum Oster der Desna. Die 111. ID unter Generalleutnant Stapf schloß sich ihnen an.

Am 1. September 1941, nach zehn Wochen Einsatz in Rußland, erhielt Generalleutnant Crüwell als 34. deutscher Soldat und als erster Divisionskommandeur des Heeres das Eichenlaub zum Ritterkreuz.

Kurze Zeit darauf wurde er Kommandierender General des Deutschen Afrikakorps, als Generaloberst Rommel den Befehl über die neugeschaffene Panzergruppe Afrika übernahm.

Damit wurde — wenn man von Rommel absieht — zum erstenmal ein Generalleutnant, der zudem noch außer der Reihe zu diesem Dienstgrad befördert worden war, zum Kommandierenden General ernannt. Eine bewegte Zeit brach für Generalleutnant Crüwell an. Eine Zeit, die ihm Ruhm und Ehre — und schließlich Niederlage und Gefangenschaft brachte.

Am frühen Morgen des 18. November 1941 begann die britische Offensive in Nordafrika. Ungefähr 1000 Panzer und gepanzerte Fahrzeuge rollten in erst drei, dann in vier Keilen nach Westen. Einer dieser Keile stieß frontal auf die deutschen Stellungen bei Sollum. Der zweite umging Sollum und Bardia, um hinter beiden Städten zur Küste zu stoßen und die im Halfayapaß stehenden deutsch-italienischen Verbände abzuschneiden. Der dritte Stoßkeil der Briten mit der 7. Panzerdivision und der 1. südafrikanischen Division zog südlich davon durch die Wüste, teilte sich, zielte mit dem nördlichen Arm ostwärts Tobruk und mit dem südlichen auf Bir el Gobi.

Generalleutnant Crüwell formierte das DAK zum Gegenangriff. In seinem „Moritz" — einem erbeuteten britischen „Mammut"-Befehlswagen — fuhr der Kommandierende General am Morgen des 21. November 1941 aus dem Raum westlich Sidi Omar mit dem DAK zum Angriff in den Rücken der 7. PD der Briten hinein. Das DAK warf den Gegner und setzte sich auf dem Höhenrücken über dem Trigh Capuzzo fest. Hier befahl Rommel für den 22. November „Bewegliche Kampfführung"!

Sofort nachdem der Gegner geschlagen war, gruppierte Generalleutnant Crüwell die 15. PD unbemerkt vom Feind um, staffelte sie nach Osten heraus und stand somit in der tiefen Flanke des Gegners.

Am 22. November griff die 21. PD den Flugplatz Sidi Rezegh an und warf den Feind nach Süden zurück. Gleichzeitig damit griff Generalmajor Neumann-Silkow mit der 15. PD an, stieß gegen Flanke und Rücken der Engländer und kesselte sie ein.

Das Panzerregiment 8 unter Oberstleutnant Cramer vernichtete die 4. britische Panzerbrigade. Mit dem Ausfall dieser entscheidenden Stoßspitze war der britische Angriff schwer getroffen.

Am Abend dieses 22. November gab Generaloberst Rommel dem Kommandierenden General des DAK die Weisungen für den nächsten Tag:

„Vernichtung der feindlichen Hauptstoßgruppe durch den konzentrischen Angriff aller beweglichen deutsch-italienischen Kräfte."

Anschließend sollte durch einen schnellen Vorstoß zurück nach Osten die schwer ringende Sollum-Front entsetzt werden.

In den frühen Morgenstunden des 23. November 1941 erhielt Generalleutnant Crüwell auf seinem Gefechtsstand Gasr el Arid einen sechs Seiten langen Funkbefehl Rommels mit den Angriffsweisungen. Der Oberbefehlshaber war zu weit vom DAK entfernt, um persönlich und mündlich diesen Befehl geben zu können.

„Diesen Befehl zu entschlüsseln wird mehrere Stunden dauern, Herr General!" meldete der Nachrichtenoffizier.

„So lange können wir nicht warten", erwiderte Crüwell. „Wir würden entscheidende wichtige Stunden einfach verstreichen lassen."

„Wir sollten angreifen, Herr General!" warf Oberstleutnant Bayerlein ein, der Chef des Stabes des DAK. „Wir haben einen ausgezeichneten Überblick über die Feindlage."

Generalleutnant Crüwell dachte eine Minute lang nach.

„Gut, meine Herren! Wir warten die Entschlüsselung nicht ab, sondern greifen an!"

Um 5.30 Uhr fuhr Generalleutnant Crüwell in Begleitung seines Stabschefs und einiger Ordonnanzoffiziere und Melder vom Gefechtsstand ab. Nur den Befehlswagen „Moritz" und zwei Kübelwagen mit dem Gefechtsstab nahm der General mit. Alles andere sollte nachfolgen. Crüwell fuhr nach vorn, um seine Truppen in dieser Entscheidungsschlacht an der Front selbst zu führen.

Als der Korpsstab eine halbe Stunde später nachfolgte und im Begriff stand, vom Djebelrand auf den Trigh Capuzzo hinunterzufahren, wurde es gerade hell.

„Halbrechts Geschützrohre!" meldete einer der Fahrer.

Während die Offiziere noch rätselten, ob dies nun Artillerie der 15. oder der 21. PD seien, jaulten schon die ersten Granaten heran. Gewehrschüsse knallten dazwischen.

Das war der Feind!

„Auseinanderziehen! Spähwagen und Flak Feuer eröffnen!"

Mit raschen Feuerstößen gelang es dem Korpsstab, sich noch einmal Luft zu verschaffen. In einer Gefechtspause fuhren die Wagen dann in schnellstem Tempo los. Aber bereits nach ein paar Dutzend Metern eröffnete der Gegner aus Panzerkanonen und Pak das Feuer. Die ersten deutschen Wagen brannten, Munition explodierte.

„Alle Aufzeichnungen vernichten!" befahl der Ib des Stabes.

Britische Panzer kamen heran. Es waren Verbände der 2. neuseeländischen Division, die hier um ein Haar auch den Kommandierenden General gefangengenommen hätten.

Nun hatte Generalleutnant Crüwell alle Führungsmittel verloren. Dennoch befahl er dem DAK, weiter anzugreifen:

„Wir vereinigen uns mit der bei Bir el Gobi versammelten italienischen Panzerdivision ‚Ariete' und greifen dann im geschlossenen Ansatz aller

Panzer den Feind im Rücken an!" entschied Crüwell, kurz nachdem er vom Verlust seines Korpsstabes erfahren hatte.

Als die 15. PD gegen 7.30 Uhr nach Südwesten antrat, erhielten alle Kompanien den Funkspruch Crüwells:

„Der Feind muß heute entscheidend geschlagen werden!"

Die erkannten Feind-Panzerverbände bei Sidi Muftah wurden zuerst angegriffen. Als General Crüwell Meldungen über weitere starke Feindgruppen westlich Sidi Muftah erhielt, ließ er sofort eine noch weiter ausholende Umfassung fahren.

„Wir müssen sie alle in den Sack bekommen, Bayerlein!" begründete der General diesen Befehl.

Während die 21. PD bei Sidi Rezegh in schweren Abwehrkämpfen gegen die angreifenden Panzer der 7. britischen PD stand und die italienische Division „Pavia" einen Ausbruchsversuch der Tobruk-Besatzung mit 60 Panzern aufhielt, erreichte die 15. PD unter Führung von Generalleutnant Crüwell am Nachmittag den Raum südlich Hagfed el Haiad, tief im Rücken des Gegners. Hier trafen schließlich auch die Angriffsspitzen der italienischen PD „Ariete" ein. Die 120 Panzer dieser Division vereinigten sich mit der 15. PD.

Zum neuen Angriff setzte Crüwell alle Panzer im geschlossenen Verband an. Das Panzerregiment 8 kämpfte im Schwerpunkt. Links davon fuhren die italienischen Kampfwagen vor, und auf der rechten Flanke rollte das Panzerregiment 5.

Der stählerne Hammer traf wenig später auf eine tiefgestaffelte Pak- und Artilleriefront der Südafrikaner. Es kam zu einem erbitterten Gefecht. Die ersten deutschen und italienischen Panzer brannten. Immer mehr stählerne Giganten barsten auseinander, von Volltreffern vernichtet. In der Tiefe des Gefechtsfeldes entwickelten sich erbitterte Einzelkämpfe zwischen den Panzern.

Der gepanzerte Hammer der Deutschen und Italiener wurde dennoch, wie geplant, zur Zange. Der Gegner versuchte immer wieder den Ausbruch aus der Umklammerung. Die 8. Kompanie des PR 8 erlitt hohe Verluste, als sie versuchte, den feuerspeienden Wall der Feindgeschütze zu überrollen. Oberleutnant Wuth gelang es, mit dem Chefpanzer in die Feindstellungen einzubrechen. Er fiel unmittelbar darauf durch Kopfschuß. Der Panzer von Leutnant Listmann, Zugführer in dieser Kompanie, wurde von einer Pak abgeschossen. Als die Besatzung ausbootete, bellte ein Feind-MG los. Der Zugführer fiel.

Doch immer dichter wurde der Gegner von der Zange zusammengepreßt. Immer mehr Feindpanzer standen zerschossen auf dem weiten Gefechtsfeld im Raum Sidi Rezegh. Über 1000 Gegner hatten sich gefangengegeben.

In dieser Kampfsituation war auf einmal der mitten im Getümmel rollende „Moritz" von britischen Panzern eingekreist. Die britischen Panzer-Richtschützen bemerkten wohl das deutsche Balkenkreuz, sie sahen aber auch, daß der Wagen ein englisches Fabrikat war. So kamen einige zu Fuß an den Befehlswagen heran, in dem Generalleutnant Crüwell mit seinem Stabschef und dem Gefechtsstab saß. Einer der Tommies schlug mit einer Eisenstange auf die Panzerung.

Generalleutnant Crüwell öffnete das Luk. Für ein paar Herzschläge starrten sich die beiden Gegner an. Dann schlug der General die Panzerplatte zu.

Geschoßgarben einer Schnellfeuerkanone peitschten plötzlich durch das Gelände. Eine deutsche 2-cm-Flak hatte die ausgestiegenen britischen Panzermänner unter Feuer genommen und zwang sie zu schneller Flucht. Wieder einmal war Generalleutnant Crüwell der Gefangenschaft entronnen.

Als die Dunkelheit sich über die Wüste breitete, brannten allerorten Feindpanzer und eigene Kampfwagen. Die Schlacht war jedoch noch nicht zu Ende. An mehreren Stellen gelang es den Engländern und Südafrikanern, aus dem Kessel zu entkommen. Erst nach Mitternacht dieses denkwürdigen Totensonntags bei Sidi Rezegh ging die Schlacht zu Ende.

Generalleutnant Crüwell hatte mit seinem Plan die gesamten Angriffsabsichten der Engländer zunichte gemacht. Am nächsten Morgen meldete er an der Achsenstraße Generaloberst Rommel:

„Der Feind ist bei Sidi Rezegh vernichtet und nur mit Teilen entkommen."

Rommel gab sofort folgenden neuen Befehl heraus:

„Die Angriffsgruppe Tobruk ist zum großen Teil erledigt. Wir fallen jetzt über den Feind an der Ostfront her und vernichten die Neuseeländer und die Inder, bevor sie sich mit den Resten der geschlagenen Hauptgruppe vereinigen und gemeinsam auf Tobruk vorgehen können. Gleichzeitig nehmen wir Habata und Maddalena, um die feindliche Versorgung abzuschnüren.

Es ist höchste Eile geboten. Wir müssen die Schockwirkung der Niederlage ausnützen und sofort in schärfstem Tempo mit allen Teilen nach Sidi Omar vorgehen."

Der Ia der Panzergruppe, Oberstleutnant Westphal*, warnte. Aber Rommel ließ sich nicht umstimmen.

Rommel wollte zur 21. PD fahren, um an deren Spitze den Halfaya-paß zu erobern. Auf dem Weg nach Sidi Omar blieb jedoch der Befehls-wagen Rommels wegen eines Motorschadens stecken.

Mit hereinbrechender Abenddämmerung tauchte glücklicherweise der „Moritz" von Generalleutnant Crüwell auf. Rommel und sein Stabschef, Generalmajor Gause, stiegen mit in Crüwells Befehlswagen. Gemeinsam fuhren sie auf den Drahtzaun zu, der die Grenze nach Ägypten bildete.

Während sich am libysch-ägyptischen Grenzzaun die Führung der Pan-zergruppe Afrika durch die Wüste tastete, kam es im Raum Tobruk zu einer Krise. Vergebens versuchte Oberstleutnant Westphal, den Ober-befehlshaber zu erreichen. Schließlich rief er aus eigenem Entschluß das DAK zurück.

Die 21. PD mußte sich zwischen der bereits durchgebrochenen Front der Neuseeländer zurückkämpfen. Mit der 21. und 15. PD hatte Crüwell wieder zwei Panzerdivisionen zur Verfügung.

„Wir greifen morgen mit beiden Divisionen den Feind bei Sidi Rezegh an!" entschied er.

General von Ravenstein sollte am anderen Tag, dem 29. November, gegen sieben Uhr auf dem Gefechtsstand der 15. PD an einer letzten Be-sprechung teilnehmen. Als er am nächsten Morgen zum Gefechtsstand der 15. PD fuhr, wurde er von den Neuseeländern abgefangen und geriet in Gefangenschaft.

Am 1. Dezember 1941 erfolgte die Ernennung Ludwig Crüwells zum General der Panzertruppe. Diese Beförderung kam vorzeitig; als Aner-kennung der überragenden Leistungen dieses Soldaten.

Am 2. Dezember 1941 schickte Rommel einen Funkspruch an das FHQ in Rastenburg, in welchem gemeldet wurde, daß die Panzergruppe Afrika vom 18. November bis 1. Dezember 814 Panzer und Panzerspähwagen des Gegners vernichtet habe.

Vier Tage später trat das DAK abermals zum Kampf an. Bei Bir el Gobi kam es zum Gefecht. Gleichzeitig mit dem DAK sollte das italie-nische Korps Gambarra von Nordosten angreifen. Aber das Korps kam nicht. Lediglich die Division „Jungfaschisten" traf ein und kämpfte Schul-ter an Schulter mit dem DAK.

---

* siehe Kapitel „General der Kavallerie Westphal"

Während bei Bir el Gobi gekämpft wurde, fiel die 50. brit. ID aus Tobruk gegen die geschwächte Einschließungsfront aus und gewann die wichtige Höhenlinie El Duda-Belhamed.

Am 7. Dezember fiel Generalmajor Neumann-Silkow, der Kommandeur der 15. PD, im Turmluk seines Befehlswagens stehend, durch einen Granatvolltreffer. Rommel rang sich zum Rückzug durch, und dieser Entschluß rettete das DAK.

Während der Rückzugsschlacht im Raum Agedabia fand die Führung des DAK durch General der Panzertruppe Crüwell abermals höchste Anerkennung. Vom 27. bis 29. Dezember versetzte Crüwell dem Gegner mehrere schwere Niederlagen. Bei Temrad wurde die britische Gardebrigade vernichtend geschlagen.

Am 22. Januar 1942 griff das DAK abermals als Spitzenverband der Panzergruppe Afrika an. Binnen weniger Tage wurde Bengasi zurückgewonnen. Nach siebzehn Tagen war die gesamte Cyrenaika wieder in deutscher Hand.

Am 20. März feierte Ludwig Crüwell unter den Palmen der Oase Umm er Rzem seinen 50. Geburtstag. Seit den ersten Märztagen vertrat er Generaloberst Rommel als Führer der Panzerarmee Afrika. Das DAK führte jetzt Generalleutnant Walther K. Nehring.

Am 26. Mai 1942 traten Teile des DAK zum Frontalangriff auf die Gazala-Stellung an. Kerntruppe war das Grenadierregiment 361. Links und rechts dieses Regiments traten italienische Divisionen zum Fesselungsangriff an. Das DAK selbst stand hinter diesen Verbänden als Offensivgruppe bereit. Diese Offensivgruppe rollte mit eingefallener Dämmerung los, um nach Südosten durch die Wüste zu stoßen und Bir Hacheim, den südlichsten Pfeiler der Gazala-Linie, zu umfahren.

Als die Sonne am Morgen des 27. Mai aufging, waren die italienische Division „Ariete", die 90. leichte Division sowie die 15. und 21. PD um Bir Hacheim herumgeschwenkt und fuhren nach Nordnordost. Der Feind in der Gazala-Linie sollte eingekesselt werden.

General Crüwell, der den Frontalangriff der Infanterie vor der Gazala-Linie führte, erhielt am Abend des 28. Mai 1942 einen Funkbefehl Rommels:

„Sofortiger Angriff des Korps Navarrini, das von Westen her durch die Minensperre stößt, um den Rücken des DAK frei zu machen."

General Crüwell schickte seinen Artillerie-Kommandeur, Oberst Krause, zum italienischen Generalkommando voraus.

„Sie tragen dafür Sorge, daß morgen früh ab 8.30 Uhr ein Posten bereitsteht, der meinem ‚Storch‘ durch Leuchtzeichen die italienische Front anzeigt!" befahl er dem Oberst. Krause fuhr los.

Am anderen Morgen, pünktlich um 8.30 Uhr, startete der „Fieseler Storch". Der Pilot dieser kleinen Maschine hatte keine richtige Karte zur Hand.

Geben wir an dieser Stelle General Crüwell zu den Ereignissen jenes Morgens selbst das Wort:

„Bald nachdem wir aufgestiegen waren, fiel mir auf, daß wir immer noch genau der Sonne entgegenflogen. Der Flugzeugführer beruhigte mich. Wir könnten die Leuchtkugeln nicht verfehlen, meinte er. Aber dann war es auch schon passiert:

Wir waren über den englischen Linien. Wir flogen in etwa 150 Meter Höhe, bekamen MG-Feuer. Eine Geschoßgarbe ging ins Heck, die zweite durchlöcherte den Motor, die dritte traf den Flugzeugführer. Er fiel tot zur Seite.

Wie durch ein Wunder stürzte die Maschine nicht ab, sondern schwebte aus und machte selbständig eine Bauchlandung, wobei das Fahrgestell vollständig abriß. Es splitterte und krachte um mich herum; aber zum Glück war die Tür nicht verkeilt. Ich war in der vordersten englischen Linie der Box, die von der 150. britischen Brigade besetzt war.* Zahlreiche Tommies stürzten herbei und nahmen mich gefangen.

Nach einem Jahr stellte ich bei General Krause, der in Tunis in Gefangenschaft geraten war, fest, daß die verabredeten Leuchtkugeln nicht geschossen worden waren, weil der damit beauftragte Offizier gerade in dem Augenblick, als ich vorbeiflog, in seinem Unterstand ans Telefon gerufen worden war." Soweit General Crüwell.

Feldmarschall Kesselring, der gerade in Afrika weilte, sprang in die Lücke und führte an der Gazala-Front weiter, wobei er Generaloberst Rommel sofort anbot, sich ihm zu unterstellen.

Für den General der Panzertruppe Crüwell war der Krieg zu Ende. Er geriet in Gefangenschaft, aus der er erst Ende 1947 zurückkehr e.

Wie eng Ludwig Crüwell seinen Afrikanern verbunden war, zeigte sich im Jahre 1951, als er einstimmig zum Vorsitzenden des Verbandes ehemaliger Angehöriger des Deutschen Afrikakorps gewählt wurde. Mehrere Jahre führte er diesen Verband, ehe er am 25. September 1958 in Dortmund starb.

Viele seiner Freunde gaben ihm am 29. September 1958 auf dem Dortmunder Ostenfriedhof das letzte Geleit: Generalleutnant der Bundeswehr Matzky, der im Namen des Bundesministers für Verteidigung ehrende Worte fand; General der Kavallerie Hansen, der für das Dragonerregiment 9 — der eigentlichen militärischen Heimat Crüwells — bewegende Gedenkworte sprach; Generalleutnant a. D. Wend von Wietersheim, der letzte Kommandeur der 11. Panzerdivision, die der Verstorbene zu glänzenden Siegen in den ersten zehn Wochen des Rußlandfeldzuges geführt hatte. Generaloberst a. D. Hollidt sprach für den Heimkehrerverband.

General der Kavallerie a. D. Westphal, der Vorsitzende des Verbandes DAK, fand folgende Worte:

„Die ‚Afrikaner‘ des Zweiten Weltkrieges haben die schmerzliche Pflicht, Abschied zu nehmen von Ludwig Crüwell, weiland allverehrter Kommandierender General des Deutschen Afrikakorps ...

Im Kriege in der libyschen Wüste zeichnete er sich viele Male als besonders erfolgreicher hoher Panzerführer aus. Er war aber mehr: ein stets verständnisvoller, großzügiger und verantwortungsbewußter Vorgesetzter, ein warmherziger und hilfsbereiter Kamerad, ein anerkannt ritterlicher Gegner."

Sechs Stabsoffiziere der Bundeswehr hoben den Sarg des Toten in das Auto, das zum Ostenfriedhof in Dortmund fuhr.

Der bekannte britische Militärschriftsteller Sir Basil Liddel Hart aber schrieb als ehemaliger Gegner:

„Der General Ludwig Crüwell war neben Rommel der am meisten gefürchtete Gegner der britischen Armee in der zweiten Hälfte des Afrikafeldzuges."

> Ludwig Crüwell, * 20. März 1892 in Dortmund
> *Letzter Dienstgrad:* General der Panzertruppe
> *Einsätze:*
> Erster Weltkrieg: Frankreich, Rußland, Frankreich
> Zweiter Weltkrieg: Jugoslawien, Rußland, Nordafrika
> *Auszeichnungen:*
> Ritterkreuz am 14. Mai 1941
> 34. Eichenlaub am 1. September 1941
> Gestorben am 25. September 1958

GENERAL DER FLIEGER
STEFAN FRÖHLICH

Der erste
„Fliegerführer Afrika"

Mitte Februar 1941 war dem soeben gebildeten Stab des Deutschen Afrikakorps in Tripolis ein Verbindungsoffizier des X. Fliegerkorps, Oberstleutnant Martin Harlinghausen, zugeteilt worden.* Oberstleutnant Harlinghausen fungierte im Stab des DAK als Einsatzführer der vom X. Fliegerkorps fallweise nach Afrika abzustellenden Luftwaffeneinheiten.

Doch bereits am 20. Februar 1941 wurden durch das Oberkommando der Luftwaffe der „Fliegerführer Afrika" und dessen I a bestellt und die Aufstellung des „Stabes des Fliegerführers Afrika" befohlen. Die Gliederung dieses neugeschaffenen Stabes sollte der eines Flieger-Divisionsstabes gleichkommen. Mit der Durchführung der Aufstellung des Stabes in personeller und materieller Hinsicht wurde das Luftgaukommando VII in München beauftragt.

Fliegerführer Afrika wurde Generalmajor Fröhlich, sein I a Oberstleutnant i. G. Ernst Knapp, Gehilfe des I a Oberleutnant Böß. Oberstleutnant Ritter von Voigtländer wurde I c.

Wie verfiel man beim Oberkommando der Luftwaffe gerade auf den Österreicher Fröhlich? Welchen soldatischen Werdegang hatte dieser Fliegergeneral durchmessen, ehe ihm diese wichtige Aufgabe anvertraut wurde?

Stefan Fröhlich wurde am 7. Oktober 1889 in Orsova in Ungarn geboren. Er wurde von 1904 bis 1908 als Zögling der k. u. k. Pionier-Kadettenschule zu Hainburg an der Donau auf den Soldatenberuf vorbereitet.

Am 18. August 1908 erfolgte seine Ausmusterung und die Ernennung zum Kadett-Offiziersstellvertreter im k. u. k. Pionierbataillon Nr. 1.

Hier wurde Fröhlich am 1. Mai 1911 zum Leutnant ernannt. Am 1. August 1914 erhielt er seine Beförderung zum Oberleutnant.

---

* siehe Kapitel „Generalleutnant Martin Harlinghausen"

Auf dem italienischen Kriegsschauplatz nahm er am 1. Weltkrieg teil und errang hohe Auszeichnungen. Im September 1918 wurde er – seit 1. Juli 1918 Hauptmann – bis Kriegsende als Kompaniechef und Lehrer zur k. u. k. Pionierakademie in Hainburg berufen.

Ab Juni 1920 war er Adjutant und später Kompaniechef im Pionier-bataillon 2 des österreichischen Bundesheeres. Am 1. November 1928 wurde er Major und knapp fünf Jahre später Oberstleutnant. Seit September 1929 war er als Sachbearbeiter für das Pionierwesen zum Bundes-ministerium für Heereswesen – Abteilung 6 – kommandiert, wo ihm die Geräteausstattung unterstand.

Am 1. Juli 1934 wurde er als Referent für Geräteausstattung der neu zu errichtenden Fliegertruppe des österreichischen Bundesheeres über-nommen. Später erfolgte seine Übernahme als Gerätereferent in das Kommando der Luftstreitkräfte. Während dieser Tätigkeit absolvierte Stefan Fröhlich, der von der Pike auf lernen wollte, vom Sommer 1934 bis Frühjahr 1935 den Flugzeugführerlehrgang und war von dieser für ihn neuen Waffe fasziniert.

Von nun an verschrieb er sich ganz der Fliegerei. Im Dezember 1937 stellte er ein neues Flieger-Schulregiment auf und war gleichzeitig Kom-mandant des Fliegerhorstes Zeltweg. Im März 1938 wurde er als Oberst-leutnant in die deutsche Luftwaffe übernommen.

Es folgten viele Kommandierungen und Zuteilungen. Sie gipfelten im Frühjahr 1939 in der Ernennung Fröhlichs zum Kommandeur der I. Gruppe des Kampfgeschwaders 76. Am 1. April 1939 wurde er Oberst. Mit seiner Gruppe nahm er am Polenfeldzug teil. Der Erfolg seiner Gruppe ließ ihn am 15. November 1939 zum Kommodore des Kampf-geschwaders 76 aufsteigen. Sein Kampfgeschwader zeichnete sich im Frankreichfeldzug besonders aus. Immer wieder flog auch Stefan Fröh-lich die Einsätze mit. Am 1. Juli 1940 wurde er Generalmajor, und drei Tage später erhielt er wegen überragender Erfolge das Ritterkreuz des Eisernen Kreuzes.

Der Luftkrieg gegen England sah auch ihn und sein Geschwader in harten und verlustreichen Einsätzen über England.

Mit der Ernennung zum Fliegerführer Afrika kam der General auf einen Kriegsschauplatz, der von ihm die höchste Leistung forderte. Von nun an lag das Schicksal der Luftwaffe in Afrika in seinen Händen. Denn wenn auch der Fliegerführer Afrika taktisch dem Generalkommando des X. Fliegerkorps (Generalleutnant Geisler) unterstand, so hatte er doch selber die Verantwortung für alle Einsätze auf afrikanischem Boden.

An Stefan Fröhlich lag es auch, die Zusammenarbeit mit dem General-kommando des DAK, später mit der Panzergruppe Afrika, zu pflegen und zu vervollkommnen. Die Zusammenarbeit wurde durch persönlichen Kontakt gefördert.

Bis Mitte März 1941 standen Generalmajor Fröhlich folgende Flieger-einheiten zur Verfügung:

Je eine Stuka-Gruppe auf dem Flugplatz Castel Benito von Tripolis und südlich des Ortes Sirte.

Eine Staffel der III. Gruppe des Zerstörergeschwaders 26 befand sich ebenfalls auf dem Flugplatz bei Sirte, während das Gros des Geschwa-ders auf·Sizilien stationiert war.

Mit diesen geringen Fliegerverbänden mußten im Frühjahr 1941 die Einsätze anläßlich der Rommelschen Überraschungsoffensive bestritten werden. Erst später kamen weitere Kräfte hinzu.

Vor allem aber machten die besonderen Wetterbedingungen den Be-satzungen und der Führung zu schaffen. Zwar gelang es durch den Ein-bau von Luftfiltern an den Motoren und das von Zeit zu Zeit stattfin-dende Entsanden der Zellen, die Einsatzbereitschaft der Maschinen zu erhalten, aber die Beanspruchung der Besatzungen waren nicht zu mil-dern.

Oftmals herrschten unter den Kabinendächern der Maschinen 70 Grad Hitze. Dies störte vor allem den Einsatz der Jäger und Aufklärer. Stuka-Einsätze wurden in der kühleren Tageszeit, am frühen Morgen oder am Abend, geflogen.

Eine besondere Ausstattung der Flugzeuge für die Wüste gab es nicht. Um so höher ist das Maß an Einsatzleistung der Bodenbesatzungen zu bewerten, die die Maschinen immer wieder „klar" melden konnten.

Der Transport der Flugzeuge und des Personals nach Afrika ging über Italien nach Tripolis. Er wurde gesteuert durch den General der deut-schen Luftwaffe in Italien, Generalmajor Ritter von Pohl.

Das Bodenpersonal und alles Material kamen ab Neapel auf dem See-weg. In Neapel war ein Verladestab der Luftwaffe eingerichtet worden. Für den Lufttransport Sizilien—Afrika wurden Transportgruppen mit Ju 52 eingesetzt, die vorwiegend Benzin beförderten.

Generalmajor Fröhlich sammelte die ihm zugewiesenen Verbände im März auf dem Fliegerhorst Castel Benito bei Tripolis. Er selbst verlegte seinen Gefechtsstand im März 1941 nach Sirte. Die mündlichen Weisun-gen des Oberbefehlshabers der Luftwaffe, Reichsmarschall Göring, an ihn lauteten:

„Als Fliegerführer Afrika haben Sie die auf dem afrikanischen Kriegs-schauplatz zum Einsatz kommenden Teile der deutschen Luftwaffe — also die Verbände der Fliegertruppe u n d der Flakartillerie — so zu führen und einzusetzen, daß den dort im Kampf stehenden Heeresverbänden die größtmögliche Unterstützung seitens der Luftwaffe gewährt werden kann." *

Außer diesem grundlegenden Befehl, den Generalmajor Fröhlich mit-nahm, erhielt er in einzelnen Fällen Einsatzbefehle für besondere Ziele, wie den Suezkanal und die Anlagen in Kairo.

Bis Ende März 1941 wirkten Stukas und Zerstörer des Fliegerführers Afrika bei der Eroberung des Forts Agheila mit. Ansonsten wurde in dieser Zeit überwiegend Aufklärung zur Erkundung der Feindstellungen geflogen.

Als Generalleutnant Rommel aus dem Führerhauptquartier nach Sirte zurückgekommen war, teilte er Stefan Fröhlich am 21. März die dort empfangenen operativen Weisungen mit. Oberstleutnant Borne, sein Stabschef, der ebenfalls anwesend war, schlug im Verlauf der Bespre-chung vor, statt der für den 31. März geplanten Stellungskorrektur doch einen Vorstoß in den Raum Agedabia zu unternehmen und sich dort fest-zusetzen, um eine günstigere Ausgangsposition für den geplanten Offen-sivstoß zu haben.

Rommel lehnte diesen Vorschlag unter Hinweis auf seine im FHQ empfangenen Befehle ab.

Der Fliegerführer Afrika erhielt Weisung, den Vorstoß am 31. März durch die beiden Stukagruppen zu unterstützen und die Zerstörerstaffel als Schlachtflieger einzusetzen.

Die Luftlage im März und eingangs April 1941 war so, daß der Feind kaum in Erscheinung getreten war. Die deutschen Aufklärungsflüge wur-den in der Luft nicht gestört. Erst nachdem das DAK den Vorstoß durch die Cyrenaika unternahm, traten ab und zu englische Jäger auf.

Am frühen Morgen des 31. März war Generalmajor Fröhlich. vom Stabsquartier in Sirte zum Flugplatz En Nofilia, seinem vorgeschobenen Gefechtsstand, gefahren, um die hier startenden Verbände selbst einzu-weisen.

Während der nächsten Tage griffen die Stukas, ferner die Me 110 als Zerstörer und Schlachtflieger immer wieder in den Erdkampf ein. Alle eindeutig erkannten Bodenziele wurden angeflogen, gebombt und be-

---

* siehe Fröhlich, Stefan: „Fliegerführer Afrika" i. Ms.

schossen. Besetzte Feindstellungen, die den vorstürmenden Kampfgruppen im Wege waren, wurden im Sturzangriff vernichtet. Bereitstellungen, von den Spähtrupps erkannt, wurden durch staffelweise geflogene Angriffe ausgeschaltet. Immer wenn die Stukas und Zerstörer nach En Nofilia zurückkehrten, brachten sie neue Erfolgsmeldungen mit.

Ständig verlegte von diesem Tag an der Fliegerführer Afrika seinen Gefechtsstand weiter nach Osten. In den Dünen an der Küstenstraße, in Bengasi und Derna zogen die Flieger ein.

Zerstörer und Stukas hatten ihren Anteil am Erfolg des DAK erkämpft. Mit Erreichen des Flugplatzes Derna trat eine kleine Pause ein. Die deutschen Schlachtflieger wurden bald von den Engländern so gefürchtet, daß ihr Erscheinen auf dem Gefechtsfeld mitunter die englische Abwehr völlig lähmte.

Als Generalmajor Fröhlich am 14. April vor Tobruk General Rommel besuchte, fand er Rommel stark bedrückt vor. Der Kommandierende General stand noch unter dem Eindruck des Mißerfolges des MG-Bataillons 8, das in die Festung Tobruk eingedrungen und dort fast völlig vernichtet worden war.

„Fröhlich", sagte der General, „von jetzt ab können wir nicht mehr in dem gleichen Tempo nach Osten vordringen wie bisher."

Um diese Zeit verfügte die deutsche Luftwaffe in Afrika noch über keinen Jäger. Es gab auch keine italienischen Jagdflugzeuge vorn an der Front.

So konnten britische Bomber, die im Sommer über den Truppen bei Tobruk und bei Bardia, bei Sollum und am Halfayapaß erschienen, ohne nennenswertes Risiko ihre Bomben abladen. Der Flakeinheiten waren zu wenig, als daß sie mehr als Nadelstiche hätten verabreichen können.

In dieser Zeit hatte Fröhlich sich immer wieder gegen Vorwürfe zu verteidigen, die Luftwaffe helfe nicht gegen diese Bomber. Er versuchte fieberhaft, Jagdflieger heranzubekommen. Ende Mai war es schließlich soweit — die erste deutsche Jagdgruppe traf auf afrikanischem Boden ein.

Von nun an machten sich die britischen Bomber sehr rasch rar. Ein abgeschossener Bomberpilot sagte bei seiner Vernehmung zu Generalmajor Fröhlich:

„Jeder Tag ohne deutsche Jagdflieger war für uns ein glücklicher Tag."

Nun, die glücklichen Tage für englische Flieger in Afrika waren für lange Zeit vorüber.

Im neuen Stabsquartier in Derna konnte Generalmajor Fröhlich im Mai 1941 folgende Einheiten neu zu den zwei Stukagruppen und der Zerstörerstaffel in seinen Befehlsbereich einbeziehen:

Eine Stukagruppe; vorübergehend noch eine vierte Stukagruppe. Die I./Jagdgeschwader 53; später noch eine Gruppe des JG 77 aus Sizilien, die zur Aushilfe kam, bis im Herbst 1941 der Rest des JG 53 herangekommen war. Fallweise für Fernkampfaufgaben eine Gruppe Ju 88.

Die Stukagruppen und die Zerstörer lagen auf dem Flugplatz von Derna, mit Liegeplätzen abseits des Rollfeldes in der Steppe. Die Jäger befanden sich auf dem Flugplatz Ain el Gazala, die Ju-88-Gruppe auf dem Flugplatz Benina bei Bengasi.

In diesem Sommer, während die Front stillstand, waren Bekämpfung besetzter Feindstellungen und Bunker, das Niederringen der feindlichen Nachschubkolonnen aus dem Osten zur Front die Hauptaufgaben des Fliegerführers.

Die Angriffe auf die britischen Versorgungsschiffe im Hafen von Tobruk waren besonders gefährlich wegen der dort massierten Feindflak, die schon von den Italienern in der Festung eingebaut worden war.

Alle Seeziele, die in Reichweite der Maschinen des Fliegerführers gesichtet oder durch die Funkhorchabteilung Südost gemeldet waren, wurden ebenfalls bekämpft.

Immer wieder kam es vor, daß der Stab Rommels beim Fliegerführer anrief und um Unterstützung in der Abwehr feindlicher Angriffe bat. Sobald diese Hilferufe eintrafen, ließ Generalmajor Fröhlich, der sich mit seinem Gefechtsstab ständig auf dem Haupteinsatzhafen befand, die Verbandsführer zum Befehlsempfang kommen und gab ihnen selbst die Angriffsziele bekannt. Lediglich die Jäger wurden fernmündlich eingewiesen.

Die Stukaflieger hatten sich die im Hafen von Tobruk liegenden „Schiffsleichen" sehr rasch eingeprägt und fanden stets die neu eingelaufenen Schiffe heraus. Einmal gelang es den Jägern, einen britischen Flottenverband mit einem Flugzeugträger auf dem Wege nach Alexandria aufzufassen. Sie griffen mehrfach an, erzielten einige Treffer und beschädigten den britischen Flugzeugträger. Sie selbst hatten keine Verluste.

Die Stukaverbände wurden vom ersten Tag der Anwesenheit der deutschen Jagdflieger von diesen begleitet. Die italienischen Jäger und Stukas waren im Frontraum auf Zusammenarbeit mit dem Fliegerführer Afrika angewiesen. So zog Generalmajor Fröhlich auch italienische Jäger zum Geleitschutz heran.

Die deutschen Jäger betrieben außerdem taktische Aufklärung, verbunden mit freier Jagd, gewöhnlich in Staffelstärke. Ihre Flugzeiten und -räume mußten vorher dem DAK gemeldet werden, so daß sich dessen eigene Aufklärer unter dem Schutz der Jäger bewegen konnten.

Unter der Führung von Hauptmann Eduard Neumann, von seinen Fliegern kurz „Edu" genannt, zeichneten sich schon jetzt die ersten Asse der Luftwaffe am afrikanischen Himmel aus. Es waren dies zunächst der Staffelkapitän Oberleutnant Gustav Rödel, der am 22. Juni 1941 das Ritterkreuz erhielt, und Oberleutnant Ludwig Franzisket, dem am 23. Juli 1941 für seinen Afrikaeinsatz das Ritterkreuz verliehen wurde.

Das Wetter war überwiegend gut, lediglich bei Einsetzen des heißen Wüstenwindes Ghibli erstarb jede Flugbewegung. In den glutheißen Sommertagen machten die Besatzungen der Afrika-Maschinen die unangenehme Bekanntschaft des von den Rollfeldern aufsteigenden Sandes, der das Starten und Landen unmöglich machte.

Als Begleitschutz für die Stukas zum nahe gelegenen Tobruk erzielten die Jäger ihre meisten Abschüsse.

In der Schlacht um Sollum Mitte Juni 1941 lag der Schwerpunkt der Einsätze wieder darin, das DAK mit Schlachtfliegern im Erdkampf zu unterstützen. So verging der Sommer des Jahres 1941, in welchem Hitze und Sandsturm zu den ärgsten Widersachern der deutschen Flieger zählten.

Die Kämpfe dieses Sommers 1941 mit der starken Bombardierung von Tobruk zeigten dem Fliegerführer Afrika, was für prachtvolle Flieger er unter seinem Kommando hatte. Als einmal Hauptmann Mahlke, der Gruppenkommandeur der Stukas, seine mündliche Erfolgsmeldung bei Generalmajor Fröhlich abgab, entspann sich folgender Dialog:

„Welchen Abflugkurs nehmen Sie denn am liebsten, Mahlke?" fragte der General.

Hauptmann Mahlke trat an die Karte und zeigte den von ihm bevorzugten Flug. Der Kurs führte eine lange Strecke über ein Gebiet, in welchem die Feindabwehr groß war.

„Warum", fragte Fröhlich, „fliegen Sie diesen langen Weg über flakgefährdetes Gebiet, Mahlke?"

Daraufhin meinte dieser treuherzig:

„Da hat man länger 'von, Herr General!"

Hauptmann Mahlke, der seit dem 16. Juli 1941 das Ritterkreuz trug, war einer der tapfersten Soldaten, die je in einer Ju 88 gesessen haben. Es gab keinen Tag, an welchem er nicht mit seiner „Jolanthe" einen Einsatz gegen Tobruk und die Schiffe im Hafen flog. Er stürzte sich durch die Feuerwände der Flak auf sein Ziel hinunter und bombte es zielsicher und gekonnt.

Auch die Besatzungen der Zerstörer bildeten eine verschworene Gemeinschaft. Bei einem Streifenflug mußte eine Me 110 in der Wüste notlanden. Eine der mitfliegenden Me 110 setzte neben der Bruchmaschine auf und nahm deren Besatzung an Bord. Diese brave Me 110 kehrte mit fünf Mann Besatzung (anstelle von normalerweise zwei Mann) heil zum Einsatzhafen zurück.

„Wir lassen keinen Kameraden allein, eher gehen wir mit vor die Hunde!" war der Kommentar der Flieger, die dieses Meisterstück fertigbrachten.

Mit Beginn der Novemberkämpfe 1941, deren Höhepunkt die Panzerschlacht am Totensonntag bei Sidi Rezegh war, hatte Generalmajor Fröhlich in Derna größere Schwierigkeiten. Die Engländer hatten im Herbst 1941 ihre Luftstreitmacht großzügig verstärkt und waren nunmehr den Achsen-Luftstreitkräften bedeutend überlegen. Ihre Kampfkräfte kamen jedoch nur selten am Tage über das deutsch-italienische Gebiet. Nur die Aufklärer erschienen regelmäßig.

Generalmajor Fröhlich hatte versucht, im Laufe des Herbstes seine Fliegerkräfte in den Raum zwischen Tobruk und Bardia vorzuverlegen. Doch diese Bemühungen scheiterten. Einmal, weil die geringen Nachschubkolonnen der Luftwaffe die Versorgung dann wegen des längeren Umgehungsweges um Tobruk herum nicht hätten sicherstellen können, zum anderen, weil offenbar beim DAK auch Sorgen bestanden, daß dann die Fliegerkräfte vom Feind hätten vernichtet werden können.

Da Derna der Haupteinsatzhafen blieb, mußte auch General Fröhlich mit seinem Stab dort bleiben. Die zwingende Notwendigkeit schnellster Befehlsgebung zwang ihn dazu. Ein vorgeschobener Gefechtsstand bei Gazala, den der Fliegerführer Afrika im Winter 1941 zeitweise bezog, war bombensicher. Er befand sich in einer arabischen Grabkammer, mit einigen Metern gewachsenem Fels über den Köpfen der Stabsoffiziere und Schreiber.

Am Tage wurde der Dienstbetrieb ins Freie verlegt, und auch die Mahlzeiten wurden, je nach den Witterungsverhältnissen, im Freien eingenommen.

Wer auch immer im Gefechtsstand Gazala auftauchte, der wurde gespeist und fand an der langen Tafel Platz, an welcher General und Schreibergefreiter gleicherweise aßen.

Die Büroeinrichtung bestand aus zwei Feldbetten, einem Tisch mit Telefon und der Funkstelle, mittels derer alle Feldflugplätze schnellstens erreicht werden konnten.

Geben wir General der Flieger Fröhlich das Wort zu den nun folgenden Winterkämpfen:

„Bei der Turbulenz der Ereignisse in diesem Zeitabschnitt besonders in den ersten Wochen, mußte der Aufklärung des Gefechtsraumes besonderes Augenmerk zugewandt werden. Diese Aufgabe fiel den Zerstörern zu. In Staffelstärke angesetzt, hatten sie — in geringer Höhe fliegend — den Feind in der Bereitstellung oder im Anmarsch ausfindig zu machen und mit Bordwaffen anzugreifen. Es wurde angestrebt, in möglichst kurzen Intervallen Zerstörer über dem Kampfgebiet zu haben.

Aufgrund der Zielerkundung durch Zerstörer erfolgte jeweils der Einsatz der Stuka-Verbände. Jäger flogen Schutz über dem Einsatzgebiet und betrieben zugleich Gefechtsaufklärung. Die vorhandene Gruppe Ju 88 wurde gleichfalls zu Naheinsätzen herangezogen.

Mitte November gab es einen schweren Gewitterregen, der zwei Tage andauerte. Nachdem die Sanddecke des Bodens von dem Dauerregen durchtränkt war, verwandelte sich die wannenartige Umgebung der Wadis in große Wasserbecken, die sich nach der Wadi-Sohle zu entleerten. So kamen plötzlich große Sturzwogen die Wadis herab und rissen alles mit sich fort. Zeltlager der Luftwaffe in den Wadis um Derna wurden innerhalb von Minuten überflutet. Dabei ertranken einige Leute.

Diese Wetterkatastrophe hatte auch die Flugplätze um Derna mitgenommen. Das Rollfeld Derna stand zum Teil unter Wasser. Doch abgesehen von diesem Unwetter gab es während dieses Kampfabschnittes ständig brauchbares Flugwetter."

Dreimal mußte Generalmajor Fröhlich mit seinen Verbänden im Dezember 1941 in letzter Stunde vor den herannahenden Briten starten, die bereits an den Flugplätzen vorbei nach Westen vorgestoßen waren.

Einer der Flieger, die sich in der Schlacht bei Sidi Rezegh immer wieder ausgezeichnet hatten, war Major Kaschka, der Kommandeur der Zerstörergruppe. Bei seinem letzten Anflug vernichtete er eine feindliche Kolonne mit zwei Spähwagen. Dabei wurde er von britischer Flak abgeschossen. Sein Nachfolger wurde zwei Tage später, ebenfalls im Raum Sidi Rezegh, abgeschossen. Er konnte sich durch Fallschirmabsprung retten und schlug sich durch die englischen Linien zu seiner Gruppe durch.

Mitte Januar hatte der Fliegerführer Afrika bis in den Raum El Agheila zurückweichen müssen. Auf den Flugplätzen von El Agheila und

am Arco dei Fileni standen ihm zu diesem Zeitpunkt das gesamte Jagdgeschwader 53, eine Gruppe Ju 88, eine Zerstörergruppe und drei Stuka-
Gruppen zur Verfügung.

Nach der Errichtung der Kommandobehörde „Oberbefehlshaber Süd",
November/Dezember 1941, endete das Unterstellungsverhältnis des Fliegerführers Afrika unter das X. Fliegerkorps. Nunmehr war Generalmajor Fröhlich dem Oberbefehlshaber Süd, Generalfeldmarschall Kesselring, direkt unterstellt. Am 1. Januar 1942 wurde Stefan Fröhlich zum
Generalleutnant befördert.

Mit Beginn des deutsch-italienischen Gegenschlages am 21. Januar 1942
verlegten die einzelnen Einheiten wieder nach Osten.

Am Tag des deutschen Angriffsbeginns wurde auch eines der aben-
teuerlichsten Unternehmen der Luftwaffe im Afrikakrieg gestartet: der
Angriff auf Fort Lamy am Tschadsee in Zentralafrika. Fort Lamy lag
rund 2500 Kilometer von den Stützpunkten und Feldflughäfen des DAK
entfernt. General Fröhlich oblag es, die Route und den Zwischenlande-
platz auszuwählen, der diesen gewaltigen Flug ermöglichen konnte.

Mit seinen Stabsoffizieren ging er an die Arbeit. Und am 21. Januar
1942, dem Zeitpunkt des Beginns von Rommels Überraschungsoffensive,
startete die He 111 mit den fünf Männern an Bord, die dieses tollkühne
Unternehmen durchführen sollten: Hauptmann Theo Blaich, Leutnant
Bohnsack, Feldwebel Geißler, Unteroffizier Wichmann und Kriegsberichter Leutnant Dettmann.

Der winzige italienische Feldflugplatz in der Oase Hun war Ausgangs-
station. Dort kam noch der italienische Major Conte Vimercati-Sanse-
verino an Bord, der mit einer „Savoia" am 20. Januar hier eingetroffen
war. In der „Savoia" befand sich der Sprit für den Rückflug der He 111.

Am 21. Januar gegen 14.30 Uhr ließ Hauptmann Blaich die Gefechts-
stände besetzen. Unter der He 111 tauchte Fort Lamy auf mit dem Flugplatz und den Depots.

„Reihenwurf!" befahl der Kommandant.

Die Abwurfvorrichtung war vom Bombenschützen längst auf Reihenwurf eingestellt. Sechzehn Bomben zu je 50 Kilo hingen in den Halte-
rungen. Dann war es soweit. Die Bomben krachten in die Hallen und
Depots des Flugplatzes von Lamy. Riesige Explosionswolken und Flammen stoben über den Treibstoffdepots empor. Der gesamte Treibstoff flog
in die Luft. Die Besatzung des Flugplatzes war so überrascht, daß kein
einziger Schuß fiel. Insgesamt verbrannten hier 400 000 Liter Flugbenzin
und die gesamten Ölvorräte. Allein zehn Flugzeuge wurden am Boden

100

zerstört. Diese eine He 111 hatte einen sagenhaften Erfolg errungen: Fort Lamy war für viele Wochen lahmgelegt.

Die He 111 wurde auf Nordkurs gedreht. Vier Stunden vergingen, langsam sank die Sonne. Doch Campo Uno, wo sie die „Savoia" wußten und den weiteren Sprit, war noch nicht in Sicht gekommen. Die Maschine mußte SOS senden und landete mitten in der Wüste, rund 1200 Kilometer südlich Agedabia. Um 20 Uhr versuchte Funker Wichmann, den Funkkontakt mit der Funkstelle des Fliegerführers Afrika aufzunehmen, vergeblich. Niemand antwortete.

Erst zwei Tage darauf, am 23. Januar, gelang es, Funkverbindung zu bekommen. Der Unteroffizier am Funkhorchempfänger C beim Fliegerführer Afrika schrieb den Text auf. So erfuhr General Fröhlich sofort von der Notlandung der He 111 vor zwei Tagen mitten in der Wüste und vom Erfolg dieser Maschine.

Ein Sandsturm machte am selben Tage das Leben der sechs Männer in der Wüste zur Hölle. Zweimal am Tage wurde ein Viertelliter Wasser ausgegeben. Am Sonntag, dem 25., gab es einen Viertelliter zusätzlich als Feiertagsüberraschung. Am Dienstag, dem 27., wurde gegen 17 Uhr der letzte Tropfen Wasser ausgegeben. Drei Minuten später sichteten sie ein Flugzeug, eine italienische „Ghibli S 1".

Leuchtkugeln stiegen der Maschine entgegen. Der kleine Aufklärer landete, und sein Funker Scorzone sprang als erster hinaus. Er brachte den Männern ein Geschenk mit: zwei Feldflaschen voll Wasser!

Dann stieg die „Ghibli" wieder auf, um zum nur eine halbe Stunde entfernten Lager 1 zurückzufliegen und am anderen Morgen den Sprit für die He 111 zu bringen.

In den frühen Morgenstunden des 28. Januar aber tauchte eine Ju 52 über dem Lager der sechs Männer auf. Es war Oberleutnant Becker von der Wüstennotstaffel, der ohne Befehl um Mitternacht in Agedabia gestartet war und sie gefunden hatte.

Mit den drei Fässern Sprit, die Becker mitgebracht hatte, wurde die He 111 flottgemacht. So endete das Abenteuer doch noch glücklich.

Neben der Mitwirkung bei den Kampfhandlungen des Heeres erbrachte die Zeit vom 21. Januar bis zum 10. Februar 1942 Kampfeinsätze, die denen während der Offensive des März/April 1941 ähnelten. Nur daß diesmal die englischen Flieger in der Luft waren und es zu schweren Luftkämpfen kam.

Am 15. März 1942 erhielt Stefan Fröhlich eine ehrenvolle Berufung in die Heimat. Er sollte dort die 2. Fliegerdivision neu aufstellen. Damit war die Afrikazeit des ersten Fliegerführers Afrika beendet. Sein Nachfolger wurde Generalleutnant Hoffmann von Waldau.

Nur ungern schied Stefan Fröhlich vom afrikanischen Kriegsschauplatz. Die Soldaten, die er dort kennen- und schätzengelernt hatte, machten ihm den Abschied schwer. Über sie sagt der ehemalige General der Flieger heute:

„Geist und Haltung der Verbände verdienen uneingeschränktes Lob. Sie waren opferfreudig und erlahmten nie in ihrer Einsatzfreude.

Ich denke mit Stolz an jenes Jahr, da ich Fliegerführer in Afrika sein durfte, und grüße an dieser Stelle sehr herzlich meine Kameraden aus jener Zeit."

Bis zum 15. Juli 1942 war die 2. Fliegerdivision im Abschnitt Mitte des östlichen Kriegsschauplatzes eingesetzt, dann verlegte sie zur Auffrischung nach Frankreich, wo Generalleutnant Fröhlich am 29. Dezember 1942 Kommandierender General des IX. Fliegerkorps wurde, das er bis zum 26. August 1943 führte. Am 27. August 1943 wurde er wegen seiner Verdienste zum General der Flieger befördert und trat seinen Dienst als Kommandierender General und Befehlshaber im Luftgau XVII an.

Am 1. März 1944 wurde General der Flieger Fröhlich dem Befehlshaber der Luftflotte 3 zur Einführung in die Tätigkeit eines Luftflotten-Oberbefehlshabers zugeteilt und am 20. August 1944 zum Befehlshaber des Luftwaffenkommandos Südost ernannt. Als diese Kommandostelle am 5. November 1944 aufgelöst wurde, kam der fünfundfünfzigjährige General in die „Führerreserve", von wo aus er am 28. März 1945 zum Oberbefehlshaber der Luftflotte 10 ernannt wurde. Im April 1945 wurde diese Luftflotte aufgelöst und Stefan Fröhlich aus dem Wehrdienst entlassen.

Stefan Fröhlich, * 7. Oktober 1889 in Orsova/Ungarn
Letzter Dienstgrad: General der Flieger
Einsätze:
Erster Weltkrieg: Italien
Zweiter Weltkrieg: Polen, Frankreich, Luftschlacht über England, Nordafrika, Rußland, Heimatkriegsgebiet
Auszeichnungen:
Ritterkreuz am 4. Juli 1940

italienische Geschütze, drei deutsche leichte Infanteriegeschütze und das hervorragend ausgerüstete schwere Bataillon 334 unter Hauptmann Düver, das mit seinen Spähwagen, einer Pionierkompanie und der leichten Flak besonders schlagkräftig war. Die beiden Acht-Acht, die zum Bataillon gehörten, bildeten einen wichtigen Verteidigungsfaktor.

Das Stabsquartier, das Fullriede vorfand, war unter jeder Kritik. Es fehlte fast alles. Weder Funkgeräte noch Schreibmaschinen standen zur Verfügung. Lediglich zu den drei Bataillonskommandeuren im Abschnitt bestand Fernsprechverbindung.

In den nächsten Tagen bemühte sich Oberstleutnant Fullriede darum, der Truppe Selbstvertrauen zu geben.

Die Front verlief in diesem Abschnitt von Pichon bis zum Paß bei Fondouk und rechts davon. Diese HKL war in den beiden Operationen „Eilbote I und II" von Oberstleutnant Buhse gewonnen worden.

Einige Stoßtruppunternehmungen, Fahrten des Kampfgruppenkommandeurs zu den bedrohten Abschnitten unterbrachen die augenblickliche Ruhe an der Front. Dann schlief jede Gefechtstätigkeit ein.

Am 3. März traf Generalmajor Bülowius bei der Kampfgruppe ein, um sich von Oberstleutnant Fullriede orientieren zu lassen. Am folgenden Tag wurde der Kampfgruppe Fullriede noch das Eingeborenenbataillon „Tunesien" unterstellt, dessen Offiziere und Unteroffiziere aus Deutschen bestanden, die aus der französischen Fremdenlegion geflohen waren. Abermals einen Tag später, am 5. März, griffen die Amerikaner mit Artillerie und Panzerunterstützung an.

„Herr Oberstleutnant, Angriff der Amerikaner auf unseren Stützpunkt vorwärts Pichon!"

Mit diesen Worten kam Leutnant Kempff, der Adjutant, in den Gefechtsstand gestürmt.

„Danke, Kempff", erwiderte Fullriede. Dann wandte er sich zum Führer des Unterstabes.

„Menschel, in drei Minuten rauschen wir ab! Sagen Sie Leinemann und Fischer Bescheid, daß sie sich bereithalten!"

Während Feldwebel Menschel den Gefechtsstand verließ, setzte Oberstleutnant Fullriede die Schirmmütze auf und griff zur Maschinenpistole.

„Ich fahre zum Stützpunkt, Hannemann. Sobald sich die Situation ändert, rufen Sie beim Bataillon 334 an. Hauptmann Düver soll dann einen Melder herüberschicken."

Draußen heulte der Motor des Befehlswagens einmal kurz auf und zeigte dem Oberstleutnant, daß sein Fahrer Leinemann zur Stelle war. Fullriede verließ den Gefechtsstand und schwang sich neben dem Fahrer auf den Sitz. Der Wagen schoß nach vorn und bog auf den Weg zum Stützpunkt ein. Sie hatten diesen noch nicht erreicht, als sie die ersten Panzer sichteten, die auf beiden Flanken bereits den Stützpunkt passiert hatten.

„Die kesseln unseren Stützpunkt ein, Herr Oberstleutnant!" bemerkte Leinemann, der ebenso wie Feldwebel Fischer schon seit 1939 als Fahrer bei Fritz Fullriede war.

„Stützpunkt zurückziehen, Becker!" befahl der Oberstleutnant, als der Offizier melden wollte. „Bis auf fünf Kilometer an Pichon zurücknehmen."

Der Befehl wurde ausgeführt. Die Besatzung ging auf El Ala zurück. Hier griffen die Amerikaner um 17 Uhr an. Der Stützpunkt ging ebenfalls verloren.

Doch eben rechtzeitig meldete sich Leutnant Zemelka mit einem Sonderkommando bei Oberstleutnant Fullriede. Dieses Kommando war von Hauptmann von Koenen abgestellt worden, der einen Sonderverband der „Brandenburger" führte.

„Kommen Sie, Zemelka!" befahl Fullriede. „Wir holen El Ala zurück."

Mit den vierzig Männern des Sonderkommandos griff Fritz Fullriede persönlich den Stützpunkt in der Nacht an. Die „Brandenburger" sprengten sich eine Gasse durch den Ring der Amerikaner und drangen in den Stützpunkt ein. Nach kurzem Nahkampf waren die Amerikaner geworfen, der Stützpunkt zurückgewonnen.

Zwei vorgezogene leichte Feldhaubitzen wurden jetzt von Oberstleutnant Fullriede zur Unterstützung angesetzt. Zwei Feindpanzer wurden geknackt, eine Menge Gefangene gemacht.

Wenig später begrüßte Oberstleutnant Fullriede seinen alten Freund Friedrich von Koenen*, der wie er selber in Südwestafrika Farmer gewesen war. Auch der Adjutant von Koenens war Südwestafrikaner und eine Reihe der Mannschaften ebenfalls. Da sich diese Männer teilweise schon als Kinder kannten, gab es eine fröhliche und feuchte Begrüßung.

Am 6. März wurde der Kampfgruppe noch die Panzerspähkompanie der AA 190 unter Hauptmann Kahle unterstellt. Diese Spähkompanie

---

* Hauptmann von Koenen erhielt am 17. September 1943 das Ritterkreuz.

stand seit dem ersten Tag des Kampfes im Brückenkopf Tunesien in Afrika und hatte aufsehenerregende Raids gefahren.

Am selben Tag hörte Fritz Fullriede eine Meldung der Amerikaner ab, nach der diese Pichon genommen hätten.

Am nächsten Tag meldete sich Feldmarschall Rommel über den Fernsprecher:

„Wie sieht es bei Ihnen aus, Fullriede? Ist Pichon gefallen?"

Fritz Fullriede lachte. „Ich spreche aus Pichon, Herr Feldmarschall! Die Amerikaner hatten gestern nur vorübergehend El Ala in Besitz. Auch das haben wir ihnen wieder entrissen."

„Schön, Fullriede! In den nächsten Tagen erhalten Sie einen neuen Angriffsbefehl."

Dieser von Rommel avisierte Angriff sollte am 11. März stattfinden. Oberstleutnant Fullriede versammelte drei Züge Infanterie und drei Panzerspähgruppen bei Hadjeb ek Aioun, ungefähr acht Kilometer vor Sidi Goubrine, wo eine italienische Kompanie lag. Das Angriffsziel — der Paß von El Zeghales — lag zehn Kilometer davor und war von Amerikanern besetzt.

Die Amerikaner gingen nach kurzem Gefecht auf einen Höhenzug hinter dem Paß zurück.

Während die Spähgruppen unter Leutnant Ballhorn, verstärkt durch einige Kradschützen, durch den Paß vorstießen, die amerikanischen Stellungen umfuhren und von rechts rückwärts flankierten, setzte Fullriede zwei der drei 7,5-cm-Selbstfahrlafetten flankierend von halbrechts ein.

Der Zug unter Leutnant Laaf griff unter Dauerfeuer eines einzigen schweren Granatwerfers frontal an. Unter Führung von Oberstleutnant Fullriede wurde diese Riegelstellung der Amerikaner erstürmt und sechs Offiziere und 65 Mann gefangengenommen. Ein erheblicher Wagenpark fiel der Angriffsgruppe in die Hände.

„Setzen wir uns jetzt hier fest, Herr Oberstleutnant?" fragte Leutnant Kempff.

Fullriede schüttelte den Kopf. „Der Feind wird bald genug merken, wie schwach wir sind, und uns dann hier oben kassieren. Wir gehen unter Zurücklassen von Sicherungen mit unseren Gefangenen und der Beute in die Ausgangsstellung zurück."

Am 12. März versuchte der Gegner einen Angriff beim rechten Nachbarn der Kampfgruppe Fullriede. Als der Oberstleutnant mit einer Spähwagenkompanie aushelfen wollte, war der Feind bereits bei Ousseltia durch Stukas gestoppt worden.

Am 13. März erfolgte ein Angriff mit sechs Panzern und Infanterie auf Hadjeb el Aioun. Die eigene Artillerie unter Hauptmann Köpff schlug diesen Angriff ab.

Zwei amerikanische Panzerspähtrupps wurden am 15. März von Leutnant Ballhorn vernichtet.

Bis zum 21. März folgte dann von beiden Seiten nur Späh- und Stoßtrupptätigkeit.

Am 21. März wurde Fullriede der feindliche Durchbruch bei Maknassy gemeldet. Wenig später erhielt er von der 5. Panzerarmee Befehl, seine Kampfgruppe an Oberstleutnant Wolf abzugeben, der soeben in Kairouan eingetroffen war. Er selbst sollte bei Maknassy die Lage wiederherstellen. Womit er dies tun sollte, wurde ihm nicht gesagt.

Am Tag darauf wurde dieser Befehl zurückgenommen. Oberstleutnant Wolf wurde mit seiner Kampfgruppe, bestehend aus dem Bewährungsregiment 961 und einer Artillerieabteilung, Pionieren und Spähwagen, der Kampfgruppe Fullriede unterstellt.

Am Abend dieses Tages schlug die Nachricht über die Räumung von Hadjeb el Aioun durch die Italiener wie eine Bombe ein.

Noch in der Nacht stellte Fritz Fullriede die Truppen zum Gegenangriff zusammen und griff am Morgen des 23. März die feindbesetzte Ortschaft an.

Hadjeb el Aioun wurde zurückgewonnen. Doch konnte die Ortschaft nicht lange gehalten werden, dazu waren die deutschen Kräfte zu schwach.

Ziel aller Angriffe in diesem Abschnitt war es, den Gegner möglichst lange von der eigentlichen HKL fernzuhalten.

Nun versuchten die Amerikaner, die Kampfgruppe Fullriede mit Artilleriefeuer zu dezimieren. Ein Infanterieangriff nach schwerem Artilleriefeuer am 27. März auf Fondouk wurde abgewiesen.

Am folgenden Tag gelang es dem Feind, beim Bataillon Büsing in die HKL einzubrechen. In diesem wildzerrissenen Gelände kam es darauf an, den Feind nicht zum Einrichten einer Stellung kommen zu lassen. Dann würde er schwerlich wieder zu werfen sein. Darum befahl Fullriede sofort einen Gegenstoß, der vom Bataillon 169 geführt werden sollte. Aber bis zum nächsten Morgen hatte Oberstleutnant Wolf dieses Bataillon immer noch nicht eingesetzt. Die Amerikaner erweiterten ihren Einbruch auf eine Breite von vier Kilometern.

Die Versuche des Gegners, auch in den Abschnitten Laaf direkt am Paß und bei Hauptmann Bürgers, links anschließend, durchzubrechen, wurden abgewehrt. Im Abschnitt Wolf dagegen eroberten die Amerikaner auch noch den Djebel Gridjina. Erst das zusammengefaßte Artillerie-feuer stoppte hier den Gegner.

Als die Dunkelheit des 29. März hereinbrach, versammelte Oberstleutnant Fullriede die 2. Kompanie des schweren Bataillons 334.

„Männer", berichtete der Oberstleutnant kurz, „wir machen einen Gegenangriff, gehen von Süden entlang des Gridjina vor und jagen den Ami zum Teufel."

Fullriede setzte sich an die Spitze der Kompanie. Es ging durch eine tiefe Schlucht, dann wieder hügelaufwärts bis zu einem Absatz. Steine kollerten unter den Stiefeln der Männer nach unten.

Dicht hinter Fritz Fullriede gingen Leutnant Kempff und Feldwebel Fischer. Auf einmal blitzte es genau vor Fullriede auf. Er sah drei, vier Mündungsflammen, und schon pfiffen die ersten MG-Salven des Gegners an ihm vorüber.

„Feuer frei!"

Fullriede riß seine MPi hoch und jagte einen Feuerstoß gegen das Feind-MG. Das verstummte. Die Männer rannten vorwärts, stürzten, rafften sich wieder auf, erreichten die Höhe und kämpften den Feind sprungweise nieder. Immer wieder riß der Oberstleutnant die liegenbleibenden Männer hoch. Der Feind kam ins Laufen.

„Hinterher!" brüllte Leutnant Kempff.

Nur einem Teil der Amerikaner gelang es, in der Finsternis zu entkommen. Die anderen wurden gefangengenommen. Aber sie konnten im Verlaufe der Nacht teilweise entfliehen.

Noch in der gleichen Nacht bereitete der Kampfgruppenführer einen weiteren Angriff von Süden mit dem II. Bataillon des Bewährungsregiments 961, der 1. und 2./334 und drei Selbstfahrlafetten vor. Der Angriff begann am frühen Morgen des 30. März. Dieser Stoß traf die Amerikaner überraschend. Sie wurden aus der deutschen HKL geworfen. Die Höhe 603 wurde zurückgewonnen. Leutnant Wickelmeier von der 1./334 fiel in diesem Kampf, aber die eingeschlossenen Teile des Bataillons Büsing wurden befreit.

Von diesem Zeitpunkt an schossen amerikanische Artillerie und Panzer wie wild auf die alte Einbruchstelle. In breiter Front waren die Feindpanzer aufgefahren. Ihre Abschüsse loderten wie Fackeln durch die Nacht.

Hauptmann Köpff leitete das Feuer der Kampfgruppen-Artillerie so gut, daß einige Feindbatterien zum Schweigen gebracht wurden. Am 1. April zogen sich die Amerikaner auf der ganzen Linie zurück. Vor

Pichon aber wurden starke Feindansammlungen festgestellt, darunter französische Kolonialtruppen, von denen Spitzengruppen sich bereits bis auf 200 Meter an die vorgeschobenen Stellungen herangearbeitet hatten. Oberstleutnant Fullriede befahl den dort stehenden Einheiten, diese Stellungen zu verlassen und als Kampfgruppenreserve hinter den Cherichera zurückzugehen. Pioniere machten die damit ebenfalls aufgegebenen Brücken und Pässe zur Sprengung fertig. Das Sonderkommando Hoffmann wurde nach Sidi bou Goubrine geschickt, um die dort stehenden Italiener zu unterstützen.

An diesem 1. April gaben die Amerikaner zu, daß ihre Meldung von der Erstürmung Fondouks und der deutschen Schlüsselstellung dort falsch gewesen und es ihnen nicht gelungen war, die Kampfgruppe Fullriede zu vertreiben.

In dieser Situation wollte Fullriede dem Gegner einen weiteren schweren Schlag versetzen und die vor Fondouk stehenden Amerikaner von Pichon her in Rücken und Flanke angreifen und aufrollen.

Leider wurde ihm im entscheidenden Augenblick die gesamte Sonderabteilung 334 abgenommen und nach Faid geschafft.

Das war doppelt tragisch. Bestimmt hätten die Amerikaner niemals bei Faid angegriffen, während Fullriede bei Fondouk ihre Front aufrollte. Zum anderen aber kam die Abteilung zum Kampf bei Faid zu spät und erlitt auf dem Rückmarsch zur Kampfgruppe Fullriede schwere Verluste durch amerikanische und britische Flieger.

Am 3. April, als soeben das Auftauchen auch englischer Verbände gemeldet war, erschien Feldmarschall Kesselring auf dem Gefechtsstand von Oberstleutnant Fullriede. In einem längeren Gespräch versprach der OB Süd Fullriede die Unterstellung des Regiments 961. Auf Fullrieds Frage, was ihm der Feldmarschall an Verstärkungen zusichern könne, erhielt er zur Antwort, daß er — Kesselring — ihm keine Verstärkungen verbindlich zusagen könne. Dennoch wurde der Kampfgruppe bereits am 5. April das italienische MG-Bataillon Guadaluppi zugewiesen und vom Kampfgruppenführer bei Nasr Ala bereitgestellt.

Am 6. April gelang die Gefangennahme einiger Angehöriger der Welsh Guards, der 6. britischen PD. Einen Tag später landete der britische Fliegerhauptmann Bishop versehentlich hinter den Linien der Kampfgruppe Fullriede und wurde gefangengenommen.

Ein erster Feindangriff auf Pichon wurde an diesem 7. April 1943 abgeschlagen. Ein weiterer Angriff, diesmal von den Engländern mit Panzern gegen Pichon unternommen, führte zu einem Einbruch in die deutschen Stellungen. Das I./IR 961 wurde teilweise aufgerieben oder gefangengenommen. Nur 150 Mann schlugen sich durch.

Als Fullriede vom Durchbruch der englischen Panzer erfuhr, setzte er sofort die Panzerspähwagen unter Leutnant Zecherle ein. Der Oberstleutnant ging selbst zwischen den Büschen neben der Straße vor, um zu erkunden. So konnte er sehen, wie die Spähwagen mit ihren 7,5-cm-KwK durch gutgezieltes Feuer fünf Feindpanzer abschossen.

Feindinfanterie ging an Fullriede vorbei. Als er sich umwandte, um zu den Männern seines Gefechtsstabes zurückzugehen, überholte ihn einer der englischen Panzer auf der Straße.

Tief duckte sich der Oberstleutnant hinunter. Das Rasseln der Panzerketten wurde dröhnend laut. Es stank durchdringend nach verbranntem Sprit. Auf der rechten Flanke tauchte plötzlich der Spähwagen von Leutnant Zecherle auf. Er stieß, wie ein Stier aus dem Gebüsch vor, hielt zweihundert Meter entfernt auf der linken Seite des Feindpanzers, und schon brach die Flammenlanze des Abschusses aus dem Rohr.

Die erste Granate traf voll. Der Feindpanzer blieb stehen. Knallend blaffte das Luk auf. Flammen stoben gen Himmel.

Schon wollte Fullriede weitergehen, als er Geräusche unmittelbar vor sich hörte. Und dann peitschte auch schon Feuer durch die Büsche. Er riß die MPi hoch und schoß zurück. Dann ging er zu Boden und robbte ein paar Meter zur Seite. Er sah einige Tommies eines Spähtrupps aufspringen und auf sich zulaufen. Abermals zog er den Abzug durch. Drei Gegner blieben tot liegen, die anderen ergaben sich.

Der englische Angriff blieb dicht vor Pichon liegen. Abermals eröffnete die Feindartillerie das Feuer auf Pichon.

In dieser kritischen Stunde erschien auch die Sonderabteilung 334 wieder bei der Kampfgruppe. Fullriede setzte sie sofort an den Brennpunkten zur Verteidigung ein.

Er selbst reichte Leutnant Konrad Zecherle, der bereits mehrfach von sich reden gemacht hatte, zum Ritterkreuz ein. Es wurde dem tapferen Offizier in der Gefangenschaft am 7. Juni 1943 verliehen.

Der Kampf um Pichon ging weiter. Wie wichtig diese Stellungen waren, zeigte das Erscheinen des Generalobersten von Arnim auf dem Gefechtsstand des Kampfgruppenführers.

„Fullriede, Ihre Stellungen und vor allen Dingen Fondouk müssen auf jeden Fall gehalten werden."

„Was in meiner Macht steht, Herr Generaloberst, das wird geschehen", erwiderte der drahtige, eisenharte Farmer.

Arnim schloß mit den Worten: „Erst wenn das Afrikakorps durch Kairouan durch ist, kann Ihre Stellung zurückgenommen werden."

Als Generaloberst von Arnim schied, wußte er, daß sich dieser Abschnitt in den besten Händen befand.

Das Artilleriefeuer und die Bombenangriffe des Gegners richteten sich nunmehr auch auf Fondouk. Die Kompanie Laaf, die Fondouk verteidigte, schlug alle Angriffe des Gegners auf diese Stadt ab. Das neu unterstellte Bataillon Mestmacher war eine dringend nötige Verstärkung für die Kampfgruppe. Oberstleutnant Fullriede setzte es mit zwei Kompanien rechts an Fondouk angelehnt ein.

Der 9. April brachte allein drei schwere Angriffe, die durch Artilleriefeuer vorbereitet und von Panzern direkt unterstützt wurden. Keiner dieser Angriffe drang durch. Erst der vierte Angriff durchbrach die Sperre bei Fondouk, trotz der hohen Feindverluste an Panzern. Das hier am linken Flügel eingesetzte Eingeborenenbataillon „Tunesien" lief zum Feind über oder verschwand auf Nimmerwiedersehen in den Bergen. Ebenso das Bataillon „Algerien" und das italienische MG-Bataillon Guadaluppi.

Dennoch hielten die Unteroffiziere und Fremdenlegionäre dieser beiden Bataillone eisern durch und wurden durch die Reste des I./961 unterstützt. Aber langsam mußten sie sich nach Norden absetzen, denn auch die beiden Kompanien des Bataillons Mestmacher wurden durchbrochen und die hier ebenfalls eingesetzte Schwadron 334 zerschlagen.

Der Feind kam von Fondouk aus durch das Wadi näher. Rechts und links des Passes hielten nur noch die alten Kompanien der Kampfgruppe Fullriede. Die hier eingesetzten Selbstfahrlafetten kämpften gegen die vorrollenden englischen Panzer. Es gelang ihnen, den Panzerangriff zu stoppen. Aber sie wurden bis auf zwei vernichtet.

Obgleich der Feind in dieser Krisensituation bis Kairouan hätte durchstoßen können, ging er schließlich doch wieder auf Fondouk zurück. Da das DAK noch nicht durch Kairouan durchgekommen war, mußte die Kampfgruppe weiter halten.

In der Nacht vom 8. zum 9. April erteilte Oberstleutnant Fullriede den Befehl an das italienische II./IR 92, an die dort liegenden Teile des schweren Bataillons 334, an den Pionierzug 961 und an das Afrika-Bataillon 34 unter Hauptmann Büsing, nach Kairouan abzumarschieren.

„Alle Einheiten gehen in kleinen Trupps oder einzeln nach Kairouan zurück!" schärfte Fullriede den Kommandeuren ein.

Entgegen diesem Befehl sammelte Hauptmann Büsing sein Bataillon erst. Dadurch verlor er Zeit, das Bataillon wurde von feindlichen Panzern und Spähwagen angegriffen und zum größten Teil gefangengenommen. Nur einzelne beherzte Männer kamen nach Kairouan durch.

Am Morgen des 9. April mußte Oberstleutnant Fullriede auch den noch vorn kämpfenden Männern des Afrika-Bataillons 27 (Hauptmann Bürgers) und der Kompanie Laaf Befehl geben, sich durchzuschlagen. Nur einzelne Trupps kamen durch. Die übrigen kämpften im Rücken des Feindes noch tagelang weiter. Einige wurden schließlich von Arabern in arabischer Kleidung durch die feindlichen Linien geschleust.

Aus Resten des Bataillons 334 und der AA 190 bildete Fritz Fullriede am 10. April um Kairouan eine neue Verteidigungsstellung, da die 15. PD, die über Sousse zurückmarschieren sollte, noch nicht durch war.

General Cramer, der Kommandierende General des DAK, traf beim Gefechtsstand ein. Die Kampfgruppe Fullriede wurde durch ihn dem DAK unterstellt. Das DAK setzte nun die Gruppen Voss und Mestmacher zusammen vorn ein. Als am Abend kämpfend die Panzernachhut des DAK durchkam und die Engländer versuchten, die vorn liegenden Teile der Kampfgruppe Fullriede zu umfassen, gingen die Gruppen Voss und Mestmacher fluchtartig auf Kairouan zurück. Die verfolgenden englischen Panzer nebelten sich ein und versuchten nunmehr, den noch bei Pichon kämpfenden Teilen der AA 190, Resten des IR 334 und der Artillerieabteilung Köpff in den Rücken zu kommen. Es gelang den Hauptleuten Kahle und Köpff, sich zu Oberstleutnant Fullriede durchzuschlagen. Da die Engländer vor Kairouan stehenblieben, konnte Fullriede seine Truppen in der Nacht unbehindert zu dem von ihm befohlenen Sammelpunkt am Grabmal von Sibka vor Enfidaville abrücken lassen.

Die Reste seiner Kampfgruppe, die vor Pichon gefochten hatten, trafen ebenfalls am 11. April gegen ein Uhr dort ein. Sie hatten es mit letztem Einsatz noch so eben geschafft.

Gegen Mittag des 11. April erhielt der Kampfgruppenführer vom DAK Befehl, sich bei Generalmajor Hildebrandt, dem Kommandeur der 21. PD, zu melden. Hier erhielt Fullriede den Auftrag, mit allem, was er noch an Truppen habe, beim Punkt 07 die Straße nach Pont du Fahs zu sperren.

Als Fullriede dort ankam, herrschte ein unbeschreibliches Durcheinander. Der dort haltende italienische General Imperiali kam zu Fritz Fullriede und unterstellte seine Division der Kampfgruppe. Mitten in der Nacht zum 12. April wurde Fritz Fullriede an den Fernsprecher gerufen.

„Hier Cramer!" meldete sich der Kommandierende General. „Der Führer hat Ihnen soeben das Ritterkreuz zum Eisernen Kreuz verliehen!"
Fritz Fullriede war völlig überrascht. Am Morgen des 12. April erschien General von Vaerst an der Straße nach Pont du Fahs und überreichte Fritz Fullriede das Ritterkreuz.
Oberstleutnant Fullriede bat um seine Ablösung, die er begründete. Generaloberst von Arnim genehmigte diese und schickte dem Haudegen von Pichon am 15. April einen Funkspruch folgenden Inhalts:
„Herzlichen Glückwunsch zum vollen Abwehrerfolg und vielen Dank Ihren braven Männern."
Am 10. Mai 1943 erhielt Oberstleutnant Fullriede vom OB Süd in Frascati den Befehl, nach Sizilien zu fliegen und sich dort mit dem Kommandeur dieser Insel, Oberst Ernst-Günther Baade, in Verbindung zu setzen, um auf der Insel eine neue Truppe aufzustellen.
Nach und nach trafen deutsche Truppen, immer nur in Bataillonsstärke, auf der Insel ein. Am 20. Mai waren drei Bataillone versammelt, die als Infanterieregiment „Sizilien" unter Fullriedes Befehl kamen. Am 16. Juni erschien Oberst Baade auf dem Gefechtsstand dieses Regiments in Fontanezza. Thema der anschließenden Lagebesprechung war die vermutete Landung des Feindes bei Catania.
Bis dahin war das Regiment „Sizilien" durch die Zuweisungen von Pionieren, Flak, Panzerabwehr und unterstellter italienischer Truppen zu einer Kampfgruppe angewachsen. Rückgrat waren die unterstellten achtzehn Sturmgeschütze der Abteilung Bosco.
Dauernde Bombenangriffe der Alliierten zwischen Mitte Juni und dem 10. Juli — dem Tag der Landung — deuteten auf den kurz bevorstehenden Angriff hin. Am 9. Juli flog Oberstleutnant Fullriede von Kesselrings Hauptquartier Frascati nach Sizilien zurück und erreichte am Abend seine im Raum Marsala liegende Truppe.
In der Nacht zum 10. Juli erfolgte dann die Invasion, und auf dem Flugplatz von Comiso wurde General der Flieger Osterkamp von amerikanischen Fallschirmjägern gefangengenommen.
Die Kampfgruppe Fullriede kam am 12. Juli ins Gefecht. An diesem Tag hatte Fullriede einen Funkspruch vom OB Süd erhalten:
„Canicatti-Eckpfeiler der deutschen Front auf jeden Fall halten."
In den folgenden Kämpfen auf der Insel gelang es Fullriede, der mit seiner Kampfgruppe an den Brennpunkten eingesetzt war, immer wieder den Vorstoß des Feindes aufzuhalten und zu verlangsamen. Bei einem amerikanischen Panzerdurchbruch im Bereich des III. Bataillons der

Kampfgruppe an der Straße Alimeria–Petralia war es der Olympia-kämpfer Feldwebel Hornfischer, der mit seinem Pak-Zug sämtliche durchgebrochenen Feindpanzer abschoß. Und immer wieder war es der Kampfgruppenführer, der mit seiner Leibwache und Pionieren Einbrüche bereinigte und Unvorstellbares leistete.

Bei den letzten Kämpfen auf der Rückzugsstraße entlang der Küste nach Messina war es Major Steuer, der sich immer wieder mit seinem III. Bataillon als Nachhut dem Feind entgegenstellte und die Absetzbewegung sicherte. Fullriede reichte ihn zum Ritterkreuz ein, das Steuer am 26. August 1943 erhielt.

Wie viele Truppen auf Sizilien, konnten sich auch die Reste des Panzergrenadierregiments 129 — wie die Kampfgruppe Fullriede nach Einfügung in die 15. Panzergrenadierdivision hieß — auf das Festland retten. Das Regiment hatte 27 Offiziere und 1414 Mann verloren.

Am 1. August war Fritz Fullriede Oberst geworden. Bei den Kämpfen in Süditalien wurde er am 13. September durch Granatsplitter verwundet und mußte ins Lazarett.

Anfang März 1944 ging er als Kommandeur des Panzergrenadierregiments 200 zur 90. Panzergrenadierdivision nach Italien. Diese Division wurde von seinem Freund Generalmajor Baade geführt. Am 18. Juli wurde Fullriede Kommandeur des Panzergrenadierregiments 67 und keinen Monat später schließlich Kommandeur des Fallschirm-Panzerregiments 1 „Hermann Göring". Er kämpfte mit seinem Regiment in Italien, machte die Verlegung in den Raum Warschau mit und erhielt am 18. Juli die Kommandierung zu einem Divisionsführerlehrgang. Am 21. Oktober 1944 mußte Fullriede wieder ins Lazarett. Eben entlassen, wurde er Kommandeur der Division 610, einer Neuaufstellung.

Am 14. Februar 1945 erfolgte seine Ernennung zum Kommandanten der Festung Kolberg. Hitler wünschte angesichts der geschichtlichen Erinnerung an den Kampf gegen Napoleon, daß sich diese Stadt bis zuletzt verteidigen sollte. Aber Oberst Fullriede hatte ein anderes Ziel. Für ihn hatte der Abwehrkampf nur so lange einen Sinn, bis die in der Stadt eingeschlossenen Flüchtlinge und die Bevölkerung über See gerettet waren.

Oberst Fullriede erklärte auch seinen Soldaten, daß sie nicht die Stadt Kolberg, sondern die Bevölkerung und alle in der Stadt lebenden Menschen zu verteidigen hätten.

Vom 4. März an mußte die Besatzung in der Stadt nach allen Seiten kämpfen. Dieser Kampf dauerte bis zum 18. März. Zweimal wurde Oberst Fullriede von den Sowjets zur Kapitulation aufgefordert. Aber er gab nicht auf, bis alle 80 000 Menschen aus der Stadt über See gerettet worden waren.

Hier haben Fullriede und seine Männer eine ehrenhafte und heldische Tat geleistet. Mit den letzten Soldaten stieg Fullriede auf eines der Verkehrsboote, die von den wartenden Zerstörern in den Hafen geschickt worden waren. Als letzter Soldat seines Kommandos stieg er in die Motorjolle des Zerstörers Z 43. Um 6.30 Uhr am 18. März 1945 verließ diese letzte Jolle den Hafen. Zurück blieb die Brandfackel Kolberg.

Oberst Fullriede hatte auf eigene Verantwortung und ohne Ermächtigung durch das FHQ gehandelt. Er wurde dennoch am 23. März 1945 mit dem Eichenlaub zum Ritterkreuz ausgezeichnet.

Am 3. April 1945 übernahm er die 3. Marinedivision als Kommandeur. Als Kommandeur der Kampfgruppe Enderle kapitulierte er am 2. Mai 1945 und wurde als Kriegsgefangener auf Ehrenwort entlassen. Am 4. Dezember 1945 wurde er als „Kriegsverbrecher" verhaftet und am 16. April 1946 an Holland ausgeliefert.

Erst drei Jahre später, am 3. Februar 1949, wurde er in Holland freigelassen und erhielt dann sogar eine Aufenthaltsgenehmigung für Holland. Aber er ging nach Südwestafrika zurück und lebt heute auf seinen Farmen, die nun sein Sohn leitet. Hier im ehemaligen Deutsch-Südwestafrika ist er Ehrenvorsitzender der Kameradschaft deutscher Soldaten, die von der südafrikanischen Regierung, deren UNO-Mandatsgebiet die frühere deutsche Kolonie ist, jede Unterstützung erhält. Mit dem Soldatenverband der ehemaligen Gegner — „Moth" — besteht ein kameradschaftliches Verhältnis. Seine schweren Kriegsverletzungen zwingen ihn immer wieder, zu Kuren nach Deutschland zu fahren, so daß er auch in der Heimat alte Freundschaften pflegen kann. Bei Borstel in Holstein hat er seinen deutschen Wohnsitz.

Fritz Fullriede, * 4. Januar 1895 in Bremen
Letzter Dienstgrad: Generalmajor
Einsätze:
Erster Weltkrieg: Frankreich, Rumänien, Serbien, Frankreich
Zweiter Weltkrieg: Holland, Frankreich, Rußland, Tunesien, Sizilien, Italien, Polen, Kolberg
Auszeichnungen:
Ritterkreuz am 14. April 1943
803. Eichenlaub am 23. März 1945

General der Flieger Stefan Fröh-   Generalmajor Fritz Fullriede
lich, „Fliegerführer Afrika"

Derna, Dezember 1941. — Der Kommodore der in Afrika eingesetzten Jäger
(Jagdgeschwader 53), Oberst Woldenga (zweiter von rechts), beim Fliegerführer
Afrika (erster von rechts)

*Luftaufnahme der von deutschen Kampfflugzeugen schwer angeschlagenen
Festung Ober-Sollum*

*Derna, Herbst 1941. — Torpedoboote und Zerstörer bringen Nachschub aus
Italien. Da Derna keinen brauchbaren Hafen hat, werden die Nachschubgüter in
Küstennähe über Bord geworfen und von den Afrikakämpfern als „Strandgut"
geborgen*

GENERALLEUTNANT MARTIN HARLINGHAUSEN

Vom Torpedoboots-Kommandanten zum General der Luftwaffe

Major im Generalstab Harlinghausen ging mit langen Schritten auf seine Maschine zu, die Kommandantenmaschine der Führungskette. Die Klappe der Einstiegsluke hing herab, und der Major kletterte nach oben. Die zweimotorigen Heinkel-Bomber vom Typ He 111 standen start klar. Die Motoren der Bomber liefen bereits warm.

„Morgen, Robert!" begrüßte Harlinghausen seinen Flugzeugführer, Hauptmann Robert Kowalewski, der ebenfalls zum Stab des X. Fliegerkorps gehörte.

„Morgen, Martin!"

Auch die beiden anderen Besatzungsmitglieder der He 111 grüßten ihren Kommandanten, der sich jetzt am Flugzeugführer vorbeizwängte und sich auf seinen Sitz fallen ließ.

Ein Focke-Wulf-Fernaufklärer hatte am Morgen dieses 3. November 1940 einen britischen Geleitzug gesichtet. Nach der Meldung dieser FW 200 „Condor" steuerten die britischen Schiffe, von Norden kommend, einen Hafen an der Südostküste Englands an. Ihnen galt der Flug der deutschen Bomber.

„Fertig, Herr Major!" erklang die Stimme des Hauptmanns nun dienstlich.

Harlinghausen hob die Hand. Die Bremsklötze wurden weggezogen. Der Motor heulte auf, und die Maschine rollte an. Sie erhöhte ihre Geschwindigkeit und jagte auf den Startwagen zu, der an der Südostecke des Rollfeldes stand.

Die beiden anderen Maschinen der Kette rollten ebenfalls dorthin. Hauptmann Kowalewski tat die üblichen Handgriffe: Landeklappen ausfahren, Luftschraube verstellen. Seine Linke drehte am Trimmrad.

Da ging die Startfahne hoch. Der Pilot schob den Regler nach vorn, und das Flugzeug setzte sich in Bewegung, raste über die Startbahn. Das Spornrad löste sich vom Boden, langsam kam das Leitwerk hoch. Als das Steuer weich wurde hob Kowalewski ab.

119

Das hatte er schon oft gemacht. Und immer hatte als Kommandant Martin Harlinghausen neben ihm gesessen, flogen Feldwebel Bartilak als Funker und Unteroffizier Schmitz als Bombenschütze mit.

Sie waren eine Kampfgemeinschaft — vier Männer, eine Maschine und die beiden Bomben, die diese Maschine als Last trug.

Die Zeit verging. Inzwischen hatte sich der Kampfverband gesammelt. Zweimal rief Major Harlinghausen die Maschinen, die sofort antworteten.

Die am südlichsten fliegende Kette sah den Konvoi zuerst. Die Schiffe liefen mit Generalkurs West. Der Angriff konnte beginnen.

„Aus der Sonne heraus anfliegen, Robert!"

Dieser Ermahnung hätte es nicht bedurft. Schon legte sich die Maschine in eine Kurve, glitt einige Zeit nach Süden, wendete dann um fast 180 Grad und flog nun aus der Sonne heraus auf die größer und größer werdenden Schiffe zu. Hauptmann Kowaleswki drückte die Maschine etwas tiefer. Sein Blick wanderte vom Variometer zum Höhenmesser.

„Gut so", bemerkte Harlinghausen. „Den zweiten Frachter, der uns die Breitseite zeigt."

Auf einmal krachte es. Dann sahen sie vor sich ein paar Rauchwolken stehen.

„Flak, Herr Major!" rief der Feldwebel. Sie jagten auf die Backbordseite des Frachters zu. Der Pilot war bereits auf 800 Meter hinuntergegangen.

„Noch etwas vorhalten!" rief sich der Major selbst zu. „Noch tiefer!"

Die Daumen des Bombenschützen lagen auf den beiden roten Knöpfen.

„Jetzt!" befahl Harlinghausen.

Ein Ruck ging durch die Maschine, als Unteroffizier Schmitz die Auslöseknöpfe drückte und beide Bomben an den geöffneten Klappen vorbei aus dem Bombenschacht rutschten. Sofort zog Kowalewski die He 111 hoch. Granaten krachten nahe bei der Maschine auseinander, blieben dann aber hinter ihnen zurück. Steil ging es empor, und als die Flakgranaten nachkamen, legte Kowalewski die Maschine in eine scharfe Kurve. Die Sprengwölkchen blieben immer mehr zurück.

Mit donnerndem Krach trafen beide Bomben das Schiff. Zwei Detonationswolken stoben empor. Dicker schwarzer Rauch quoll über dem Frachter auf, und dann schlugen Flammen aus dem Qualm heraus.

„Frachter sinkt!" rief der Schütze in der Bodenwanne. „Er geht hinunter!"

In der Drehung warf Major Harlinghausen einen Blick zurück. Er sah, daß sich das Schiff bereits hart auf die Seite gelegt hatte. Plötzlich rollte es herum. Der mennigerote Kiel wurde sichtbar — und dann quirlte nur noch loses Gut aus dem gewaltigen Sinkstrudel.

Am Abend des 3. November 1940 meldete das Oberkommando der Wehrmacht:

„An der britischen Ostküste versenkte ein Kampfflugzeug ein Handelsschiff von 6000 Tonnen.

Damit hat der Kommandant dieses Flugzeuges, Major im Generalstab Harlinghausen, sein 20. Handelsschiff und mit ihm eine Gesamttonnage von über 100 000 BRT vernichtet."

Nach diesem großen Erfolg wurde dem jungen Fliegeroffizier am 30. Januar 1941 als achtem Soldaten der deutschen Wehrmacht das Eichenlaub zum Ritterkreuz verliehen. Hauptmann Robert Kowalewski erhielt schon am 24. November 1940 das Ritterkreuz.

Harlinghausen hatte sich nun mit an die Spitze der deutschen Flieger gesetzt und zählte neben Mölders, Galland und Wick als vierter Flieger zu den Eichenlaubträgern. Dabei hatte er seine soldatische Laufbahn bei einer ganz anderen Waffe begonnen.

Am 17. Januar 1902 wurde Martin Harlinghausen in Rheda/Westfalen geboren. Sein Vater war der Fabrikant Wilhelm Harlinghausen.

Nach vier Jahren Grundschule besuchte Martin Harlinghausen das humanistische Gymnasium in Gütersloh, später lernte er in Soest und in Gumbinnen/Ostpreußen. Im Jahre 1922 legte er das Abitur ab, um anschließend ein Semester Jura an der Universität Göttingen zu studieren.

Im April 1923 trat Harlinghausen in die Reichsmarine ein. Er hatte sich entschlossen, Seeoffizier zu werden. Vier Jahre später wurde er zum Leutnant zur See befördert und tat ein halbes Jahr als Schnellboots-Kommandant in der I. Schnellboots-Flottille Dienst. Dann kam er als Wachoffizier zur I. Torpedoboots-Flottille. Hier wurde er im Jahre 1929 zum Oberleutnant befördert.

Als der Oberleutnant (z. S.) Harlinghausen 1931 von dieser Waffe abging, besaß er die Qualifikation zum Torpedoboots-Kommandanten. Aber er trat 1931 in eine neue Ausbildung ein. Und zwar als Flugzeugführer und Beobachter bei der Marine. Am 1. Oktober 1933 erfolgte dann seine Versetzung zur Luftwaffe, die damals noch in den ersten Anfängen steckte. Er wurde Staffelkapitän der 1. Seestaffel und am 1. Juli 1934 zum Hauptmann befördert.

Drei Monate darauf erhielt Harlinghausen ein Kommando für ein Jahr als Referent und anschließend für weitere zwei Jahre als Gruppenleiter in der 3. (Ausbildungs-) Abteilung des Generalstabs der Luftwaffe im RLM. Als Gruppenleiter bearbeitete Hauptmann Harlinghausen hier die gesamte Grundausbildung in der Luftwaffe. Neben der Tätigkeit im RLM unterzog er sich von 1935 bis 1937 der Generalstabsausbildung an der Luftkriegsakademie in Berlin-Gatow.

Im Oktober 1937 erhielt er wieder ein Truppenkommando, und zwar als Staffelkapitän einer Mehrzweckstaffel, die Fernaufklärung, Bomben- und Torpedoflüge durchzuführen hatte.

Im Dezember 1937 wurde Harlinghausen Kommandeur der berühmten AS 88 in der Legion Condor, die an der Seite der nationalspanischen Truppen im spanischen Bürgerkrieg kämpfte. Die Staffel hatte an der spanischen Ostküste Einsätze im Bomben- und Torpedowurf zu fliegen. Der Kommandeur flog jeden der Angriffe mit. Es ging abwechselnd gegen Land- und Seeziele.

Am 1. August 1938 wurde Harlinghausen Major, und als er im Dezember 1938 wieder nach Deutschland zurückkehrte, trug er die höchste Tapferkeitsauszeichnung, die an Teilnehmer des Spanienkrieges verliehen wurde: das Spanienkreuz in Gold mit Schwertern und Brillanten.

Nach einem Weihnachts- und Neujahrsurlaub absolvierte er den Abschlußlehrgang auf der Luftkriegsakademie in Gatow und wurde in den Generalstab der Luftwaffe übernommen.

Der hochgewachsene intelligente Offizier, auf dem schwankenden Deck eines Schiffes ebenso zu Hause wie in der Kanzel eines Bombers, hatte sich nicht nur durch Tapferkeit, sondern auch durch Klugheit und taktisches Können einen Namen gemacht. Er wurde am 1. April 1939 als I a beim Luftflottenkommando 2 in Braunschweig eingesetzt.

Kurz nach Kriegsbeginn, im September 1939, wurde Harlinghausen Chef des Generalstabes des neugebildeten X. Fliegerkorps, dessen Kommandierender General Generalleutnant Hans Ferdinand Geisler war. Hauptaufgabe dieses Fliegerkorps war es zunächst, den Luftkrieg gegen England über See durchzuführen. Sitz des Stabsquartiers war Blankenese.

Bis Anfang April 1940 griffen die wenigen Kampfflugzeuge in der Nordsee englische Schiffe an oder flogen zur englischen Ostküste und bombardierten Hafenanlagen. Von der Deutschen Bucht aus stiegen die Maschinen des Kampfgeschwaders 26 unter Kommodore Oberst Hans Siburg zum Flug über die Nordsee auf. Vorerst nur mit der He 111.

Wie Martin Harlinghausen kamen auch Oberst Siburg und fast alle anderen Offiziere aus der Marine. Görings Grundsatz: „Alles, was fliegt, gehört mir" hatte sich durchgesetzt.

Zu den He 111 kam bald die erste Staffel Ju 88 des Kampfgeschwaders 30 hinzu. Die Staffel wurde von Oberleutnant Storp geführt.

Mitte März 1940 wurde das X. Fliegerkorps mit der Durchführung aller Luftmaßnahmen während der Operation „Weserübung" — der Besetzung Norwegens und Dänemarks — beauftragt und zog nach Hamburg ins Hotel „Esplanade" um. Alle Luftwaffenverbände für „Weserübung" wurden damit von Generalleutnant Geisler geführt, und Major i. G. Harlinghausen oblag es als Chef des Generalstabes, den gesamten Einsatz in allen Einzelheiten vorzubereiten und seine Durchführung sicherzustellen.

Am 6. April erhielten die Kommandeure im Hotel „Esplanade" von Generalleutnant Geisler die genauen Einsatzbefehle für „Weserübung".

In Zusammenarbeit mit der Armeegruppe Falkenhorst und der Marinegruppe Nord mußte Major Harlinghausen alle Maßnahmen auf die See- und Landkriegsoperationen abstimmen und auslösen.

Bis zum 15. April 1940 unmittelbar dem ObdL unterstellt, wurde das X. Fliegerkorps nunmehr der Luftflotte 5 zugeteilt.

Zur selben Zeit wurde Major Harlinghausen zum Fliegerführer Drontheim ernannt. Die Bekämpfung der englischen Landungsunternehmen bei Andalsnes, Namsos und bei Narvik war seine Aufgabe. Er befehligte die Operationen der Kampfflieger.

Ein englischer Kreuzer wurde versenkt, ein weiterer Kreuzer schwer getroffen. Truppentransporter und gelandete Truppen wurden mit Bomben angegriffen.

Auch hier beteiligte sich Major Harlinghausen selbst am Kampf. Wie er bereits vorher im Einsatz gegen England die ersten Dampfer versenkt und am 3. Februar 1940 das EK I. Klasse erhalten hatte, so flog er auch in Norwegen die schweren Einsätze gegen die flakgespickten englischen Kriegsschiffe mit und gab den einzelnen Besatzungen ein persönliches Beispiel.

Als am 3. Mai 1940 starke Feindkräfte nördlich Narvik angriffen, wurden sie von den Kampfflugzeugen des Fliegerführers Drontheim zerschlagen.

Am 4. Mai 1940 erhielt Major i. G. Harlinghausen das Ritterkreuz des Eisernen Kreuzes. Er hatte mit seinen Fliegerkräften einen schlachtentscheidenden Beitrag beim Kampf um Norwegen geleistet.

Nach Beendigung des Feldzuges kehrte Martin Harlinghausen als Chef des Stabes zum X. Fliegerkorps zurück.

Vom Juli bis Dezember 1940 flog er immer wieder gefährliche Einsätze, obgleich er das als Chef des Stabes nicht zu tun brauchte. Seine verantwortungsvolle Tätigkeit im Stab forderte ohnehin den Einsatz seiner ganzen Persönlichkeit. Dennoch stieg er mit seinen jüngeren Fliegerkameraden auf, um immer wieder allen Besatzungen ein Beispiel zu geben.

Sooft ein Unternehmen besonderen fliegerischen Einsatz erforderte, war er als Kommandant der Führungskette mit dabei. Nach dem zwanzigsten von ihm versenkten Schiff erhielt er im Dezember 1940 von Reichsmarschall Göring das Goldene Fliegerabzeichen mit Brillanten; eine nur ganz selten verliehene Auszeichnung.

Noch im Dezember 1940 war das X. Fliegerkorps ins Mittelmeer nach Sizilien verlegt worden. Zuerst lautete die Aufgabe:

„Bekämpfung der englischen Geleitzüge im Mittelmeer, der englischen Zufuhr durch den Suezkanal und Behinderung des Vormarsches der englischen Armee in Libyen." Später kam hinzu: „Schutz der Seetransporte für das Afrikakorps von Italien nach Tripolis."

Wieder ergaben sich Situationen, in denen der Major als Kommandant einer Maschine fliegen mußte.

Im Hotel „Domenico" im berühmten sizilianischen Seebad Taormina befand sich das Stabsquartier, von dem aus General der Flieger Geisler seine Verbände einsetzte.

Da Angriffe gegen den Suezkanal besonders wichtig waren — der Großteil des britischen Nachschubs für die Armee in Afrika ging durch diese Wasserstraße —, schlug Major Harlinghausen dem Kommandierenden General vor, eine Gruppe des Kampfgeschwaders 26 nach Bengasi zu verlegen und von dort aus gegen den Suezkanal starten zu lassen.

General Geisler stimmte zu, und so flog die II./KG 26 unter Ritterkreuzträger Major Bertram mit vierzehn Maschinen vom Flugplatz Comiso in Richtung Libyen. Selbstverständlich flog auch Harlinghausen mit nach Bengasi.

Bei der Landung auf dem Flugplatz Bengasi fielen drei Maschinen durch Zusammenstoß aus. Drei weitere flogen als Kampfaufklärer in Richtung Suezkanal, und acht Maschinen standen zum Angriff bereit.

Am Nachmittag des 17. Januar traf in Bengasi eine Aufklärermeldung ein, die Major Harlinghausen elektrisierte. Man hatte einen Geleitzug gesichtet, der südlich des Kanals auf Nordkurs lief.

„Meine Herren", instruierte Harlinghausen die acht wartenden Kommandanten, „wir gehen die Sache folgendermaßen an:

Während vier Maschinen, in jeweils halbstündigem Abstand startend, von Norden nach Süden den Kanal abfliegen, machen die vier anderen Maschinen das gleiche von Süden nach Norden. Das gibt die Gewähr, daß wir den Geleitzug auch finden."

„Es sind 1100 Kilometer von Bengasi bis zum Suezkanal, Herr Major", warf einer der Kommandanten ein.

Der Chef des Stabes nickte. „Ja, das heißt, daß er noch immer außerhalb unserer Reichweite liegt, wenn wir nicht sparsam fliegen. Achten Sie also auf günstigste Motorendrehzahl und beste Propellereinstellung, dann haben Sie eine Chance, diesen Auftrag auszuführen und wieder zurückzukommen. — Ich selbst", beendete der Major die Besprechung, „werde die Führung des Angriffs übernehmen."

Die gutgeschnittenen Züge des Offiziers und die buschigen Augenbrauen über der kräftigen Nase schienen wie aus Stein gemeißelt, als er dies sagte.

„Noch eines!" warf Dr. Hermann, der Meteorologe des Korps, ein. „Sie werden auf dem Rückflug schätzungsweise sechzig Stundenkilometer Gegenwind haben. Am besten gleichen Sie dieses Hindernis durch einen Rückflug in günstiger Volldruckhöhe von 4000 Metern aus."

Wenig später stiegen die ersten Maschinen auf. Hinter dem Knüppel der Führer-He-111 saß wie fast immer Hauptmann Robert Kowalewski, der auch bei der Versenkung des zwanzigsten Dampfers dabeigewesen war und dafür am 24. November 1940 das Ritterkreuz erhalten hatte.

„Alles klar, Robert?" fragte Harlinghausen den Kampfgefährten.

„Alles in Ordnung!"

„Dann kann es losgehen!"

Vier Stunden lang flog die Führer-He-111 nach Osten und drehte dann ein paar Striche nach Süden ein. Suez, der südliche Endpunkt des Kanals, wurde erreicht. Hier legte Hauptmann Kowalewski die Maschine auf Nordkurs. Sie flogen jetzt genau über dem Kanal.

„Dort — der Große Bittersee!" machte der Major den Kameraden aufmerksam. „Wir umkurven ihn und gehen dann weiter nach Norden."

Aber so sehr sie auch suchten, sie fanden kein Schiff. Wie leergefegt lag die blinkende Nabelschnur des Kanals unter ihnen.

„Ausweichziele angreifen!" befahl Harlinghausen schließlich den anderen Maschinen. „Wir fliegen bis Port Said hinauf, Robert!" wandte er sich wenig später an seinen Flugzeugführer. Aber auch in Port Said war kein Ziel zu entdecken.

„Nun müssen wir an den Rückflug denken", mahnte Koralewski.

„Noch einmal nach Süden!" entschied Harlinghausen trocken.

Auch diesmal war nichts zu entdecken. Bis auf die Fähre von Ismailia, die gebombt wurde.

Schon tauchte der Große Bittersee wieder auf, und hier sahen sie endlich den Konvoi, der am Ufer angelegt hatte, weil er bei Nacht den Kanal nicht durchfahren konnte.

„Wir greifen den großen Dampfer voraus an!"

Wenig später fielen die Bomben und — gingen fehl.

Nun mußte der Rückflug angetreten werden. Und dieser Rückflug wurde zu einer Zerreißprobe für die Besatzung der He 111. In 4000 Meter Höhe angekommen, herrschte dort ein Sturm von mindestens 120 km/h. Doch die Männer in der Maschine konnten dies nicht feststellen, und so rechnete Martin Harlinghausen mit höchstens viereinhalb Stunden Rückflugzeit. Als aber bereits fünf Stunden vergangen waren, wurde es den vier Männern in der He 111 doch brenzlig. Nach fünfeinhalb Stunden war immer noch kein Ziel zu erkennen.

„Wir müssen 'runter, Martin!" meinte der Flugzeugführer.

Der Major nickte zustimmend. „Mit Bauchlandung!" meinte er. „Wir wissen nicht, wie holprig es unten ist. Laß die ‚Beine' lieber drin — nicht ausfahren!"

Hauptmann Robert Kowalewski, eines der Asse des X. Fliegerkorps, setzte die Maschine sicher mit einer Bauchlandung auf der brettebenen Wüste auf.

„Wir müssen die Maschine vernichten und dann immer nach Nordwesten marschieren. Bengasi kann nicht weit sein", meinte Harlinghausen.

Der Heinkel-Bomber wurde in Brand gesetzt, und die vier Männer machten sich auf den Weg. Aber bis Bengasi waren es noch 280 Kilometer, wie sich später herausstellte.

Das Wrack der He 111 wurde am anderen Morgen durch Suchflugzeuge gefunden. Weitere Suchflugzeuge stiegen auf. Erst nachdem die vier Flieger drei Tage durch die Wüste marschiert und schon stark erschöpft waren, fand Oberleutnant Werner Kaupisch sie in der vierten Nacht. Er setzte seine He 111 neben ihnen zur Landung an.

„Sie haben sich aber richtig Zeit gelassen, Kaupisch!" empfing Martin Harlinghausen den Oberleutnant mit einem befreiten Lachen. Dennoch hatte dieser junge Offizier buchstäblich die Stecknadel im Heuhaufen gefunden.

Übrigens war Kaupischs Maschine als einzige heil wieder in Bengasi gelandet, denn Kaupisch hatte den starken Wind in großer Höhe bemerkt und war, sehr niedrig fliegend und sich dicht über der Küste haltend, zurückgekommen. Alle anderen Maschinen mußten in der Wüste notlanden. Drei Besatzungen waren in britische Gefangenschaft geraten.

So endete der erste Einsatz auf afrikanischem Boden für Major Harlinghausen.

Zur Auszeichnung mit dem Eichenlaub zum Ritterkreuz flog Martin Harlinghausen nach Berlin. Hier erfuhr er am selben Tag — dem 31. Januar 1941 —, daß er zum Oberstleutnant befördert worden sei.

Mitte Februar, als das Generalkommando des Deutschen Afrikakorps sich konstituierte, wurde Oberstleutnant i. G. Martin Harlinghausen als Verbindungsoffizier des X. Fliegerkorps und Einsatzführer für die vom X. Fliegerkorps fallweise nach Afrika abgestellten Fliegereinheiten ernannt.

In Tripolis traf er mit Generalleutnant Rommel zusammen. Doch es kam zu keiner längeren Zusammenarbeit mit dem DAK, denn bald wurde Martin Harlinghausen wieder zu anderer Verwendung zurückberufen.

Der ObdL hatte am 20. Februar 1941 die neue Dienststellung des „Fliegerführers Afrika" ins Leben gerufen. Generalmajor Stefan Fröhlich wurde am gleichen Tag zum Fliegerführer Afrika bestellt.* Nach Eintreffen von Generalmajor Fröhlich auf dem Flugplatz in Sirte, Ende Februar 1941, wurde Martin Harlinghausen zum „Fliegerführer Atlantik" ernannt.

Wieder galt es, feindliche Seeziele im Atlantik und im Kanal zu bekämpfen. Hier unterstand Harlinghausen auch das Kampfgeschwader 40, das vorher dem Befehlshaber der U-Boote, Admiral Dönitz, zu Fernaufklärungszwecken unterstanden hatte. Das KG 40 war mit den weitestreichenden Flugzeugen der Luftwaffe, der „Condor"**, ausgerüstet.

---

* siehe Kapitel „General der Flieger Fröhlich"
** Es war dies das umgebaute viermotorige Verkehrsflugzeug Focke-Wulf FW 200, das vor dem Krieg Rekordstrecken nach Amerika und Japan geflogen war.

Diese Maschinen sollten der U-Boots-Waffe als „Augen" dienen.

Die Unterstellung einer Luftwaffeneinheit unter den Befehl der U-Boots-Führung am 7. Januar 1941 war der Grund zum Zerwürfnis zwischen Reichsmarschall Göring und Admiral Dönitz.

Mit den Maschinen des KG 40 führte Oberstleutnant Harlinghausen nunmehr die Fernaufklärung mit dem Ziel, feindliche Geleitzüge zu erfassen und die U-Boote an diese Geleitzüge heranzuführen. Der Fliegerführer Atlantik arbeitete daher eng mit dem Stab des BdU zusammen. Als ehemaliger Seeoffizier hatte Harlinghausen das größte Verständnis für die Belange der U-Boots-Fahrer, und Großadmiral Dönitz schrieb nach dem Krieg dazu:

„Das KG 40 wurde jetzt von Göring dem Oberstleutnant Harlinghausen unterstellt, einem früheren Seeoffizier. Er war ein Mann von außergewöhnlicher Tatkraft und Kühnheit. Sein Geschwader leistete unter seiner Führung das Bestmögliche."

So konnten durch Harlinghausens Tätigkeit viele Geleitzüge gesichtet und die Standorte und Kurse an die U-Boote weitergeleitet werden.

Hinzu kamen Angriffe der Kampf- und Sturzkampfgeschwader auf englische Häfen und Industrieziele in Süd- und Mittelengland.

Im Februar 1942 wurde Oberstleutnant Harlinghausen bei einem Flug über England verwundet und mußte sein Kommando abgeben. Er erhielt das Verwundetenabzeichen. Noch im gleichen Monat wurde er Bevollmächtigter für die Lufttorpedowaffe und füllte damit eine Stellung im Rang eines Divisionskommandeurs aus. Er begründete die Lufttorpedoschule und stellte im Sommer 1942 das erste Torpedogeschwader der Luftwaffe auf.

In Zusammenarbeit mit dem technischen Amt für Entwicklung und Bereitstellung der Torpedoausrüstung schaffte er diese schwierige Aufgabe in kürzester Zeit, so daß wenig später bereits die Bekämpfung der von Amerika nach Rußland gehenden Nordmeergeleitzüge mit Torpedos einsetzen konnte. Die Torpedoflieger erzielten an den PQ- und QP-Geleitzügen große Erfolge.

Am 1. Juli 1942 wurde Martin Harlinghausen zum Oberst befördert.

Nach der alliierten Landung am 8. November 1942 in Nordwestafrika wurde Oberst Harlinghausen am 9. November zum „Fliegerführer Tunesien" ernannt.

Zum drittenmal kehrte er auf den afrikanischen Kriegsschauplatz zurück. Nach der Meldung bei Feldmarschall Kesselring flog Oberst Harlinghausen noch am gleichen 9. November 1942 mit einer He 111, die von zwei Messerschmitt-Jägern begleitet wurde, zum französischen Flugplatz El Aouina bei Tunis. Erst hinter ihm landeten die ersten drei FW 190, und danach setzten einige Ju 52 auf, die das technische Personal des Jagdgeschwaders 53 an Bord hatten.

Am Flugplatzrand standen die Franzosen in ihren Splittergräben Gewehr bei Fuß. Frankreich war nach dem deutschen Sieg 1940 formell neutral. Wie würden sich die Franzosen in Tunesien jetzt angesichts der deutschen Abwehrreaktion gegen den alliierten Überfall auf die beiden anderen französischen Kolonien in Nordafrika (Marokko und Algerien) verhalten? Jeden Augenblick konnte der Konflikt entbrennen, und Oberst Harlinghausen hatte nichts, um sich wehren zu können. Aber die französischen Soldaten nahmen die Besetzung des Flugplatzes ruhig hin. Viele bekundeten sogar offen ihre Sympathie für die Deutschen. Der britische Überfall auf die französische Flotte in Mers el Kebir nach dem deutsch-französischen Waffenstillstand 1940 war noch nicht vergessen.

Am gleichen Tag traf auch die erste Stukagruppe ein. Ihr folgten Teile des Jagdgeschwaders 53 sowie abermals einige „alte Tanten" Ju 52, die Sprit, Fla-Waffen und deren Bedienungsmannschaften brachten.

Mit seinen Fliegerverbänden ergriff Oberst Harlinghausen Besitz von den beiden Brückenköpfen Tunis und Bizerta. Die ersten Teile des Fallschirmjägerregiments 5 (Oberstleutnant Koch) kamen am 11. November. Sie waren die Kerntruppe bei der Bildung des Brückenkopfes. In der Marschall-Foch-Kaserne beriet Oberst Harlinghausen mit den Führern der ersten Kampfgruppen, was zu tun sei.

Als erste Bodentruppe stand Oberst Harlinghausen am 10. November die Kompanie Sauer zur Verfügung. Der Fliegerführer Tunesien atmete auf, als Hauptmann Paul Sauer ihm die Ankunft seiner Kompanie meldete.

„Sie sichern die beiden Flugplätze La Marsa und El Aouina für die Landung der nachfolgenden Fallschirmjäger!" schärfte Harlinghausen dem Fallschirmjäger-Hauptmann ein, der mit seiner Kompanie aus Athen über Brindisi und Catania eingetroffen war.

Mit dem am 11. November auf dem Flugplatz von Bizerta landenden „Feldbataillon Tunis" hatte der Fliegerführer Tunesien die zweite stärkere Bodentruppe zur Hand. Am 12. November erschien die Vorausabteilung des Fallschirmjägerregiments 5 unter Führung von Hauptmann Gerhard Schirmer mit Teilen der 3. und 9. Kompanie.

Mit den Hauptleuten der Fallschirmtruppe Knoche (der mit seinem Bataillonsstab und Teilen der 10. und 12. Kompanie am Morgen des

13. November in La Marsa gelandet war), Sauer und Schirmer besprach sich Oberst Harlinghausen am Mittag des 13. November.

„Wir müssen die Sicherungsabschnitte festlegen", eröffnete der Oberst die Besprechung. „Schirmer, Sie übernehmen den Sicherungsabschnitt Tunis-West. Gruppe Sauer übernimmt Tunis-Süd. Sie schicken noch heute die ersten Spähtrupps in Richtung Medjerdatal und gehen dabei auch hinter die von Franzosen besetzte Linie. Wir müssen versuchen, die uns feindlich gesinnten Franzosen kampflos zurückzudrücken."

Damit waren die Weichen gestellt, und während ein paar hundert deutsche Soldaten den Brückenkopf Tunis Schritt um Schritt erweiterten, organisierte der Fliegerführer Tunesien die ersten Einsätze der Jäger und Stukas zur Bekämpfung der im Eiltempo in Algerien auf die tunesische Grenze vorstoßenden alliierten Truppen, die eine Gesamtstärke von 107 000 Mann hatten.

Den Fallschirmjägern unter Hauptmann Wilhelm Knoche gelang es, die Franzosen zur Räumung des gesamten Medjerdatales zu bewegen. Die beiden Brückenköpfe Djedeida und Tebourba wurden von den Fallschirmjägern kampflos besetzt. Lediglich Medjez el Bab — den „Schlüssel zum Tor nach Tunis" — gaben die Franzosen nicht frei. Diese Bastion direkt am Medjerda wollten sie nicht aufgeben. Noch versuchten sie hier, neutral zu bleiben und ein Pfand dieser Neutralität in der Hand zu behalten.

Am 14. November landete General der Panzertruppe Walther Nehring in Begleitung seines I a, Major i. G. Moll, und seines Begleitoffiziers, Leutnant Sell, in La Marsa zur ersten Erkundung. Der General, der bereits das Deutsche Afrikakorps geführt hatte, war mit der Führung des in Tunesien neugebildeten XC. Armeekorps beauftragt worden. Oberst Harlinghausen konnte ihm melden, daß die Besetzung von Tunis aus der Luft ohne französische Gegenwehr erfolgt und die notwendigen Maßnahmen zur Sicherung von Stadt, Hafen und Flugplätzen durchgeführt worden seien.

„Danke, Herr Harlinghausen", sagte General Nehring, als der Oberst die Meldung beendet hatte. Nehring fuhr fort: „Ich sehe, Sie haben ganze Arbeit geleistet. — Und wie sieht es mit den französischen Truppen aus?"

„Die französische Division, die hier gelegen hat, ist unter Führung ihres Kommandeurs, des Generals Barré, abmarschiert. Ihr neues Hauptquartier befindet sich in Béja."

„Hm", meinte Nehring, „das ist in Richtung auf die alliierten Ausladungen hin. Vorsicht!"

General Nehring flog noch einmal nach Frascati zurück, um dem OB Süd, Feldmarschall Kesselring, die Lage zu schildern. Harlinghausen war sich darüber' im klaren, daß dieser überstürzt gebildete „Brückenkopf Tunesien" aus mehreren Gründen notwendig war. Einmal würde er eine moralische Stützung für die auf dem Rückzug von el Alamein befindliche „Panzerarmee Afrika" sein, die damit eine Rückendeckung hinter sich wußte. Zum zweiten sicherte dieser Brückenkopf den unerläßlichen Nachschub für den Rückmarsch der Rommelschen Panzerarmee. Ferner schaltete diese blitzartige Besetzung Tunesiens große Teile der französischen Truppen und die beiden wichtigsten Flug- und Seehäfen Bizerta und Tunis von vornherein für den Feind aus und hielt sie für Rommels „Panzerarmee Afrika" offen.

Am 1. Dezember 1942 wurde Martin Harlinghausen bevorzugt zum Generalmajor befördert. In Zusammenarbeit mit den Heerestruppen übernahm er nach Eintreffen der Heeresverbände die Luftverteidigung und die Bekämpfung der Erdziele an der Front. Immer wieder gelang es seinen Fliegern, vor allem denen des Jagdgeschwaders 53, den Gegner wirksam zu bekämpfen.

Am 22. Januar 1943 wurde Generalmajor Harlinghausen durch General der Flieger Seidemann abgelöst. Harlinghausen sollte als Kommandierender General das II. Fliegerkorps übernehmen. Die Verbände dieses Korps lagen auf Sizilien, Sardinien und in Unteritalien. Aufgabe des II. Fliegerkorps war es vor allem, Seeziele im Mittelmeer anzugreifen. Darüber hinaus galten die Angriffe der Bomberverbände den Landzielen in Tripolitanien, in Tunesien und Algerien.

Generalmajor Harlinghausen erlebte die Vernichtung der „Heeresgruppe Afrika" und die Landung der Alliierten auf Sizilien. Seine Verbände bekämpften die feindlichen Landungsschiffe und die vordringenden angloamerikanischen Truppen.

Als es Mitte Juli 1943 zu ernsten Differenzen mit der obersten deutschen Führung über die Kriegsführung im Mittelmeer kam, wurde Generalmajor Harlinghausen abgelöst. Bis Dezember 1943 blieb er ohne Kommando, dann erinnerte man sich des tatkräftigen, vielseitigen Offiziers wieder. Er wurde im Januar 1944 „Personal-Sparkommissar" der Luftwaffe in Italien.

Dieser Posten behagte Harlinghausen nicht, und Anfang September 1944 hatte er seine neue Kommandierung durchgesetzt. Nunmehr befehligte er als Kommandierender General den Luftgau XIV in Wiesbaden. Hier oblagen ihm sowohl die Luftverteidigung des gesamten Bereiches als auch die Flieger-Bodenorganisation und der Nachschub. Am 1. Dezember 1944 wurde er zum Generalleutnant befördert.

Ende April 1945 wurde Generalleutnant Harlinghausen schließlich noch Befehlshaber des Luftwaffenkommandos West. Am 8. Mai 1945 geriet er in amerikanische Gefangenschaft.

Als Gefangener der Amerikaner und anschließend der Engländer wurde er erst Ende September 1947 aus der Gefangenschaft entlassen.

Bereits am 1. November 1947 nahm er seine erste Nachkriegstätigkeit in einem großen Holzhandelsunternehmen auf und erhielt hier im Herbst 1952 Prokura.

Am 1. August 1957 stellte sich Martin Harlinghausen der deutschen Bundeswehr zur Verfügung, die solche vielseitigen und tatkräftigen Soldaten dringend brauchte. Er wurde Kommandierender General der Luftwaffengruppe Nord in Münster. Auch hier war er kein bequemer Jasager, sondern vertrat seinen Standpunkt, wenn er wußte, daß es der richtige war, mit allem Nachdruck.

Seit dem 1. April 1963 ist Generalleutnant a. D. Martin Harlinghausen Geschäftsführendes Vorstandsmitglied der Deutschen Gesellschaft für Ortung und Navigation in Düsseldorf. Zweck dieser Gesellschaft ist die Förderung der Forschung und Entwicklung auf dem Gebiete der Navigation in der See-, Luft- und Raumfahrt. So arbeitet der General auch jetzt wieder in einem Metier, das ihm durch Jahrzehnte hindurch vertraut war.

Martin Harlinghausen, * 17. Januar 1902 in Rheda
Letzter Dienstgrad: Generalleutnant
Einsätze:
Spanien, England, Norwegen, Mittelmeer, Nordafrika, Tunesien, Atlantik
Auszeichnungen:
Spanienkreuz in Gold mit Schwertern und Brillanten im Dezember 1938
Ritterkreuz am 4. Mai 1940
Goldenes Fliegerabzeichen mit Brillanten im Dezember 1940
8. Eichenlaub am 30. Januar 1941
Verwundetenabzeichen in Schwarz im Februar 1942
Deutsches Kreuz in Gold im Dezember 1942

MAJOR
JOSEF HISSMANN

Die Feuerwehr der Afrikaner –
Heeres-Flak-Bataillon 617

Regen und Tauwetter des Frühjahrs 1942 hatten die russischen Stra-
ßen in Schlammbäche verwandelt. Irgendwo im Mittelabschnitt der Ostfront lag die 6. Infanteriedivision im Einsatz. Mit seinem Flak-Zug der
1. Kompanie des Flak-Bataillons 46 befand sich Oberleutnant Hißmann
bei der Vorausabteilung seiner Division.

In dieser Situation erhielt Hißmann von Major Hirsch, dem Kommandeur der AA 6, den Befehl, mit der Reiterschwadron des Rittmeisters
Frhr. von Boeselager Verbindung aufzunehmen. Da ihm kein Begleitschutz zur Verfügung stand, fuhren Hißmann und sein Fahrer, Gefreiter
Franz Gottschalk, im Kübelwagen allein los.

Zuerst ging auch alles gut. Bis plötzlich, nach etwa der Hälfte der
Strecke, in einer Waldschneise der Kübel im Schlamm steckenblieb.

„Aussteigen, Franz, und angepackt!" befahl der Oberleutnant.

Die beiden Männer gingen an die Arbeit und wuchteten den Kübel
vorwärts. Dann schnallte der Fahrer das Faschinenbündel ab, und während er noch dabei war, empfand Josef Hißmann plötzlich eine drohende
Gefahr. Ein seltsam beklemmendes Gefühl ergriff ihn.

Aus seiner gebückten Stellung spähte er nach rückwärts durch die
Beine und sah auf einmal Russenstiefel, die genau auf den Wagen zu-
kamen. Höchste Gefahr!

Hißmann schnellte empor, zog im Hochkommen die Nullacht aus dem
Stiefelschaft und rammte sie – noch gesichert – dem vordersten Rotarmisten in den Bauch. Zugleich schlug er mit der Linken die Mündung
der MPi seines Gegners zur Seite.

„Rucki werch – Hände hoch!" rief er zugleich.

Alles dies war das Werk einer Sekunde. Während der erste Gegner
die Augen verdrehte, seine MPi fallen ließ und zu Boden ging, fuhren
die Arme der im Gänsemarsch folgenden Sowjets wie von einer Schnur
gezogen in die Höhe.

Fahrer Gottschalk schaltete sofort. Er rannte zu den Russen hinüber
und entwaffnete sie. Dann wurden die sieben Rotarmisten auf den

Kübel gepackt, nachdem sie hatten helfen müssen, den Wagen flott zu machen, und ab ging es, den Weg zurück.

Als sie mit kochendem Kühler und neun Mann „Besatzung" zurückkamen, da staunte „Opa Hirsch" nicht schlecht über den Zuwachs.

Solcher Handstreiche und geschickt ausgenutzter Situationen gab es viele, die Josef Hißmann während der Zeit seines Kriegseinsatzes in blitzschnellem Zupacken zu seinen Gunsten entschieden hatte.

Man schrieb den Monat April 1942, als Oberleutnant Hißmann seinen Versetzungsbefehl nach Afrika erhielt, wo man erfahrene Kommandeure der Heeres-Flak benötigte.

Als der Oberleutnant sich von Oberst von Tresckow, dem Kommandeur des IR 58 — dem er gerade unterstellt war —, verabschiedete, warnte dieser ihn:

„Vorsicht, Hißmann! Bei Dunkelheit zur Division zu fahren, ist mehr als gefährlich. Erst gestern haben Partisanen hinter der Front bei helllichtem Tag eine Munitionskolonne überfallen."

„Aber die AA 6 hat die Bande aufgerieben, Herr Oberst!" erinnerte Hißmann.

„Na schön", gab Tresckow nach. „Fahren Sie also los. Schließlich haben Sie einen Befehl. Aber passen Sie auf, seien Sie wachsam, Hißmann!"

Es war stockdunkel und regnerisch, als der Fahrer — Gefreiter Ihnen, ein Friseur aus Düren — losbrauste. Gottschalk, der alte Fahrer Hißmanns, war wenige Tage vorher verwundet worden.

Beide Männer hatten neben ihrer Nullacht auch noch Handgranaten dabei. Ihnen mußte teilweise im Schritt fahren, und als sie ungefähr drei Kilometer weit gekommen waren, fuhr sich der Kübel in einer schlammigen Dorfstraße fest.

„Verflixte Schweinerei!" fluchte Hißmann.

„Vielleicht helfen unsere Faschinen, Herr Oberleutnant", meinte Ihnen.

Gemeinsam versuchten sie, das schlammüberkrustete Faschinenbündel von der vordersten Stoßstange loszuschnallen. Wohin sie traten — Schlamm. Was immer sie anfaßten — Schlamm. Verbissen arbeiteten sie.

· Da plötzlich zerriß Schnellfeuer aus Gewehren und MPi die Stille. Kugeln zischten an den beiden Männern vorüber. Mündungsfeuer blitzte aus einem Hause auf, das ungefähr zehn Meter schräg links vor ihnen stand. Blitzartig gingen die beiden Männer hinter dem rechten Vorder-

Generalmajor Martin Harlinghausen   *Major Josef Hißmann*

*Sollum wird bombardiert. In der Bildmitte deutlich erkennbar die Serie der Ein-
schläge, von denen eine geparkte britische Munitionskolonne getroffen wird*

*Hafen und Festung Tobruk. Aufgenommen von Bord eines deutschen Stuka Ju 88
unmittelbar vor dem Sturzangriff*

*Die auf allen Kriegsschauplätzen gefürchtete deutsche 8,8-cm-Flak im Erdkampf
bei der Panzerabwehr*

rad des Kübels in Deckung. Abermals krachten Schüsse. Kugeln zischten über den Wagen hinweg, andere klackerten in das Blech hinein.

„Handgranaten, Ihnen!" rief Hißmann. „In das Haus hinein!"

Gemeinsam warfen sie. Als die Handgranaten auseinanderkrachten, machten sie einen Stellungswechsel und schossen aus ihren Pistolen auf die schemenhaft durch die Nacht huschenden Partisanen.

Schon blitzte es links und rechts auf, schließlich auch hinter ihnen. Der Umklammerungsring der Partisanen schloß sich enger. Die Munition der beiden ging bereits zur Neige.

Plötzlich brandete weiter vorn auf der Dorfstraße Geschrei durch die Nacht, ein wüstes Geschieße begann. Dann Rufe:

„Hurra! — Hurra! — Hurra!"

Eine Leuchtkugel stieg empor, übergoß alles mit gleißender Helligkeit und ließ die beiderseits der Straße vorstürmenden Gestalten aus der Finsternis auftauchen. Hißmann erkannte deutsche Stahlhelme.

Noch ein paar Schüsse, wildes Flüchten der Partisanen, dann Stille.

Essenholer einer anderen Einheit, geführt von einem Unteroffizier, hatten sie herausgehauen. Mit vereinten Kräften wurde der Kübel flottgemacht. Unbehelligt erreichten Ihnen und Hißmann den Divisionsgefechtsstand. Der Abschied dort zögerte sich etwas hinaus.

Dann fuhr Hißmann im Zug der Heimat entgegen. Der Heimat und einem neuen Einsatzziel: Afrika.

Josef Hißmann wurde am 19. November 1907 in Elsen bei Paderborn geboren. Er besuchte die Volksschule und eine Fachschule und trat im Jahre 1930 bei der Schutzpolizei in Münster/Westfalen ein.

Im Jahre 1935 wurde er in das neue deutsche Heer übernommen. Bei Kriegsbeginn war er Oberfeldwebel beim Heeres-Flak-Bataillon 46. Mit diesem Bataillon machte er die Feldzüge in Polen und Frankreich mit und zeichnete sich besonders aus. Seine bevorzugte Beförderung zum Leutnant war äußeres Zeichen der Anerkennung für diesen hochgewachsenen Soldaten.

Im Rußlandfeldzug kämpfte Hißmann mit seinem Fla-Zug fast ständig im Verband der Aufklärungsabteilung 6 der 6. Infanteriedivision. Er erhielt das Eiserne Kreuz I. Klasse und wurde abermals wegen Tapferkeit vor dem Feind bevorzugt zum Oberleutnant befördert.

Im April 1942 verließ er den östlichen Kriegsschauplatz, um nach Afrika zu gehen. Er kam als Hauptmann und Chef der 1. Kompanie zum Heeres-Flak-Bataillon 617. Kommandeur dieses ruhmreichen Afrikaverbandes war derzeit Major Lindemann.

In der Gazala-Linie lagen sich die gegnerischen Armeen in Afrika sprungbereit gegenüber, als Hißmann dort eintraf. Spähtrupps belauerten einander. Vorfeldgefechte und Luftabwehr waren Hißmanns erste Afrika-Einsätze. In dieser Zeit kam er auch zu seinem getreuen Melder und Burschen, dem Schützen Katusch, genannt „Vatter".

„Vatter" war eben vor ein Kriegsgericht zitiert worden. Und zwar wegen Befehlsverweigerung: Er wollte sich seinen Bart nicht abrasieren. Am Abend vor der Verhandlung saß Hißmann im Bataillonsgefechts-stand Major Lindemann gegenüber und bat den Kommandeur, dahin zu wirken, daß Katusch Bewährung bekäme. Er, Hißmann, würde ihn dann zu sich nehmen und ein Auge auf ihn haben. Major Lindemann versprach dies, und so wurde Schütze Katusch zu sechs Monaten Haft mit Bewährung verurteilt und zur 1. Kompanie „strafversetzt". Das erste Gespräch mit Katusch hat Josef Hißmann festgehalten. Er schreibt darüber in seinem Buch „Insch Allah!":

„Vatter stand vor mir, in voller Kriegsbemalung, mit Stahlhelm und Karabiner, und der Stein des Anstoßes, sein Bart, war immer noch dran. — Ich gab ihm die Hand.

,Da habe ich nun geglaubt, der Älteste in der Kompanie zu sein, Katusch, und nun laufen Sie mir den Rang ab.'

,Oooch', grinste der Schütze, ,das macht doch nichts, Herr Hauptmann!'

,Wenn Sie meinen, Katusch, dann werden wir uns schon vertragen. Am liebsten würde ich Sie als meinen persönlichen Melder im Kompanietrupp haben, der so nebenbei ein Auge auf das junge Gemüse hat und sich auch um mich etwas kümmert. Hätten Sie Lust dazu, Katusch?"

,Gern — jawoll, Herr Hauptmann!' bemühte sich Vatter um militärische Ausdrucksformen."

Hißmann befahl dem Breslauer, seinen Schnurrbart — zu behalten. Und seit diesem Tage, bis zum Tode an der Seite seines Hauptmannes in der libyschen Wüste, war dieser kleine O-beinige Mann mit der Stupsnase Melder, Helfer und Freund zugleich, der es sich leisten konnte, selbst Feldmarschall Rommel Apfelsinen und Beuteschokolade anzubieten, wenn dieser beim Bataillon auftauchte.

Als der Tod nach Vatter griff, galt sein letzter Blick, seine letzte Frage dem Hauptmann; nicht sich selber.

Während des Kampfes um die Hafenfestung Tobruk stand Hauptmann Hißmann mit seiner Flak-Kompanie dort im Einsatz. Am Abend des 20. Juni 1942 — um die Stadt wurde noch gekämpft — rollte Hißmann, auf der ersten Selbstfahrlafette stehend, direkt auf eine englische Panzerwerkstatt zu. Als er noch ungefähr dreihundert Meter davon entfernt war, fuhr ein Panzer heraus, richtete das vorderste Geschütz an und schoß.

Beim ersten Schuß spürte Hißmann den Einschlag der Granate. Dicht unter seinen Füßen sprang eine Stichflamme auf. Dann fiel ein Feind-MG in das Feuer des Panzers ein.

Die vorfahrende 1. Kompanie hielt und eröffnete das Feuer. Panzer und Feind-MG wurden vernichtet, die Panzerwerkstatt mit einer Anzahl reparierter Panzer erbeutet. Die Engländer zogen sich in ein Wadi zurück.

Generalmajor von Bismarck, der Kommandeur der 21. PD, dem das Flak-Bataillon unterstand, ließ Hißmann rufen.

„Fahren Sie hinüber und fordern Sie die Tommys zur Übergabe auf."

Im Kübelwagen, an dessen Befehlsstander Vatter ein weißes Netzhemd als Parlamentärsflagge gehängt hatte, fuhr Hißmann mit dem Bataillonsarzt Dr. Sydow los. Sie erreichten das Wadi und sahen sich einer Masse Engländer, Panzern und anderen Fahrzeugen gegenüber. Sie trugen dem britischen General die Forderungen vor. Dieser erwiderte „All right!", und wenig später setzten sich die Gefangenen in Richtung Sammelstelle in Bewegung.

Nun begann das Rennen des DAK hinter den fliehenden englischen Truppen her nach Osten. Als rechte Flankensicherung der 21. PD rollte die Kompanie Hißmann mit ihren Geschützen durch die Wüste. Am 23. Juni, als die ersten Sterne eben verblaßten, krochen dicke Nebelschwaden aus den Mulden, Senken und Wadis empor. In ihrem englischen Beutepanzerspähwagen, auf dem lediglich die deutschen Balkenkreuze aufgemalt waren, versuchten Hauptmann Hißmann und Vatter etwas zu erkennen. Sie waren allein in der Wüste.

Noch vor zwei Stunden hatten sie Anschluß gehabt. Dann war plötzlich das Geschütz von Unteroffizier Ehrenberg mit Motorpanne liegengeblieben. Sie waren hingefahren, hatten sich das Geschütz hintergehängt und waren mit Marschrichtung Ostnordost losgefahren, um Anschluß zu gewinnen. Als es dann doch nicht weiterging, wurde das Geschütz in einer Mulde abgehängt. Es sollte zurückbleiben. Der Spähwagen war allein weitergefahren. Nun standen sie auf einer Anhöhe und versuchten, etwas im ziehenden Nebel zu entdecken, was ihnen Aufschluß geben konnte.

„Ich meine", ließ sich Vatter in dieser Situation vernehmen, „wir sollten ein Stündchen hier warten, bis der Nebel hochgegangen ist."

Langsam wurde es heller. Aber der Nebel war hartnäckig, und die ersten Sonnenstrahlen vermochten ihn nicht zu durchdringen.

Plötzlich stieg ungefähr drei Kilometer halblinks voraus eine Leuchtkugel empor.

„Das DAK bläst zum Sammeln, Herr Hauptmann!" ließ sich Vatter vernehmen.

Hißmann stellte den Marschkompaß ein, der Spähwagen brummte los. Nach ein paar Minuten rascher Fahrt, es war immer noch stark neblig, sahen sie Panzer, die dicht bei dicht aufgefahren waren. Bis auf 100 Meter fuhren sie heran, als sie erkannten, daß diese Kampfwagen der „anderen Feldpostnummer" angehörten.

„Wenden, Hielscher!" befahl Hißmann. „Keine Hast zeigen!"

Sie drehten und fuhren in westlicher Richtung zurück. Als sie in der nächsten Bodenfalte untertauchten, atmete der Hauptmann auf.

Es wurde heller, der Nebel zerriß. Nach viertelstündiger Fahrt durch die Senke bogen sie um eine breite Felsnase herum — und standen keine fünfzig Meter vor zwei britischen Spähwagen. Ein Posten stelzte davor hin und her, das Gewehr umgehängt, beide Hände in die Taschen vergraben. Im Hintergrund wuschen sich eben die beiden Wagenbesatzungen.

„Heranfahren und mitnehmen!" sagte Hißmann leise.

Fahrer Hielscher kurvte ein, und als ihr Spähwagen zehn Meter vor den beiden Tommy-Fahrzeugen hielt, sprangen Vatter und Hielscher mit dem Karabiner bewaffnet aus der hinteren Klappe heraus, während der Hauptmann eine ungeladene Panzerbüchse auf den Posten richtete und den Gegnern ein „Hands up!" entgegenrief.

Dem Posten blieb der Mund offenstehen. Vatter war mit ein paar langen Schritten bei ihm und nahm ihm das Schießeisen weg. Die übrigen sechs Tommys waren nicht weniger überrascht, so unsanft in ihrer Toilette gestört zu werden.

„Vorn drei und hinten vier Gefangene aufpacken", rief der Kompaniechef. „Hielscher, Sie holen Karten und Papiere aus den beiden Fahrzeugen, gießen Benzin hinein und werfen eine Handgranate als Feuerzeug hinterher."

Hielscher lief mit dem Benzinkanister und zwei Handgranaten nach vorn, während Vatter bereits die Gefangenen in den eigenen Panzer bugsierte. Als Hielscher bei den beiden Spähwagen ankam, prallte er überrascht zurück. Sein Kopf wandte sich dem Hauptmann zu.

„Herr Hauptmann", rief er halblaut, „nichts wie weg! Alles voller Panzer und Tommys!" Mit einem Kopfnicken deutete Hielscher in das sich verbreiternde Wadi hinein.

„Einsteigen! — Vatter, stehenbleiben, bis der Wagen gewendet hat." Hielscher schwang sich in Rekordzeit hinter das Steuer. Hart drehte der Wagen, und beim Wenden sah auch Hißmann, daß dies hier der Zugang zu einem breiten Wadi war und daß die beiden Spähwagen an der Enge als Posten aufgestellt waren. Im Wadi selbst wimmelte es von Soldaten.

Hielscher gab Gas und jagte los.

Als die Sonne den letzten Nebel weggefegt hatte, sahen sie plötzlich eine große Staubwolke, die sich heranwälzte.

„Endlich das DAK!" rief Hielscher erleichtert.

„Steuern Sie den Verein lieber seitlich an!" rief Hißmann zur Vorsicht, die sich als nötig erwies. Denn bald erkannte er durch sein Fernglas englische Tellerstahlhelme. In den noch immer ziehenden Nebelschwaden fuhren die Engländer seitlich an ihnen vorbei in Richtung Osten. Es waren Verbände, die in der überholenden Verfolgung der vergangenen Nacht vom DAK überrundet worden waren. Hielscher scherte mehr und mehr aus dieser Kolonne heraus, bis er einen Bogen schlagen und nach Westen fahren konnte.

Als wenig später die aus fünf Spähwagen bestehende englische Nachhut auftauchte, ließ Hauptmann Hißmann den Wagen nach rechts ausscheren. Während Hielscher schneller und schneller wurde und dann zwischen zwei englischen Spähwagen durchfuhr, geschah es: Die gefangenen Tommys außen auf der Panzerabdeckung nutzten ihre letzte Chance. Ihr vielstimmiger Schrei ging jedoch im Motorengedröhne unter.

Aber die vier Tommys, die mit Hißmann zusammen im Innern eingesperrt waren, fielen über den Hauptmann her. Sie schlugen auf Kopf und Nacken des Deutschen ein. Ohne zu zögern riß Hißmann eine Handgranate aus dem Koppel, schraubte die Kappe ab und zog den Brennzünder. Dann hielt er die Handgranate über den Kopf nach draußen.

Nun wird sich alles rasch klären, dachte er. Und: Hoffentlich taucht Vatter nicht von hinten auf, sonst erwischt es ihn auch noch.

Wie langsam viereinhalb Sekunden vergingen. Da entfiel ihm die Handgranate im Handgemenge. Aber sie explodierte nicht. Einer der

Tommys warf sich über Hißmann und versuchte ihm den Kopf herumzudrehen. Hißmann bekam den Mann mit beiden Händen zu fassen. Ein mächtiger, verzweifelter Ruck nach oben — ein gellender Schrei, und kopfüber stürzte der Engländer bei sechzig Kilometer Stundengeschwindigkeit vom Fahrzeug herunter.

Noch waren drei Gegner bei Hißmann. Hörten die Kameraden denn nicht seine Rufe?

Schließlich vernahm Vatter sie durch das Dröhnen und Rattern. Er drehte sich um, sah die Gefahr, in der Hißmann schwebte, und quetschte sich durch das Luk. Er wehrte einen Tommy ab und — erhielt mit der Handgranate des Hauptmanns, die einer der Tommys gefunden hatte, einen Schlag über den Schädel. Lautlos sackte er zusammen. Hißmann erhielt ebenfalls eine solche „Narkose" verpaßt, und zuletzt schlug der Tommy auch Fahrer Hielscher knock out. Der Wagen, führerlos und ohne Gas, beschrieb einen Bogen und stand.

Die sechs übriggebliebenen Tommys bugsierten nun ihrerseits ihre drei Gefangenen hinaus. Der Wortführer, es war der mit der Handgranate, redete auf Hißmann ein. Der aber verstand nicht Englisch. Als der Tommy schließlich auf Hißmann zukam, probierte dieser eine Kriegslist.

„Granate!" schrie er mit allen Anzeichen panischen Schreckens und warf sich zu Boden.

Wie ein Stück glühendes Eisen ließ der Tommy die Handgranate fallen und retirierte mit seinen fünf Kameraden hinter den Stahlkasten des Spähwagens.

„Los!" zischte Hißmann seinen Kameraden zu.

Die drei rannten zu einem ungefähr zwanzig Meter entfernten Wadi hinüber, sprangen in vollem Lauf hinein und wetzten gebückt weiter. Nach fünfzig Metern bogen sie nach rechts in einen Seitenarm ein, warfen sich kurz darauf in einen flachen Graben und krochen weiter.

„Volle Deckung!" keuchte der Hauptmann. „Ihr bleibt hier, ich sehe mal nach", sagte er, nachdem er verschnauft hatte.

Allein kroch er etwas zurück, schob sich im Schutze eines Kameldornbusches zur oberen Wadikante empor und sah die Tommys, die ungefähr hundert Meter entfernt standen und das Gelände absuchten. Dann schwangen sich die sechs Gestalten in den Spähwagen und fuhren in Richtung auf ihr Lager zurück.

Hißmann ging zu seinen Kameraden zurück. Er überlegte: Sollten sie hier auf das DAK warten?

„Wir gehen zunächst nach Westen!" entschied er schließlich. Er deutete zu einer Höhe. „Wenn wir dort oben sind und nichts sehen können, biegen wir nach Norden Richtung Küste ein."

Sie machten sich mit brummenden Schädeln, blauen Flecken und zerrissenen Uniformen auf den Weg.

Als sie die Höhe fast erreicht hatten und nur noch wenige Meter bis zum Gipfel zu überwinden waren, tauchten plötzlich jenseits zwei bewimpelte Antennen auf.

„Teufel auch", rief Vatter wütend, „wieder Engländer!"

Es waren zwei Spähwagen, die in flotter Fahrt näherkamen. Nun half nur äußerste Frechheit. Freundlich grinste Hauptmann Hißmann zu den Tommys empor, die sich in den Luken drängten.

„Morning, Boys!" grüßte er jovial, um dann die Unterhaltung in Paderborner Platt fortzusetzen. Den Engländern blieb die Spucke weg.

„You are Pollacks?" fragte schließlich der eine.

Hauptmann Hißmann bestätigte. Vatter ließ noch ein kräftiges „Pironnje" folgen, was die Sache offenbar stilecht machte, denn die Spähwagen rollten weiter.

Doch wenig später hörten die drei Deutschen hinter sich Motorengeräusch. Hißmann sah, daß es die beiden Spähwagen waren, die kehrtgemacht hatten. Offenbar hatten sie doch noch ein Haar in der Suppe gefunden. Einer der Tommys hatte die „Krähe" auf den vergilbten Khakihemden gesehen und sich einen Vers daraus gemacht.

Damit waren die drei Unglücksraben zum zweitenmal gefangen. Sie wurden zurückgebracht und stießen auf dreißig Spähwagen der Engländer. Ein Offizier verhörte sie.

Schließlich tauchten neue Staubwolken über dem Horizont auf. Diesmal vom DAK aufgewirbelt. Die Tommys wollten losfahren und ihre drei Gefangenen mitnehmen.

In diesem Augenblick bekam Vatter einen gutgespielten epileptischen Anfall, und Hißmann und Hielscher hatten alle Hände voll zu tun, den Kameraden festzuhalten. Sie führten einen wahren Ringkampf auf.

Schließlich waren die Engländer noch froh, diesen Kranken und seine beiden „Pfleger" zurücklassen zu dürfen. Sie jagten in schneller Fahrt davon.

Zwei Minuten darauf tauchte das erste deutsche Fahrzeug auf, in welchem der Kriegsberichter Schmidt vom DAK saß. Schmidt nahm die Geretteten mit zurück, und ein paar Minuten später konnte Hißmann dem Ia der 21. PD, Major Heuduck, Meldung machen.

General von Bismarck erschien. Er befahl Heuduck, eine Vorausabteilung aufzustellen, deren Führer Hißmann sein sollte.

Zwanzig Minuten später — Hißmann wurde eben von Major Heuduck in seine Aufgaben eingewiesen — flogen zwölf Feindbomber an und belegten die Lagerplätze der 21. PD mit Bomben. Die Flak eröffnete das Feuer. Fahrzeuge der Division rollten nach allen Seiten auseinander. Männer rannten um ihr Leben. Bomben heulten der Erde entgegen, krachten in dickem Staub und Rauchwolken mit grellen Flammen auseinander.

Schon folgten Tiefflieger. Die leichte Flak trat in Aktion. Bordkanonen hämmerten, leichte Bomben krachten. Eine Salve der Dreisieben erwischte einen Tiefflieger. Die Maschine bäumte sich jäh auf. Flammen schlugen heraus, und ihr Aufschlagbrand überstieg noch alle anderen Explosionen.

Es war ein Geschütz der Kompanie Hißmann, das den Flieger abgeschossen hatte, und wenig später meldete Feldwebel Kensy, während ihm Tränen über das Gesicht liefen:

„Ein feindliches Flugzeug abgeschossen. Eigene Verluste: vier Tote und fünf Verwundete. Eine Selbstfahrlafette ausgefallen."

Wortlos drückte Hißmann dem Kameraden die Hand.

„Hißmann", änderte General von Bismarck seinen Befehl, „Sie bleiben bei der Division. Sie sind hier mit Ihrer Flak wichtiger!"

Das DAK rollte weiter nach Osten hinter dem fliehenden Gegner her. Zwei Tage später wurde der eigene Spähwagen wiedergefunden. Die sechs Tommys hatten ihn einfach stehen lassen, ohne ihn zu zerstören. Hielscher fuhr ihn wieder, und Hauptmann Hißmann legte sich während einer Marschpause auf die Seitenbank. Er hatte bei dem Handgemenge mit den Tommys eine Gehirnerschütterung erlitten, wie Dr. Sydow festgestellt hatte. Als ein Verwundeter gebracht wurde, überließ ihm Hißmann seinen Platz im Wagen. Er meldete sich fünf Minuten später bei General von Bismarck, der mit seinem Ia in einem Deckungsloch saß.

Als sie eben aus einem Schauglas tranken, kam ein einzelnes Flugzeug im Tiefflug angejagt. Es warf eine einzige große Bombe. Zweihundert Meter weiter rückwärts, wo Hißmanns Befehlswagen stand, stieg eine Detonationswolke empor. Benzin flammte auf. Die Bombe hatte den Wagen vernichtet — Hielscher und der verwundete Kamerad fanden den Tod.

In den nächsten Wochen bewährte sich das Bataillon in schweren Kämpfen. Josef Hißmann übernahm eingangs August die Führung des

Bataillons. Damit wurde ihm die Verantwortung für 36 Geschütze übertragen.

An der berühmten Whiskypalme vor el Alamein trafen sich am 29. August 1942 die Regimentskommandeure der 21. PD und die Kommandeure der unterstellten Einheiten zu einer letzten Einsatzbesprechung vor dem Großangriff, der am 30. August gegen 20 Uhr nach Süden zur Umgehung der Feindstellungen bei el Alamein angesetzt war.

Als die Kommandeure eintrafen, wurden sie von Generalmajor von Bismarck begrüßt: die Obersten Müller, Bruer und Ewert, Oberstleutnant Pfeiffer und schließlich auch Hauptmann Hißmann. Alle machte der Divisionskommandeur mit einem neu in Afrika eingetroffenen Offizier bekannt: mit Oberst Lungershausen.

Vierundzwanzig Stunden später war Generalmajor von Bismarck tot. An der Spitze seiner Division war er gefallen.

Im britischen Minengürtel südlich von el Alamein brach dieser großangelegte Umgehungsangriff zusammen. Die weitgesteckte Umgehung der britischen 8. Armee war nicht mehr durchführbar.

In den folgenden Wochen des Kampfes um die Alameinstellung war es immer wieder Josef Hißmannn, der von sich reden machte. Sein Bataillon schoß feindliche Jäger und Schlachtflieger ab. Es wies die Angriffe starker Feindgruppen zurück und konnte bei der Eroberung des Stützpunktes Deir el Shein entscheidend mitwirken. Bei diesem Angriff fiel Unteroffizier Ehrenberg durch Kopfschuß.

Bei einem feindlichen Panzerangriff vor Alamein wurde Vatter an der Seite seines Kommandeurs im Befehlswagen tödlich verwundet. Josef Hißmann verlor hier seinen ergebensten, besten Freund.

Auf dem Ruweisatrücken kämpften Hißmanns Männer erfolgreich und warfen den Gegner hinunter. Beim Angriff auf den Bahnhof Alam el Mil bei Alamein war es ebenfalls das Heeres-Flak-Bataillon 617, das die Entscheidung herbeiführte.

Josef Hißmann wurde mit dem Deutschen Kreuz in Gold ausgezeichnet. Die Italiener verliehen ihm die Silberne Tapferkeitsmedaille.

Mitten in den schweren Kämpfen erhielt Hißmann am 28. Oktober 1942 bei Alamein das Heeres-Flak-Bataillon 609 vom OKH als neue Truppe. Oberstleutnant Helmigk, der bisher diesen Verband als Kommandeur führte, war ernsthaft erkrankt.

Mit seinem neuen Bataillon wurde Hißmann bei der 164. Leichten eingesetzt, die von dem inzwischen zum Generalmajor beförderten Lungershausen geführt wurde.

Das große englische Trommelfeuer des 23. Oktober 1942 war auch über Hißmann und seine Männer hinweggegangen. Die damit eingeleitete englische Großoffensive wurde jedoch zunächst aufgefangen. Wo es brannte, dort schob sich die Flak vor, hämmerte mit ihren Geschützen in die Angreiferkolonnen hinein und hielt sie auf.

Am Abend des 2. November erhielt Hißmann von Generalmajor von Sponeck, der mit der 90. Leichten den Rückzug sichern sollte, den Befehl, der in letzter Konsequenz Gefangenschaft bedeutet hätte:

„Sie sichern mit Ihren beiden noch verfügbaren Kompanien das Zurücknehmen der vor Ihren Stellungen eingesetzten Infanterie und das Instellunggehen der Nachhuten." Sponeck sah Hißmann prüfend an. „Es ist eine ehrenvolle Aufgabe. Denken Sie an die Verteidigung des Halfayapasses. — Bis zum letzten Schuß! — Ich hoffe, daß wir uns nach dem Krieg gesund wiedersehen."

Der General reichte Hißmann die Hand. Aber dieser hatte noch eine Frage:

„Herr General, kann ich die Stellung räumen, sobald meine Aufgabe erfüllt ist?" fragte er. „Ich halte nichts von der Gefangenschaft."

„Menschenskind", wunderte sich der General, „wissen Sie denn nicht, daß Ihnen keine Fahrzeuge zur Verfügung stehen, Ihre 24 Geschütze zurückzubekommen?"

„Doch, Herr General! Aber ich habe einen Kübelwagen und einen Küchen-LKW. Und dann könnten wir die Geschütze auch noch im Mannschaftszug bewegen."

„Gut", erwiderte Sponeck, „an mir soll es nicht liegen. Ich schicke Ihnen einige Fahrzeuge, die sollen Ihnen helfen."

Diese Fahrzeuge wurden zwar abgeschickt, aber sie kamen nicht durch. Hißmann focht dies nicht an. Mit seinem Bataillon blieb er zurück. Aus 24 Geschützen baute er eine Abwehrfront auf. Aus allen Rohren feuernd, wurden die nachdrängenden Engländer zurückgeworfen. Der Stoß des Gegners in die Flanke des zurückgehenden DAK wurde aufgehalten.

Zwei Geschütze wurden in der Nacht von der Feindartillerie durch Volltreffer vernichtet. Die Engländer hatten den Angriff in diesem Abschnitt eingestellt, weil sie erkannten, daß sie zuerst diesen zähen Feind mit der Artillerie in den Boden stampfen mußten.

Zug um Zug wurden in der Nacht, nachdem die Aufgabe erfüllt war, die Geschütze durch die Geländeenge geschleust, durch die allein der Rückzug möglich war. Immer wieder fuhren der Kübel und der Küchen-LKW durch das Sperrfeuer der Engländer. Sie fuhren jeweils bis auf fünfzig Meter an den Rand des Artillerieteppichs heran, warteten den nächsten Einschlagsegen ab und jagten dann in wilder Fahrt hindurch. So erreichten sie das nächste Geschütz, koppelten es an und fuhren wieder los.

Zweiundzwanzigmal durch die Hölle und zurück.

Als Hißmann mit seinem Fahrer Gottschalk am frühen Morgen bei erstem Tageslicht als letzter durch die Enge rollte, sahen beide Männer mit Schaudern eine Gruppe von ungefähr zehn Männern der 164. Leichten, die in der Enge lagen. Sie waren von einer Artilleriesalve erfaßt und verwundet oder getötet worden. In der völligen Finsternis und bei dem ununterbrochenen Artilleriegetöse hatten die zurückrollenden eigenen Geschütze sie in den Boden gewalzt.

Zugweise und zu Fuß mußten die beiden übriggebliebenen Kompanien den Rückzug antreten. Ihr Ziel war El Daba. Sie zogen und schoben ihre Geschütze. Sobald Flugzeuge angriffen, gingen sie in Stellung und kämpften. Sie schossen Jabos ab und keuchten anschließend weiter.

Wenn einer der Männer nicht mehr konnte, sprang der Hauptmann ein. Er war überall, er richtete seine Männer, seine Kameraden und Freunde wieder auf.

Eine lange Woche dauerte diese Odyssee. Ziehen – schieben – ziehen ...

Dann tauchte plötzlich die 3. Kompanie wieder auf. Sie war schon verloren gewesen, aber deutsche Panzer hatten sie herausgehauen, und Leutnant Walter führte sie zum Bataillon zurück.

„Flugzeuge – 12 Uhr! – Feuer frei!"

Auf diesen Befehl hin schossen die Geschütze, jagten den anfliegenden Gegnern ihre Granaten entgegen, schossen einige Maschinen ab und zwangen die anderen zum Abdrehen. So verhinderten sie die Vernichtung des DAK aus der Luft.

Weiter ging es zurück.

„Sammeln in Marsa Matruk beim Verpflegungslager!" Das waren die Worte, die sie einander zuriefen, wenn sie sich begegneten. Und auch hier, während des Rückzuges, erlebte Josef Hißmann die Kameradschaftlichkeit der Italiener. Jedes dritte seiner Geschütze wurde von Italienern mitgeschleppt.

Es ging weiter, immer weiter nach Westen und immer im gleichen Rhythmus: Ziehen – schieben – Halt! Halfayapaß.

Ziehen – schieben – Haaalt! Capuzzo.

„Die 164. sammelt am Heldenfriedhof!"

Es dauerte dreißig Stunden, bis das Bataillon geschlossen beisammen war. Dann aber standen sämtliche 36 Geschütze — 12 je Kompanie — in Stellung zur Luftabwehr bereit. Unter diesen Umständen ein Wunder. Einzelne Geschützbedienungen, die ihre Geschütze im Kampf verloren hatten, fanden unterwegs stehengelassene Geschütze und „bedienten" sich. Die Instandsetzungsstaffel hatte sich fünf zusätzliche Fahrzeuge besorgt. Das dazu benötigte Benzin wurde im Meer in Gestalt von drei vollen Benzinfässern gefunden.

Auf einem Abstellgleis im Fort Capuzzo fanden die Männer einen Waggon voll Verpflegung; einschließlich Schokolade und Zigaretten. Glück mußte man haben.

Am Heldenfriedhof in Capuzzo traf Hißmann General Lungershausen. Der Kommandeur hatte einen großen Teil seiner Division verloren. Er schüttelte Hißmann beide Hände, als der ihm die Rettung des Bataillons einschließlich der Geschütze meldete.

Dann kam Feldmarschall Rommel. General Lungershausen meldete, und als er Hißmann vorstellen wollte, bemerkte Rommel:

„Ich kenne Hauptmann Hißmann." Er gab dem Hauptmann die Hand. „Wo ist Ihr Bataillon?" war seine erste Frage.

„Dort drüben in Stellung, Herr Feldmarschall", erwiderte Hißmann.

„Gut, sehr gut!" lobte Rommel. „Dort werden Sie Ruhe vor den Fliegern haben. — Haben Sie einen besonderen Wunsch?" fuhr er fort. „Möchten Sie zu Ihrer alten Division zurück?" fragte der Feldmarschall weiter, als Hißmann verneint hatte. Hißmanns Herz tat einen Freudensprung.

„Gern, Herr Feldmarschall!"

„Dachte ich mir doch", meinte Rommel gutgelaunt und zeigte dem Hauptmann an der Karte, wo er die 21. PD finden konnte.

Eine Stunde später umarmte Major Heuduck den Kameraden. Und Generalmajor von Randow, der neue Divisionskommandeur, sagte:

„Sie treulose Tomate! Endlich sind Sie wieder bei uns. Diesmal lassen wir Sie nicht wieder weg."

Von nun an sollte das Heeres-Flak-Bataillon 609 bis zum bitteren Ende in Tunesien mit der 21. PD kämpfen. General von Randow und Major i. G. Heuduck aber sollten dieses bittere Ende nicht mehr erleben. Sie fuhren zwei Tage vor Weihnachten im Raum Sirte auf eine Mine und fanden mit einem weiteren Offizier des Stabes und dem Fahrer den Tod.

In Tunesien leistete das Bataillon Hißmann wieder Hervorragendes. Josef Hißmann wurde wegen Tapferkeit vor dem Feind zum Major befördert.

Beim Angriff auf Sbeitla schlug sich das Bataillon, wieder auf der linken Flanke der 21. PD eingesetzt, mit letztem Einsatz. Hier gelang es wenig später Hißmann, einige Gefangene auf seine besondere Art einzubringen.

Mit seinem Melder Winterhalder, seinem Fahrer Kruschina sowie drei Meldern der Kompanien saß der Bataillonskommandeur in einem tief eingeschnittenen Wadi. Als er ein menschliches Rühren verspürte und zum fälligen „Spatengang" wadiaufwärts ging, stieß er hinter einer Biegung auf zwölf Amerikaner, die bis an die Zähne bewaffnet waren. Zum Umkehren war es zu spät.

Hißmann blickte über die Schulter zurück.

„Stehenbleiben!" rief er.

Gleichzeitig gab er durch Handzeichen seiner imaginären Streitmacht zu verstehen, diesen Platz zu umzingeln. Dann ging er, den Spaten schlenkernd, auf die Amerikaner zu.

„Ihr seid umstellt", sagte er einem der Gegner, der Deutsch verstand. „Werft die Waffen auf einen Haufen und tretet dann an. Für euch ist der Krieg zu Ende!"

Die Überrumpelten taten, wie ihnen befohlen, und interessiert ging Hißmann näher, nahm einen der weggelegten Colts auf — und fühlte sich schon bedeutend besser. Seine Männer wunderten sich sehr, als er kurz darauf mit einer Eskorte von zwölf Amerikanern ankam.

Bis zum 12. Mai 1943 kämpfte das Bataillon. Am Djebel Zaghouan war es in diesen letzten zwei Tagen in Afrika von drei Seiten eingeschlossen. Granaten heulten herüber und pflügten den Boden um. Vor ihnen befanden sich Franzosen und Engländer. Hinter ihnen sprengte eben das DAK seine letzten Waffen, hämmerten Feindgranaten in den Teufelskessel hinein.

Leutnant Freter, der eben von der 1. Kompanie zurückkam, meldete dem Major:

„Die Amerikaner sitzen in unserem Rücken. Wir können schon nicht mehr an den Brunnen heran. Die Munition geht zu Ende, Herr Major."

Mit nur einem Auge und einem Arm, dem linken, stand der junge Bataillonsadjutant vor seinem Kommandeur. Hißmann erschien er in diesem Augenblick als das Sinnbild der deutschen Jugend dieses Krieges.

Das war das Ende in Afrika. Der Kampfgruppenkommandeur im Raum Zaghouan, Oberstleutnant Pfeiffer, führte eine Stunde später die Übergabeverhandlungen. Und nach Einfall der Dunkelheit lohten nun auch hier die Brände empor, krachten die Sprengungen, wurden Waffen und Fahrzeuge des Bataillons vernichtet.

Die Gefangenen wurden von den Amerikanern an die Franzosen „abgetreten". Auf diese Weise kamen einige tausend Offiziere und Soldaten des DAK in die französische Gefangenschaft

Am 13. Mai 1943, dem Tag des endgültigen „Aus" in Afrika, erhielt Major Josef Hißmann das Ritterkreuz.

Er selbst wußte jedoch noch nichts davon. Erst später sollte er mit dieser Nachricht überrascht werden.

Nach einer abenteuerlichen Fahrt landete Major Hißmann mit seinen Kameraden in der wanzenreichen Kaserne der Fremdenlegion in Geryville hinter einem drei Meter breiten und ebenso hohen Stacheldrahtzaun.

In dieser Wüstensiedlung südlich der algerischen Salzsümpfe, 130 Kilometer von der nächsten Bahnstation entfernt, waren nunmehr 400 deutsche und 150 italienische Offiziere und etwa 100 Mannschaften untergebracht. Lagerältester wurde Oberst Bruer, der als Kommandeur eines Panzerartillerieregiments am 4. August 1942 in Afrika mit dem Ritterkreuz ausgezeichnet worden war.

Obgleich verheiratet und Vater eines Kindes, entschloß sich Josef Hißmann zur Flucht. In Hauptmann Chlodewig von Stein fand er einen Fluchtkameraden. Ende September 1943 — Geryville feierte das Beiramsfest — war es endlich so weit. Sie krochen durch ihren gebuddelten Fluchtgang, überkletterten wenig später einen 2,50 Meter hohen Palisadenzaun, füllten ihre Behälter mit Wasser und marschierten los. Ziel war Spanisch-Marokko.

Die ersten zwei Tage und Nächte vergingen. Sie marschierten nur in der Nacht und versteckten sich tagsüber. Sonne glühte vom Himmel herunter und dörrte sie aus. In den Nächten wurde es kalt. Das Wasser ging zur Neige, doch in der dritten Nacht fanden sie einen Felstümpel und tranken.

Wenig später stürzte Hißmann, der die Spitze übernommen hatte, vier Meter tief ab und landete auf einem Felsen. Sein Knie war verletzt. Dennoch setzte er die Flucht fort.

Das schauerliche Heulen der Hyänen begleitete sie in den folgenden Nächten. Jeden Tag gab es zehn Löffel voll Brotkrumen. Wie ein gehetztes Wild schlichen sie an Siedlungen der Eingeborenen vorbei, denn die würden sie fangen und zurückbringen, um das Kopfgeld zu kassieren, das auf entflohene Gefangene ausgesetzt war.

Tage vergingen, wurden zu Wochen. Sie zogen weiter, durch die Wüste, über den Atlas. Sie erlebten den sagenhaften Blutregen und Sonnenaufgänge von berückender Schönheit. Ein Gewitter ersäufte sie um ein Haar in einer Felsenhöhle.

Einmal, als sie vor Durst bereits aufgeben wollten, fanden sie wieder in Felsspalten Wasser. Weiter ging es, weiter, weiter!

Dann zwang der Durst sie schließlich doch dazu, ein Beduinendorf zu betreten. Sie erhielten Wasser, wurden im Zelt des Scheichs mit Tee und Essen bewirtet. Als sie sich verabschiedet hatten, folgten ihnen die Beduinen, umzingelten sie und nahmen sie gefangen. Sie wurden ins Gefängnis nach Tennandra gebracht. Von hier aus sollten sie nach Geryville zurückgeschafft werden. Aber noch war es nicht so weit. Sie beschlossen, unterwegs irgendwo bei günstiger Gelegenheit einen Ausbruch zu wagen.

Ein paar Tage später erreichten sie unter Bewachung Sfissifa. Auf dem weiteren Weg nach Ain Sefra war es Hauptmann von Stein, der seinem Kameraden das Leben rettete und half, daß Hißmann die Stadt lebend erreichte.

Von hier aus ging es bereits am anderen Tag weiter. Hißmann hatte inzwischen die Ruhr bekommen. Er war fast am Ende. Aber den Fluchtplan gab auch er nicht auf.

Es ging mit der Bahn in Richtung Buktub, der Endstation, weiter. Von dort aus sollten sie per LKW nach Geryville gefahren werden.

Während der Bahnfahrt planten sie ihre Flucht. Von Stein wollte vom letzten Wagen, vom Abort aus, abspringen, während Hißmann aus dem Abteilfenster entweichen sollte, sobald er das Geschrei der Posten hörte.

Nach einem Aufenthalt in Mecheria war es so weit. Es war inzwischen dunkel geworden. Als der Zug wieder anfuhr, ging von Stein nach hinten. Hißmann machte sich bereit. Er wartete. Wann brandete der Lärm auf, der ihm die Flucht Steins anzeigte? Der Zug wurde bereits schneller. Plötzlich krachte hinten ein Schuß. Das war das Zeichen.

Der Major sprang auf, riß das Fenster herunter und kletterte hindurch. In diesem Augenblick wurde die Abteiltür aufgerissen. Seine Wächter warfen sich auf ihn und zogen ihn zurück.

Nach 130 Kilometer Wagenfahrt landete Josef Hißmann mehr tot als lebendig wieder im Lager Geryville. Er war schwerkrank und wog mit Mantel und allen Kleidern noch 92 Pfund.

Feldwebel Levi, ein aus Deutschland emigrierter und in die französische Armee eingetretener Jude, wurde hier sein Retter in der Not. Bereits nach acht Tagen meldete sich Hißmann gesund und landete — im Prison.

Feldwebel Levi brachte ihm am 19. November die Geburtstagsgeschenke der Kameraden und die Nachricht, daß man von Stein noch immer nicht gefunden habe.

Eines Tages war Hißmann dann wieder im Lager. Oberstleutnant Pfeiffer erschien bei ihm, um ihn zu bitten, sich beim Lagerältesten zu melden.

Oberst Bruer begrüßte den Kameraden herzlich und gab dann die Neuigkeit bekannt:

„Herr Major Hißmann, ich habe die große Ehre, Ihnen mitzuteilen, daß der Führer Ihnen für den tapferen und erfolgreichen Einsatz Ihrer Kampfgruppe am 13. Mai 1943 das Ritterkreuz verliehen hat."

Kurz vor Weihnachten erfuhren die Gefangenen, daß Chlodewig von Stein durchgekommen war. Eine Riesenlast fiel Josef Hißmann vom Herzen.

Weihnachten 1944 wurden sie alle in das Lager Ourazazate verlegt, das jenseits des Hohen Atlas lag. Hier, in der marokkanischen Sahara, erlebten die gefangenen Deutschen im Mai 1945 die deutsche Kapitulation.

Erst viel später ging es nach Frankreich, ins Lager Le Sables. Hier schlug endlich, am Heiligen Abend 1947, auch für Josef Hißmann die Stunde der Befreiung. Der Krieg war für sie erst an diesem Tag zu Ende, der ihnen die Befreiung von französischer Zwangsarbeit brachte.

Josef Hißmann, * am 19. November 1907 in Elsen bei Paderborn
Letzter Dienstgrad: Major
Einsätze:
Feldzüge in Polen, Frankreich und Rußland. Nordafrika, Tunesien
Auszeichnungen:
Eisernes Kreuz II. und I. Klasse
Deutsches Kreuz in Gold
Silberne italienische Tapferkeitsmedaille
Ritterkreuz am 13. Mai 1943

GEFREITER
ARNOLD HUEBNER

*Der erste Gefreite des Afrikakorps
mit dem Ritterkreuz*

Vom ersten Tag des Einsatzes deutscher Soldaten in Afrika nahmen schwere und leichte Flak-Batterien der Luftwaffe an allen Kämpfen teil. Einer dieser ersten Verbände war die I./Flak-Regiment 33, die von Hauptmann, später Major, Walter Fromm geführt wurde. Von Neapel aus ging der Transporter in See, der Waffen, Geräte und Mannschaften dieser Abteilung an Bord hatte. Unter den Soldaten dieser Flak-Abteilung befand sich ein junger Gefreiter mit Namen Arnold Huebner. Dieser junge Soldat sollte in den nächsten Monaten immer wieder von sich reden machen und den Ruhm der I. Flak-Abteilung mitbegründen helfen.

Arnold Huebner wurde am 14. Juni 1919 in Schubin im Kreis Bromberg geboren. Unmittelbar nach seiner Geburt mußten seine Eltern die Heimat verlassen, denn die Polen besetzten dieses Gebiet.

In Westerholt fanden die Huebners ihre zweite Heimat und Arnolds Vater, Edmund Huebner, der Lehrer war, eine neue Tätigkeit an der Elisabethschule der Stadt.

In Westerholt wuchs Arnold Huebner auf. Am 1. August 1935 ging er als Elektrikerlehrling nach Gelsenkirchen-Buer.

Nach seiner Gesellenprüfung — seine Eltern waren inzwischen nach Krone an der Brahe verzogen, wo Edmund Huebner Rektor an der dortigen Mädchenschule wurde — ging Arnold Huebner am 1. April 1939 zum Reichsarbeitsdienst. Im September 1939 trat er in die Luftwaffe ein und kam nach seiner Grundausbildung zur Flak-Ersatzabteilung 11 nach Stettin. Am 1. September 1940 wurde er zum Gefreiten befördert und vier Tage darauf zur 3. Batterie des Flak-Regiments 33 versetzt.

Die I. Abteilung dieses Regiments wurde wenig später dazu ausersehen, als erste Flak-Einheit nach Afrika zum neugebildeten Deutschen Afrikakorps zu stoßen. Im Februar 1941, auf dem Marsch zwischen Stettin und Berlin, wurden die Soldaten der Abteilung neu eingekleidet; sie erhielten Tropenuniformen, während um sie herum die Landschaft tief verschneit war.

Von Neapel erfolgte die Überfahrt. Am dritten Tag wurde das Schiff von einem englischen U-Boot angegriffen. Doch die beiden auf den Transporter geschossenen Torpedos verfehlten ihr Ziel. In der folgenden Nacht lief der Transporter in den Hafen von Tripolis ein.

„Wir waren mit besonderem Eifer beim Ausladen", berichtet Huebner später, „denn wir sollten nach beendetem Ausladen an General Rommel vorbeimarschieren. Am späten Nachmittag war es geschafft. Die Fahrzeuge setzten sich in Bewegung und rollten aus dem Hafen heraus auf die Via Balbia, vorbei an General Rommel, der es sich nicht hatte nehmen lassen, seine erste Flak zu begrüßen. Dann ging es gleich weiter in Richtung Front."

Arnold Huebner nahm die zuerst vielfältig bunten Bilder in sich auf: Die sauberen Siedlungen der Kolonisten, die romantischen Bewässerungsanlagen und Palmenhaine. Aber urplötzlich war dies alles zu Ende, und die afrikanische Wüste zeigte ihr wahres Gesicht. Jetzt war nur noch der rötliche feine Wüstensand zu sehen. Nichts als — Sand!

Nach zwei Tagen Wüstenmarsch traf die Abteilung beim Flugplatz Sirte ein und übernahm den Flakschutz. Die Fahrzeuge wurden überholt, die Ausrüstung einer Prüfung unterzogen. Fahrzeuge mußten umgespritzt werden, um sie der Farbe der Wüste anzupassen.

Noch am selben Tag zeigte sich ein Aufklärer über dem Flugplatz. Die 2. Batterie schoß ihn ab, während Huebners 3. Batterie leer ausging.

„Wir werden einer Aufklärungsabteilung zugeteilt!"

Mit diesen Worten kam ein paar Tage später Unteroffizier Alfred Richter, Geschützführer „Dora" der 3. Batterie, in die Stellung zurück. Er war beim Abteilungsgefechtsstand gewesen und hatte die Nachricht aus erster Hand.

Unteroffizier Erich Heintze, Führer des Geschützes „Anton", grinste leicht.

„Kleine Latrinenparole, nicht wahr?" fragte er.

„Unsinn! Paß mal auf, wie schnell uns der Alte aufscheucht!" erwiderte Richter.

Ein paar Minuten später wurde diese Nachricht durch die Alarmierung der 3. Batterie bestätigt. Abermals eine Stunde später brach die Batterie auf.

Die schwerbeladenen Wagen mußten durch den Sand vorwärtskarren, denn auf der Via Balbia waren sämtliche Brücken vom weichenden Gegner gesprengt worden. Auch die schweren Zugmaschinen röhrten durch den Sand.

Bis zum Abend ging es weiter, dann war die vorderste Linie erreicht, und dicht am Meer ging die Batterie zum Luft-, See- und Erdzielbeschuß in Stellung. Bis zum Rohr mußten die schweren 8,8-cm-Geschütze in der Erde verschwinden. Mit seinen Kameraden der Geschützbedienung schwitzte auch Richtschütze Huebner beim Stellungsbau.

Vorerst blieb es hier ruhig. Wenige Tage darauf flog in knapp 800 Meter Höhe ein englisches Kampfflugzeug mit gedrosseltem Motor die Stellung an.

„Alaaarm!"

Der Ruf ließ auch Huebner ins Freie rennen. Er erreichte sein Geschütz, schwang sich auf den Richtsitz und richtete seine Acht-Acht schon grob ein. Als von der Meßstelle die genauen Werte kamen, war sein Geschütz schon feuerbereit.

Die erste Salve rauschte dem Feind entgegen. Die dunklen Sprengwolken der explodierenden Granaten standen dicht beim Flugzeug. Nach der dritten Salve der Batterie sah Huebner, wie das Fahrwerk ausgefahren wurde. Schnell verlor die Maschine an Höhe und setzte auf dem Strand neben der Batterie auf. Sie hatten ihren ersten Flugzeugabschuß in Afrika erzielt.

Die Maschine kam aus London. Sie war in Malta zwischengelandet und hatte den Sold für die englischen Truppen an Bord. Daß dieser Abschuß gefeiert wurde, versteht sich.

Am 31. März 1941 begann die erste deutsche Offensive in Afrika.

Zwei Geschütze der 3. Batterie stürmten unter Führung von Hauptmann Fromm mit der AA 3 voraus. Vom Fahrgestell aus feuernd, wurde der Gegner aus seinen Kampfständen hinausgeschossen. Dann erwiderte die britische Artillerie das Feuer. Der deutsche Angriff blieb teilweise liegen, bis die schwere Flak vollzählig zur Stelle war. Alle vier Geschütze der 3. Batterie gingen an einem Dschebel in Stellung.

„Nehmen Sie das Dorf unter Feuer, Fromm!" erhielt der Hauptmann Befehl, auf das Dorf zu schießen, in dem die britische Artillerie lag.

In direktem Beschuß fegten die Acht-Acht-Granaten in die Feindstellungen hinein. Die britische Artillerie zog sich zurück, ging abermals in Stellung und schoß sich so genau auf die Geschütze der 3. Batterie ein, daß ihr nichts anderes übrigblieb, als mitten im Granathagel Stellungswechsel zu machen.

Gerade als die noch halbfahrbaren Kanonen herausgezogen wurden, tauchten am Himmel sechs Bomber auf.

„Achtung!" warnte Unteroffizier Heintze.

Arnold Huebner hörte das Pfeifen und Heulen der niedergehenden Bomben. Er warf sich in ein Loch. Mit ohrenbetäubendem Krachen platzten die Bomben dicht beim Geschütz auseinander.

Doch der Stellungswechsel gelang, und gegen Abend tauchte die eigene Infanterie auf und nahm das Dorf im Kampf. Damit hatte die wilde Jagd des DAK in Richtung Tobruk begonnen.

Die Flak erhielt Befehl, dem Feind die Flucht nach Tobruk zu verlegen und ihn auf der Via Balbia zu packen.

Mit der 5. leichten Division (Generalmajor Streich) fuhr die Flak vorwärts. Für Arnold Huebner begann der große Wüstenmarsch, den er nie vergessen würde. Immer wieder hingen ein Wagen, eine Zugmaschine oder ein Geschütz fest und mußten unter Aufbietung aller Kräfte flottgemacht werden. Zurückbleiben durfte keiner, denn es ging mitten durch die Wüste, und wer hängenblieb, der verdurstete.

Dicht aufgeschlossen schob sich die 3. Batterie vorwärts. Ein Ghibli setzte ein, der jede Sicht nahm. Als er sich so rasch legte, wie er gekommen war, sahen sich die Flakmänner plötzlich einer englischen Wagenkolonne gegenüber.

Fünfzig Fahrzeuge der Tommys hatten angehalten. Die Engländer hatten diese Zwangspause zum Schlafen benutzt und erwachten jetzt ziemlich unsanft, um in die Gefangenschaft zu gehen.

In der Kampfgruppe Streich fahrend erreichte die Flak Mechili. Zweimal ließ Generalmajor Streich diese Stadt zur Übergabe auffordern, aber der Feind weigerte sich. Als es dunkel wurde, versuchten die Engländer, durchzubrechen. Die Flak schoß in direktem Beschuß dazwischen.

Es war eine indische Brigade mit dem Divisionshauptquartier der Engländer, die auf Tobruk ausweichen wollten. Der größte Teil der Ausbrechenden geriet in Gefangenschaft. Auch der Divisionskommandeur, Generalmajor Gambier-Parry, und Brigadegeneral Vaugham waren unter den Gefangenen, deren Zahl sich auf 2000 bezifferte.

Tobruk, so hatte der britische Kriegspremier Churchill bestimmt, sollte unter allen Umständen gehalten werden.

Jetzt wieder der AA 3 (Oberstleutnant von Wechmar) unterstellt, rollte die 3. Batterie auf der Via Balbia in Richtung Tobruk weiter. Die Festung wurde erreicht, und die Batterie ging in Stellung.

Bereits am 11. April, als das DAK versuchte, den Befestigungsring um Tobruk zu durchstoßen, fuhr die I./FlaRgt 33 mit dem Kradschützenbataillon 15 (Oberstleutnant Knabe) unter Umgehung der Festung weiter nach Osten.

Ein Wettrennen mit dem Tode begann. Von englischer Artillerie zu Lande und der Schiffsartillerie von See her beschossen, schafften es Flak und Kradschützen. Weiter ging der Vormarsch. Stoßrichtung der „Kampfgruppe Knabe" waren das Fort Capuzzo und die Hafenstadt Sollum. Bereits am 14. April wurde Bardia erreicht, das vom Feind geräumt war.

Und während die 1. und 2. Batterie in Richtung Halfayapaß weiterzogen, richtete sich die 3. Batterie ostwärts von Bardia ein. Diese eine Batterie hatte nun die Aufgabe, den Luftschutz für die AA 3 zu übernehmen und auch gegen überraschend angreifende Feindpanzer zu sichern.

Teilweise waren nur zwei oder gar ein Geschütz einsatzbereit. Der Angriff war zum Erliegen gekommen. Die Zeit verfloß, und langsam gingen bei der 3. Batterie Munition und Verpflegung zur Neige.

„Wir werden durch Lufttransport versorgt", sicherte man Hauptmann Fromm zu.

Am Tag darauf sichtete der Beobachter vier niedrigfliegende Maschinen. Fliegeralarm! Schon hatte Arnold Huebner sein Ziel aufgefaßt, die Fertigmeldung war bereits gegeben, als man feststellte, daß es eigene Maschinen waren: Vier Ju 52, vollgeladen mit Munition und Verpflegung.

Rufen und Winken setzte ein. Aber die Ju 52 landeten nicht bei der Batterie, sondern flogen auf einen Feldflugplatz im Niemandsland zu.

„Wenn das man gutgeht!" meinte Unteroffizier Heintze besorgt zu Huebner.

„Ich habe ein dummes Gefühl", erwiderte der Gefreite. „Wenn diese Ju 52 jetzt angegriffen werden, können wir sie nicht einmal unterstützen, weil unsere Kanonen nicht so weit hinlangen."

„Vielleicht sehen die Tommys unsere braven Jus nicht!" erklang der Stoßseufzer des Unteroffiziers.

Aber als die Ju 52 eben zur Landung angesetzt hatten, wurde zum zweitenmal Fliegeralarm gegeben. Diesmal war es ein englischer Jäger, und dieser stürzte wenig später auf die eben gelandeten deutschen Transportmaschinen herunter.

„Warum schießen wir nicht?" fragte einer der Munitionsmänner.

„Weil der Feind außer Schußbereich ist", antwortete Heintze, der Geschützführer von „Anton".

MG-Salven stoben aus den automatischen Waffen des Feindjägers. Die erste Maschine explodierte in einem mächtigen roten Feuerball. Dann stieß eine Stichflamme aus der zweiten heraus, und schließlich brannten alle vier Ju 52 aus. Mit den Maschinen wurden der Nachschub und die seit Wochen sehnlichst erwartete Post vernichtet.

Am anderen Tag stellte Hauptmann Fromm einen Geleitzug zusammen, der die unbedingt benötigte Munition und Verpflegung holen sollte. Als der Konvoi abrollte, winkte jeder der Zurückbleibenden ihm nach. Wer wußte, ob sie diese Kameraden wiedersahen?

Vielleicht griffen die Engländer bald an. Wenn sie Tobruk entsetzen wollten, dann mußten sie hier bei der Via Balbia auftauchen und die Flakbatterie vernichten, die als Sperriegel an dieser Stelle lag. Und weit und breit war diese Batterie die einzige schwere Flak. Die beiden anderen Batterien standen im Halfayapaß.

Die Engländer versuchten, die 3. Batterie durch Bombenangriffe zum Schweigen zu bringen. Täglich flogen Bomber aus allen Richtungen an.

Sooft die Bomben in unmittelbarer Nähe der Stellung niedergingen, tauchten die Flaksoldaten im Splittergraben unter, um sofort wieder herauszukommen, wenn die unmittelbare Gefahr vorüber war und sie schießen konnten. Dazu kam der „Große Bruder": die Schiffsartillerie der Engländer. Mit wüstem Orgeln röhrten Granaten vom Kaliber 38 cm in Richtung Flakstellung.

Der Alltag hier in der Riegelstellung ostwärts Bardia wurde unterbrochen, als das Geschütz „Anton", dem Arnold Huebner als Richtkanonier zugeteilt war, dem Kradschützenbataillon der 5. Leichten unterstellt wurde. Mit diesem Bataillon kämpfte das Geschütz zehn Tage lang im Raum von Sidi Azeiz gegen englische Artillerie und wehrte vereinzelte Panzerangriffe ab. Auch anfliegende Bomber mußten aufgehalten werden. In knapp zehn Meter Höhe flitzten dazu oftmals Feindjäger über die Flakstellung hinweg und schossen Dauerfeuer.

Es blieb dann nichts anderes übrig, als den Sprung in das Deckungsloch zu machen. Schließlich stellte der Gegner seine Nadelstichangriffe ein. Wahrscheinlich rüstete er sich zu einem entscheidenden Schlag.

Oberleutnant Ziemer, der inzwischen die Batterie übernommen hatte, weil Hauptmann Fromm Abteilungskommandeur geworden war, erhielt Befehl, seine Batterie auf die Höhe 208 vorzuziehen, die genau zwischen Capuzzo und Sidi Azeiz lag. Italienische Pioniere bauten noch die Stellungen auf der Höhe aus, während sich die Batterie hart am Hinterhang eingrub.

Ausgerechnet hier auf dieser kleinen Bodenerhebung sollte sich Mitte Juni 1941 das Schicksal des DAK entscheiden.

Binnen vierundzwanzig Stunden waren die vier Geschütze so eingebaut, daß sie nur noch mit den Rohren über die Umwallung hinausragten. Alles andere war hinter Steinen und Sandsäcken verschwunden. Rings um die Höhe sah Arnold Huebner mit dem Fernglas nur die unendliche Weite der Wüste. Kommandant auf diesem 400 Meter breiten und 600 Meter langen Höhenrücken war Oberleutnant Paulewicz, Chef der 1. Oasenkompanie.

Ein Zug 3,7-cm-Pak und die 3./FlaRgt. 33 waren ihm als schwere Waffen zugeteilt worden.

Oberleutnant Ziemer achtete darauf, daß seine Batterie aus größerer Entfernung völlig unsichtbar blieb.

Niemand glaubte daran, daß der Feind ausgerechnet diesen Weg nehmen könnte. Aber in den frühen Morgenstunden des 16. Juni 1941 — es war noch finster — waren die Geräusche fahrender Panzer südostwärts der Höhe zu vernehmen. Auch bei der Flak-Batterie waren die Geräusche gehört worden, und mit dem ersten Büchsenlicht kletterte Arnold Huebner auf sein Geschütz und suchte die Wüste ab. Weit entfernt, fast am Horizont, entdeckte er dunkle Punkte auf der Fläche des Sandes. Davor aber waren bereits die Umrisse von Fahrzeugen zu sehen: Panzer! Ein großer Teil dieser Armada fuhr in Richtung Capuzzo. Eine kleinere Gruppe jedoch rollte direkt auf die Höhe 208 zu.

„Sie kommen, Herr Oberleutnant!" meldete Huebner.

Oberleutnant Ziemer kletterte ebenfalls auf ein Geschütz. Auch er sah die Panzer, die sich auf den Stützpunkt vorschoben.

In diesem Augenblick war plötzlich ein Rauschen in der Luft, das sich rasend schnell zu einem furchterregenden Pfeifen und Heulen steigerte.

Die ersten Granaten der englischen Artillerie hämmerten auf die Stellungen der Höhe 208 nieder. Die Sollumschlacht hatte begonnen.

Abschuß folgte auf Abschuß, Einschlag auf Einschlag. Der Feind hatte die Höhe 208 vorher vermessen, und darum lagen die Einschläge auch gut deckend. Dennoch zischten die meisten Lagen über die Flakstellung hinweg.

Mitten im Feuer kam Oberleutnant Paulewicz angelaufen.

„Wie sieht es aus, Ziemer?" fragte er, nach Luft ringend.

„Wir haben bis jetzt über dreißig Feindpanzer erkannt", meldete der Batteriechef. „Wann sollen wir anfangen zu schießen?"

„Ich meine, wir lassen sie erst näher herankommen", erwiderte Paulewicz. „Nur nicht zu früh schießen, sonst drehen sie im Schweinsgalopp wieder ab, und wir kriegen noch mehr Zunder von der Artillerie."

Das Artilleriefeuer war inzwischen verstummt. Auf einmal rollten drei Panzer durch eine Senke direkt auf die Flak-Batterie zu.

„Feuer frei!" befahl Oberleutnant Ziemer.

Gleich nach den ersten Salven drehten die Panzer ab und brausten in schneller Fahrt zurück. Dichte Sandwolken wirbelten unter ihren mahlenden Ketten auf und verdeckten sie. Abermals krachten Artillerieeinschläge auf der Höhe in den Felsboden.

Träge vertickte die Zeit. Es wurde zehn Uhr, die elfte Stunde schlug, und mit ihr kamen jetzt die Feindpanzer, die südlich des Stützpunktes aufmarschiert waren. Siebzig Panzer waren gezählt worden; alle vom gefährlichen Typ Mark II.

„Nur nicht vorzeitig schießen, Kinder!" ermahnte Oberleutnant Ziemer die Flak-Artilleristen.

Arnold Huebner spürte, wie seine Handflächen vor Aufregung feucht wurden. „Ruhe, Ruhe!" rief er sich selber zu.

Die Panzer rollten schießend heran. Granaten stoben in die Felsstellungen hinein.

„Entfernung Tausend!" rief der E-Meßmann laut.

„Feuererlaubnis!" kam der Befehl von Oberleutnant Ziemer.

Arnold Huebner richtete den ersten Panzer an. Der Schuß krachte, und dicht beim anvisierten Gegner stieg eine mächtige Staubwolke empor. Alle vier Geschütze feuerten. Immer dichter wurde der Staub.

Gefreiter Huebner richtete nach. Er schoß, und diesmal sprang ein Feuerstrahl aus dem Feindpanzer heraus.

„Volltreffer!" rief der Geschützführer.

Granaten flitzten den Geschützstellungen entgegen, krachten in die Sandsäcke, jagten dicht über die Bewehrung hinweg oder schmetterten dicht vor dem Geschütz in den Sand und warfen den Bedienungsmännern Staub in den Nacken. Huebner suchte sein nächstes Ziel. Nach dem zweiten Schuß brannte auch dieser Panzer lichterloh. Als Richtkanonier sah Huebner die Gegner im Fadenkreuz und schoß. Auch die anderen Geschütze erzielten Treffer. Elf Mark II blieben vor dem Stützpunkt liegen. Die übrigen Feindpanzer drehten ab.

Zum drittenmal setzte das feindliche Artilleriefeuer ein. Es schwieg bald wieder.

„Da, Staubwolken hinter uns, Herr Oberleutnant!"

Ziemer fuhr herum, versuchte unter den Staubwolken etwas zu erkennen.

„Es sind deutsche Panzer!" rief er erleichtert, als er die Panzer III und IV erkannte.

Diese Panzer fuhren einen Entlastungsangriff. Doch bald war die Besatzung der Höhe 208 wieder allein auf sich gestellt.

Ein gefangener englischer Captain, der unbedingt die Geschütze sehen wollte, die allein elf von seinen Panzern geknackt hatten, kam in die Stellung. Als er die Geschütze sah, schüttelte er den Kopf.

„Sie sehen nicht schlimm aus", meinte er verwundert, „aber es ist nichts gegen sie zu machen. Diese Eight-eight sind das Unglück der Mark II."

Daß es wirklich so war, sollte sich am frühen Nachmittag beweisen. Diesmal griffen die Engländer mit zwei Stoßgruppen an. Während die eine weiter entfernt am Horizont mit etwa vierzig Panzern in der Flanke anrollte, fuhr eine zweite mit zwanzig Wagen frontal auf die Höhe zu.

„Jetzt heißt es schneller schießen, Arnold!" meinte Unteroffizier Heintze gelassen wie immer.

Der große Mann aus Halle an der Saale mit dem etwas breiten Gesicht und dem unbekümmerten Lachen blinzelte gegen die Sonne, die nach Südwesten herumwanderte.

Abermals schmetterten ein paar Granatensalven in die Stellungen hinein. Dann rollten die Feindpanzer an. Erst bei 800 Meter Entfernung gab Oberleutnant Ziemer den Feuerbefehl.

Gefreiter Huebner hatte bereits einen der Stahlkolosse anvisiert. Er richtete noch etwas nach. Knallend stob das Geschoß aus dem Rohr, und eine Sekunde darauf krachte die Achtacht-Granate durch den Panzerstahl des Mark II und ließ ihn aufbrennen.

„Guter Auftakt, Huebner!" rief Heintze begeistert.

Durch die wabernde Sonnenhitze über der Wüste, teils verborgen in hohen Schwaden von feinem, wirbelndem Sand, huschten die Feindpanzer wie Schemen auf die Stellung zu. Ein greller Abschußblitz zeigte Huebner, wo der Feind stand. Dicht neben seinem Geschütz krachte der Einschlag der Panzergranate. Das kam von halblinks!

Huebner richtete grob auf diese Stelle ein. Da tauchte der Mark II aus dem Staub auf. Der erste Schuß flitzte haarscharf neben dem Feindpanzer vorbei. Dessen Kanone drehte sich auf das Geschütz Heintze ein. Huebner sah schon die Mündung, als er noch vor dem Feindpanzer zum zweitenmal schoß.

Diesmal war es wieder ein Treffer. Der Gegner brannte und schoß nicht mehr. Abermals pfiff eine Panzergranate gegen das Geschütz. Steinsplitter sirrten Huebner um die Ohren.

„Wo kommt das her?" schrie er.

„Dort, weiter links! Entfernung 400!"

Zwei Panzer waren dort zu sehen. Das dritte Geschütz erledigte einen, und den zweiten nahm sich Huebner vor. Nur je ein Schuß, und beide Panzer brannten.

Arnold Huebner wischte sich über das Gesicht. Die Augen brannten und tränten vom Sandstaub. Schweiß lief ihm in der Gluthitze den Nakken herunter. Abermals heulte eine Sprenggranate heran, krachte im Gestein auseinander, jagte Stein- und Stahlsplitter über die Köpfe der Männer hinweg. Auf einmal hackten MG-Salven durch das Getöse der vier unablässig feuernden Geschütze. MG-Geschosse pfiffen am Kopf des Gefreiten vorbei. Einer der Munitionsmänner stürzte getroffen zu Boden.

Keine achtzig Meter vor dem Geschütz schob sich ein Mark II aus dem Staub heraus. Seine MG spuckten Flammenzungen, die Kugeln klackerten in die Deckung und gegen den Stahl des Geschützes.

Fieberhaft drehte Huebner die Werte ein. Schon stand der Panzer im Fadenkreuz. „Schießen!" rief er sich zu und drückte den Abfeuerungsknopf.

Abschuß und Einschlag!

Mündungsblitz und Einschlagflamme stoben fast gleichzeitig auf. Genau durch die Panzerkuppel fraß sich die Granate hindurch. Der Mark II schwieg, brannte aus. Es war der fünfte Panzer, den Huebner als Richtschütze an diesem Tage abgeschossen hatte.

Auf einmal herrschte Ruhe. Kein Schuß fiel mehr. Die beiden anderen Geschütze hatten diesmal ebenfalls je einen Panzer abgeschossen. Der Gegner rollte nach allen Seiten auseinander.

„Die beiden Kästen aufs Korn nehmen, die nach Nordwesten fahren!" befahl der Oberleutnant.

Alle drei Geschütze feuerten auf die beiden dort fliehenden Mark II. Die Panzer kamen nur 800 Meter weit, dann wurden sie in Kette und Rumpf getroffen und blieben liegen.

Zwei weitere Panzer zogen in Richtung Osten. Dort aber — 1000 Meter von der Stellung der ersten drei Geschütze der Batterie entfernt — stand das vierte Geschütz der Batterie.

Die Geschützbedienung erkannte einen der Panzer und schoß ihn ab. Währenddessen aber war der zweite bis auf fünfzehn Meter an das Geschütz herangekommen. Die Bedienung versuchte, die Acht-Acht herumzureißen.

Da war der Panzer bereits heran, drückte die Umwallung ein, schob ein paar Munitionskörbe und Sandsäcke vor sich her. Krachend schlug der Panzer nach unten, rollte über einen der Geschützholme und zog mit dröhnendem Motor wieder jenseits der Stellung empor. Um Haaresbreite waren die Kanoniere dem Tode entronnen. Aber schon sprangen sie wieder auf, rannten zum Geschütz und rissen es herum.

Knapp neben dem davonrollenden Panzer krachte die Granate auf den Felsboden und pfiff als Querschläger empor.

Noch stand in den Augen der Männer das Grauen, noch zitterte in den Trommelfellen das Gebrüll der Motoren und das Rasseln der Ketten nach, als sie bereits wieder feuerten. Aber dieser Panzer entkam.

Die hierbei verschütteten Kameraden wurden geborgen. Nichts, gar nichts war ihnen geschehen.

Alles dies konnte Oberleutnant Ziemer durch sein Fernglas beobachten. Siebzehn Feindpanzer blieben von diesem Angriff zerschossen, vernichtet liegen.

Für eine Weile war wieder Ruhe. Dann tauchten auf der Flanke zehn englische Panzer auf. Bereits aus 5000 Meter Entfernung wurde das Feuer auf sie eröffnet. Zwei bezahlten diesen Vorstoß mit ihrer Vernichtung.

„Verdammt, jetzt packen sie uns!" rief der K 3, als sich am Nachmittag abermals 85 Feindpanzer bereitstellten. 85 Panzer gegen insgesamt vier Geschütze.

Schon griffen diese Panzer an, als das Panzerregiment der 5. leichten Division unter Oberst Olbrich anrollte. Aus einem schmalen Wadi kamen die deutschen Panzer heraus und fielen der englischen Panzerkolonne in die Flanke. Der Gegner zog sich sofort zurück, und als der Abend anbrach, da war einer der Entscheidungstage in Afrika vorübergegangen.

In dem britischen Generalstabswerk „Her Majesty's Stationary Office", das 1956 erschien, heißt es über diesen Tag bei der Höhe 208:

„Die so hoffnungsvoll begonnene Operation ‚Battleaxe' scheiterte, weil es nicht gelang, die entscheidende Halfayastellung zu nehmen und an dem Stützpunkt 208 vorbeizukommen. Die Tapferkeit und die Feuerkraft der Verteidiger waren zu groß. Die Acht-Acht erwies sich als eine tödliche Waffe gegen alle britischen Panzertypen. Das Zusammenwirken von Panzern mit weit vorn eingesetzten 8,8-cm-Batterien war für die britische Führung eine Überraschung und ein wichtiger Faktor der Niederlage.

Der Sieg Rommels war ein Sieg seiner Führung, seiner überlegen kämpfenden Soldaten und seiner besseren Waffen."

Einer dieser Soldaten, die das Unwahrscheinliche möglich gemacht hatten, stand am anderen Tag dem Kommandierenden General des DAK, General Rommel, gegenüber. Es war der Gefreite Arnold Huebner, der durch Rommel selbst mit dem Eisernen Kreuz I. Klasse ausgezeichnet wurde. Es war ein stolzer Augenblick für den Gefreiten Huebner.

Die Batterie erhielt einige Tage der Ruhe und Erholung am Meer. Dann wurde sie zur Luftabwehr in der Festung Bardia eingesetzt.

Immer wieder griffen hier englische Kampfflugzeuge an. Bereits nach einigen Tagen schoß Huebner drei englische Bomber ab. Zuerst zwei Martin-Bomber, dann eine Bristol-Blenheim.

Tag um Tag verging. Ende September stellte Huebner fest, daß er nun bereits siebeneinhalb Monate in Afrika war. Mit einem Kameraden baute er sich ein Häuschen aus Holz, Beutezeltplanen und Moskitonetzen. Es hatte Fenster, einen Holzfußboden, zwei Stühle und zwei Betten.

Die Erfolge der 3. Batterie wurden größer. Bald war sie die erfolgreichste Flak-Batterie in Afrika.

Am 18. November 1941 begann die britische neue Großoffensive „Crusader". Nach monatelangen Vorbereitungen geriet die erstarrte Front wieder in Bewegung.

Churchill selbst sprach in der Nacht vor Angriffsbeginn aus London über das Radio zur britischen 8. Armee. Seine Worte gipfelten in dem Satz:

„Die Wüstenarmee wird eine neue Seite der Geschichte schreiben, die mit Blenheim und Waterloo vergleichbar ist."

Fast 1000 Panzer hatten die Engländer aufgeboten, eine größere Zahl, als die Wüste sie jemals vorher gesehen hatte. Rommel konnte nur 500 deutsche und italienische Kampfwagen dagegensetzen.

Und wieder war auch die 3. Batterie des Flak-Regiments 33 dabei. Im Verband der 21. PD rollte sie in Richtung Halfayapaß. Oftmals wurde die Batterie dort von feindlichen Panzern umgangen. Acht Tage schlug sie sich mit dem Feind herum. Dann erhielt sie Befehl, auf Tobruk zurückzudrehen. Die Batterie fuhr in Richtung Bardia. Als sie in die Nähe der ägyptischen Grenze kam, erhielten die Flakartilleristen Feindfeuer. Vorsichtig fuhren sie weiter. Sie hielten zwischen den Panzern der 21. PD die Spitze und waren mit ihren vier Geschützen neben den Panzern die einzige panzerbrechende Waffe.

Als sich die Verbände in breiter Front über einen Hügel schoben, sahen sich die Flakmänner plötzlich sechzehn haltenden Feindpanzern des Typs

Mark II gegenüber. Diese Feindpanzer standen ungefähr 3000 Meter entfernt.

„Angreifen!" rief der Batteriechef. „Im Caracho bis auf 1600 Meter 'rangehen!"

Die Geschütze rollten vor. Es krachte und schaukelte. Schon sah Arnold Huebner, wie sich Engländer, die ahnungslos in der Sonne gelegen hatten, in die Panzer schwangen. Die ersten Panzergranaten flitzten ihnen entgegen.

„Haaalt! Feuer eröffnen! Rasch, rasch!"

Sofort hielten die Geschütze, und noch vom Fahrgestell aus schießend, erwiderten sie das Feuer.

„Voran, Herbert!" spornte Huebner den Ladekanonier an, der eben die erste Granate ins Rohr geschoben hatte. Als der Verschluß zuklickte, krachte eine Panzergranate gegen den Schutzschild und durchschlug ihn. Der Krach machte alle taub. Aber trotz des Rauches sah Arnold Huebner, wie sein Kamerad, am Kopf getroffen, tot umfiel.

Ein anderer Ladekanonier sprang heran, und während Huebner den ersten Feindpanzer aufs Korn nahm und schoß, hielt der Ladekanonier die nächste Granate bereit.

Sie waren das vorderste Geschütz, auf das sich das Feuer der Feindpanzer konzentrierte. Aber die deutschen Granaten fanden zuerst ihre Ziele. Drei, dann vier Feindpanzer standen binnen kurzem zusammengeschossen auf der Plaine. Zehn Minuten dauerte das Gefecht bereits. Der Kommandeur war zum Geschütz „Anton" vorgekrochen und wies ihnen die Panzer zu.

Ringsumher krachten Granateinschläge in den Wüstenboden. Tiefer und tiefer sackte das Geschütz, das ja noch auf Rädern stand, in den lockeren Boden ein. Aber Arnold Huebner steckte nicht auf. Er kämpfte weiter, wenn auch die Granaten der Panzer in nächster Nähe einschlugen.

Der fünfte Panzer wurde von Huebner abgeschossen, dann rasch nacheinander der sechste und siebente. In der zwanzigsten Minute des Kampfes kam es zum Duell mit einem Mark II, der rochierend näher kam und in ungefähr 500 Meter Entfernung zum Schießhalt stoppte.

Jetzt kam es darauf an, wer der Schnellere war. Aus der Acht-Acht von Huebner peitschte die Abschußflamme zuerst. Aber in der Eile hatte der Gefreite zu kurz und etwas seitlich vorbeigezielt. Und als sich der Rauch des Einschlages verzog, flammte auch aus der Panzerkanone des Gegners der Abschußblitz. Die Granate flitzte einen halben Meter über Huebners Kopf hinweg. Er richtete etwas nach.

Das Geschütz bockte beim Schuß. Das lange Rohr lief zurück, und schon sprang eine schwarze Qualmfahne aus dem Feindpanzer heraus, der eine Flammenzunge folgte. Munition ging im getroffenen Panzer hoch.

„Der achte, Huebner!" schrie der Kommandeur begeistert.

Da krachte auf einmal ein Treffer in die Zugmaschine hinein. Sie fing sofort Feuer. Munition ging mit mächtigen Schlägen hoch. Sämtliche Ausrüstungsgegenstände und die Ersatzteile flogen den Männern am Geschütz um die Ohren.

„Volle Deckung!" drang die Stimme des Kommandeurs durch das Getöse.

Auf allen vieren kroch der Gefreite seitlich aus der Nähe der explodierenden Munition fort. Mit beiden Händen buddelte er sich eine Mulde in den Sand und schob sich hinein.

„Unsere Panzer kommen! Sie übernehmen den Feuerschutz!" rief einer.

Da kamen sie auch schon heran und eröffneten das Feuer.

Für Arnold Huebner begannen die schrecklichsten fünf Minuten seiner Soldatenzeit. Zur Untätigkeit verurteilt, lag er in seiner Mulde. Feindliche Pak eröffnete das Feuer auf die deutschen Panzer. MG-Salven zischten zu ihnen herüber. Vor den eigenen Panzern auf dem Präsentierteller liegend, mußten sie abwarten, was geschah.

„Die anderen Geschütze, Arnold!" rief der Ladekanonier, der in einer kleinen Gefechtspause nach hinten gespäht hatte.

Erst jetzt waren „Berta", „Cäsar" und „Dora" bis auf 800 Meter herangekommen und griffen in das Gefecht ein. Sie schossen den Rest der Feindpanzer ab. Kein einziger Mark II kam davon. Sechzehn englische Panzer standen brennend, zerschrottet auf dem Kampffeld. Und allein acht davon hatte Arnold Huebner abgeschossen.

Der Divisionskommandeur der 21. PD ließ sofort die Zugmaschine einer Haubitze vorfahren.

„Die Acht-Acht muß mit!" befahl er. „Die ist hundertmal mehr wert als eine Haubitze!"

Sechzehn Panzer und eine Artilleriebatterie des Gegners hatte Arnold Huebner in der Sollum-Schlacht vernichtet. Weitere acht Panzer kamen nun hinzu. Damit hatte Arnold Huebner insgesamt vierundzwanzig Feindpanzer unschädlich gemacht.

Aber die 3. Batterie wurde auf dem nun folgenden Rückzug total vernichtet. Die 2. und 1. Batterie gingen auf dem Halfayapaß kämpfend unter.

Als erste Einheit wurde die I./Flak-Regiment 33 — da nahezu vernichtet — aus Afrika abgelöst. Arnold Huebner verlebte seinen Urlaub zu Hause in der alten neuen Heimat seines Vaters in Bromberg.

Hier erhielt er am 7. März 1942 die Nachricht, daß ihm auf Vorschlag von Generaloberst Rommel das Ritterkreuz des Eisernen Kreuzes verliehen worden sei.

Nach seinem langen Urlaub wurde Huebner zum U-Lehrgang an der Flak-Artillerieschule Stolpmünde geschickt, wo man ausgerechnet ihm beibringen wollte, wie man nach der LDV Panzer abschießt. Aber schon sehr bald wurde er von der Teilnahme daran dispensiert.

Nach einem Beinbruch kam er ins Lazarett Zwickau. Hier besuchte ihn der Panzerhauptmann Kümmel, der „Löwe von Capuzzo", um sich persönlich bei ihm für die Hilfe zu bedanken, die Huebner dem Panzerhauptmann im Raum Capuzzo geleistet hatte. Aus dem Lazarett Zwickau ließ sich Huebner nach Bromberg verlegen.

Wieder genesen, kam er als Ausbilder zur Flak-Ersatzabteilung 9. Dort wurde er auch zum Unteroffizier befördert und ging anschließend mit dieser Abteilung nach Frankreich. Im Raum Tours erhielt er im Frühsommer seine Beförderung zum Wachtmeister.

Mit Beginn der Invasion in der Normandie wurde die Flak-Abteilung auch im Erdkampf eingesetzt, nachdem sie vorher lediglich Luftziele zu bekämpfen gehabt hatte. Wachtmeister Huebner wurde mit seinem Geschütz einer Infanteriekampfgruppe zugeteilt. Als diese von vier Sherman-Panzern aus rund 4000 Meter Entfernung mit Granatfeuer belegt wurde, erwiderte Huebner das Feuer. Beim elften Schuß ging einer der Sherman-Panzer in Flammen auf, die übrigen zogen sich fluchtartig vor dieser einen deutschen Acht-Acht zurück.

Nun wurde das Geschütz von einem Divisionskommandeur annektiert und zum Schutz des Divisionsstabes eingesetzt.

In wechselvollen Einsätzen ging die Division zurück. An der Loire gelang es Wachtmeister Huebner noch einmal, sein Geschütz durchzubringen und zugleich ein Bataillon dieser Division zu retten. Jenseits der Loirebrücke schoß ein schweres MG des Gegners auf alles, was sich auf der Brücke zeigte. Huebner ließ die Acht-Acht so weit vorfahren, daß er durch das Zielfernrohr den Gegner erkennen konnte, der aus dem mit Sandsäcken bewehrten Fenster eines Hauses schoß.

Beim ersten Schuß der Acht-Acht schmetterte die Granate zehn Zentimeter unterhalb der Fensterbank in die Wand und durchschlug sie. Das Feind-MG schwieg abrupt.

Das waren die letzten Einsätze des jungen Wachtmeisters in Frankreich. Arnold Huebner machte anschließend einen Waffenmeister-Lehrgang in Halle mit und kam schließlich als Offiziersanwärter auf die Kriegsschule in Kitzingen, wo er das Weihnachtsfest und Silvester 1944 verlebte.

Nach dem Besuch der Kriegsschule kam er nach Koblenz zur Flak-Ersatzabteilung 39. Einen Tag vor dem Einmarsch der Amerikaner in Koblenz wurde er mit einer Batterie nach Nürnberg versetzt.

In Nürnberg organisierte der Offiziersanwärter die Rundumverteidigung der Stadt durch Flak. Der Stadtkommandant stellte ihm einen Wagen zur Verfügung. An allen Ausfallstraßen ließ Huebner jeweils eine oder zwei Acht-Acht in Stellung gehen, sich eingraben und tarnen.

Ein Taktiklehrer kritisierte ihn, und Huebner ging zu seiner Batterie zurück. Jabos griffen die Stadt an. Noch einmal zeigten die Flak-Artilleristen, was sie konnten. Der Reichssender Nürnberg gab die Schußwerte durch, nach welchen die Acht-Acht schoß, und die Jagdbomberpulks wurden schwer angeschlagen und dezimiert.

Schließlich war Nürnberg eingeschlossen. Mit vierzig Männern seiner Batterie brach Arnold Huebner aus und schloß sich südlich Ingolstadt einer Batterie 10,5-cm-Flak an. Als VB wies er diese schweren Geschütze ein. Nicht weniger als zehn Übersetzversuche der Amerikaner über die Donau konnten so vereitelt werden. Dann mußten sie sich auch hier zurückziehen.

Über Freising und Erding ging es weiter nach Süden. Am 5. Mai wurde Arnold Huebner von den Amerikanern gefangengenommen, aber bald darauf nach Hause entlassen.

Daß er am 1. Mai 1945 zum Leutnant befördert wurde, erfuhr Huebner erst nach Kriegsschluß.

Heute lebt Arnold Huebner als Elektromeister in Gelsenkirchen-Buer.

Arnold Huebner, * 14. Juli 1919 in Schubin
Letzter Dienstgrad: Leutnant
Einsätze:
Heimatkriegsgebiet, Nordafrika, Frankreich, Süddeutschland
Auszeichnungen:
Eisernes Kreuz I. Klasse am 17. Juni 1941
Ritterkreuz am 7. März 1942

Gefreiter Arnold Hübner   Generalleutnant Werner Marcks

MG-Posten vor Tobruk
Mit dem Scherenfernrohr kann von hier aus die Hafeneinfahrt beobachtet werden

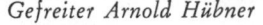

Auch die starke Panzerung des Mark II hat den deutschen Granaten nicht standgehalten

GENERALLEUTNANT
WERNER MARCKS

„Kampfgruppe Marcks
übernimmt die Spitze!"

Werner Marcks wurde am 17. Juli 1896 in Magdeburg als Sohn des späteren Oberregierungsrates Albert Marcks geboren. Bis Kriegsausbruch 1914 besuchte er das Mommsen-Gymnasium zu Berlin, das Kgl. Friedrichs-Gymnasium zu Frankfurt/Oder und das Gymnasium zu Oppeln in Oberschlesien.

Im August 1914 meldete er sich, eben achtzehnjährig, als Kriegsfreiwilliger beim Leibgrenadier-Regiment 8 in Frankfurt/Oder und kam bereits im September als Fahnenjunker zum Füsilierregiment 40, in dem er bis 1920 dienen sollte.

Mit diesem Regiment zog er ins Feld, wurde Juli 1915 Leutnant und nacheinander Zug- und Kompanieführer, Bataillons- und Regimentsadjutant. In Belgien, bei Verdun, an der Somme und in der Champagne wurde er verwundet. Bei Kriegsende trug er das Eiserne Kreuz I. Klasse, das Fürstlich Hohenzollernsche Ehrenkreuz, den Zähringer Löwen und das Verwundetenabzeichen in Silber.

Im Dezember 1921 kam Oberleutnant Marcks als Zugführer zum 10. Preußischen Reiterregiment nach Züllichow bei Torgau. In diesem Regiment wurde er im Oktober 1932, also nach elf Jahren Dienstzeit, Eskadronschef. Am 1. Februar 1933 erhielt Marcks seine Beförderung zum Rittmeister und trat am 1. August 1934 — wie so viele Reiteroffiziere mit ihm — zur Panzerwaffe über. Und zwar ging er zur Aufklärungsabteilung (mot.) 4, wo er am 1. Oktober 1936 zum Major befördert wurde. Sechs Monate darauf wurde Major Marcks Kommandeur der Panzerjägerabteilung 19 in Hannover. Mit dieser Abteilung, die zur 19. Infanteriedivision gehörte, zog er in den Polenfeldzug.

Die 19. ID wurde im Rahmen der 8. Armee (General der Infanterie Blaskowitz) und hier im XI. AK (General der Artillerie Leeb) eingesetzt und erhielt Auftrag, beiderseits angelehnt zum Angriff über Zinna-Woda, Wisoki bis zur Warthe anzutreten.

Bei den schweren Kämpfen an der Bzura am 16. September zeichnete sich Major Marcks besonders aus und erhielt die Spange zum Eisernen

Kreuz II. Klasse. Am 24. September trat Marcks mit seiner Abteilung im Rahmen des Divisionsauftrages zur Abschließung von Warschau an. Am 27. September gegen 9.15 Uhr traf bei der 19. ID die Nachricht von der bedingungslosen Übergabe Warschaus ein. 125 000 polnische Soldaten gingen in Gefangenschaft.

Im Einsatz gegen feindliche Panzer hatte die Panzerjägerabteilung 19 mehrfach den Schutz der Infanterie übernommen.

Am 15. Oktober 1939 begann die Verlegung der Division in den Westen. Im Raum Rheda wurde Quartier bezogen.

Mit Beginn des Westfeldzuges trat die 19. ID diesmal unter Führung von Generalleutnant von Knobelsdorff — der den bisherigen Kommandeur Generalleutnant Schwantes im Februar 1940 abgelöst hatte — am 10. Mai 1940 zum Angriff beiderseits Roermond über die Maas an.

Am Abend des 14. Mai erreichte die Panzerjägerabteilung 19 den Dyle-Abschnitt. Werner Marcks sah hier, wie der Divisionskommandeur vorn bei den Spitzeneinheiten mitfuhr. Selbst als sie am späten Abend vom Westufer der Dyle starkes Feuer erhielten, blieb Generalleutnant von Knobelsdorff die ganze Nacht vorn.

Werner Marcks, eben zum Oberstleutnant befördert, übernahm die Spitze der Vorausabteilung am 18. Mai und ging ohne schwere Waffen über den Willebrockkanal. Als die Pionierbrücke über den Kanal fertig war, folgte ihm Generalleutnant von Knobelsdorff mit der schweren Panzerjägerkompanie nach und erreichte Marcks am Bahnübergang ostwärts Asche, als eben die Feindpanzer von Süden in die tiefe offene Flanke der Vorausabteilung eindrangen. Oberstleutnant Marcks ließ das Feuer eröffnen. Seine schwere Kompanie wurde rasch nachgezogen, und mit ihr griff der Oberstleutnant an.

Immer wieder trafen in diesem Gefecht Oberstleutnant Marcks und der Divisionskommandeur zusammen, weil beide die Panzerjäger persönlich gegen den Feind führten.

Das Duell Panzer gegen Pak entbrannte. Zehn, fünfzehn, zwanzig Feindpanzer leichterer Bauart blieben brennend und lahmgeschossen liegen. MG-Träger wurden durch genaue Schüsse außer Gefecht gesetzt. Zum erstenmal stellte Oberstleutnant Marcks seine Fähigkeiten zur Führung schneller gepanzerter Verbände unter Beweis. Gegen 16 Uhr war der Feind — ein englisches Panzerbataillon — restlos vernichtet. 48 feindliche Aufklärungspanzer und 22 gepanzerte MG-Träger standen zusammengeschossen auf dem Gefechtsfeld. Die Panzerjägerabteilung 19 hatte die gesamte Vorausabteilung der Division gerettet.

Auf dem Gefechtsfeld wurde Oberstleutnant Marcks mit der Spange zum Eisernen Kreuz I. Klasse ausgezeichnet.

Bei Ingelmunster konnte Werner Marcks am 25. Mai mit seiner Abteilung und Teilen des IR 73 einen Brückenkopf jenseits des Roulers-Lys-Kanals bilden. Am Durchbruch der Division durch fünf feindliche Bunkerstellungen und sieben Feldstellungen waren seine Panzerjäger maßgeblich beteiligt. Sie hatten den Löwenanteil der 60 vernichteten Feindpanzer abgeschossen.

Am 16. Juli 1940 zog auch die Panzerjägerabteilung 19 mit Oberstleutnant Marcks an der Spitze durch Paris. Auf dem Place de la Republique nahm Generalleutnant von Knobelsdorff den Vorbeimarsch ab.

Mit Umorganisation der 19. ID in die 19. Panzerdivision verließ Oberstleutnant Marcks seine Panzerjägerabteilung und wurde Bataillonskommandeur des I./Schützenregiment 64 in der 16. Panzerdivision. Mit dieser Division erlebte er den Griechenlandfeldzug.

Unter Generalmajor Hube stand die 16. PD vom ersten Tag des Rußlandfeldzuges an im Süden der Ostfront im Einsatz. Bei Starokonstantinow leisteten die Sowjets harten Widerstand. Bei Stara Bajzymy wurde schwer gerungen und am 9. Juli bei Ljubar die Stalinlinie durchbrochen.

Immer wieder zeichnete sich Werner Marcks aus. Am 16. August — Nikolajew war eingeschlossen — stieß der Oberstleutnant bis an den Ostrand der Stadt durch. So schuf er die Voraussetzung zum Sturm in die Stadt.

Beim Sturm auf Lubny am 13. September 1941 war das Bataillon Marcks ebenfalls im vordersten Treffen dabei. Der drahtige, nur mittelgroße Oberstleutnant mit dem straff zurückgekämmten Haar und den beiden charakteristischen Falten auf der Stirn kämpfte mit seinen Schützen verbissen um jedes Widerstandsnest und jedes Haus. Arbeitermilizen sowie Truppen des NKWD verteidigten hier. Die Vorstadt wurde von seinem Bataillon genommen. Lubny fiel, und im weiteren Vorstoß nach Norden wollte die 16. PD den Kessel von Kiew schließen und sich mit der von Norden nach Süden hinunterstoßenden 3. PD vereinigen.

Sobald dies geschehen war, würden fünf sowjetische Armeen eingeschlossen sein. Diese Vereinigung gelang am 14. September 1941, und die Schützen von Oberstleutnant Marcks hatten wieder Anteil am Erfolg. Als einer der ersten deutschen Soldaten erhielt Oberstleutnant Werner Marcks das am 28. September 1941 gestiftete Deutsche Kreuz in Gold für eine ganze Reihe außergewöhnlicher Tapferkeitstaten.

Unmittelbar darauf wurde er als Regimentskommandeur zur 21. Panzerdivision versetzt, die bereits seit Mai 1941 in Afrika im Einsatz stand. Er traf Mitte November 1941 in Afrika ein und machte den Rückzug des DAK aus dem Raum Sidi Rezegh bis in die Stellungen von Marsa el Brega mit.

Schon während dieser Einsätze wurde Generaloberst Rommel auf Werner Marcks aufmerksam.

Mit Beginn der deutschen Offensive am 21. Januar 1942 wurde Oberstleutnant Marcks Führer einer Kampfgruppe, die aus Teilen der 21. PD und der 90. leichten Division zusammengestellt war.

Nach Rommels Plan sollte Marcks mit dieser schnellen motorisierten Streitmacht entlang der Via Balbia gegen die Stellungen der englischen Gardebrigade stürmen, ein Loch in diese Stellungen brechen und auf Agedabia vorprellen.

Durch dieses Loch sollten sodann das XX. italienische AK und die 90. Leichte nachfolgen und gemeinsam mit der Kampfgruppe Marcks den nördlichen Zangenarm des geplanten Umfassungsangriffs bilden.

Das DAK bildete den südlichen Zangenarm und hatte Auftrag, durch die Wüste, entlang dem Wadi el Faregh, nach Nordosten zu fahren und schließlich im Zusammenwirken mit der Kampfgruppe Marcks die britischen Verbände einzukesseln und zu vernichten.

An dem kalten, aber sonnigen Wintermorgen des ersten Angriffstages erschien gegen sechs Uhr Generaloberst Erwin Rommel bei seinem „Mammut", einem der drei erbeuteten britischen Kommandowagen.

„Zur Kampfgruppe Marcks!" befahl er.

Die Männer des Stabes sahen dem Oberbefehlshaber der soeben neu benannten „Panzerarmee Afrika" an, daß er eine gute Nachricht erhalten hatte. Und wenig später wußten sie auch, was es war. Generaloberst Rommel war als sechster deutscher Soldat mit den Schwertern zum Eichenlaub ausgezeichnet worden.

Als der Generaloberst bei der Kampfgruppe eintraf, meldete ihm Oberstleutnant Marcks, daß alles bereit sei.

„Dann hinein, Marcks! Ziel des Tages ist Agedabia!"

Werner Marcks richtete sich im Befehlswagen auf und gab das Zeichen zum Aufbruch. Der Wind spielte mit seiner Mütze und strich scharf und kalt an ihm vorbei. Die Kampfgruppe setzte sich in Bewegung.

„Es rommelt wieder!" meinte einer der Kradschützen zu seinem Fahrer.

Es rommelt! Magisches Zauberwort in der westlichen Wüste. Würde es wirklich vorwärts gehen? Die Panzermotoren brüllten auf. Vorn fuhren leichte Spähwagen in rascher Fahrt gegen den Feind.

Erste Feindpanzer tauchten noch vor dem englischen Sperriegel auf. Sie wurden im Duell Panzer gegen Panzer abgeschossen. Dann erreichte die Kampfgruppe die Feindstellungen, aus denen den Panzern und Kradschützen starkes Pakfeuer entgegenpeitschte. Die Panzer nahmen die Feindpak aufs Korn und schossen sie ab. Westlich El Giofia wurde eine Haubitzenbatterie der Engländer überrollt.

„Vorwärts, mir nach!" befahl der Oberstleutnant, und schon hatten sie die feindlichen Verteidigungsstellungen durchstoßen. Ein Blick auf die Uhr zeigte Marcks, daß es erst elf Uhr war.

„Weiter auf Agedabia vorstoßen, Marcks!" befahl Rommel. „Ich werde das XX. Armeekorps unter General Zinghales nachziehen."

Die Kampfgruppe Marcks fuhr ohne Halt auf Agedabia zu. Einzelne Feindstützpunkte wurden überrollt. Am nächsten Morgen war Agedabia erreicht. Der Kampf um den Besitz dieser Stadt begann. Es dauerte genau eine Stunde, dann war Agedabia von der Kampfgruppe Marcks genommen.

Daraufhin wurde die sofortige Weiterfahrt auf Antelat befohlen. Das bedeutete einen Marsch von sechzig Kilometern. Mit seinem Befehlswagen war der kleine drahtige Kampfgruppenführer stets vorn an der Spitze.

Werner Marcks wurde in diesen Tagen seiner Kampfgruppe zum Führer und Vorbild. Das aus dem Schrecken des Krieges geborene Phänomen der Kameradschaft umschloß sie alle. Vom Kommandeur bis hinunter zum letzten Panzergrenadier waren sie Mitglieder einer verschworenen Kampfgemeinschaft, die in der Wüste gegen einen tapferen Gegner kämpfte.

Oberstleutnant Marcks setzte einen Aufklärungsspähtrupp an, der auf der Via Balbia zur Küste hin aufklären sollte. In seinem Befehlswagen rollte der Oberstleutnant an der linken Flanke seiner Kampfgruppe inzwischen nach Nordnordosten auf Antelat vor.

Fahrzeuge fraßen sich in dem Sand fest und wurden fluchend wieder flottgemacht. Wie die Kampfgruppe die Engländer bei Agedabia völlig überrumpelt hatte, so fuhr sie auch weiter in Richtung Antelat und Saunnu.

Im Gefechtsstand Rommels bei Saunnu erhielt Werner Marcks sodann den Befehl, sofort über Saunnu in Richtung Südosten nach Abd el Grara vorzustoßen und von dort aus auf Giof el Matar und entlang des Wadi el Faregh nach Südwesten zu fahren.

Damit hatte die Kampfgruppe fast einen Kreisbogen zu schlagen. Und im Zentrum dieses Kreisbogens lag die 1. britische Panzerdivision, die noch zwischen Agedabia und Giof el Matar hielt. Damit war der Kampfgruppe Marcks die Aufgabe zugefallen, den Sack zu schließen.

Der Angriff begann in den frühen Morgenstunden des 24. Januar 1942. Britische Panzer versuchten, den Sperriegel der Kampfgruppe Marcks zu durchbrechen. Sie wurden von der Flak und der Pak abgeschossen. Englische Infanterie wurde aufgehalten und in den Kessel zurückgejagt. Wo es brannte, dort tauchte der Oberstleutnant auf und griff mit den Reserven in den Kampf ein.

Als das letzte Tageslicht die Wüste in purpurne Farben tauchte, war die Schlacht zu Ende. Die 1. britische PD hatte 117 Panzer verloren; dazu 33 Geschütze und eine Menge Kraftfahrzeuge. Über tausend Gefangene wurden gemacht.

Schon gab es für Werner Marcks einen neuen Auftrag. Die Kampfgruppe sollte von Westen her zum Umfassungsangriff auf Msus vorstoßen, während das DAK und das italienische XX. motorisierte Korps von Osten antreten würden. Die Reste der nach Msus entkommenen britischen 1. PD mußten ausgeschaltet werden.

Am frühen Morgen des 25. Januar war die Farbe des afrikanischen Himmels von einem trüben, verhangenen Grau. Oberstleutnant Marcks gab das Zeichen zum Aufbruch. Dröhnend brüllten die Motoren der Panzer und Kraftfahrzeuge. Plötzlich tauchte Generaloberst Rommel bei der Kampfgruppe auf. Er gab dem Oberstleutnant eine Parole mit auf den Weg, die der Flucht des Gegners galt:

„Ausnützen, Marcks! Ausnützen!"

Die Feindpanzer, die sich zwei Stunden später der Kampfgruppe entgegenstellten, wurden ausgeschaltet. Das MG-Bataillon 2, der Kampfgruppe Marcks zugeteilt, kämpfte englische Infanterie nieder, die den Angriff aufzuhalten versuchten. Dann hämmerte das Abwehrfeuer der britischen Artillerie aus Msus der Kampfgruppe und dem DAK entgegen. Zu diesem Zeitpunkt traf Generaloberst Rommel wieder bei der Kampfgruppe ein.

„Hören Sie, Marcks!" sagte der Oberbefehlshaber knapp. „Wir stellen alle Pak und Flak im Rücken Ihrer Kampfgruppe auf. Dann fahren Sie mit den schnellen Teilen direkt auf Msus zu, um den Gegner mit seinen Panzern auf unseren Abwehrring zu ziehen."

Minuten später rollte Marcks mit seiner Kampfgruppe auf Msus zu. Das Feuer der britischen Geschütze brüllte auf. Dicht neben dem Befehlswagen krachte ein Einschlag und überschüttete sie mit Dreck und Stahlsplitter. Einer der Melder wurde verwundet. Ein Spähwagen, der einige Dutzend Meter vor dem Befehlswagen fuhr, flog mit einer grellen Stichflamme in die Luft. Der Fahrer des Kampfgruppenführers kurvte um den brennenden Wagen herum.

Dann gab Marcks das Zeichen zum Abdrehen. Im weiten Bogen schwenkte die Kampfgruppe zurück nach Westen. Durch sein Fernglas beobachtete Marcks die Reaktionen des Gegners.

Die Engländer fielen auf seine List herein. Sie kamen mit Panzern hinterher und eröffneten das Feuer. Aber da stießen sie auf die Acht-Acht des Flakregiments 135. Sieben Feindpanzer blieben brennend oder zerschossen liegen. Die übrigen flohen nach Msus zurück.

Der Kampf um Msus begann.

Mitten durch die Feldstellungen des Gegners, über Drahthindernisse und vorbei an Kampfständen, aus denen Flammenwerfer Feuer spien, stürmte die Kampfgruppe nach Msus hinein. Eine englische Pak nahm den Befehlswagen aufs Korn und verfehlte ihn nur um einen Meter. Rauschend zog das Geschoß über den Kopf des Kampfgruppenführers hinweg.

Depots des Gegners standen plötzlich in Flammen, und noch immer dröhnten Explosionen, zischten Flammen aus den Spritlagern empor.

Dann hatte die Kampfgruppe Msus genommen. Es ging an die Löscharbeiten. Riesige Vorräte fielen dem DAK hier in Msus in die Hand. Über 600 Kraftfahrzeuge wurden erbeutet. Dazu 127 Geschütze. In der Panzerwerkstatt von Msus wurden 50 Panzer aufgefunden.

Und wieder hatte Werner Marcks nach dem nächsten Befehlsempfang als Spitzengruppe anzutreten. Der Stoß zielte über El Rhegima und Benina nach Bengasi. Marcks erhielt den Befehl, diese Stadt im Handstreich zu nehmen. Als man ihn abschließend fragte, ob er nach der Einnahme von Bengasi noch entlang der Küstenstraße nach Osten weiterfahren könne, da antwortete er:

„Die Kampfgruppe wird jeden ihr gegebenen Auftrag erfüllen."

Daraufhin wurden ihm das Panzergrenadierregiment 115 und die Aufklärungsabteilung 33 unterstellt.

Abschließend meinte Generaloberst Rommel zu Marcks:

„Halten Sie bei sich einen Platz für mich und meine Kampfstaffel frei."

In Bengasi, das war durch die Funkaufklärung und durch arabische Spione bekannt, befanden sich drei indische Brigaden als Besatzung, die zum Teil in der Stadt, mit dem Gros jedoch hart ostwärts Bengasi lagen. Am Abend des 26. Januar setzte sich die Kampfgruppe Marcks nach Norden in Bewegung. Die Kampfgruppe Geissler war bereits am Morgen angetreten und auf Maraua und Mechili vorgestoßen. Sie sollte die Feindlage ostwärts der Kampfgruppe Marcks aufklären.

Der Kampfgruppenführer hatte wieder die Spitze übernommen. Eine Stunde nach dem Aufbruch begann ein schwerer Ghibli. Der Sturm heulte. Generaloberst Rommel, der mit der Kampfgruppe fuhr, setzte sich an die Spitze, um den Lotsendienst zu übernehmen. Schließlich begann es auch noch zu regnen. In einem breiten Wadi blieben die Kräder und Wagen im roten Schlamm stecken. Vergebens versuchte Werner Marcks, die Kampfgruppe in Bewegung zu halten. Erst als der Boden felsiger wurde, ging es, wenn auch nur schrittweise, weiter.

Am Morgen des 28. Januar erreichten die Spitzengruppen Ridotta Rhegima. Bis 16 Uhr wurde Benina erreicht. Der Flugplatz von Bengasi wurde im Handstreich genommen. Teile der Kampfgruppe besetzten auch den Ostrand von Bengasi. Sie wurden vom Abwehrfeuer der Inder empfangen.

Ohne zu zögern griff Oberstleutnant Marcks mit den Grenadieren an. Ein Teil wurde nach Coefia geworfen. Im Kampf wurde Werner Marcks der Befehlswagen zerschossen. Er stieg in einen Spähwagen um. In Bengasi jagte der Gegner bereits seine Verpflegungslager in die Luft. Bengasi war wenig später erobert.

Die zwischen Bengasi und Coefia eingeschlossene britische Brigade versuchte jetzt nach Osten durchzubrechen. Sofort griff Werner Marcks an. Ein Teil der Inder ging hier in die Gefangenschaft.

Die Worte eines amerikanischen Rundfunksprechers kennzeichnen die Überraschung und Verblüffung, die diesem Streich folgten:

„Generaloberst Rommel, der Schlingel unter den modernen Generalen, hat wieder ein neues Kaninchen aus dem Hut gezaubert."

Daß Erwin Rommel wußte, wem er diesen Sieg vor allem zu verdanken hatte, bewies er damit, daß er Oberstleutnant Werner Marcks zum Ritterkreuz des Eisernen Kreuzes eingab.

In den nächsten Tagen stieß die Kampfgruppe Marcks immer an der Spitze weit vor dem Gros der Panzerarmee Afrika vor. Sie eroberte am 30. Januar Tocra. Barce wurde im Handstreich genommen. Im Zusammenwirken mit der Kampfgruppe Geissler wurde Maraua erobert.

Im weiteren Vorstoß drang Werner Marcks mit seinen Panzergrena-dieren in Cirene ein. Giovanni St. Berta war das nächste Ziel. Es wurde erreicht. Bei Martuba stellte sich die 5. indische Brigade der Kampf-gruppe. In dreistündiger Schlacht wurde sie zersprengt.

Oberstleutnant Marcks hatte großen Anteil auch am Verlauf dieser Schlacht. Der drahtige, furchtlose Offizier war überall dort zu sehen, wo es brannte. Als der Feind ins Laufen gekommen war, stieß Marcks aus eigenem Entschluß sofort nach. Er ließ Er-Rzem umgehen und griff Tmimi an. Auch dort gelang es seiner Kampfgruppe, den Gegner in die Flucht zu schlagen.

Damit war die Cyrenaika feindfrei. Die gegnerischen Offensivvorbe-reitungen waren zerschlagen. In sechzehn Tagen hatte die Panzerarmee Afrika die britische 8. Armee aus der Cyrenaika hinausgeworfen. Das totgesagte DAK war wie ein Sturmwind durch die Wüste gefegt. Der britischerseits geplante Angriff in Richtung Tripolis hatte — noch bevor er begonnen — ein jähes Ende gefunden.

Die Kampfgruppe Marcks hatte entscheidenden Anteil gehabt an der Wiedereroberung von El Agheila, von Bengasi und der gesamten Cyre-naika. Selbständig, nur Generaloberst Rommel unterstellt, hatte Oberst-leutnant Marcks sie geführt.

Am 5. Februar erhielt Werner Marcks aus der Hand von General-oberst Rommel das Ritterkreuz. Seine Panzergrenadiere waren stolz auf diese Auszeichnung, denn Marcks trug sie ja auch für sie.

Werner Marcks sagte wenig später einmal zu dieser Auszeichnung:

„In einem solchen kleinen Symbol stecken Blut, Tränen und Vernich-tung. Gleichzeitig damit aber auch Tapferkeit, Zuverlässigkeit und die selbstlose Einsatzbereitschaft vieler braver Männer."

Die Front in Afrika kam zur Ruhe. Fieberhaft rüsteten beide Seiten zu einem neuen schweren Schlag, der die Entscheidung bringen sollte. Am 1. Mai 1942 wurde Werner Marcks in Afrika zum Oberst befördert.

Als am Nachmittag des 25. Mai 1942 der zweite Abschnitt des Vor-marsches der Panzerarmee Afrika begann, rollte die Kampfgruppe Marcks an der Spitze. Sie trat am 26. Mai 1942 südlich Bir Hacheim gegen die englische Kings Dragoons Guard ins Gefecht. Teile der 7. englischen Schützenbrigade versuchten, sie aufzuhalten. Der Gegner wurde durch-stoßen und flatterte auseinander. Vor El Adem kam es zum zweiten Ge-fecht mit der 3. indischen Brigade. Die Kampfgruppe zersprengte auch diese Truppen und rollte auf El Duda vor.

Im Feuer der englischen Maschinengewehre und Geschütze stürmten die Panzergrenadiere nach El Duda hinein. Oberst Marcks nahm im Stabsquartier der hier liegenden Brigade eine Reihe Offiziere gefangen.

Unter Abschirmung gegen den noch im Norden stehenden Feind rollte das Gros der Kampfgruppe anschließend auf Sidi Rezegh zu. Der Gegner war völig verwirrt. Sidi Rezegh wurde genommen, und damit stand die Kampfgruppe Marcks nunmehr vierzig Kilometer vor Gambut, dem Hauptquartier der britischen 8. Armee.

Funksprüche gingen ein, die Oberst Marcks zeigten, daß es an den übrigen Abschnitten nicht glattgegangen war. Er erhielt Befehl, sich wieder nach Südwesten durchzuschlagen und Kurs auf Bir Hacheim zu nehmen.

Bir Hacheim fiel am frühen Morgen des 11. Juni. Und damit war für die Kampfgruppe Marcks wieder freie Fahrt nach Nordosten gegeben. Sie erreichte als erster Teil des DAK die Küste bei Acroma. Sidi Rezegh wurde am 18. Juni passiert, Gambut erreicht. Im erbarmungslos wehenden Ghibli fuhr die Kampfgruppe der ägyptischen Grenze entgegen. Weiter und weiter blieb Tobruk zurück, wo sich eben das DAK anschickte, anzugreifen und die Festung in Besitz zu nehmen.

Bardia, Sollum und Capuzzo, das waren die weiteren Siegesstationen. Aber erst als Werner Marcks den Funkspruch in der Hand hielt, der ihm zeigte, daß die Bedrohung im Rücken — Tobruk — gefallen war, atmete er auf.

In rascher Fahrt rollte die Kampfgruppe bis ostwärts Marsa Matruk. Hier mußte sie im Rücken des in dieser Festung liegenden Feindes die Küstenstraße nach Osten sperren. Eine Flak-Abteilung stand Oberst Marcks zur Panzerbekämpfung zur Verfügung.

Es kam zu fürchterlichen Kämpfen gegen die aus Marsa Matruk ausbrechenden sowie gegen die aus Fuka und Bagusch zu Entlastungsvorstößen angreifenden Gegner. Der Großteil von vier britischen Divisionen lag in der Festung Marsa Matruk. Mit dem Mut der Verzweiflung brachen sie aus. Die Maoris und die Südafrikaner kämpften bis zum Umfallen. Die neuseeländischen motorisierten Verbände des Generals Freyberg rollten gegen die Kampfgruppe Marcks und wurden zurückgewiesen.

Sie versuchten es an anderen Stellen und kamen teilweise durch. Britische Panzer walzten die Panzergrenadiere nieder, und dazu griff die Royal Air Force pausenlos in den Kampf ein.

Dann aber war das Schicksal von Marsa Matruk besiegelt.* In den frühen Morgenstunden des 29. Juni schwiegen die Waffen. Die 90. Leichte und die Kampfgruppe Marcks wurden im Wehrmachtsbericht genannt.

Bis nahe el Alamein rollte die Kampfgruppe Marcks weiter vor. Auf dem Tel el Eisa trat sie wenig später gegen die Australier an, die bei der italienischen Division „Sabrata" durchgebrochen waren. Der Gegner wurde im Gegenstoß bis in seine Ausgangsstellungen zurückgeworfen. Aber die deutsche Offensive kam zum Erliegen.

Bis Ende September 1942 stand Oberst Marcks in Afrika im Einsatz. Er erlebte die wechselvollen Kämpfe bei Alamein. Sein Kommandowagen wurde noch zweimal zerschossen. Er entging immer um ein Haar dem Tode.

Eine Krankheit machte ihm sehr zu schaffen. Aber er wollte seine Panzergrenadiere in dieser schweren Zeit nicht im Stich lassen. Ende September 1942 mußte er jedoch schwer krank nach Deutschland zurück. Mit Werner Marcks verließ ein Soldat den afrikanischen Kriegsschauplatz, der die deutsche Großoffensive des Jahres 1942 mitgeprägt hatte und der durch seinen persönlichen Einsatz für eine ganze Kampfgruppe, ja das Deutsche Afrikakorps zum Vorbild geworden war.

Nach seiner Wiederherstellung tat Oberst Marcks im Jahre 1943 im Stab des Generalinspekteurs der Panzertruppen Dienst. Wo auch immer an der Ostfront Divisionskommandeure von Panzerdivisionen ausfielen, dort sprang Werner Marcks ein und führte die Divisionen meistenteils in schwierigen Krisenlagen.

Als Ende Februar 1944 Generalmajor Koll, der Kommandeur der 1. Panzerdivision, zum Chef des Wehrmacht-Kraftfahrwesens im OKW ernannt wurde, kam Oberst Marcks aus dem Stab des Inspekteurs der Panzertruppen abermals zur Truppe. Er übernahm die 1. Panzerdivision, die eben aus der Front bei Tschichowka—Kutschkowka—Wischnewka herausgelöst und zur Verfügung der Heeresgruppe Süd bereitgehalten wurde.

Mit Beginn eines russischen Großangriffes beiderseits Schepetowka wurde am 4. März 1944 gegen 7.30 Uhr die 1. PD alarmiert. Feldmarschall von Manstein hatte den sofortigen Einsatz dieser Elitedivision befohlen, um dadurch ein Absetzen des LIX. AK zu ermöglichen.

---

* siehe Kapitel „Oberst Albert Panzenhagen"

Von nun an stand die 1. PD im Brennpunkt der hier tobenden heftigen Kämpfe. Von der Rollbahn aus führte Oberst Marcks zunächst per Funk seine Verbände, bis in Grigorowka ein neuer Divisionsgefechtsstand eingerichtet wurde. Als ein Meldereiter der am weitesten nördlich eingesetzten Divisionskampfgruppe bei Oberst Marcks eintraf und meldete, daß der Feind bald durchbrechen würde, befahl Marcks dem Regiment, sich sofort abzusetzen und sich am Nordrand von Staro Konstantinow zur Verteidigung einzurichten. Dieser Slucz-Brückenkopf sollte so lange wie möglich gehalten werden. Oberst Neumeister führte die Verteidigung im Brückenkopf.

Mit dem 9. März beginnend, räumte die Kampfgruppe Neumeister den Brückenkopf Staro Konstantinow, nachdem Oberst Marcks ihm den Funkbefehl zum Absetzen nach Süden gegeben hatte. Erst am Morgen des 10. März 1944 stießen die Sowjets nach.

Ihr Versuch, das deutsche LIX. Armeekorps und das III. Panzerkorps einzuschließen und zu vernichten, war trotz großer Übermacht gescheitert.

In den nächsten Wochen hatte Oberst Marcks schwerwiegende Befehle zu geben und entsprechend zu handeln. In seinem Ia, Major i. G. Buttlar, fand er die Unterstützung, die er brauchte. Beim Angriff auf Ulaczkowce und der Schaffung eines Brückenkopfes über den Seret setzte Oberst Marcks drei Kampfgruppen seiner Division ein.

Am 1. April 1944 traf der Divisionskommandeur auf dem Gefechtsstand des Panzergrenadierregiments 113 ein und erteilte Major Feig den Auftrag, Jezierzany in Besitz zu nehmen. Es war dies ein wichtiger Straßenknotenpunkt und zur Errichtung eines weiteren Seretübergangs von großer Bedeutung. Nach schweren Kämpfen im Schneesturm und heftigen Nachtkämpfen schaffte es „Schorsch" Feig. Haus um Haus mußte erobert werden. Aber es gelang.

Major Feigs Befehl an seine Panzergrenadiere ist erhalten geblieben. Er lautete:

„Panzergrenadierregiment 113 angreift Jezierzany zu Fuß!

Bis zum Einbrechen nicht schießen! Kein Licht, keine Rederei!

Wenn Gegner klar erkannt — drauf mit Hurra wie aus tausend Kehlen!"

Der Seret wurde erreicht, die 60-Tonnen-Brücke bei Ulasczkowce im Handstreich genommen. Damit war das Schicksal einer ganzen Korpsgruppe entschieden und zum Besseren gewandt.

Werner Marcks wurde zum Generalmajor befördert. Die Kämpfe des Sommers 1944 mit der 1. PD sahen ihn in ständiger Aktion. Die Abwehrkämpfe im großen Weichselbogen forderten letzten Einsatz. Am 7. September 1944 rollte die Division als Feuerwehr der Heeresgruppe Südukraine in den Raum um Korczyce.

Mitte September erkrankte Generalmajor Marcks abermals schwer. Am 21. September 1944 wurde Generalmajor Werner Marcks mit dem Eichenlaub zum Ritterkreuz ausgezeichnet. Er erhielt diese hohe Auszeichnung für seine persönliche Leistung und Führung und, wie er selbst sagt, „für die hervorragende Haltung der 1. Panzerdivision in den schweren Kämpfen der vergangenen siebeneinhalb Monate".

Zum Jahresende 1944 war Generalmajor Marcks wieder einsatzbereit und übernahm die 21. PD. Mit dieser Division machte er die weiteren Kämpfe an der Ostfront mit. Er wurde im Frühjahr 1945 zum Generalleutnant befördert. Ende April 1945 geriet er bei Königswusterhausen, ostwärts Berlin, in russische Gefangenschaft.

Im Jahre 1951 wurde er in der Sowjetunion als „Kriegsverbrecher" zu 25 Jahren Straflager verurteilt. Nach mehr als zehn Jahren Gefangenschaft konnte er im Oktober 1955 als kranker Mann in die Heimat zurückkehren.

In Wedel in Holstein lebte er mit den Seinen. Am 28. Juli 1967 starb er, eben 71 Jahre alt, nach kurzer Krankheit.

Werner Marcks, * 17. Juli 1896 in Magdeburg
Letzter Dienstgrad: Generalleutnant
Einsätze:
Erster Weltkrieg: Frankreich; Champagne, Somme, Verdun
Zweiter Weltkrieg: Polen, Frankreich, Rumänien, Bulgarien, Griechenland, Rußland, Nordafrika, Rußland
Auszeichnungen:
Erster Weltkrieg:
EK II. und I. Klasse
Fürstlich-Hohenzollernsches Ehrenkreuz
Zähringer Löwe, Verwundetenabzeichen Silber
Zweiter Weltkrieg:
Deutsches Kreuz in Gold im Oktober 1941
Ritterkreuz am 5. Februar 1942
593. Eichenlaub am 21. September 1944
Gestorben am 28. Juli 1967

OBERST ALBERT PANZENHAGEN | *Marsa Matruk erobert!*

Bei Kriegsausbruch war Major Panzenhagen Kommandeur.des in Darmstadt stationierten Infanterie-Ersatz-Bataillons 115 und blieb während des Polenfeldzuges in der Heimat. Erst als er am 19. Mai 1940 zum Kommandeur des III./IR 347 der 90. leichten Division ernannt wurde, kam er ins Operationsgebiet der Westfront und machte am 17. Juni den Angriff über die Seille und über den Rhein-Marne-Kanal mit.

Während der Vernichtungsschlacht an der Mosel und in den Vogesen zeichnete er sich aus und erhielt die Spange zum EK II.

Nach einer mehrtägigen Tätigkeit zur Sicherung der Demarkationslinie blieb die 90. leichte Division als Besatzungstruppe in Frankreich.

Am 21. Juli verlegte die Division in die Niederlande, und erst am 18. Februar 1941 kam sie ins Heimatgebiet zurück. Hier wurde ihrem Kommandeur am 7. Mai 1941 mitgeteilt, daß sie für einen Einsatz in Afrika Verwendung finden würde.

Bis zum 17. Juli 1941 dauerten Einkleidung, Ausrüstung und Überführung der Division nach Afrika, und ab Mitte Juni befand sich auch das von Major Panzenhagen geführte III./IR 347 im Operationsgebiet. Die Engländer hatten gerade ihre Operation „Battleaxe" beendet und über 100 Panzer verloren. Nun rüsteten sich beide Seiten zu neuen Schlägen; eine kleine Atempause zwischen den Schlachten war eingetreten.

Albert Panzenhagen wurde 19. Mai 1899 in der Hafenstadt Stettin in Pommern geboren, die heute Szczecin genannt wird und unter polnischer Verwaltung steht. Mit seinen sieben Geschwistern verlebte er eine sonnige Jugend. Als der Erste Weltkrieg ausbrach und sein älterer Bruder eingezogen wurde, meldete sich Albert Panzenhagen, fünfzehn Jahre alt, freiwillig.

Am 11. September 1914 wurde er als Kriegsfreiwilliger zum Pionier-Ersatz-Bataillon 2 eingezogen und diente zunächst bei einem Grenzschutzkommando in Ostpreußen. Mitte Januar 1915 wurde er zu einem

Pionierbataillon nach Frankreich versetzt. Bald darauf kam er jedoch wieder nach dem Osten und nahm an der Schlacht von Przemsyl teil. In diesen Kämpfen fiel sein Bruder.

Als besonders glücklichen Tag bezeichnete Albert Panzenhagen den 19. Mai 1916. An diesem Tage wurde er mit dem EK II. Klasse ausgezeichnet. Am 23. November 1916, im Alter von siebzehn Jahren, wurde er Unteroffizier. Nach dem Besuch der Minenwerferschule Unterlüß wurde er abermals an die Westfront versetzt. Diesmal zur Minenwerferkompanie des Infanterieregiments 64. Mit Teilen seiner Kompanie geriet er Ende September 1918 in englische Gefangenschaft, aus der er am 25. September 1919 zurückkehrte.

Am 23. Februar 1920 trat Panzenhagen bei der Polizei in Duisburg in den Staatsdienst ein. Als Polizeiwachtmeister kam er Ende Januar 1922 in seine Heimatstadt Stettin zurück. Hier erlebte er einen Höhepunkt seiner Laufbahn, als er am 11. August 1929 zum Polizeileutnant befördert wurde. Unmittelbar danach ging er als Kraftfahroffizier zur Schutzpolizei nach Berlin. Am 28. Oktober 1931 wurde er Polizeioberleutnant. Nach den Stationen Krefeld, Koblenz und Hanau — wo er Polizeihauptmann wurde — kam schließlich der Tag seiner Übernahme in die Wehrmacht. Er wurde am 15. Mai 1936 in Darmstadt Chef der 13. Infanterie-Geschütz-Kompanie des IR 97. Gut drei Monate später übernahm er die 14. Kompanie dieses Regiments, das später in IR 115 umbenannt wurde.

Bis zum 27. August 1939 führte Panzenhagen — am 1. Februar 1939 Major geworden — diese Kompanie. Bei Kriegsausbruch übernahm er das Ersatzbataillon dieses Regiments, was ihm durchaus nicht paßte, denn er wollte zur Front. Dann wurde Panzenhagen, wie schon berichtet, am 19. Mai 1940 zum Kommandeur des III. Bataillons des Infanterieregiments 340 in der 90. leichten Division ernannt und mit dieser Division während des Westfeldzuges in Frankreich eingesetzt.

Mitte Juli 1941 traf die 90. Leichte in Nordafrika ein. Während der Sommermonate und der Zeit, in welcher sowohl auf deutscher wie auch auf englischer Seite fieberhaft zu einer neuen Offensive gerüstet wurde, war das Bataillon Panzenhagen mehrfach in Abwehrkämpfe an der libysch-ägyptischen Grenze verwickelt. Am 13. September 1941 unternahm Major Panzenhagen einen Aufklärungseinsatz in das ägyptische Grenzgebiet.

An der Spitze seiner Kradschützen rollte er im Befehlswagen vor. Drei Tage und Nächte fuhren sie im Niemandsland umher. Es gab wiederholt Feindberührung. Am 15. September kehrte Panzenhagens Spähtrupp wieder in seine Ausgangstellung zurück.

Am Morgen des 18. November 1941 begann eine neue Offensive. Sie ging diesmal von den Engländern aus, die mit ungefähr 1000 Panzern und gepanzerten Fahrzeugen in drei Stoßkeilen vorpreschten, deren südlicher Keil sich noch einmal teilte.

Zwei englische Armeekorps mit jeweils zwei Divisionen und einer Panzerbrigade rollten auf breiter Front nach Westen. Während die 15. und 21. PD (letztere war aus der 5. leichten Division entstanden) ostwärts Tobruk den Ansturm der Feindpanzer aufhielten, kämpfte die 90. Leichte im Umklammerungsring, der Tobruk eingeschlossen hielt.

Die 90. Leichte war für einen Sturmangriff auf Tobruk ausersehen worden. Doch der überraschende Beginn der englischen Offensive am 18. November hatte diesen Angriffsplan Rommels zunichte gemacht.

Noch am ersten Tag des englischen Großangriffes unternahm das IR 347 einen Angriff gegen eine im Raum Bardia – Sidi Omar – Sidi Rezegh auftauchende Feindgruppe. Major Panzenhagen führte seine Männer geschickt und schnell vorstoßend gegen den Feind. Es gelang ihm, den Gegner aufzuhalten.

Während der Panzerschlacht bei Sidi Rezegh stand das Bataillon Panzenhagen im nordwestlichen Abschnitt. Hier sollten die eventuell aus Tobruk ausbrechenden feindlichen Truppen aufgehalten werden. Vom 27. November bis zum 31. Dezember 1941 dauerten die Kämpfe im Raume südostwärts von Tobruk, ehe der deutsch-italienische Rückzug in die Gazalastellung begann, der erst am 17. Dezember beendet war. Während der Panzerschlacht bei Sidi Rezegh war auch das inzwischen auf dem afrikanischen Kriegsschauplatz eingetroffene „Afrika-Regiment 361" eingesetzt, das später von Oberstleutnant Panzenhagen übernommen werden sollte.

Dieses Regiment setzte sich aus ehemaligen deutschen Fremdenlegionären zusammen, die bis dahin noch nicht eingezogen worden waren. Oberst Grund war der Kommandeur. Die beiden Bataillone wurden von Oberstleutnant Harder und Major – später Oberstleutnant – Ryll geführt. Von Neapel aus wurde das Regiment am 12. Oktober 1941 via Sizilien nach Afrika übergeführt und sofort in Richtung Trigh Capuzzo weitergeleitet. Es gehörte wie das IR 347 zur 90. leichten Division.

Hier stand es einige Tage nach Beginn der neuen britischen Offensive im Brennpunkt der Schlacht. Neuseeländer griffen am 23. November 1941 die Stellungen des II. Bataillons Ryll an. Neben dem Major fiel auch der Bataillonsadjutant, Leutnant Eisfelder, durch Kopfschuß. Die angreifenden Feindpanzer wurden von den „Legionären" mit Molotow-Cocktails angegangen. Angehörige des II. Bataillons bemannten einen liegengebliebenen Feindpanzer und fuhren mit ihm gegen die englische Panzerarmada.

Trotzdem wurde das Bataillon überrollt. Gegen 15 Uhr erhielt Major Ryll den Schuß einer 2-cm-Granate in den rechten Ellenbogen, einen Schuß in den linken kleinen Finger und einen Streifschuß am linken Oberarm. Von den vier Kompaniechefs des Bataillons waren zwei gefallen und einer schwer verwundet. Insgesamt verlor das Bataillon 300 Mann!

Am selben Tage wurden auch Oberstleutnant Harder und der Regimentskommandeur Oberst Grund schwer verwundet. Dennoch hatte das Regiment entscheidenden Anteil daran, daß die Schlacht am Totensonntag zugunsten des DAK beendet werden konnte. Der Gegner zog sich am Abend aus den Stellungen des „Legionär"-Regimentes 361 zurück. Die hohen Verluste waren nicht umsonst gewesen.

Auf dem Hauptverbandsplatz in el Adem wurde Major Ryll der rechte Arm oberhalb des Gelenkes amputiert. Dennoch sollte er im Sommer 1942 noch einmal nach Afrika zurückkehren.

Am 28. November 1941 erhielt Major Panzenhagen das Eiserne Kreuz I. Klasse für seine Leistungen während dieser entscheidenden Wochen.

In diesen Kämpfen wuchs die „90. Leichtsinnige", wie sie von anderen oft scherzhaft genannt wurde, aus vielen Einzeleinheiten zu einer verschworenen Kampfgemeinschaft zusammen. Ihr Kern waren die Infanterieregimenter 347 und 361.

Der Siegeslauf der Engländer aber schien zu dieser Zeit nicht mehr aufzuhalten. Aus der Gazala-Stellung ging es zurück in die Cyrenaika. Trotz der Bitten Marschall Graf Cavalleros, der am 16. Dezember aus Rom gekommen war und Rommel beschwor, die Cyrenaika auf keinen Fall preiszugeben, ging Rommel weiter zurück. Denn wäre er stehengeblieben, hätte es eine totale Niederlage für das Afrikakorps und die unterstellten italienischen Verbände gegeben. Und dann war mit Sicherheit ganz Nordafrika verloren.

Am 21. Dezember wurde Agedabia erreicht. Hier formierte sich das DAK zu einem weiteren Abwehrkampf, der als Schlacht um Agedabia in die Kriegsgeschichte einging.

Die 90. Leichte war während dieser Kämpfe in den Brennpunkten eingesetzt. Mit seinen Männern hatte Panzenhagen die Sicherung der

Räumung Bengasis übernommen. Dann war sein Bataillon in der Südflanke der Agedabia-Stellung drei Tage in der beweglichen Abwehr gegen überlegene Feindkräfte siegreich geblieben. Auch während der vom 29. bis 30. Dezember tobenden Panzerschlacht bei Agedabia und in den sich anschließenden und bis zum 15. Januar 1942 sich hinziehenden Abwehrkämpfen leistete Major Panzenhagen wieder Außerordentliches.

Als der Feind einmal durchgebrochen war, riegelte er mit seinem Bataillon die Einbruchsstelle ab und gewann den Einbruchsraum im Gegenstoß wieder zurück.

Am 6. Januar 1942 ging es bis in die Marada–Marsa el Brega-Stellung zurück. Für die Soldaten des IR 347 war die lange Gestalt von Major Panzenhagen mit dem energisch geschnittenen Gesicht und der Hakennase ein Begriff geworden. Wo er auftauchte, dort war meistenteils etwas los; dort gelang es, Feindangriffe abzuwehren und den Gegner aus den Einbruchsräumen hinauszuwerfen.

In Kairo war man inzwischen siegessicher und zuversichtlich, das DAK bald endgültig aus Afrika hinauszufegen. Tripolitanien war das nächste Ziel der britischen 8. Armee.

Aber wieder einmal kam es völlig anders. Das DAK griff am 21. Januar 1942 überraschend an. Angriffsspitze bildete die 90. Leichte. Nachdem Generalmajor Sümmermann, der Divisionskommandeur, auf dem Rückzug nach El Agheila gefallen war, hatte Generalmajor Veith diese neue Division übernommen.

Unter der Führung von Oberstleutnant Marcks * ging eine Kampfgruppe – bestehend aus dem Regiment Marcks von der 21. PD und den motorisierten Teilen der 90. Leichten – entlang der Via Balbia auf Agedabia vor.

Am selben Morgen wurde die „Panzergruppe Afrika" in „Panzerarmee Afrika" umbenannt und General der Panzertruppen Rommel wurden die Schwerter zum Eichenlaub verliehen.

Ostwärts der Agheila-Stellung trat auch das Bataillon Panzenhagen am 21. Januar ins Gefecht. In der Panzerschlacht bei Saunnu und in der Kesselschlacht am folgenden Tage zeichnete sich Panzenhagen abermals aus. Am 19. Januar hatte er die Afrika-Medaille erhalten. Die Verfolgungskämpfe zwischen Saunnu und Msus und die Wiedereroberung der Cyrenaika sahen Panzenhagen mit seinem Bataillon im Vorstoß

---

* siehe Kapitel „Generalleutnant Werner Marcks"

nach Osten. Am 1. Februar 1942 erhielt er seine Beförderung zum Oberstleutnant.

Am Südostrand der Cyrenaika richtete sich das Bataillon im Rahmen der Division zur Verteidigung ein. Hier erhielt Panzenhagen am 21. Februar aus der Hand eines italienischen Generals die silberne italienische Tapferkeitsmedaille. Damit wurde der Erfolg seines Bataillons, vor allem aber sein eigener persönlicher Einsatz auch von den italienischen Bundesgenossen gewürdigt.

Der britische Oberbefehlshaber in Nordafrika, General Auchinleck, der ursprünglich Mitte Mai zu einer Offensive antreten wollte, verschob diesen Termin auf Grund einer Order des britischen Kriegskabinetts auf Mitte Juni.

Dadurch wurde Rommel, der sich seit April mit neuen Offensivplänen trug, in die Lage versetzt, den Engländern zuvorzukommen. Er setzte den Angriffsbeginn auf die Gazala-Stellung auf den 26. Mai 1942 fest.

Diese Stellung, die an der Küste bei Ain el Gazala begann, führte 65 Kilometer tief nach Süden zur Festung Bir Hacheim. Zwischen Gazala und Bir Hacheim lagen eine Reihe von „Boxes" — Stützpunkte der Engländer —, die durch Minensperren und Stacheldrahtverhaue, durch Bunker und MG-Stände geschützt waren. In dieser Stellungsfront hatte General Ritchie, der OB der 8. Armee, zwei Divisionen (mot.) und eine Infanteriedivision eingesetzt. Zwei weitere Divisionen, die durch Korpstruppen verstärkt waren, standen in Höhe von Tobruk — El Adem. Außerdem befanden sich hinter der Front zwei Panzerdivisionen, die jederzeit in jede mögliche Richtung geworfen werden konnten.

Die Streitkräfte der deutsch-italienischen „Panzerarmee Afrika" bestanden aus zwei deutschen und einer italienischen Panzerdivision, je einer deutschen und italienischen mot. Division und vier italienischen Infanteriedivisionen.

Am 1. April 1942 war das IR 347 in IR 200 umbenannt worden. Albert Panzenhagen führte nunmehr das Afrika-Regiment 361, die ehemaligen Legionäre.

Unter Führung ihres dritten Kommandeurs, Generalmajor Kleemann, rollte die 90. Leichte auf dem rechten Flügel vor und drehte, nachdem die vordersten Feindstellungen durchbrochen waren, mit dem XX. italienischen AK auf El Adem ein, um hier die Besatzung Tobruks zu fesseln. Damit befand sich die Division ostwärts der Gazala-Linie und hatte die englische Nachschublinie zur Gazala-Linie unterbrochen.

Doch dann wurde die Division eingekesselt. Auch das übrige DAK und die italienische Panzerdivision „Ariete" lagen plötzlich fest. Die Lage war ernst, denn auch die Truppen unter General Crüwell, die den Frontalangriff auf die Gazala-Stellung führen sollten, kamen nicht durch, und zu allem Überfluß verteidigten die in der südlichsten Box von Bir Hacheim stehenden de Gaulle-Franzosen unter General König immer noch.

Bei einer Lagebesprechung am 29. Mai 1942, an der neben Rommel noch Nehring, Gause, Westphal und Bayerlein teilnahmen, stellte sich heraus, daß allein ein Stoß zurück nach Westen noch Aussicht auf Rettung des DAK bot.

In den frühen Morgenstunden des 30. Mai griff das DAK an. Mit seinem Regiment hatte Oberstleutnant Panzenhagen die Aufgabe, bei Knightsbridge nach Westen durchzubrechen. Aber der britische Stützpunkt Got el Ualeb verhinderte den Durchbruch. Der Kampf dauerte auch noch am 1. Juni an. Am Nachmittag ergaben sich 2000 Engländer. Nun stellte Generaloberst Rommel aus der 90. Leichten, einigen Panzern des DAK, der AA 33 und der italienischen Division „Trieste" eine Kampfgruppe zusammen, um Bir Hacheim zu erobern.

In den nächsten Tagen kämpften Albert Panzenhagen und seine Männer in Minenfeldern und Mann gegen Mann mit dem Feind. In nächtlichen Gefechten mitten im Stacheldraht, gegen einzelne Betonkampfstände führte Panzenhagen seine Männer. Aber Bir Hacheim widerstand diesen Angriffen. MG- und Granatwerfer-Nester wurden in opfervollen Kämpfen genommen und gingen wieder verloren. Stukas griffen an und bombten die gegnerischen Minenfelder in die Luft. Erst am 11. Juni fiel Bir Hacheim.

Am nächsten Tage schon kämpften Panzenhagens Grenadiere wieder bei El Adem gegen die Inder der britischen 29. Brigade. Der dritte Vorstoß auf El Adem am 14. Juni führte zum Ziel. Tobruk wurde eingeschlossen und fiel am 20. Juni.

Das Regiment 361 hatte großen Anteil am Sieg bei Tobruk. Albert Panzenhagen gab während dieser Kämpfe Hauptmann Hans Klärmann, der das II. Bataillon nach Major Rylls Verwundung übernommen hatte, den Befehl, zum Flugplatz vorzustoßen.

Hauptmann Klärmann erreichte dieses Ziel und faßte den Entschluß, weiter auf Stadt und Hafen vorzustoßen. Bis zum Abend des 20. Juni hatten die Grenadiere den Hafen in Besitz genommen und mehrere tausend Gefangene gemacht.

Panzenhagen reichte den Bataillonskommandeur zum Ritterkreuz ein, und Hans Klärmann erhielt als erster „Legionär" am 18. September 1942 das Ritterkreuz *.

Die Verfolgungskämpfe in der Marmarica begannen. Hierbei sollte sich Oberstleutnant Panzenhagen ganz besonders auszeichnen. An der Spitze seiner Panzergrenadiere fuhr er in Richtung Nil. Die 90. Leichte übernahm die Spitze. Sie rollte in atemberaubendem Tempo vorwärts. Mit drei Kampfgruppen stieß Rommel in den Raum von Marsa Matruk vor. Im Vorfeld dieser Festung lag die 25. Indische Brigade. In den Werken dieses starken Bollwerks standen die 5. und 21. Indische Brigade.

Wieder versuchte es Rommel mit seinem bisher gelungenen Schachzug: die Panzerkräfte des Gegners zum Kampf zu stellen und die Feindinfanterie einzukesseln. Am 26. Juni war es so weit. Die beiden Panzerdivisionen des DAK stießen im Süden in der Wüste auf die vereinigten englischen Panzerverbände. Rommel, der die 2. neuseeländische Division in Marsa Matruk vermutet hatte, wurde eines besseren belehrt, als das DAK weit im Süden auf diese Division stieß.

Am gleichen 26. Juni wurde die 90. Leichte nach Norden auf Marsa Matruk eingedreht, während die Kampfgruppe Marcks die Küstenstraße nach Osten sperrte.

Am Nachmittag des 28. Juni erhielt auch Oberstleutnant Panzenhagen den Befehl zum Angriff auf Marsa Matruk. Er setzte sich an die Spitze seiner Panzergrenadiere. Seine größte Stunde in Afrika war gekommen.

Von Westen aus flogen Stukas die Festung an und belegten sie mit schweren Bomben. Die Männer duckten sich unwillkürlich.

Schließlich fiel die Dunkelheit ein. Wenig später erreichte Oberstleutnant Panzenhagen den Befestigungsgürtel. Ein dichter Stacheldrahtzaun versperrte den Weg. Drahtscheren klickten. Aus der Stadt und den vielen Befestigungen blitzten die Abschüsse der Feindartillerie. Aus den beiden Hauptwerken peitschten pausenlos Salven aus Schnellfeuerkanonen und MG.

Aus zwei niedrigen Bunkerkuppeln flitzten dem Oberstleutnant Feuerschnüre entgegen. Er ging blitzschnell in Deckung. Seine Männer taten es ihm nach.

Oberfeldwebel Wilhelm kroch mit dem von ihm geführten Kompanietrupp zur Seite. Er erreichte einen schmalen Verbindungsgraben und

---

* Beim Angriff in der Catarra-Senke wurde Klärmann schwer verwundet. Er fiel später in Rußland.

befand sich zwei Minuten später in einem der Bunker. Mit dem Krachen zweier deutscher Handgranaten verstummte das Feindfeuer.

„Sprung auf — maaarsch!" rief Panzenhagen.

Sie rannten vorwärts, erhielten von halblinks voraus Feuer. Von allen Seiten war nun der Kampflärm zu wildem Getöse aufgeflammt. Die 90. Leichte griff nun mit geballter Kraft die letzte Festung vor Alexandria an.

Albert Panzenhagen versuchte, den besten Weg für seine Männer zu finden. Er wich einer feindlichen Pak-Front aus. Dann erreichten sie einen feindbesetzten Graben. Feuer spritzte dem Oberstleutnant entgegen. Mündungsflammen sprühten auch aus seiner MPi, deren Magazin er in drei Feuerstößen leerte, um sofort ein neues einzurasten. Der Graben wurde überwunden. Ein weiterer Bunker wurde geknackt.

„Jetzt sitzen wir mittendrin, Herr Oberstleutnant!" meinte der Ordonnanzoffizier, als sie verschnauften.

„Wir müssen weiter, Zimmermann!" entschied Panzenhagen.

Wieder nahmen sie den Kampf auf. Die Männer, die vor Müdigkeit beinahe schlappmachen wollten, richteten sich am Vorbild ihres Kommandeurs wieder auf. Sie rannten hinter dem großen Manne her, schossen sich den Weg ins Herz der feindlichen Festung frei.

Aber noch verteidigten sich über achttausend in der Stadt gebliebene Gegner. Es waren überwiegend Inder. Dazu kamen südafrikanische Soldaten.

Feindpanzer rollten weiter links am Regiment Panzenhagen vorbei.

„Wenn die durchkommen, Herr Oberstleutnant!" fürchtete der Gefechtsmelder.

Da krachten auch schon die Geschütze der Flak-Kampfgruppe Briel. Die ersten Panzer standen als hell lodernde Fackeln auf dem nächtlichen Gefechtsfeld. Immer mehr platzten auseinander und blieben liegen.

„Wir sind zu weit voraus, Herr Oberstleutnant!" warnte diesmal der Ordonnanzoffizier. „Der Feind kann uns abkneifen, wenn die übrigen Kampfgruppen der Division nicht 'rankommen..."

Der Leutnant schwieg, denn auf einmal peitschte aus einem etwas überhöhten, das Gelände weithin beherrschenden Stützpunkt das Feuer von MG, Geschützen und Schnellfeuerkanonen heraus und hielt die rechts vorgehende Kampfgruppe Kiehl auf.

„Wir müssen diese feindliche Stellung ausschalten, Zimmerman!" sagte Panzenhagen.

„Aber sie liegt nicht in unserem Sektor, Herr Oberstleutnant!" beschwor ihn der Ordonnanzoffizier.

„Wenn dieser Stützpunkt nicht von hier aus angegangen und vernichtet wird, dann bleibt die ganze Division liegen! — Also: Wir greifen an! Kompaniechefs zu mir!"

In wenigen Worten wies Albert Panzenhagen seine Kompanien ein. Dann ging er an der Spitze der Zweiten in Richtung auf den Stützpunkt vor.

Völlig überraschend fielen sie dem Feind hier in die Flanke.

Mit rücksichtslosem Einsatz riß Panzenhagen die Kompanie und sein ganzes Regiment vor. Er selbst kämpfte den ersten Flankenbunker nieder, stürmte auf den nächsten zu.

Die bereits in den frühen Morgen übergegangene Nacht erdröhnte im Getöse der geknackten Bunker. MG-Salven mähten die Männer hinweg. Mehrfach zischten Geschosse haarscharf an dem Oberstleutnant vorbei, aber Panzenhagen schien unverwundbar.

Der mitreißende Schwung, aber auch der kluge Ansatz der Kräfte ließ das unmöglich Erscheinende möglich werden. Der wichtigste Stützpunkt der Engländer in der Festung Marsa Matruk fiel an diesem 29. Juni.

Damit hatte Albert Panzenhagen für seine Division die Voraussetzung für die Eroberung von Marsa Matruk geschaffen.

Generalmajor Kleemann reichte den Oberstleutnant zum Ritterkreuz ein, denn Albert Panzenhagen hatte alle Bedingungen dazu erfüllt. In hervorragender Kampfesführung und rücksichtslosem Einsatz hatte er, selbständig handelnd, den Entscheidungsschlag gegen Marsa Matruk geführt. Die 90. Leichte wurde zum erstenmal im Wehrmachtsbericht genannt.

Gleich allen anderen Verbänden wurde auch die 90. Leichte zur Fortsetzung des Angriffs nach Osten eingesetzt. Ende Juni 1942 war Oberstleutnant Ryll aus der Heimat zurück und übernahm sein II. Bataillon wieder. Einarmig, noch nicht wiederhergestellt, setzte er sich bis zur völligen Erschöpfung ein und führte das Bataillon bis Ende August. Dann forderte eine typhusähnliche Erkrankung seinen Transport in ein Heimatlazarett.

Der rasche deutsche Vorstoß, der Alexandria zum Ziel hatte, war in der Alamein-Stellung von den Engländern gestoppt worden. Während der Abwehrschlacht in der Alamein-Stellung kämpften die Grenadiere Panzenhagens bis zum 27. Juli mit wechselndem Erfolg.

Zur Verbesserung der Frontlinie am Südflügel der Alamein-Stellung trat das PzGrenRegt. 361 am 30. August aus dem Raum des Djebel Kalkah — den Panzenhagen mit seinen Männern am 19. Juli nach hartem Kampf erobert hatte — zum Angriff an.

Um 20 Uhr rollten die Panzergrenadiere vor. Vorn im Befehls-SPW der Kommandeur. Wenig später wurde der Divisionskommandeur, Generalmajor Kleemann, verwundet. Mit Tagesanbruch begann der Einsatz britischer Jagdbomber und Schlachtflieger. Zweimal entging Oberstleutnant Panzenhagen den gefährlichen Angriffen, während sein Fahrzeug zerschossen wurde.

Britische Stützpunkte, die bis dahin unbekannt waren, verlegten ihnen den Weg. Über eine Woche dauerten die erbitterten Kämpfe. Am 6. September stand fest, daß ein Durchbruch nicht zu erzielen war. Der Gegner war zu stark und wehrte sich mit aller Verbissenheit.

Die 90. Leichte verlegte in den Küstenraum nach Norden. Das DAK war zum Stellungskrieg gezwungen worden, und dies bei einem unendlich langen Nachschubweg, während die englische 8. Armee nur hundert Kilometer Versorgungswege zu überwinden hatte.

Am 7. Oktober 1942 wurde Oberstleutnant Panzenhagen das Ritterkreuz verliehen. Er hatte schon am 2. Oktober durch einen Funkspruch von der bevorstehenden Auszeichnung erfahren.

Mit Beginn der britischen Offensive bei el Alamein am 23. Oktober 1942 stand das PzGrenRgt. 361 in erbitterten Abwehrkämpfen, die bis zum 4. November andauerten. Wieder einmal stellte Albert Panzenhagen seine persönliche Tapferkeit und die Überlegenheit seiner Führung unter Beweis. Mehrmals gelang es ihm, Einbrüche abzuriegeln und den eingebrochenen Gegner zu vernichten.

Die Rückzugskämpfe in Ägypten, die mit dem Mut der Verzweiflung geführten Kämpfe als Nachhut, die das PzGrenRgt. 361 durchzustehen hatte, forderten noch einmal den letzten Einsatz jeden Mannes. Immer wieder tauchte Generalmajor Graf Sponeck, der neue Divisionskommandeur, bei Panzenhagen auf.

„Sie müssen halten, Panzenhagen, sonst ist das DAK verloren!"

Und die Panzergrenadiere hielten.

Als die Division glaubte, in der Halfaya-Stellung zur Ruhe zu kommen, wäre sie um ein Haar durch eine britische Panzerbrigade überflügelt worden. Die Panzer hatten ein am Paß haltendes italienisches Bataillon überrollt und stießen weiter in den Rücken der 90. Leichten vor.

Generalmajor Sponeck selbst entdeckte diesen gefährlichen Gegner anläßlich einer Erkundung. Er entzog die Division dem feindlichen Zugriff, und wieder waren die Panzergrenadiere des Regiments 361 die Nachhut. Kämpfend erreichte das Regiment Panzenhagen am 26. November die Marsa el Brega-Stellung. Hier wurde bis zum 12. Dezember verteidigt. Die Rückzugskämpfe im Syrtebogen schlossen sich an.

Noch einmal verteidigten die Männer des DAK in der Buerat-Stellung. Vom 16. bis 30. Januar 1943 war die Tarhuna-Homs-Stellung Schauplatz der Einsätze, bei denen der Name Panzenhagen immer wieder genannt wurde.

Durch Tripolitanien ging es in den tripolitanisch-tunesischen Grenzraum zur Mareth-Stellung.

Seit Mai 1941 in Afrika, hatte Oberstleutnant Panzenhagen 22 Monate Afrikakrieg hinter sich. Fast zwei Jahre hatte er sich in diesem mörderischen Klima gehalten. Nun aber war er krank und wurde in die Heimat versetzt, wo er das Panzergrenadier-Ersatz- und Ausbildungs-Bataillon 361 übernahm.

Am 1. April 1943 wurde er zum Oberst befördert.

Fünf Monate darauf übernahm er das Grenadier-Ersatz-Regiment (mot.) 16 als Kommandeur, das er 13 Monate hindurch führte. Am 2. Oktober 1944 erfolgte seine Versetzung in die Führerreserve des OKH. Von dort ging er schließlich am 15. Dezember als Kommandant zur Wehrmachtskommandantur nach Schwerin.

Hier erlebte er das Kriegsende. Im März 1946 wurde er aus englischer Gefangenschaft entlassen. Er lebt jetzt in Jugenheim an der Bergstraße.

Albert Panzenhagen, * 19. Mai 1899 in Stettin
Letzter Dienstgrad: Oberst
Einsätze:
Erster Weltkrieg:
Frankreich, Rußland, Frankreich
Zweiter Weltkrieg:
Nordafrika, Heimatkriegsgebiet
Auszeichnungen:
28. Juni 1941 Eisernes Kreuz I. Klasse
19. Januar 1942 Afrika-Medaille
21. Februar 1942 Silberne italienische Tapferkeitsmedaille
2. Oktober 1942 Ritterkreuz des Eisernen Kreuzes

Es war im April 1941, als das Gros der I. Gruppe des Jagdgeschwaders 27, bekannt unter dem Spitznamen „Neumanns Bunte Bühne", nach Afrika verlegt wurde. Lediglich die erste Staffel unter Oberleutnant Karl-Wolfgang Redlich war bereits früher hier und hatte schon die ersten Erfolge errungen.

In Hauptmann „Edu" Neumanns Gruppe befanden sich Flieger, die sich bereits in Frankreich und Jugoslawien ausgezeichnet hatten. Aber es waren auch ein paar „Junge Adler" unter ihnen, die erst in Afrika zur Höhe ihres Ruhmes aufsteigen sollten. Zwei Oberfähnriche zum Beispiel: Hans-Joachim Marseille und Hans-Arnold Stahlschmidt.

Hans-Arnold Stahlschmidt wurde am 15. September 1920 in Kreuztal in Westfalen als Sohn des Fabrikanten Arno Stahlschmidt geboren. Er besuchte die Volksschule zu Kreuztal, absolvierte die Oberschule zu Weidenau/Sieg und legte im April 1939 sein Abitur ab.

Seine Arbeitsdienstzeit absolvierte Stahlschmidt in Eichelsachsen bei Gleiwitz. Anschließend ging er als Berufssoldat nach Salzwedel. Hier durchlief er die Grundausbildung zum Jagdflieger. Die Flugzeugführerschule Breslau und die Kriegsschule in Wien-Schwechat waren die folgenden Etappen des militärischen Werdegangs. Er kam zum Jagdgeschwader 27 und fand in dem damaligen Hauptmann Eduard Neumann einen vorbildlichen Offizier und Vorgesetzten.

Mit seiner Gruppe ging Stahlschmidt im Frühjahr 1941 nach Afrika.

Durch das Wadi am äußersten Rande des Flugplatzes strich ein Windhauch, der Meeresluft mit sich brachte. Die meterhohen Kameldornbüsche bewegten sich leicht, und die dunkle, riesig gewölbte Kuppel des nächtlichen Himmels funkelte und glitzerte. Der Oberfähnrich vor dem Zelt sah ein paar Sternschnuppen in schräger Fahrt vom Himmel zur Erde fahren.

„Soldatenglück!" sagt er leise.

Ja, das könnte er brauchen und das wünschte er sich. Hans-Joachim Marseille schnippte seine Zigarette fort. Er sah rechts auf dem Platz die Schatten der Maschinen. Vorsichtig ging er zur zweiten Staffel hinüber. Im Zelt seines Kameraden brannte noch Licht.

„Stahlschmidt?" rief Marseille halblaut.

„Wer kraucht denn da noch 'rum?" kam eine Stimme aus dem Innern des Zeltes.

„Marseille, der älteste Oberfähnrich der Luftwaffe!" erwiderte der Eintretende.

Hans-Arnold Stahlschmidt schob die Kiste, auf der er einen Brief geschrieben hatte, zurück und schraubte den Füller zu.

„Ich habe an meine Mutter geschrieben", erklärte er.

Es war ein schmales Zelt. Man konnte nur gebückt darin stehen. Links das eine Feldbett, neben dem Kopfende zwei Tropenkisten. Das zweite Bett rechterhand war seit vierundzwanzig Stunden frei. Der Unteroffizier, dem es gehört hatte, war irgendwo über der Wüste abgeschossen worden.

Die beiden Oberfähnriche setzten sich auf die Betten. Sie waren etwa gleich groß. Stahlschmidt gedrungener, kräftiger. Seine breiten Schultern deuteten auf Kraft hin. Die braunen Augen blickten fest und bestimmt. Das rechtsgescheitelte Haar war dunkelblond, und wenn er sprach, dann hörte man den etwas singenden Dialekt der Siegerländer Heimat Stahlschmidts heraus.

Marseille, Berliner von Geburt, wirkte gegen Stahlschmidt lebhafter, geschmeidiger. Sie unterhielten sich über Afrika und die Fliegerei. Stahlschmidt fragte den Kameraden:

„Du willst also hier in Afrika ein großer Adler werden?"

Marseilles Antwort kam sofort:

„Ein ganz großer", erwiderte er ernst. Dann packte er Stahlschmidt an der Schulter: „Hast du nicht auch schon einmal wachend von der Zukunft geträumt? Das tut doch jeder. Der eine sieht sich als Olympiasieger, der andere erhält einen Dichterpreis und ein dritter sieht sich als Besitzer einer gigantischen Fabrik ... Und wenn ich wach liege", fuhr Marseille fort, „dann erlebe ich oft den Luftkampf, so, wie er nach meiner Meinung sein muß. Ich sehe mich inmitten britischer Pulks, schießend aus jeder Lage, treffend aus jeder Lage und selbst nicht zu erwischen."

„So als eine Art von fliegender Siegfried. Nur an einer Stelle verwundbar", fiel Stahlschmidt dem Kameraden ins Wort. „Mensch, Marseille ...!"

In den nächsten Minuten erzählte Marseille dem Kameraden seine Vorstellung von der Jagdfliegerei:

„Unsere Maschinen sind das Grundelement, Stahlschmidt, das man zu beherrschen hat. Aus jeder Lage muß man schießen können. Aus Links- und Rechtskurven, aus der Rolle, der Rückenlage, wenn es sein muß. Nur so läßt sich eine eigene Taktik entwickeln. Eine Angriffstaktik, die während des gesamten Kampfes eine für den Gegner unberechenbare und nicht vorauszusehende Aneinanderreihung blitzschneller Bewegungen und Aktionen sein muß. Niemals gleich, immer wieder neu aus der sich ergebenden Situation erstehend. So allein kann man einsteigen in einen gegnerischen Pulk und ihn von innen heraus sprengen."

Hans-Arnold Stahlschmidt sollte diese Worte des Freundes nicht vergessen und ihre Verwirklichung am afrikanischen Himmel erleben. In dieser Nacht lag er noch lange, nachdem Marseille gegangen war, wach. Er dachte zurück an die Schule. Er hörte hier in der Wüste die Worte, die sein Geschichtslehrer ihm und den anderen sieben Abiturienten mit auf den Weg gab, die Offizier hatten werden wollen:

„Sie werden Offizier. Woher stammt das Wort? Aus dem Lateinischen: officium — Pflicht! Auf gut Deutsch können Sie sich also Verpflichtete nennen. Verpflichtet Ihrer Ehre, Ihrem Beruf, Ihrer Heimat. Achten Sie wohl darauf, daß von Ihren Rechten nicht die Rede ist! Diese ergeben sich zwangsläufig aus der Erfüllung Ihrer Pflichten, und somit können wir sagen, daß Ihr oberstes Recht ist, Ihre Pflicht zu erfüllen!"

„Herr Hauptmann, Meldung von einer Heereseinheit. Draußen auf See vor Tobruk ist ein Schiff gesichtet worden."

Hauptmann Neumann, den alten Berliner Sportfliegern als „Kran-Ede" bekannt, ging zu den Männern hinüber, die Sitzbereitschaft hatten

„Kothmann, Sie starten mit Stahlschmidt zusammen und sehen zu, daß Sie den Dampfer erwischen."

Die beiden Flieger starteten, und nach wenig Flugminuten sichtete Stahlschmidt den Zweimaster, der höchstens 250 Tonnen haben konnte. Vor ihm flog Leutnant Kothmann.

„Sehen wir ihn uns näher an, Stahlschmidt", klang Kothmanns Stimme durch den Äther. In den nächsten Sekunden wuchs das Schiff größer und größer vor Stahlschmidts Windschutzscheibe auf. Die beiden Me 109 umkreisten das Schiff, ohne eine Flagge oder sonstiges Nationalitätszeichen zu sehen. Auf einmal blitzte es auf dem Deck des Dampfers auf.

MG-Garben zischten Stahlschmidt entgegen. Er drückte die Maschine tiefer hinunter, und als die Brücke im Visierkreis erschien, schoß er.

Wie eine tödliche Naht zog sich die Geschoßgarbe über die Aufbauten hinweg. Dann war er schon vorbei, und Kothmann kam an die Reihe. Aus Kanonen und MG schossen die beiden Jäger.

„Ich gehe tief 'runter!" rief Stahlschmidt dem Kameraden über FT zu, als sich kein Ergebnis ihrer Schießerei zeigte.

Leicht schob er den Knüppel nach vorn. Die Me 109 stürzte ein paar hundert Meter. Schon wuchs der Dampfer ins Reflexvisier. Wieder drückte Stahlschmidt die Auslösung. Die Kanonen spuckten Stahlkerne. Aus dem Heck des Dampfers stob eine hellrote Stichflamme, die sich in raschen Sprüngen über das ganze Schiff ausbreitete.

„Ich habe ihn!" rief Stahlschmidt und ging in eine Messerkurve, um zu sehen, was sich unten tat. Er sah ein Dutzend Gestalten. die ein Boot fierten und sich hineinschwangen. In wahnsinniger Eile ruderte die Besatzung des Dampfers los. Zwei Minuten darauf erschütterte eine wuchtige Detonation die Luft. Stahlschmidt sah, wie sich der Dampfer förmlich aus dem Wasser hob. Als die Detonationswolke höher gezogen war, schwammen nur noch einzelne Wrackteile auf der See.

„Der Eimer war bestimmt bis unter die Lukendeckel mit Munition für Tobruk vollgeladen", bemerkte Kothmann, als sie den Rückflug antraten.

Zwei Stunden später wurden die 14 Mann der Schiffsbesatzung gefangengenommen. Sie sagten aus, daß sie Minen, Artillerie- und Gewehrmunition für Tobruk geladen hatten.

Als die beiden Flieger auf dem Feldflugplatz aufsetzten, kamen Marseille und einige Kameraden angelaufen.

„Menschenskind, Hans-Arnold, wir haben die mächtige Wassersäule gesehen. Wahrscheinlich hast du den Spirituskocher in der Kombüse getroffen", witzelte Marseille und erntete einen Lacherfolg. Auf diese Weise kam Oberfähnrich Stahlschmidt zu seinem ersten Erfolg in Afrika und konnte auf seinem Leitwerk ein Schiff aufmalen lassen. Im Wehrmachtsbericht des 2. Juni 1941 hieß es darüber:

„Im gleichen Seegebiet versenkte die deutsche Luftwaffe ein Handelsschiff von 3000 BRT sowie einen mit Munition beladenen Küstenschoner."

Am folgenden Tag starteten Kothmann und Stahlschmidt abermals in Richtung See. Ein mit achtzehn Engländern besetztes Boot war gesichtet worden. Im Tiefflug dirigierten die beiden Flieger das Boot — in dem sich schiffbrüchige Seeleute befanden — zur Küste, die von deutschen Truppen besetzt war. Damit brachten Stahlschmidt und Kothmann die Zahl ihrer Gefangenen auf 32 Mann.

Die britische Sommeroffensive begann, und mit ihr der verstärkte Einsatz der Jagdflieger. Bei Sollum und am Halfayapaß griffen die Engländer an. Die Gruppe Neumann flog pausenlos Einsätze. Immer wieder hetzten die Staffeln nach Sollum, Bardia und Capuzzo: Oberleutnant Redlich mit der ersten und Oberleutnant Hohmuth mit der dritten Staffel. Jäger stießen auf Jäger. Duelle entbrannten. Blitzschnelle Luftkämpfe und Tiefangriffe gegen die britischen Offensivtruppen wechselten einander ab.

Bei einem Treffen mit Feindmaschinen sah Stahlschmidt plötzlich eine Hurricane, die offenbar von ihrem Verband abgekommen war. Er griff an.

Fünfunddreißig Minuten dauerte der Luftkampf. Dicht vor der eigenen Kanzel flitzten die Feuerstöße des Gegners her. Dann stieß die Hurricane steil der Erde entgegen. Mit wechselnden harten Bewegungen des Seitenruders versuchte der Pilot zu entkommen. Aber Stahlschmidt saß seinem Gegner im Nacken. Feldwebel Förster, sein Rottenkamerad, deckte ihn gegen eventuelle Angriffe einer der vielen anderen Feindmaschinen.

Aus einer Kurve heraus flitzte die Hurricane plötzlich durch das Visier. Stahlschmidt schoß. Dunkler Rauch zog hinter dem Briten her. Aber der jagte weiter, kurbelte wie vorher und versuchte, in weitem Schwung tief in ein Wadi hinuntergehend, in das Tal von Sollum zu entkommen.

Von oben stieß Stahlschmidt nach. Slippend rutschte seine Me 109 in die Tiefe. Stahlschmidt kam in die Flanke des Gegners, und dann drückte sein Daumen den schwarzen Knopf über dem Steuerknüppel.

Die beiden Bordkanonen und die beiden MG hämmerten los. Prasselnd schlugen die 2-cm-Granaten und die 7,9-mm-Stahlmantelgeschosse in die Seite des Gegners. Die Hurricane löste sich in einem grellroten Stern auf, und die Trümmer stürzten den Felsen der ausgebrannten Mondlandschaft des Halfayapasses entgegen.

„Gratuliere, Hans-Arno!" drang die Stimme des Feldwebels durch die Kopfhörer.

Zum erstenmal kam Stahlschmidt wackelnd über dem Platz an, und die Monteure, die seine Maschine heute bereits zum achten Male aufmunitioniert hatten, warfen die Arme hoch.

Als Stahlschmidt aus der Maschine kletterte, durchschwitzt, erschöpft und noch immer von der Gefahr gezeichnet, da hatte er seinen ersten

Luftsieg errungen. Es war am 15. Juni 1941, und es war der erste Sieg von 58.

Drei Tage später war die Schlacht zu Ende. Das Leben der Jagdgruppe wurde wieder weniger hektisch. Gelegentliche Alarmstarts wechselten mit freier Jagd über Sidi Barani ab. Die Männer der einsatzfreien Staffeln badeten im Meer bei Derna.

Stahlschmidt wurde Leutnant. Sie alle — Pöttgen, Wildau, Redlich, Hohmuth, Mentrich, Franzisket, Schroer, Förster und Marseille — wurden zu einer verschworenen Gemeinschaft.

Das Operationsgebiet rückte weiter nach Osten vor. Die ersten amerikanischen Jäger des Typs Curtiss P 40 „Tomahawk" tauchten auf. Am 9. Juli erhielten die beiden Staffelkapitäne Oberleutnant Redlich und Oberleutnant Hohmuth das Ritterkreuz überreicht (das Hohmuth bereits am 14. Juni verliehen worden war).

Auch auf dem Leitwerk von Stahlschmidts Maschine vermehrten sich die weißen Striche, die die Zahl der Abschüsse kennzeichneten. Er erhielt das Eiserne Kreuz II. und I. Klasse. Neue Kameraden waren hinzugekommen, so Leutnant Hoffmann, Leutnant Körner, Oberfähnrich Kugelbauer, Unteroffizier Mrosla.

Beim Angriff eines Bomberpulks von zehn Martin A 26 „Maryland" auf die deutschen Stellungen gelang es Stahlschmidt, einen Bomber abzuschießen. Bei der freien Jagd am selben Tage über Buqbuq, jenseits des Halfayapasses, kam es zu einem Duell mit zwanzig Hurricanes.

Förster meldete die Feindmaschinen, die 50 Meter unter ihnen, aber noch weit voraus flogen. Stahlschmidt schob den Gashebel weit vor. Rasch kam er näher an den Pulk heran. Schon füllte eine Hurricane den Visierkreis aus. Mit der ersten Garbe wurde der anvisierte Feindjäger zur Seite gewirbelt. Steil stellte er sich auf den Kopf, raste der Erde entgegen und zerschellte unten auf dem Boden.

Drei Minuten darauf jagte Stahlschmidt in halber Rückenlage, zu einer engen Kurve eindrehend, auf den nächsten Gegner hinunter. In diesem Augenblick vernahm der Leutnant die warnenden Rufe seines Rottenkameraden. Doch da schüttelte sich seine Maschine bereits unter den Abschüssen der eigenen Bordkanonen.

Stahlschmidt nahm einen Schatten wahr. Ein greller Feuerstoß zischte an seiner Kanzel vorbei, aber Stahlschmidt drückte die Maschine schon steil hinunter, so daß die nächsten Salven des Gegners, der ihn aus der Flanke angefallen hatte, wirkungslos durch den Wüstenhimmel fuhren.

Oberleutnant Hans Arnold Stahlschmidt

Oberleutnant Stahlschmidt neben dem Leitwerk seiner Me 109. Die Striche zeigen 48 Luftsiege an, darüber das Symbol für ein versenktes Schiff.

An der Wasserstelle in der Nähe des Feldflugplatzes trifft sich alles, was in der Wüste leben muß. Hier ein Deutscher, ein Italiener und ein Araber

Februar 1941. Die ersten deutschen Truppen treffen in Afrika ein. Panzer der 5. Leichten werden auf ihrer Fahrt durch Tripolis von der Bevölkerung begrüßt

Ein typisches Bild vom Kampf in der Wüste. Italienische Soldaten begleiten einen deutschen Verwundeten, der von britischen Kriegsgefangenen getragen wird

Die Hurricane aber, auf die Stahlschmidt geschossen hatte, brannte. Eine Minute später sah der Rottenflieger den Aufschlagbrand, der die Vernichtung der zweiten Hurricane durch Stahlschmidt anzeigte.

Wenige Tage später wurde Stahlschmidt Gruppenadjutant. Die Bürde des Papierkrieges erschien ihm schlimmer als die Anspannung der Einsatzflüge. Die Bruchmaschinen, die auf dem Platz lagen, und die Unmöglichkeit, die Jäger ohne die nötigen Ersatzlieferungen wieder startklar zu machen, bildeten nun auch Stahlschmidts Problem. Er sagte einmal, als er mit Pöttgen und Marseille zusammen war:

„Das technische Personal hat keine Ruhe mehr. Es ist unglaublich, was die Männer in den letzten Tagen geleistet haben. Aber auch ihre Kunst hört auf, wenn die wichtigsten Ersatzteile nicht nachkommen."

Es war November geworden. Die Regenzeit setzte ein. Es goß wie aus Kübeln auf die Zelte herunter. Wasserkatarakte stoben durch die Wadis und rissen einige Zelte mit. Und dann kam die britische Offensive des Novembers 1941, und „Neumanns Bunte Bühne" hatte die schwersten Tage seit der Ankunft in Afrika.

Leutnant Marseille erhielt nach 33 Abschüssen das Deutsche Kreuz in Gold; das erste, das in Afrika verliehen wurde. Derna wurde geräumt. Von ihrem Platz unweit Bengasi starteten sie nach Westen, und Pöttgen schrieb an die Tür der Flugleitung eine Notiz für die Engländer:

„We come back! Happy Christmas!"

Hans-Arnold Stahlschmidt aber hatte wieder in seine Maschine klettern dürfen. Er schoß bei einem Einsatz Mitte November drei Boston-Bomber ab. Feldwebel Schulz brachte es binnen fünf Tagen auf fünf Curtiss, und Marseille schaffte in zwei Wochen zwölf Abschüsse.

Bei Agedabia feierten sie das Weihnachtsfest. Als Stahlschmidt mit einer Flasche unter dem Arm als Weihnachtsgeschenk des Kommandeurs für die dritte Staffel ins Zelt trat, da besserte sich die miese Stimmung schlagartig.

Der Januar des Jahres 1942 zog vorüber. Die Panzerarmee Afrika trat zur Offensive an. Bengasi wurde zurückerobert. Oberfeldwebel Otto Schulz erwarb sich in diesen Tagen seinen Kriegsnamen „Eins-Zwei-Drei-Schulz". Er war bei Alarm um 7.01 Uhr gestartet, hatte um 7.02 Uhr zwei Bomber abgeschossen und landete um 7.03 Uhr wieder auf dem Platz.*

---

* Oberfeldwebel Otto Schulz erhielt am 22. Februar 1942 das Ritterkreuz

In diesen Tagen machte noch ein anderer Flieger von sich reden. Es war Hauptmann Heinz Kroseberg. Die ihn kannten, nannten ihn „Abu Makub — Vater der Störche", weil er die aus Fieseler „Störchen" bestehende Wüstenrettungsstaffel führte, die eng mit dem Jagdgeschwader 27 zusammenarbeitete. Auch mancher britische Pilot, der in der Wüste notlanden oder mit dem Fallschirm abspringen mußte, verdankte seine Rettung vor dem Tod durch Verdursten der „Storch"-Staffel Krosebergs.

Die Gruppe war zum Geschwader angewachsen, und Major Bernhard Woldenga — der sich als Kommodore des Jagdgeschwaders 77 einen Namen gemacht und das Ritterkreuz erhalten hatte — führte nun das Wüstengeschwader.

Stahlschmidt selbst hatte in den folgenden Wochen Pech über Pech. Einmal war seine Maschine unklar, dann wieder klebte er abschußsicher an einem Bomberverband, hatte die Chance, ein paar Bomber herunterzuholen — und seine Waffen versagten. Dennoch holte er in diesen Januar- Februartagen drei Feindflugzeuge vom afrikanischen Himmel. Dann schoß er im Luftkampf ein britisches Kampfflugzeug ab; so glaubte er wenigstens, als er den Gegner trudelnd hinuntergehen sah. Aber der Tommy fing sich wieder und entkam.

In derselben Zeit errang sein Freund Marseille bei sechs Flügen fünfzehn Luftsiege. Am 24. Februar 1942 erhielt Leutnant Marseille nach 48 Abschüssen das Ritterkreuz. Stahlschmidt las den Brief, den Jochen nach Hause schrieb:

„Liebe Eltern!

In aller Eile: Habe gestern das Ritterkreuz bekommen, bin sehr stolz.

In Liebe Euer Jochen"

Hans-Arnold Stahlschmidt erhielt die Goldene Frontflugspange. Als erster Jagdflieger in Afrika hatte er die Zahl von 200 Feindflügen hinter sich gebracht.

Als er am 22. Februar 1942 aufstieg, um gegen einen gemeldeten Feindverband zu fliegen, wurde er von einer Curtiss-„Kittyhawk", die über 300 Meter tiefer hing als er, plötzlich angegriffen. Die Maschine stieg jählings hoch, und schon schoß sie aus allen Waffen.

Der Leutnant spürte, wie die Geschosse durch die Maschine peitschten. Er hörte den gellenden Schlag von Stahl auf Stahl, dann geriet seine Maschine außer Kontrolle und stürzte steil in die Tiefe. Erst wenige Meter über dem Boden konnte Stahlschmidt sie abfangen. Er jagte dicht über eine Gruppe feindlicher LKW hinweg und konnte gerade noch mit raucherfüllter Kabine notlanden. Als die Me 109 aufsetzte, stand sie schon in Flammen. In letzter Sekunde sprang Stahlschmidt mit versengten Augenbrauen aus der Kabine.

Feindliche Panzerspähwagen und Artillerie schossen auf die Me 109. Er rannte nach Westen, von wo ihm ein deutscher Stoßtrupp entgegenkam. Nach einem weiteren Marsch von zwei Kilometern erreichte er die vorgeschobene Stellung einer deutschen Pak und war in Sicherheit.

Nach dreitägiger Schonung durfte er wieder fliegen. Und zwar gemeinsam mit Feldwebel Käppler als Begleitschutz für einen Aufklärer, der ebenfalls eine Me 109 flog.

Sie erreichten Bir Hacheim. Die hohe Staubwand eines Ghibli versperrte die Sicht. Als sie den Aufklärer plötzlich verloren, beschlossen Käppler und Stahlschmidt, nördlich der Piste Bir Hacheim — Gobi zu fliegen, um den Kameraden wiederzufinden.

Plötzlich sahen sich die beiden Flieger über einer Kfz.-Ansammlung mit über 400 Wagen. Von Gobi her rollte eine weitere Kolonne heran.

„Angriff, Käppler!" rief Stahlschmidt dem Kameraden zu.

Sie stießen hinunter und brausten im Tiefflug über die Kolonne hinweg. Plötzlich stieß der Maschine Stahlschmidts eine Leuchtspur entgegen. Hart knallten Einschläge. Brandiger Gestank durchzog die Kabine, die Scheibe verölte im Nu, und der Motor, obgleich mit normalem Ladedruck geflogen, sprang brüllend auf die Höchstleistung. Sekunden später raste Stahlschmidt über das Kfz.-Lager hinweg.

„Habe Motorschaden!" gab er an Käppler durch.

Leicht hochziehend, die Kabine abwerfend, jagte er nur wenige Meter über den Lastwagen dahin. Die Rechte am Knüppel, die Linke schutzsuchend gegen das hereinsprühende heiße Öl vorgestreckt, spürte er — ohne es sehen zu können —, wie seine Maschine aufsetzte und krachend in einen stehenden Laster hineinknallte.

Der Lastwagen wurde durchgeschnitten; an Stahlschmidts Me 109 splitterte nicht einmal die Frontscheibe.

Der Leutnant kletterte aus der Maschine. Soldaten in grünen Uniformen kamen auf ihn zugelaufen.

„Italiani?" fragte er.

„Nix, nix Italiani. Polski!" schallte es zurück.

Ein Gewehrkolben traf seinen Rücken. Der Leutnant wurde zu Boden geschleudert, wieder hochgerissen. Man schlug mit Knüppeln auf ihn ein, ein paar Männer traten ihm in die Kniekehlen. Schwankend, von vier Männern festgehalten, erreichte er ein Erdloch. Ein Pole riß ihm das

EK I. Klasse von der Jacke, ein anderer die goldene Frontflugspange. Dann wurde er in das Erdloch gestoßen.

Wenig später erschien ein polnischer Offizier. Dieser führte Stahlschmidt zu einem Wagen. Wieder regnete es Hiebe und Fußtritte. Der PKW rollte los. Hielt wieder. In einem großen Befehlswagen fotografierte man ihn. Ein deutschsprechender Offizier vernahm ihn. Stahlschmidt sagte nichts anderes als seinen Namen und Dienstgrad. Anschließend wurde er mit einem Wagen in Richtung Gazala gefahren.

Als die Sonne unterging, erreichten sie ein Lager. Er wurde einer südafrikanischen Einheit übergeben und abermals verhört. Als er nichts über seine Einheit und die Verluste aussagen wollte, drohte man, ihn wieder den Polen zu übergeben. Nun phantasierte er eine Story zusammen, in der es von Namen wie „Pampelmus" nur so wimmelte.

Er würde nun nach Tobruk gebracht, verhieß ihm der vernehmende Major. Wieder ging es per Wagen weiter. Es war inzwischen Nacht geworden. Der Mond warf grünsilberne Helle auf die Wüste. Endlich hielt der Wagen in einem Lager an, und vier Männer wurden zur Bewachung des Gefangenen abkommandiert.

Als alles schlief, richtete sich Stahlschmidt vorsichtig auf. Er schlich tiefgeduckt aus dem Lager fort, umging die Postenstellung und erreichte ein Wadi. Nach dem Kompaß, den er noch besaß, lief er weiter. Er lief und lief und lief. Im Morgengrauen erreichte er die Küste. Seine Uniform hing in Fetzen herunter, als er in die Deckung einiger Büsche kroch. Hier schlief er erschöpft ein.

Aufwachend, hörte Stahlschmidt Stimmen, die sich untereinander verständigten, und sah zwölf Engländer, die ihn suchten. Geduckt schlich er weiter. Nach sechzehn Stunden erreichte er das Niemandsland. Es wurde Abend, dann Nacht.

Plötzlich vernahm er die ersten deutschen Laute. Es war derselbe Pak-Posten, der ihn vor vier Tagen angerufen hatte, als ihn der Stoßtrupp aus dem Niemandsland zurückbrachte. Hans-Arnold Stahlschmidt hatte sechzig Kilometer Fluchtweg durch die Wüste hinter sich gebracht.

Das Jahresfest des Jagdgeschwaders 27 wurde bald darauf gefeiert. Die Gruppe Neumann hatte 278 Abschüsse erzielt. Dies war auch ein Verdienst der Waffenwarte, der Funkwarte und Werkmeister.

Im April wurde Jochen Marseille Oberleutnant und führte die dritte Staffel. Hauptmann Hohmuth übernahm die erste Gruppe, und Edu Neumann, zum Major befördert, wurde Geschwaderkommodore. Marseille hatte 55 Abschüsse. Stahlschmidt und Schroer — der neue Gruppenadjutant — und die jungen Staffeloffiziere Lieres, Sinner und Remmer sahen in ihm ihr Vorbild.

Der Mai und der Juni brachten auch Stahlschmidt weitere Abschüsse. Marseille erhielt das Eichenlaub. Der Verlegungsbefehl nach Gazala traf ein. Es ging wieder ostwärts. Der Juni zog herauf. Marseille war in Urlaub. Nach seinem 100. Abschuß war dieser ihm von Major Neumann befohlen worden.

Hans-Arnold Stahlschmidt wurde in diesen Tagen Kapitän der 2. Staffel. Und in diesem Monat „lief" es auch bei ihm. Er schoß einen Gegner nach dem anderen ab. Es waren seine 31 großen Tage. Vier Wochen lang stieg Stahlschmidt auf, um zu siegen. Bomber, Aufklärer und Jäger stürzten brennend zur Erde hinunter. Fast sah es so aus, als erstünde dem Geschwader ein zweiter Marseille. Und als der Juli zu Ende ging, hatte Stahlschmidt allein in diesem Monat 25 Feindflugzeuge abgeschossen.

Am 23. August kehrte Marseille wieder zur Front zurück. Das Geschwader lag auf dem Flugplatz Torbya, zwischen Marsa Matruk und Alamein. Leutnant Hoffmann, der Marseilles Staffel vertretungsweise geführt hatte, meldete dem Kapitän. Pfeffer, Berben und Kugelbauer waren nicht mehr unter den Lebenden. Leutnant Hoffmann berichtete:

„Wir haben alle einen oder mehrere Abschüsse, und Fiffi von der Zwoten ist im Juli mit 25 Luftsiegen der beste des Geschwaders. Er steht kurz vor dem Ritterkreuz."

„Fiffi?" fragte Marseille erstaunt. „Wer ist denn das?"

„Na, Stahlschmidt doch!" rief Hoffmann.

Warum und woher Stahlschmidt diesen Spitznamen hatte, wußte keiner zu sagen. Der Kommandeur hatte ebenfalls fünfzig Abschüsse, und Hauptmann Redel folgte dichtauf. Stahlschmidt erschien, die Freunde begrüßten ihn herzlich. Dann wurde zu Abend gegessen.

Beim Begleitschutz für einen Ju-87-Verband gelang es Stahlschmidt am 28. August 1942, zwei Hurricanes abzuschießen. Als lodernde Fackeln rasten die vernichteten Maschinen der Wüste entgegen. Damit hatte Stahlschmidt seinen 39. und 40. Luftsieg errungen.

Als er wenig später landete, umringte ihn alles, voran Marseille, der sich mit über den Erfolg seines Freundes freute.

Dann trat der Oberwerkmeister der zwoten Staffel vor und legte Stahlschmidt ein großes aus Holz gefertigtes Ritterkreuz um den Hals. Eben war die Nachricht eingetroffen, daß dem Leutnant Hans-Arnold Stahlschmidt das Ritterkreuz zum Eisernen Kreuz verliehen worden war.

Wenig später hatten die Freunde wieder eines ihrer vertraulichen Gespräche.

„Weißt du, Jochen", sagte Stahlschmidt, „es ist mir manchmal sehr schwer geworden, aber gerade in den vergangenen vier Wochen habe ich eine Verwandlung durchgemacht. Ich bin inzwischen noch einmal bei einem Tiefangriff abgeschossen worden, konnte aber auf eigenem Gebiet landen. Der Leichtsinn ist mir verflogen. Die Überlegenheit, glaube ich, wächst auch mit der Überlegung. Und ein guter Jagdflieger darf auch im erbittertsten Luftkampf kein rotes Tuch sehen, sondern muß eiskalt seine Chance wahrnehmen."

Marseille sah den Freund noch ernster als vorher, verhaltener. Den Abend verbrachten die beiden beim Kommodore. Als sie in ihr Zelt zurückgingen, meinte Stahlschmidt:

„Unser Kommodore, Jochen, ist einer von denen, die sich wirklich noch freuen können. Er mag uns, mit dem ganzen Mist, den wir manchmal machen. Er hat Verständnis für uns."

„Ja", bestätigte Marseille, „auch mir hat der Kommodore oft den Kopf zurechtgesetzt, und jetzt weiß ich, daß es alles richtig war, was er mir gesagt hat."

In den Tagen nach der Verleihung des Ritterkreuzes kamen weitere Abschüsse hinzu.

Daß die Männer, die mehrfach am Tage in tödlicher Gefahr schwebten, auch zu scherzen wußten, zeigte ein Ereignis, das in den letzten Augusttagen geschah.

Marseille kam gerade von einem Feindflug zurück. Nachdem er — achtmal mit den Flächen wackelnd und damit acht Luftsiege bei diesem einen Feindflug ankündigend — gelandet war, ließ er sich am Klappenschrank des Telefonisten im Gefechtsstand mit dem Liegeplatz der Zwoten verbinden.

Stahlschmidt meldete sich, und Marseille begann mit verstellter Stimme:

„Servus, Herr Leitnant, ich soll mia melden bei Ehna!"

„Wer spricht denn da?" fragte Stahlschmidt, der auf den Ulk hereinfiel.

„Hier ist Flieger Finkelhuber, i bin zu Ehna versetzt, Herr Leitnant! Holen S' mia ab, oder schicken S' oa Wagn?"

„Mann!" sagte Stahlschmidt. „Sind Sie wahnsinnig geworden? Ich werde Ihnen schon auf den Weg helfen, Sie . . ."

„Da dank ich auch recht schön, Herr Leitnant", erwiderte der vermeintliche Finkelhuber. „Hoab soviel Bagage bei mir."

„Hören Sie", raunzte Stahlschmidt zurück, „wo stecken Sie denn eigentlich?"

„Na, in Afrika, Herr Leitnant!" antwortete Marseille und legte unter donnerndem Gelächter der ihn umringenden Kameraden den Hörer auf.

Am späten Abend des 2. September 1942 saß Leutnant Stahlschmidt allein in seinem Zelt und schrieb in seinem Tagebuch.

„Dieser Tag hat mir mit meinem wohl bisher schwersten Luftkampf zugleich aber auch ein schönes Erlebnis an gegenseitiger Unterstützung und kameradschaftlicher Hilfe gebracht. Es war ein Kampf, an welchen Jochen Marseille und ich wohl noch lange denken werden. Es war unerhört, was wir leisten mußten. Zuerst Luftkampf mit vierzig Hurricanes und Curtiss', zu denen dann auch einmal von oben zwanzig Spitfires hinzukamen.

Nun waren wir alle mittendrin in dem unheimlichen Gewirr von feindlichen Jägern. Ich bin mit der Me 109 um mein Leben geflogen, aber es wurde trotzdem nicht gekniffen, sondern Luftkampf gemacht; denn meine Hilfe war zur Unterstützung der anderen nötig.

Drei-, viermal mußte ich türmen, weil es nicht mehr ging, aber immer war ich dann wieder da. Als es dann überhaupt nicht mehr ging — ich hatte schon alles aus meiner Me herausgeholt und fünfzig Meter hinter mir eine Spitfire —, da kam in letzter Sekunde Jochen und schoß meinen Verfolger ab. Ich drückte weg und zog wieder hoch.

Oben sah ich, wie fünfzig Meter hinter Jochen eine Spitfire saß. Ich zielte ganz sauber, schoß, und schon brannte der Gegner im Motor und stürzte ab. Gleichzeitig wurde ich wieder beschossen und mußte wegdrücken. Dann sah ich nur noch Marseille und mich im tollsten Luftkampf. Wir haben uns gut ergänzt und geholfen.

Dreimal gingen wir beide als Sieger aus den Kämpfen hervor, nachdem Marseille am Vormittag bereits einen abgeschossen hatte.

Ziemlich erschöpft sind wir zu Hause ausgestiegen. Jochen hatte Kanonentreffer und ich elf MG-Treffer. Wir sind uns anschließend um den Hals gefallen, denn es gab keine Worte für das, was wir gegenseitig für uns getan hatten. Ich wäre ohne Marseille und er ohne mich abgeschossen worden. Es ist das unvergleichlichste Erlebnis unserer Fliegerkameradschaft."

Am 7. September — Stahlschmidt hatte seinen 59. Luftsieg errungen und die Zahl der Feindflüge auf über vierhundert hochgeschraubt — stieg der junge Flieger, eben zum Oberleutnant befördert, zu einem Frontflug südlich Alamein auf. Sein 59. Abschuß war gleichzeitig auch der 500. des Geschwaders gewesen. Geraume Zeit später rief ein Leutnant von Stahl-schmidts Staffel Marseille an. Marseille hörte schweigend zu und legte den Hörer behutsam wieder auf. Dann rief er den anderen zu:

„Ich fahre zum Platz, Stahlschmidt ist weggeblieben!"

Marseille fand die Männer, die den Einsatz mitgeflogen hatten, beim Kommodore im Geschwadergefechtsstand. Einer glaubte, den Absturz der brennenden Maschine des Kameraden gesehen zu haben. Ein anderer eine Bauchlandung, ein dritter einen Fallschirm. Es war wieder viel zu turbulent zugegangen, als daß einer der Piloten während der Luftkämpfe in aller Ruhe hätte beobachten können.

Marseille bat den Kommodore, zur Suchaktion starten zu dürfen. „Edu" Neumann schüttelte den Kopf.

„Die erste und zwote Staffel starten!" befahl er.

Unverrichteterdinge kehrten die Maschinen zurück. Dennoch wollte Major Neumann die Hoffnung nicht aufgeben. Hans-Arnold Stahlschmidt aber blieb verschollen. Niemand hörte jemals wieder von ihm. Ein junger Adler war vom afrikanischen Himmel verschwunden, durch den er die Spur seines tapferen Lebens gezogen hatte.

Hans-Arnold Stahlschmidt, * 15. September 1920 in Kreuztal
Letzter Dienstgrad: Oberleutnant
Einsätze: Nordafrika
Auszeichnungen:
Eisernes Kreuz II. und I. Klasse
Frontflugspange in Gold im Februar 1942
Ritterkreuz am 28. August 1942
Vermißt am 7. September 1942 in Nordafrika nach 59 Luftsiegen und über 400 Feindflügen

GENERALLEUTNANT
JOHANNES STREICH

Mit der 5. leichten Division nach Afrika

Johannes Streich wurde am 16. April 1891 in Augustenburg, Kreis Sonderburg/Ostpreußen als Sohn eines Schulrates geboren. Nach Absolvierung des Gymnasiums in Rogasen trat er am 1. August 1911 als Fahnenjunker in das Eisenbahnregiment 2 in Berlin-Schöneberg ein. Er ging durch die harte Ausbildung der Vorkriegsschule. Am 21. Januar 1913 wurde er Leutnant.

Im Ersten Weltkrieg nahm er zunächst an den Kämpfen in Flandern teil. Von 1916 bis Mitte 1918 kämpfte Streich in Polen, Serbien und Rumänien, um sodann als Kompanieführer auf den westlichen Kriegsschauplatz zurückzukehren. Oberleutnant wurde er am 18. April 1916.

Auch nach Kriegsschluß blieb Streich Soldat, und zwar als Oberleutnant bei einer Kraftfahrkompanie in Hannover. Im April 1923 wurde er als Hauptmann Kompaniechef in der Kraftfahrabteilung 2, und zwar führte er die 2. Kompanie in Stettin.

Seine Berufung als technischer Lehrer beim Kraftfahr-Ausbildungskommando im Jahre 1928 gemeinsam mit dem damaligen Major Heinz Guderian ließ ihn die Umschulung von Kraftfahroffizieren auf die Panzertruppe in den Anfängen miterleben. Um sein Verdienst am Aufbau der neuen deutschen Panzertruppe zu charakterisieren, sei gesagt, daß er seit seiner Ernennung zum Referenten im Heereswaffenamt WaRrw 6 im Jahre 1930 auch an der Entwicklung der deutschen Panzer I bis IV mitarbeitete, derselben Panzer, die er wenige Jahre später auf afrikanischem Boden in den Kampf führen sollte.

Am 1. April 1933 erfolgte Streichs Beförderung zum Major. Im Sommer 1935 erhielt er wieder ein Truppenkommando, und zwar als Kommandeur der I. Abteilung des Kraftfahr-Lehrkommandos in Zossen. Aus dieser Abteilung ging später das Panzerregiment 5 hervor. Bis Oktober 1937 führte er diese Abteilung. Dazwischen lag seine am 1. Dezember 1935 erfolgte Beförderung zum Oberstleutnant.

Im Oktober 1937 ging Streich als Kommandeur des neuaufgestellten Panzerregiments 15 nach Sagan. Hier wurde er am 1. April 1938 Oberst.

Im Rahmen der 11. Panzerdivision, dem das Panzerregiment 15 angehörte, nahm er am Frankreichfeldzug teil. Besonderen Anteil hatte sein Regiment am erfolgreichen Verlauf des Gefechts bei La Quesnoy am 19. und 20. Mai 1940.

Eine Woche später war es Streich, der bei La Bassée den entscheidenden Einsatz fuhr. Dort knackte das Panzerregiment 15 den französischen Sperriegel bis zur Kanalküste. Der Durchbruch dieses einen Regiments hatte die Gefangennahme von rund 20 000 Franzosen zur Folge.

Im zweiten Abschnitt des Frankreichfeldzuges führte Oberst Streich sein Regiment nach Rouen. Die Panzermänner besetzten diese Stadt und stießen bis zur Seinemündung vor.

Auch in den folgenden Tagen, in den Kämpfen bei St. Valery, wirkte Oberst Streich mit seinem Regiment in entscheidender Weise mit. Bereits im Ersten Weltkrieg mit beiden Eisernen Kreuzen ausgezeichnet, erhielt er nun auch die Spangen dazu und das Panzerkampfabzeichen, das ihm nach fünf Feindeinsätzen verliehen wurde.

Am 31. Januar 1941 erhielt er nachträglich für den Durchbruch seines Regiments zur Kanalküste das Ritterkreuz.

Am 1. Februar 1941 wurde er bevorzugt zum Generalmajor befördert. In dieser Zeit lag die 11. Panzerdivision, bei der er Kommandeur des Panzerregiments 15 war, in Polen.

Am 8. Februar ging hier aus dem FHQ ein Fernschreiben ein, daß ihm das Ritterkreuz verliehen worden sei und daß er sich sofort zwecks anderer Verwendung in Wünsdorf bei der Führungsgruppe des Heeres zu melden habe.

Als Generalmajor Streich dort eintraf, wurde er von Generaloberst Halder über seine beabsichtigte Verwendung als Kommandeur der 5. leichten Division in Afrika informiert. In der sich daran anschließenden Besprechung teilte Generaloberst Halder dem neuen Divisionskommandeur mit, daß die 5. Leichte vorerst nur bis zum südlichsten Punkt der Syrte vorgehen sollte, um dort einen Sperriegel gegen die Engländer zu bilden. Für ein weiteres Vorgehen sollte das Eintreffen der ebenfalls für Afrika bestimmten 15. PD abgewartet werden.

Als Johannes Streich sich am 18. Februar 1941 von seiner Schwester in Berlin verabschiedete, wurde in den Abendnachrichten verspätet seine Auszeichnung mit dem Ritterkreuz bekanntgegeben.

Am selben Abend fuhr er in einem von den Italienern gestellten Salonwagen von Berlin nach Rom. Von dort flog er nach Tripolis. An Bord der Maschine befanden sich ein Teil seines Stabes und Teile des

Stabes von Generalleutnant Rommel, der das Deutsche Afrikakorps führen sollte.

Einen Tag nach der Abreise von Generalmajor Streich aus Berlin war Generalleutnant Rommel zum Befehlsempfang im FHQ. Auch ihm war gesagt worden, daß noch an keine größeren Kampfhandlungen zu denken sei. Dazu sei das deutsche Kontingent zu klein. Erst Ende Mai, wenn beide Divisionen „drüben" seien, wäre etwas zu machen.

Generaloberst Halder, der Generalstabschef, betrachtete die Entsendung deutscher Truppen ohnehin nur als eine politische Spritze, um die Italiener bei der Stange zu halten. Rommel wurde angewiesen, bis Ende April seine Pläne für Afrika vorzulegen.

Am 25. Februar 1941 traf Generalmajor Streich in Tripolis ein. Er war der erste deutsche Divisionskommandeur auf afrikanischem Boden. Rommel, der schon vorher eingetroffen war, hatte bereits die am 14. Februar 1941 in Tripolis eintreffende AA 3 und die PzJägAbt. 39 nach En Nofilia an der Küste der Syrte vorgeschoben. Am 19. Februar wurde En Nofilia durch diese beiden Abteilungen und der ihnen unterstellten italienischen Colonna Santa Maria besetzt. Am 24. Februar hatte die AA 3 ihr erstes Gefecht auf afrikanischem Boden.

Einen Tag nach dem Eintreffen des Divisionskommandeurs kamen auch das MG-Bataillon 8 und der Divisionsstab mit einem Geleitzug in Tripolis an. Das MG-Bataillon, das von Oberstleutnant Ponath geführt wurde, kam in Eilmärschen zur Syrte.

Am 1. März flog Generalmajor Streich nach En Nofilia und befahl die Besetzung der Enge von Mugtaa. Er richtete seinen Gefechtsstand am berühmten Arco dei Fileni ein, dem antiken Tor an der Grenze von Tripolitanien und Libyen. Für die Besetzung der Enge standen dem Divisionskommandeur nur das MG-Btl. 8, die PzJägAbt. 39, die 2./Pi 39 und die AA 3 zur Verfügung. Unterstellt wurde wiederum die Colonna Santa Maria. Die Besetzung ging planmäßig vor sich, und damit war eine gute Ausgangsposition gewonnen.

Am 11. März wurde das Panzerregiment 5 in Tripolis ausgeladen, dessen I. Abteilung Streich vormals in Wünsdorf geführt hatte. Damit war der Großteil der Division auf afrikanischem Boden. Am 15. brach Oberstleutnant Graf von Schwerin mit drei Zügen nach Murzuch auf. Marada wurde am 17. besetzt, und am 24. nahm Generalmajor Streich mit weiteren Teilen seiner Division el Agheila, einen der wichtigsten Punkte in der westlichen Wüste. Streich hatte dazu die 3./AA 3 in nächtlichem Fußmarsch am Strand entlanggehen lassen, während die 2. und 4./AA 3 und

Teile des Panzerregiments 5 frontal angriffen. Je eine Kompanie der beiden MG-Bataillone 2 und 8 waren an der Wegnahme des Forts beteiligt.

Für den 30. März hatte Generalleutnant Rommel, der Kommandierende General des DAK, einen Angriff auf Marsa el Brega, ungefähr dreißig Kilometer nordostwärts el Agheila, vorgesehen. Da diese Stellung in einer Enge zwischen dem Meer und einem eingetrockneten Salzsee lag, welcher nicht befahren werden konnte, wurde großer Widerstand der Engländer erwartet.

Generalmajor Streich fuhr mit dem Panzerregiment 5 nach vorn und richtete dicht vor der Sperrstellung der Engländer hinter einem Sandhügel seinen Gefechtsstand ein. Hier erschien bald Generalleutnant Rommel, um sich vom Fortgang des Angriffs zu überzeugen.

Der erste Angriff drang nicht durch. Feindliches Artilleriefeuer hämmerte in den deutschen Aufmarsch hinein. Auch Streichs Gefechtsstand wurde getroffen. Schon setzte die Dämmerung ein, als Generalmajor Streich Major Voigtsberger zu sich rufen ließ.

„Voigtsberger, Sie greifen nach Einfall der Dunkelheit mit Ihrem Bataillon, links herausgestaffelt, direkt nördlich der Straße vom Strand her an und fallen den Engländern in die Flanke."

Major Voigtsberger ließ das MG-Bataillon 2 antreten. Das Bataillon ging verteilt vor, wich vor dem feindlichen Grabensystem nach links aus und stand plötzlich in der Flanke des Gegners. Schlagartig brachen die Männer in die englischen Stellungen ein. An der Spitze der drahtige, mittelgroße Major.Voigtsberger.

Hier zeigte sich zum erstenmal in Afrika die Flankenempfindlichkeit des englischen Gegners. Er wich fast fluchtartig aus seiner Stellung, und als es finster war, hatte die 5. Leichte ihn vollständig geworfen. Fünfzig kleine britische Schützenpanzer und dreißig Lastwagen waren die Beute.

Noch in derselben Nacht ließ Streich aus eigenem Entschluß seine gesamte Division zu den Spitzenverbänden aufschließen.

„Wir setzen den Vorstoß auf Agedabia fort, Hauser", sagte er zu seinem I a.

Der Divisionsgefechtsstand wurde am 1. April in das Palmenwäldchen westlich Marsa el Brega vorverlegt. Oberstleutnant Ponath erhielt vom Divisionskommandeur den Befehl, mit dem MG-Bataillon 8 auf Agedabia vorzufühlen.

Am 2. April rollte das MG-Bataillon 8 auf der Straße und nördlich von ihr vor, während das Panzerregiment 5 von Generalmajor Streich südlich der Straße überholend eingesetzt wurde. Als der Kommandierende General gegen zehn Uhr bei der Division eintraf, verfügte er eine Umgruppierung. Und zwar sollte nun die AA 3 nördlich der Straße mit dem Ziel eingesetzt werden, dem Feind nördlich Agedabia den Rückzug abzuschneiden.

Durch die Luftaufklärung hatte Generalmajor Streich erfahren, daß die Engländer eine größere Anzahl von Panzern südlich des Vormarschweges der Division hinter Sanddünen gut getarnt in Stellung gebracht hatten. Diese Panzer konnten mit ihren Kanonen so eben über die tarnenden Sanddünen hinwegschießen.

Zur Bekämpfung dieser Panzeransammlung schickte Streich eine Abteilung seines Panzerregiments vor. Gegen 15.30 Uhr traten die deutschen Kampfwagen ins Gefecht mit englischen Mark-IV-Panzern. Der Kampf begann, und aus 1000 Meter Entfernung wurden sieben Feindpanzer abgeschossen. Der Rest zog sich in die Wüste zurück. Die eigenen Verluste beliefen sich auf drei Panzer. Mit diesen geringen Verlusten war die englische Flankenbedrohung ausgeschaltet worden.

Die nördlich der Straße eingesetzte AA 3 unter Major Frhr. von Wechmar* fuhr bis in die Gegend von Zuentia vor und erreichte schließlich Antelat. Drei Kilometer vor Agedabia richtete General Streich nunmehr seinen Divisionsgefechtsstand ein. Hier ergaben sich am anderen Morgen 200 Engländer. Schließlich traf gegen Mittag auch Rommel ein. Es lief eben die letzte Phase des Kampfes um Agedabia. Rommel tat überrascht und fragte den Divisionskommandeur:

„Was machen Sie denn hier?"

Streichs Antwort lautete:

„Ich war der Auffassung, daß man einem Gegner, der sich auf dem Rückzug befindet, keine Gelegenheit geben sollte, sich wieder zu setzen. Und so habe ich meine ganze Division herangeführt und greife augenblicklich Agedabia an."

Rommel blickte eine halbe Minute lang auf die Karte, ehe er zur Antwort ansetzte:

„Gut, Streich! Das habe ich zwar nicht befohlen, bin aber mit Ihren Maßnahmen einverstanden."

Nun ergab sich die Frage des weiteren Angriffs. Rommel war der Ansicht, man sollte von der Vormarschstraße links heraus ausholen, um den Gegner von der Küste fort und in die Wüste abzudrängen.

---

* siehe Kapitel „Oberst Irnfried von Wechmar"

Eine ähnliche Entwicklung voraussehend, hatte Generalmajor Streich glücklicherweise vorher bereits die andere Abteilung des Panzerregiments 5 ebenfalls gestaffelt und weit rechts ausholend um Agedabia herum angesetzt, um den noch im Fort sitzenden Gegner auszuheben.

Auf Rommels Weisung ließ er nun die AA 3, die sich noch allein halblinks hinter dem Gefechtsstand befand, vorziehen. Sie blieb bald darauf im tiefen Wüstensand stecken, hatte keine Gefechtsberührung und traf am Nachmittag in Agedabia ein, als die übrigen Kampfverbände die Stadt und das Fort bereits genommen hatten.

Die Brunnen in Agedabia waren verseucht. Man hatte Minen hineingeworfen. Auch der Parkplatz vor dem englischen Hauptquartier war mit Minen gepflastert.

Noch im Laufe des Nachmittags stieß die 5. Leichte zwanzig Kilometer über Agedabia hinaus und bildete in der offenen Wüste einen Igel. Die gesamte Division war mit den Spritvorräten ziemlich am Ende, als Rommel am anderen Tage eintraf, um mit Streich die Lage zu erörtern. Schließlich befahl der Kommandierende General, daß sämtliche verfügbaren Lastwagen des Gefechtstrosses entladen und mit doppelter Fahrerbesatzung nach rückwärts geschickt wurden, um Sprit, Munition und Verpflegung heranzuschaffen. Dabei mußte der kostbare Inhalt des Gefechtstrosses auf Planen offen in der Wüste gelagert werden.

Bis zur Rückkehr der Lkw-Kolonne war die gesamte Division zur Bewegungslosigkeit verurteilt. Bis Tripolis hatten die zurückgeschickten Wagen 1000 Kilometer zurückzulegen. Es konnten also mehrere Tage vergehen, an denen die Division nicht einsatzbereit war.

Am nächsten Morgen erschien Generalleutnant Rommel abermals bei der Division. Streich hatte in seinem Kübelwagen übernachtet, weil dies die einzige Möglichkeit hier war.

Diesmal befahl Rommel, die Brennstofftanks aller Fahrzeuge zu entleeren und mit diesem Sprit die Panzer zu versorgen. Mit dem solcherart flottgemachten Verband sollte Streich noch am selben Tag über Giof el Mater in Richtung Mechili vorgehen.

„Das Gros der Division folgt Ihnen nach Rückkehr der am Vortag losgeschickten Lkw-Kolonne", entschied Rommel.

General Zamboon, der mit einer der italienischen Divisionen herangekommen war, riet Rommel dringend davon ab, auf der Todespiste nach Giof el Mater zu marschieren, weil sie — die Italiener — seinerzeit auf ihrem Rückzug die gesamte Piste mit den sogenannten „Thermosflaschenminen" verseucht hätten.

Rommel drängte auf die Durchführung seiner Befehle, und so mußte Streich das Umfüllen des Benzins in Angriff nehmen lassen.

Gegen Abend war dieses Umtanken beendet, und auf Rommels Befehl wurde der Vormarsch noch bei Nacht und ohne Licht angetreten. Von der Piste war in der Finsternis nichts zu sehen. Jeder Wagen mußte sich an das vorausfahrende Fahrzeug anhängen. Streich fuhr mitten im Pulk. Mit donnerartigem Getöse gingen die ersten Minen hoch. Dann krachte es dicht vor ihnen ohrenbetäubend.

„Was ist das gewesen?" fragte General Streich seinen Adjutanten, Leutnant Seidel.

„Das muß ein Munitionswagen unserer Pioniere gewesen sein, Herr General!"

„Dort vorn!" rief der Fahrer und deutete mit der Linken voraus.

Genau vor ihnen brannte mit mächtigen Flammendomen ein Munitionswagen aus.

„Etwas rechts einschlagen und vorbeifahren!"

Der Fahrer befolgte diesen Befehl, und so passierten sie den brennenden Munitionswagen und drehten dann wieder auf die Piste zurück.

„In der Spur des Vordermannes fahren, Mann!" rief der Divisionskommandeur, als der Fahrer nach links ausscheren wollte. Der Fahrer fuhr zurück in die Spur und grinste insgeheim über die unnötige Vorsicht des Generals.

In diesem Augenblick stoppte die Kolonne, und ein Kübelwagen hinter Streich versuchte links an der Kolonne vorbeizufahren. Er war kaum ein paar Längen am Generalswagen vorbeigekommen, als es einen harten Explosionsschlag gab. Der Wagen wurde zerfetzt. Die Besatzung fand den Tod.

Bald hatten sich die Spitzenfahrzeuge in leichtem Flugsand festgefahren. Vor allem blieben die Räderfahrzeuge stecken. Bei dem Versuch der nachfolgenden Wagen, den steckengebliebenen Fahrzeugen auszuweichen, erlitten sie dasselbe Schicksal.

„Zugmaschinen vor! Alle 'rangehen, um die Wagen wieder flottzumachen!" befahl Streich.

Aber es nützte nichts mehr, denn bald waren alle Fahrzeuge des Verbandes seitlich und in der Tiefe festgefahren.

„Alle Fahrzeuge schalten die Scheinwerfer ein!" entschied der Divisionskommandeur. „Nach vorn und zur Mitte sammeln!"

Damit wollte Streich wenigstens den Verband geschlossen beisammen haben, falls — was immerhin möglich war — die Engländer angriffen.

Im Morgengrauen ließ Generalmajor Streich den Marsch fortsetzen. Aber nur ein kleiner Teil des Verbandes konnte weiterfahren. Vor allem blieben die Panzer erneut wegen Spritmangels liegen.

Später flogen Maschinen des DAK die in der Nacht zurückgelegte Strecke ab und fanden einige Wagenbesatzungen, die weit von der Richtung abgekommen und liegengeblieben waren. Sie konnten vor dem Verdursten bewahrt werden.

In seinem Kübel setzte sich dann der Divisionskommandeur an die Spitze seines Verbandes. Gegen Mittag erreichten sie einen ausgetrockneten Salzsee, ungefähr zwanzig Kilometer südlich von Mechili. Hier wurde haltgemacht. Den unterwegs liegengebliebenen Fahrzeugen mußte nun durch Flugzeuge Sprit zugeführt werden.

Sechs Radfahrzeuge, die vom Korps- und Divisionsstab in Marsch gesetzt worden waren, kamen zur kleinen Spitzengruppe durch. Beim Divisionskommandeur am Salzsee befanden sich zwei Fahrzeuge mit je zwei 2-cm-Zwillingsgeschützen.

Endlich landeten am Salzsee die beiden avisierten Ju 52 mit Sprit. Aber kaum waren die Männer beim Entladen, da griffen englische Kampfflugzeuge im Tiefflug an. Sie feuerten aus MG und Bordkanonen auf die beiden Ju 52; diese gingen in Flammen auf.

Alles lag jetzt am Salzsee fest. Und während man untätig wartete, kam Oberst Graf Schwerin, der ja zur Erkundung vorgeschickt war, von seinem Beobachtungsposten südwestlich Mechili mit einem englischen Beute-Lkw zurück und meldete Generalleutnant Rommel, der sich eben bei Streich aufhielt.

Gegen Nachmittag — Rommel war zum zweitenmal mit dem „Storch" am Salzsee angekommen — wandte sich der Kommandierende General des DAK an den Kommandeur der 5. leichten Division.

„Es ist jetzt 17 Uhr, Streich. Um 18 Uhr gehen Sie mit der Gruppe Schwerin auf Mechili vor und nehmen es. Ich werde der italienischen Artillerie Befehl geben, Ihren Angriff zu unterstützen."

Generalmajor Streich machte sich auf den Weg zu Oberst von Schwerin, der inzwischen wieder vorgefahren war. Beim Suchen nach Schwerin stieß Streich auf einen italienischen Stab, der ihm sagte, wo er die Gruppe Schwerin finden würde.

Aber am genannten Punkt angekommen, stellte sich heraus, daß die Gruppe Schwerin nicht mehr dort war. Als es bereits dunkelte, kehrte General Streich um. Über Funk ließ er Lichtsignale anfordern, nach denen sich der Fahrer schließlich orientieren und den Rückweg finden konnte.

Oberst *Freiherr von Wechmar*   Generalleutnant *Johannes Streich*

März 1941: Generalleutnant Streich, Kommandeur der 5. leichten Division — der ersten deutschen Einheit auf afrikanischem Boden —, weist einen italienischen Divisionskommandeur in die eben eroberten Stellungen westlich von el Agheila ein

Benghasi ist bei Rommels erstem stürmischem Vormarsch vom Deutschen Afrika-korps erobert worden. Begeistert fahren Italiener auf dem deutschen Spitzenfahrzeug mit durch die befreite Stadt

November 1941: Lagebesprechung vor el Gazalah. Zweiter von links General der Panzertruppen Erwin Rommel, rechts Oberst Siegfried Westphal, Stabschef des Deutschen Afrikakorps

Zu all diesen Widernissen kam noch hinzu, daß Generalleutnant Rommel, der zur italienischen Artillerie fahren und diese mit auf Mechili ansetzen wollte, die Italiener nicht fand. Als Streich ihm über seine vergebliche Suche nach Schwerin Meldung machte, sagte Rommel kein Wort.

Während so vor Mechili die Bewegungen zum Erliegen kamen, hatte Rommel starke Teile des DAK unter Oberstleutnant Ponath nördlich an Mechili vorbei, die Küste entlang, direkt gegen die Stadt Derna angesetzt.

Da der Rest der Division unter Oberst Olbrich (Kdr. PzRgt. 5) am 7. April noch nicht eingetroffen war, suchte Rommel diesen mit seinem „Storch". Er fand die Gruppe, landete und machte dem Oberst Vorhaltungen, daß er noch nicht rechtzeitig nachgekommen sei.

Aber Olbrich war in eine Steinwüste geraten, in der selbst Kettenfahrzeuge nicht weiterkamen. Er hatte streckenweise sogar zurückgehen und weiter nach Süden ausholen müssen. Die Wüste, den deutschen Kommandeuren wie auch Soldaten noch weitgehend unbekannt, stellte sich als sehr ernst zu nehmendes Hindernis heraus.

Bei dieser Kolonne unter Oberst Olbrich war inzwischen auch Generalmajor von Prittwitz, der Kommandeur der 15. PD, mit seinem I a eingetroffen. Sie waren ihrer Division im Flugzeug vorausgeflogen. Mehr war von der 15. PD noch nicht zur Stelle. Es hieß also warten.

Am 7. April traf die italienische Gruppe Fabris — ein verstärktes Bataillon Bersaglieri — ein und bezog südostwärts Mechili Stellung.

Auf dem eingetrockneten Salzsee gingen abermals Ju 52 nieder, um die Kampfgruppe zu versorgen. Vier englische Jäger wagten einen Tiefangriff. Die Soldaten schossen mit Karabinern auf die Angreifer, und einer wurde von der 2-cm-Flak abgeschossen. Am selben Abend trafen acht Panzer der I. Abteilung unter Führung von Major Bolbrinker ein. Damit hatte General Streich schwere Waffen zur Verfügung.

„Morgen nehmen Sie Mechili!" befahl Generalleutnant Rommel.

Am nächsten Morgen fuhr Generalmajor Streich mit den Führern seiner Einheiten auf Mechili vor, um eine günstige Einbruchsstelle zu suchen. Plötzlich tauchte eine lange englische Wagenkolonne auf. Streich fuhr zu seinem Gefechtsstand zurück.

Major Bolbrinker hatte ebenfalls die Staubwolken der Lastwagenkolonne erspäht.

„Alles mir nach auf Mechili!" rief er durch die Sprechverbindung seinen sieben Panzerkommandanten zu. Bolbrinker sah gleich darauf, wie eine Gruppe englischer Fahrzeuge direkt auf den Gefechtsstand von Generalmajor Streich losfuhr und daß mehrere Feind-MG das Feuer eröffneten.

Im Gefechtsstand selbst gab General Streich den Befehl zur Feuereröffnung. Jeder, der ein Gewehr tragen und abschießen konnte, ballerte los. Auch der General schoß mit dem Karabiner auf die anrollenden Feindfahrzeuge. Plötzlich schwenkte die Masse dieser Fahrzeuge nach Westen ab.

„Los, Rickert, mit den beiden Zwozentimetern zur parallelen Überholung hinterher!" rief Streich, der die Chance erkannte.

Der Adjutant fuhr mit den beiden Zwillingen los und jagte in wilder Fahrt den Engländern hinterher. Der Divisionskommandeur selbst fuhr nun im Kübel den acht Panzern von Major Bolbrinker nach.

Dicht vor Mechili, dort, wo die Engländer ihre Schützengräben ausgehoben hatten, eröffnete Feindpak das Feuer. Die acht deutschen Panzer erwiderten das Feuer. Drei, vier Pak fielen aus, aber auch drei eigene Panzer blieben abgeschossen liegen. Ihre Besatzungen konnten aussteigen und sich retten.

In diesem Augenblick kam aus Westen eine große Lkw-Kolonne auf Mechili zurück. Es waren dieselben Wagen, die Leutnant Rickert mit den beiden Zwozentimetern verfolgen sollte. Der Leutnant hatte die Spitze der Lastwagenkolonne erreicht, das Feuer eröffnet. Daraufhin hatten die Wagen kehrtgemacht und trafen nun in kritischer Minute wieder in Mechili ein.

Generalmajor Streich lief zum nächsten Panzer vor.

„Schicken Sie der Kolonne ein paar Schüsse entgegen!"

Der Panzerkommandant ließ das Feuer eröffnen. Drei, vier Granaten verließen die Panzerkanone und schmetterten in die Spitzenwagen hinein. Die lange Wagenkolonne, mit dem Gros der Besatzung von Mechili an Bord, blieb stehen. Mit erhobenen Armen kamen die Engländer von ihren Wagen heruntergeklettert.

Ein paar deutsche Soldaten hatten vier englische Generale und 2000 Mann gefangengenommen, dazu über hundert Fahrzeuge erbeutet. Die eigenen Verluste betrugen einen Offizier und fünf Mann. Die 5. Leichte hatte zwei Bataillone der 2. indischen Brigade (mot.) und rückwärtige Dienste der 2. englischen Panzerdivision mit dem Stab, einschließlich dem Divisionskommandeur, Generalmajor Gambier-Parry, kassiert.

Noch während der letzten Phase des Gefechts kam ein heftiger Ghibli auf. Dieser Sandsturm hielt auch Rommel mehrere Stunden fest. Trotz der aufgewirbelten Sandwolken war eine große schwarze Rauchsäule weithin sichtbar. Die Engländer hatten in Mechili ein Treibstofflager angezündet. Dieses Rauchzeichen führte schließlich auch die Gruppe Olbrich und die AA 3 heran. Diese Verbände tauchten am Nachmittag des 8. April in Mechili auf.

Englische Offiziere baten General Streich darum, das Gefechtsfeld nach Bekleidung und Brennmaterial absuchen zu dürfen. Ferner baten sie um Lebensmittel für ihre Truppen. Generalmajor Streich stellte ihnen Lastwagen zur Verfügung, mit denen sie Lebensmittel aus ihren eigenen, nun in deutscher Hand befindlichen Lagern herausholen konnten, soviel sie wollten. Er überließ den britischen Generalen ihre eigenen Befehlswagen zum Übernachten.

Inzwischen war das MG-Bataillon 8 unter Oberstleutnant Ponath durch Rommel über Bir Tengender (ostwärts Mechili) auf Derna angesetzt worden. Es sollte von Mechili nach Osten zurückgehende Gegner abfangen. Beim Gefecht der Kampfgruppe Ponath auf dem Flugplatz von Derna mit zurückströmenden Teilen der 9. australischen Division wurden 800 Gefangene gemacht. Unter ihnen befanden sich auch die Generalleutnante Neame und O'Connor. Mit diesen beiden Generalen — Neame als Befehlshaber der Cyrenaika — waren die beiden entscheidenden Führer der Engländer in Afrika in deutscher Gefangenschaft.

Rommel handelte sofort. Die Gelegenheit war günstig, über Tmimi auf Tobruk vorzustoßen und diese wichtigste Festung zu erobern.

Tobruk war der Schlüsselpunkt in Nordafrika. Als Hafenplatz und Nachschubbasis war diese Festung von unschätzbarem Wert. Darum schickte Rommel den Kommandeur der noch immer nicht vollzählig eingetroffenen 15. PD mit einer Kampfgruppe in Richtung Tobruk. Herzstück dieser Kampfgruppe waren das MG-Bataillon 8 und die AA 3. Der Divisionsgefechtsstand der 5. Leichten wurde in Mechili eingerichtet.

Während die Kampfgruppe des Generalmajors von Prittwitz vorstürmte, meldete Oberst Olbrich der Division, daß infolge des Ghibli die Türme seiner Kampfwagen so versandet seien, daß sie sich nicht mehr drehen ließen. Generalmajor Streich schlug vor, daß die Türme beim nächsten Halt abgenommen und gereinigt werden sollten. Rommel stimmte zunächst zu. Als aber diese Arbeit in der Nacht angelaufen war, traf ein Gegenbefehl Rommels ein. Die Panzer sollten nunmehr in direktem Marsch durch die Wüste in Richtung Tmimi folgen.

Die Arbeit abbrechen und in Richtung Tmimi weiterfahren war eines. Am nächsten Vormittag trafen die Panzer in Tmimi ein. Generalmajor Streich wies Oberst Olbrich an, auf der Via Balbia weiterzufahren. Er

selbst fuhr im Befehlswagen voraus nach Acroma zum „Weißen Haus",
wo sich Generalleutnant Rommel aufhielt. Er wollte vom Kommandierenden General Weisungen für den Einsatz seiner Panzer einholen.

Inzwischen war Rommel jedoch an der Spitze der Stoßgruppe Ponath
bis zu den ersten Befestigungen von Tobruk vorgefahren. Hier schickte
er Generalmajor von Prittwitz vor zur Erkundung einer günstigen Artil-
leriestellung, von der aus Festung und Hafen Tobruk wirkungsvoll zu
beschießen waren.

Bei dieser Erkundung fiel Generalmajor von Prittwitz. Er war mit
dem Pkw die Straße nach vorn gebraust, da Rommel selbst ihm gesagt
hatte, vorn an der Via Balbia stünden noch italienische Sicherungen.

Tatsächlich aber stand dort britische Pak! Die Briten eröffneten sofort
das Feuer auf die ahnungslosen und völlig überraschten Deutschen. Eine
Granate fuhr dem General durch die Brust. Auch sein Fahrer wurde sofort getötet.

Rommel selbst war nach Süden abgebogen, um das Gelände südlich
Tobruk zu inspizieren.

Als Generalmajor Streich am 10. April beim Rasthaus oberhalb des
Golfes von Bomba eintraf, erfuhr er vom Tod des Kommandeurs der
15. PD. Er versuchte, in rascher Fahrt Rommel zu erreichen und konnte
auch nach längerer Fahrt den „Mammut" — es war einer der drei von
Generalmajor Streich bei Mechili erbeuteten englischen gepanzerten und
vierradangetriebenen Befehlswagen — sichten. Einen dieser Befehlswagen
hatte Streich dem Korps gegeben, einen zweiten dem Panzerregiment 5,
und den dritten hatte er für sich behalten.

Als er bei Rommel eintraf, der von einigen Räderfahrzeugen und einer
2-cm-Pak begleitet war, wurde er sehr ungnädig empfangen.

„Wie kommen Sie dazu, mit einem englischen Fahrzeug (Streich hatte
einen englischen Schnellastwagen dabei, der noch in den englischen Tarn-
farben gestrichen war) hinter mir herzufahren?" schimpfte Rommel. „Wir
haben bereits geglaubt, es seien Engländer, und haben die Pak in Stellung
gebracht. Wenn Sie angehalten hätten, würde ich auf Sie das Feuer eröffnet haben."

„Dann hätten Herr General vielleicht beide Panzerkommandeure an
einem Tag verloren", warf Generalmajor Streich ein.

Von Rommel erhielt Streich den Befehl, die Führung vor Tobruk zu
übernehmen und deshalb nach Acroma zurückzukehren.

Auf der Rückfahrt dorthin erhielt der Wagen des Divisionskommandeurs aus El Adem Feuer. Während das Fahrzeug in wilder Slalomfahrt

nach Norden kurvte, sprangen der General und sein Begleitoffizier hinaus und rannten hinterher. Immer wieder mußte Streich volle Deckung nehmen. Aber die Flucht gelang.

Im „Weißen Haus" von Acroma, achtzehn Kilometer vor Tobruk, übernahm Generalmajor Streich die Führung zum Angriff auf die Stadt, den Hafen und die Festung.

Am 11. April, es war Karfreitag, und am nächsten Tag versuchte das DAK, den Verteidigungsgürtel um Tobruk zu durchstoßen. Während die AA 3 die Festung südlich mit dem Auftrag umging, El Adem zu nehmen und weiter nach Osten auf die ägyptische Grenze vorzuprellen, ging das MG-Bataillon 8 unter englischem Artilleriefeuer von Süden her — etwa drei Kilometer westlich der Straße El Adem–Tobruk — gegen die Festung vor.

Am Nachmittag des 11. April verlor das Bataillon im Gefecht einen Offizier und 40 Mann an Toten. Am Tag darauf versuchten die inzwischen eingetroffenen Teile des Panzerregiments 5 einzugreifen. Artilleriefeuer forderte die ersten Verluste an Panzern. Schließlich blieben die Kampfwagen vor einem nicht zu überschreitenden Panzergraben liegen.

In der Nacht zum 14. April 1941 — Ostersonntag — gelang es Pioniergruppen, den Panzergraben an zwei Stellen so weit einzuebnen, daß er überwunden und auf dem jenseitigen Gelände ein Brückenkopf gebildet werden konnte. Nun schien Tobruks Schicksal besiegelt.

Dreißig Panzer des Panzerregiments 5 und das MG-Bataillon gingen vor. Rommel übergab den Befehl für das Unternehmen am frühen Morgen Generalmajor Streich. In der Nacht vorher hatte Oberleutnant Prahl, der Adjutant des MG-Bataillons 8, gemeldet, daß das Bataillon keinen Feindwiderstand habe und ob es nicht weiter durch die Gasse vorstoßen könnte.

Der Divisionskommandeur hielt das für eine Finte, was sich dann auch bewahrheitete, und befahl, daß das MG-Bataillon erst mit Eintreffen der Panzer vorgehen solle.

Die ostwärts Tobruk zur Abriegelung eingesetzten Teile der 5. Leichten sollten laut Befehl des DAK nicht zum Angriff mit herangezogen werden. Den angreifenden Panzern und MG-Schützen standen daher als Unterstützung lediglich die Panzerjägerabteilung und eine Batterie der Flak-Abteilung 18 unter Major Hecht zur Verfügung. Hinzu kam eine Batterie des AR 75 unter Hauptmann Gerlach.

Am frühen Morgen des 14. April wollte Generalmajor Streich seine Soldaten beim Angriff von vorn aus führen und bat deshalb das Panzerregiment 5, ihm einen Panzer zur Verfügung zu stellen. Man schickte einen Panzer I, das älteste Panzermodell, das noch von der Reichswehr der Weimarer Republik in Zusammenarbeit mit der Roten Armee entwickelt worden war. Der Panzer I besaß lediglich ein Zwillings-MG im Turm und eine Panzerung von nur 15 mm.

Noch während der Dunkelheit fuhr Streich in seinem Kübel, den Panzer hinter sich, auf der von der Via Balbia nach Tobruk abzweigenden Straße vor. Angeblich sollte der Befestigungsgürtel diese Straße beim Kilometerstein 4 kreuzen.

Als sich Streich dem Kilometerstein 6 näherte, stellte er kurz vor seinem Wagen sich überschneidende Leuchtspurbahnen fest. Die Feuerstöße galten ihm. Sofort ließ er beide Fahrzeuge halten und wenden. Er schickte den Kübel zurück und nahm mit seinem Begleitoffizier und dem ausgestiegenen Panzerkommandanten hinter dem P I Deckung.

Das Panzerregiment sollte kurz vor den Drahthindernissen einen Einweiser bereitstellen, der den Divisionskommandeur zur Einbruchstelle führen sollte. Dieser Einweiser war nicht zu finden.

In dem Augenblick, als der Panzer zurückrollen wollte, eröffnete eine Feindpak das Feuer. Mit schmetterndem Krachen wurde der Panzer getroffen.

„Herr General", mahnte der Begleitoffizier, „hier können Sie nicht bleiben!"

„Gut, dann springen Sie zuerst nach links von der Straße weg, ich folge mit den Panzermännern."

Der Begleitoffizier rannte los. Als der General folgte und in kurzen Sprüngen fortrannte, schlug nahebei eine Granate ein. Unwillkürlich schrie der Panzerfahrer auf.

„Sind Sie verwundet?" fragte Streich aus seiner Deckung, in die er sich geworfen hatte.

„Nein, Herr General, noch nicht!" kam die Antwort des Panzermannes.

„Dann schreien Sie doch nicht schon vorher, Kerl!" erboste sich Streich.

Es wurde rasch hell. In einiger Entfernung sah Streich, der inzwischen seine Begleiter aus den Augen verloren hatte, die Stellungen der 3./AR 75. Er lief hin und erblickte von dort aus Feindpanzer, die aus dem Befestigungsgürtel herausrollten und auf die eigene Einbruchstelle zufuhren.

„Geben Sie mir einen Kübel, Gerlach!" rief der Divisionskommandeur und fuhr in dem Wagen sofort auf die Einbruchstelle zu. Immer wieder wollte der Fahrer den nahe liegenden Einschlägen nach links ausbiegen, aber der Divisionskommandeur ließ ihn stur geradeaus fahren.

Noch nicht ganz angekommen, sah General Streich schon, daß sich seine Panzer bereits wieder aus der Einbruchstelle zurückzogen. Das Feindfeuer konzentrierte sich auf diese Wagen. Als der General den Panzer des Regimentskommandeurs Oberst Olbrich erreichte, erfuhr er, daß das Regiment aus dem Fort Pilastrino Feuer erhalten hatte. Die 8. Kompanie war zusammengeschossen worden, der Rest mußte kehrtmachen.

Das MG-Bataillon 8 aber geriet in einen australischen Hinterhalt und wurde im mörderischen Nahkampf fast völlig niedergemacht.

Als Oberst Olbrich zum Korpsstab weiterfuhr und dort Meldung machte, mußte er berichten, daß die Türme seiner zurückgekommenen Panzer durch Beschuß bewegungsunfähig geworden seien. Fünfzehn deutsche Panzer lagen zerschossen in der Festung und waren verloren.

Das MG-Bataillon 8 hatte an diesem Ostersonntag über 400 Mann an Vermißten. Nur Splittergruppen dieses Bataillons kamen aus der Festung zurück. Und daß es schließlich insgesamt noch fünf Offiziere und 92 Mann zählte, war nur dem Umstand zu verdanken, daß zwei Züge der 1. Kompanie die Einbruchstelle nicht gefunden hatten.

Der erste Handstreich auf Tobruk war somit gescheitert.

Der Divisionsgefechtsstand verlegte an die Straße El Adem–Tobruk nördlich von El Adem.

Oberstleutnant Ponath, der an der Spitze seines MG-Bataillons 8 gefallen war, wurde am 13. April das Ritterkreuz verliehen. Als die Nachricht durchkam, war er bereits tot.

Die Flak aber war zu nahe an den Panzergraben herangegangen und am frühen Morgen vom Feind zusammengeschossen worden. Das italienische Sperrfeuer war — obgleich zugesagt — nicht geschossen worden.

Als Generalmajor Streich zum Korpsgefechtsstand kam, hatte dieser weiter zurückverlegt. Nur noch der Ia, Major Ehlers, war dort. Dieser übermittelte einen Befehl Rommels, „zur angriffsweisen Verteidigung" überzugehen.

Am 16. April 1941 feierte Generalmajor Streich seinen fünfzigsten Geburtstag. Rommel weilte an diesem Tag bei den Überlebenden des MG-Bataillons 8. Von dort bis zum Befehlsstand von General Streich war es nur ein Katzensprung, aber Rommel unterschrieb lediglich einen von seinem Adjutanten aufgesetzten Glückwunsch und ließ diesen General Streich zuschicken. Der Kommandierende General grollte dem Divisionskommandeur wegen seiner offenen Sprache.

Noch am 16. April versuchte Rommel mit 18 kleinen Panzern der italienischen PD „Ariete" die Erhebung Ras el Madauer in Besitz zu nehmen, die zu einem mächtigen Befestigungswerk ausgebaut war. Und von dort aus konnte der Gegner die deutschen Stellungen einsehen. Oberleutnant Wahl, Dolmetscher der 5. Leichten, wurde von Rommel dazu mitgenommen. Er fiel bei diesem Angriff, der übrigens fehlschlug.

In der letzten Aprilhälfte traf Generalleutnant Paulus aus dem OKH in Afrika ein. Man wollte beim Oberkommando wissen, was eigentlich los war. Daß Generalleutnant Paulus in Afrika auftauchte, geschah nicht von ungefähr. Offiziere des DAK hatten einem zum OKH fliegenden Oberst ein Schriftstück mitgegeben, in welchem sie die materielle Lage der Divisionen als äußerst kritisch schilderten.

Generalleutnant Paulus, mit weitreichenden Vollmachten ausgestattet, erschien beim Generalkommando des DAK, um die Lage zu prüfen und anschließend dem OKH Bericht zu erstatten und Vorschläge zu unterbreiten.

Der General kam schließlich auch zur 5. Leichten, und Generalmajor Streich konnte ihm eingehend über den gescheiterten Angriff auf Tobruk berichten.

Als Ergebnis dieser Inspektion wurde Major Ahlers, der Ia des DAK, abgelöst und aus dem Generalstab zur Infanterie versetzt.

Während um Tobruk noch gerungen wurde, stürmten zwei Kampfgruppen bereits an der Stadt vorbei nach Osten. Einmal die AA 3 unter Frhr. von Wechmar, zum anderen das Kradschützenbataillon 15 der 15. PD, das inzwischen unter Führung von Oberstleutnant Knabe in Tripolis gelandet und dort am Kai vom Quartiermeister Hauptmann Otto empfangen worden war, der ihnen Rommels Befehl mitbrachte:

„Sofort Abmarsch Richtung Bengasi!"

Als das Bataillon im Raum Tobruk eintraf, wurde ihm — da seine schwere Kompanie noch in Neapel festlag — die Panzerjägerabteilung 33 unterstellt. Die Kampfgruppe Knabe erhielt Befehl, Capuzzo und Sollum zu nehmen.

Am Ostersonntag gegen Mittag war „Ridotta Capuzzo" in der Hand der Kampfgruppe Knabe. Hierbei hatte sich ein Kompanieführer ausgezeichnet, dessen Namen man später immer wieder begegnete: der spätere Major Ehle.

Auch Sollum wurde genommen. Damit standen Teile des DAK weit vor den bei Tobruk stehenden Verbänden.

Erst am 30. April unternahm Rommel seinen zweiten Angriff auf den Ras el Madauer mit italienischen Verbänden und den Männern, die von der 5. Leichten noch einsatzbereit waren. Diese Truppen wurden jedoch General Kirchheim unterstellt.

Damit hatte Generalleutnant Rommel den Kommandeur der 5. Leichten kaltgestellt. Streich selbst erhielt Befehl, mit einer Gruppe von Räderfahrzeugen zur Ablenkung des Gegners südlich Tobruk starke Staubwolken aufzuwirbeln.

Der Angriff drang durch. Oberleutnant Gottfried Muntau erstürmte mit seiner 3. Kompanie des MG-Bataillons 2 den Ras el Madauer. Auch Oberleutnant Willi Cirener, der die 3./PiBatl. 33 führte, nahm mit einem seiner Stoßtrupps mehrere Werke dieser mächtigen Festungsgruppe. Am 1. Mai fiel er an der Spitze seiner Kompanie, mit der er am 19. Juli 1940 in Frankreich das Ritterkreuz erhalten hatte.

Bis zum 4. Mai dauerten hier die Kämpfe — vergebens. Das DAK blieb liegen.

Es war eine bekannte Tatsache geworden, daß Rommel und Streich sich nicht vertrugen und daß diese Unverträglichkeit auch die gemeinsam zu unternehmenden Einsätze gefährdete.

So überraschte es Generalmajor Streich auch nicht, als eines Tages gegen Ende Mai im Befehlswagen der Division das Telefon klingelte und Rommel ihn zu sprechen verlangte.

„Streich", eröffnete Rommel dem Divisionskommandeur, „ich habe Ihre Ablösung beantragt. Sie führen aber die Division weiter, bis Ihr Nachfolger eingetroffen ist."

Einige Sekunden war Streich dennoch perplex. Dann aber raffte er sich zu einer militärisch knappen Antwort auf:

„Haben Herr General sonst noch Befehle?" fragte er.

„Nein, das ist alles!" Es klickte in der Leitung, und das Gespräch war zu Ende.

Als Streich sich bei Rommel abmeldete, sagte dieser ihm:

„Ich habe Ihnen die Qualifikation zum Divisionskommandeur nicht abgesprochen, Streich. Sie sind mir aber in der Fürsorge für die Truppe zu weit gegangen."

Streichs Antwort lautete:

„Ein größeres Lob kann man eigentlich keinem Divisionskommandeur spenden."

Anfang Juni begab sich Generalmajor Streich nach Rom. Er mußte sich bei Mussolini melden. Dieser verlieh ihm als einem der ersten Deutschen die silberne italienische Tapferkeitsmedaille.

Generalmajor Streich übernahm im Sommer 1941 im Raume Orscha die Kampfgruppe Streich und anschließend die 16.ID (mot.), die später zur 116. PD umgerüstet wurde. Ende November wurde er in die Führerreserve des OKH versetzt und erhielt im März/April 1942 ein Sonderkommando nach Holland. Hier sollte er die verschiedenen Wehrmachtsteile aufeinander abstimmen, die bei einem englischen Landungsversuch gemeinsam die Küste zu verteidigen hatten.

Im Sommer 1942 wurde Streich schließlich „Inspekteur der Schnellen Truppen" beim Allgemeinen Heeresamt in Berlin. Damit war er verantwortlich für die Überwachung sämtlicher Ausbildungseinheiten der Panzer- und Mot.-Truppen zwischen Paris und Warschau.

Ein Jahr lang übte er diese verantwortungsvolle Tätigkeit aus, dann wurde er Wehrersatzinspekteur des Wehrkreises VIII Breslau. Hier erfolgte am 1. Oktober 1943 seine Beförderung zum Generalleutnant. Am 1. April 1945 wurde er schließlich Wehrersatzinspekteur des Wehrkreises III in Berlin. Hier erlebte er das Kriegsende und ging zu Fuß in Zivil nach Dresden. Ende 1945 setzte er sich schließlich von Dresden aus über die „grüne Grenze" nach dem Westen ab. Er lebt jetzt mit seiner Familie in Hamburg.

Johannes Streich, * 16. April 1891 in Augustenburg
Letzter Dienstgrad: Generalleutnant
Einsätze:
Erster Weltkrieg: Flandern, Polen, Serbien, Rumänien, Frankreich
Zweiter Weltkrieg: Frankreich, Nordafrika, Rußland
Auszeichnungen:
Spangen zum EK II. und I. Klasse im Mai 1940
Panzerkampfabzeichen im Juni 1940
Ritterkreuz am 31. Januar 1941
Silberne italienische Tapferkeitsmedaille im Juni 1941

GENERAL DER PANZERTRUPPE
GUSTAV VON VAERST | *Dreimal in Afrika*

Man schrieb den 1. Januar 1942. In der Wüste bei Agedabia lagen die Reste des Deutschen Afrikakorps, die nach der Winterschlacht bis hierher zurückgedrängt worden waren.

Die britische Nachrichtenagentur Reuter hatte am 26. Dezember 1941 eine Meldung an die Weltpresse durchgegeben, in welcher die Vernichtung der Achsenstreitkräfte in Afrika verkündet wurde:

„Die Reste des deutschen Afrikakorps und der italienischen Armee fluten längs der Syrte auf der nach Tripolis führenden Straße zurück. Das Hauptziel, die Vernichtung der feindlichen Streitkräfte in der westlichen Wüste, ist erreicht. Die deutschen Panzerstreitkräfte sind zerschlagen. Es gibt nur noch eine Handvoll deutscher Panzer, die voll Panik versuchen, nach Tripolis zu entkommen."

Nichts von alledem sah Generalmajor Gustav von Vaerst, der Kommandeur der 15. Panzerdivision des DAK, als er am frühen Morgen von Schützenloch zu Schützenloch ging, um seinen Soldaten ein gutes neues Jahr zu wünschen.

In der Nacht, um null Uhr, hatten alle das Deutschlandlied gesungen, heute morgen meldeten sie vorschriftsmäßig ihrem General, der mit seinem zerfurchten Gesicht und der kleinen „Bürste" auf der Oberlippe vor ihnen stand.

Lediglich in einem Schützenloch meldete niemand. Der Landser hielt sein Fernglas in Richtung Gegner gerichtet und beobachtete.

„Bessere dich im neuen Jahr!" meinte der Divisionskommandeur lächelnd.

„Wünsche Herrn General das gleiche!" entgegnete der Posten, und Generalmajor von Vaerst, alter Haudegen des Ersten Weltkrieges, fiel in das Lachen seiner Begleiter ein.

Gustav von Vaerst wurde am 19. April 1894 als Sohn eines Universitätsprofessors in Meiningen in Thüringen geboren. Dennoch ist er kein Thüringer von Geblüt, denn väterlicherseits entstammt er einer adeligen westfälischen Familie, die urkundlich bereits im Jahre 1288 genannt wird. Mütterlicherseits kommen seine Vorfahren aus fränkischen Bauern- und Brauergeschlechtern.

Nach bestandenem Abitur auf dem Realgymnasium in München trat von Vaerst im Jahre 1912 als Fahnenjunker in das Husarenregiment 14 in Kassel ein. Am 18. Februar 1914 wurde er mit Vorpatentierung auf den 18. Februar 1912 Leutnant.

Als Zugführer, Eskadronsführer und Regimentsadjutant im Husaren- regiment 14 — das zur 3. Kavalleriedivision gehörte — machte er den Ersten Weltkrieg mit. Er war in Frankreich, Rußland, Rumänien sowie in der Ukraine eingesetzt. Als Oberleutnant, mehrfach ausgezeichnet, ging er nach Kriegsschluß als Eskadronsführer im Hessisch-Waldeckschen Freikorps nach Schlesien. 1920 wurde er als Eskadronsführer im Reiter- regiment 16 in die Reichswehr übernommen. Seine Garnisonen waren Kassel, Hofgeismar, Erfurt. 1925 erfolgte seine Beförderung zum Ritt- meister.

Die Führergehilfenausbildung absolvierte von Vaerst in den Jahren 1921 und 1922. Eine Versetzung brachte ihn im Jahre 1930 als Ia-Hilfs- offizier in den Stab der 1. Kavalleriedivison nach Frankfurt an der Oder. 1933 ging er als Taktiklehrer zur Kavallerieschule nach Hannover. Im August des gleichen Jahres wurde er Major. Zwei Jahre bildete er junge Fähnriche aus. Im Jahre 1935 verabschiedete er sich dort, um zur 2. Panzerdivision nach Meiningen zu gehen. Im August 1935 wurde er Oberstleutnant.

Im neuen Wirkungsbereich seiner Geburtsstadt Meiningen war er Kommandeur des I./Schützenregiment 2. Mit der Verlegung nach Wien übernahm er das Schützenregiment 2 als Kommandeur. Seine Beförde- rung zum Oberst erfolgte im August 1938. Bei Kriegsausbruch wurde er mit der Führung der 2. Schützenbrigade beauftragt.

Im Polenfeldzug zeichnete sich von Vaerst mehrfach aus. Den Frank- reichfeldzug erlebte er an der Spitze seiner Truppen. Mit seinem Namen ist vor allem die Eroberung von Boulogne im Mai 1940 verknüpft.

Bereits am 10. Mai 1940 überschritt die 2. PD die luxemburgische Grenze. Der Durchbruch der belgischen Grenzbefestigungen erfolgte einen Tag darauf bei Libramont. Auf dem rechten Flügel des XIX. Ar- meekorps (General der Panzertruppen Guderian) stürmte die Division, von Generalleutnant Veihel geführt, durch die Ardennen. Sie erkämpfte sich den Übergang über den Semois und erreichte am 4. Angriffstag die französische HKL bei Donchéry an der Maas. Am 18. Mai wurde

St. Quentin genommen, Abbéville an der Mündung der Oise am 20. Mai, und am nächsten Tag erhielt Generalleutnant Veihel vom Korps Weisung, den Angriff in Richtung Boulogne fortzusetzen.

Oberst von Vaerst setzte einen Teil seiner Kampfgruppe zur Umfassung von Norden her auf Boulogne an. Am Abend des 22. Mai war die Stadt eingeschlossen. Oberst von Vaerst gab der 3./Kradschützenbataillon 2 mit einer mittleren Panzerkompanie den Auftrag, in der Nacht das Fort de la Créche — vier Kilometer nördlich Boulogne — im Handstreich zu nehmen. Dieser Handstreich mißlang.

Am frühen Morgen des 23. Mai griffen die Schützen der 2. Schützenbrigade wieder an. Im Häuser- und Straßenkampf arbeiteten sie sich bis zum Hafenbecken vor, aber entlang der Stadtmauer setzten sich die Franzosen in der Zitadelle fest.

Der Gegner wehrte sich verzweifelt, so daß die Gruppe von Vaerst erst in den Morgenstunden des 25. Mai 1940 den Nordteil von Boulogne in Besitz nehmen konnten. Oberst von Vaerst wies selbst die Acht-Acht in direktem Beschuß gegen die Zitadelle ein.

In der Geschichte der 2. Panzerdivision ist folgender Absatz vermerkt*:

„Oberst von Vaerst wirkt vor allem durch den rücksichtslosen Einsatz seiner eigenen Person in vorderster Linie. Immer wieder taucht er an den Brennpunkten des Kampfes auf und ist durch seine ruhige, überlegene Befehlsgebung ein Vorbild für alle Untergebene."

Der Wehrmachtsbericht des 26. Mai 1940 meldete:

„Im harten Kampf mit feindlichen Land- und Seestreitkräften fiel Boulogne..."

Am 30. Juni 1940 erhielt Oberst von Vaerst das Ritterkreuz.

Auch den Balkanfeldzug machte der Oberst als Kommandeur der 2. Schützenbrigade mit.

Aus Jugoslawien stieß die 2. PD das Wardartal hinunter in Richtung Saloniki vor. Dieser Panzerraid auf Saloniki war wiederum eine Glanzleistung der von Vaerst kommandierten Truppen.

Am 10. April 1941 meldete der Wehrmachtsbericht die Einnahme Salonikis und daß die griechischen Kräfte ostwärts des Wardar bedingungslos kapituliert hätten. Oberst von Vaerst hatte diesen Erfolg mit ermöglicht.

---

* Strauß, Franz Josef: „Die Geschichte der 2. (Wiener) Panzerdivision"

Im Mai 1941 wurde Oberst von Vaerst Stellvertretender Kommandeur der Panzertruppenschule in Krampnitz bei Potsdam. Am 1. September 1941 erfolgte seine Beförderung zum Generalmajor.

Nachdem in Afrika am 7. Dezember 1941 Generalmajor Neumann-Silkow, der Kommandeur der 15. PD, beim Kampf gegen britische Panzer im Turmluk seines Kampfwagens durch einen Granatvolltreffer gefallen war, wurde Generalmajor von Vaerst nach Afrika gerufen.

Am 17. Dezember 1941 traf er auf dem afrikanischen Kriegsschauplatz ein. Major Kriebel, der Ia der Division, meldete dem General die Stärke der Truppen, die er von nun an führen sollte. Einer seiner ersten Befehle war, daß das Kradschützenbataillon der Division unter Major Ehle, das schwere Verluste erlitten hatte, nicht mehr als Nachhut eingesetzt werden durfte.

Mit Beginn der großen deutsch-italienischen Offensive am 21. Januar 1942 führte Generalmajor von Vaerst seine Division vorwärts. Das Panzerregiment 8 unter Oberstleutnant Cramer bildete den einen Zangenarm, der die 1. britische PD umschloß. Die Kampfgruppe Geißler der 15. PD nahm Maraua.

Als der Morgen des 27. Mai 1942 heraufzog, fuhr das Panzerregiment 8 der Vaerst-Division, diesmal unter Oberstleutnant Teege, an der Spitze. Vorn die leichten, dahinter die schweren Kompanien.

Die deutschen Panzer hatten zum erstenmal gegen die schweren amerikanischen M 3-Panzer „General Grant" zu kämpfen, deren 7,5-cm-Kanonen an Reichweite und Durchschlagskraft der deutschen Panzerkanone überlegen waren. Dennoch gelang es Generalmajor von Vaerst, durch geschickten Ansatz seiner II. Abteilung in die Flanke des Gegners, die britischen 8. Husaren aufzureiben. 16 Grant-Panzer der 3. Royal Tanks wurden abgeschossen.

Als Vaerst an der Spitze der vordersten eigenen Panzerkompanie vorbeifuhr, rief der Kompanieführer den General an:

„Welche Marschrichtung, Herr General?"

Noch ehe der Divisionskommandeur antworten konnte, rief sein Adjutant:

„Dorthin! Dort fährt Rommel!"

Die 4. britische Panzerbrigade, die hier als Sperriegel lag, um den Aufmarsch ihrer 8. Armee zu sichern, wurde durch das Panzerregiment 8 und das Panzerregiment 5 (letzteres von der 21. PD unter Führung von Oberst Gerhard Müller) aufgesprengt.

Nun war der Weg im Rücken des Gegners zur Küste hinauf frei.

Die 15. und 21. PD, geführt von Generalleutnant Nehring, dem Kommandierenden General des DAK, stürmten weiter.

Am 28. Mai wurde Generalmajor von Vaerst bei Got el Ualeb verwundet. Neben ihm lag in dem LKW, der die Verwundeten zurückfuhr, Hauptmann Eckert von der Kampfstaffel Kiel, den es ebenfalls bei Got el Ualeb erwischt hatte.

Für die Verwundeten war es eine Höllenfahrt. Es ging durch Löcher und über Steine. Fünf Panzer und Spähwagen fuhren als Bedeckung mit. Der Gegner hatte diesen Konvoi ausgemacht und schoß mit Artillerie darauf. Neunzehn Stunden dauerte die Fahrt, die Generalmajor von Vaerst und die übrigen Verwundeten zum Hauptverbandsplatz zurückbrachte. Auch Major Ehle, der Kommandeur seiner Kradschützen, war unter den Verwundeten von Got el Ualeb. Darüber hinaus waren noch Generalmajor Gause und Oberstleutnant Westphal verwundet worden*.

Oberst Crasemann, der Artilleriekommandeur des DAK, übernahm die Führung der 15. PD.

Bereits im August 1942 war Generalmajor von Vaerst so weit wiederhergestellt, daß er an die Front zurückkehren konnte. Ab Mitte August führte er wieder seine alte 15. PD. Die Division hatte in den Juli-Gefechten, als auch die Festung Tobruk endlich erobert wurde, schwere Verluste erlitten.

In der Augusthitze vor Alamein stellte sie sich im Südabschnitt der Angriffsaufstellung zum letzten Vorstoß nach Alexandria und Kairo bereit. Der Tagesbefehl, der am 30. August auch die Soldaten der 15. PD erreichte, lautete:

„Soldaten!

Heute tritt die Armee, verstärkt durch neue Divisionen, zur endgültigen Vernichtung des Feindes erneut zum Angriff an.

Ich erwarte, daß jeder Soldat meiner Armee in diesen entscheidenden Tagen das Letzte hergibt!

Der Oberbefehlshaber, gez. Rommel, Generalfeldmarschall"

Im Schlachtplan Rommels war die 15. PD dazu ausersehen, mit der 90. Leichten und dem Generalkommando des DAK auf Suez vorzustoßen, während die 21. PD Alexandria nehmen sollte.

Am Abend des 30. August gegen 20 Uhr gab Generalmajor von Vaerst das Zeichen zum Vorstoß. Die 15. PD rollte mit 70 Panzern in den Kampf. Die links angeschlossene 21. PD besaß bereits wieder 120 Panzer.

---

* siehe Kapitel „General der Kavallerie Siegfried Westphal"

Generalmajor von Vaerst setzte sich mit seinem Befehlswagen hinter die II. Abteilung seines Panzerregiments. Drei Stunden lang rollten die Panzer durch die heiße Nacht, bevor der Gegner das Feuer eröffnete. Die Kradschützen der Division übernahmen die Spitze. Bald darauf fuhr das I./PzGrenRgt. 115 unter Major Busch auf eine breit angelegte englische Minensperre. Minendetonationen hallten durch die Nacht. Hinter dem Minenfeld eröffneten englische Infanterie und Pak das Feuer.

„Zwotes Bataillon greift über die Minensperre hinweg an!" befahl der Divisionskommandeur.

Hauptmann Weichsel führte das Bataillon vorwärts. Die Panzergrenadiere erstürmten die englischen Stellungen und bildeten einen Brückenkopf, der auch das Durchfahren der Panzer durch die Minensperre sicherte. Eine Minengasse wurde geräumt, und die Division rollte durch diesen gefährlichen Teufelsgarten hindurch.

Bei der 21. PD war es schlimmer. Die Division, in welcher auch der Kommandierende General des DAK, General Walther K. Nehring, mit seinem Befehlswagen fuhr, geriet ebenfalls in ein Minenfeld. Hier flogen Wagen in die Luft. Dann kam die britische Luftwaffe und setzte Leuchtzeichen. Außerdem warf sie Magnesiumkanister ab, deren Inhalt sich erst auf der Erde entzündete. Die 21. PD lag wie auf dem Präsentierteller.

Britische Infanterie eröffnete das MG-Feuer. An der Spitze seiner 21. Panzerdivision fiel Generalmajor Georg von Bismarck. Generalmajor Kleemann, der Kommandeur der 90. Leichten, wurde verwundet.

Der 31. August brach an. Schlachtflieger stießen herunter. Eine dieser Maschinen machte den Schützenpanzer des Kommandierenden Generals aus, stieß auf ihn herunter und bombte ihn. Die Bombe detonierte dicht neben der Vorderachse. Splitter durchschlugen den Panzerschutz.

Blutend brach General Nehring im Wagen zusammen. Oberstleutnant Bayerlein, sein Stabschef, wurde durch das Funkgerät gerettet*. Der Ordonnanzoffizier des DAK, Hauptmann von Burgsdorff, und der Nachschuboffizier des DAK, Oberstleutnant Walter Schmitt, die den Befehlswagen kurz vorher zu einer Erkundung verlassen hatten, wurden getötet. Oberstleutnant Bayerlein übernahm die Führung des DAK, bis. Generalmajor von Vaerst herbeieilte, der auf Befehl von Feldmarschall Rommel den Befehl über das DAK übernahm.

Wieder übernahm Oberst Crasemann die 15. PD. Als Vertreter des Kommandierenden Generals des DAK erkannte von Vaerst recht bald,

---

* siehe Kapitel „Generalleutnant Fritz Bayerlein"

daß die eigenen Kräfte zu schwach waren, um gegen das hier bereitstehende gegnerische Potential zu siegen.

In diesen Tagen zwischen Ende August bis in die ersten Septembertage 1942, als General von Vaerst bei Alam Halfa das DAK führte, ging ein Abschnitt in Afrika zu Ende.

Als am 23. Oktober 1942 die britische Großoffensive bei el Alamein mit einem Trommelfeuer anlief, stand die 15. PD, die nun wieder von General von Vaerst mit seinem Ia Oberstleutnant Heinrich Müller geführt wurde, im Südabschnitt. General Ritter von Thoma hatte als Nachfolger Nehrings die Führung des DAK übernommen. Die Kampfgruppe Süd, die von Oberst Teege, dem Kommandeur des PzRgt. 8, geführt wurde, mußte erleben, daß die Italiener in diesem Kampfabschnitt am Morgen des 24. Oktober zurückliefen. Ihnen dicht auf den Fersen rollten amerikanische Grant- und Sherman-Panzer vor.

Das Panzerartillerieregiment 33 eröffnete das Feuer auf diese Angriffsgruppen. Dann fuhr Hauptmann Stiefelmayer mit der I./PzRgt. 8 zum Gegenstoß vor und drückte die Feindpanzer in den deutscherseits angelegten Minengürtel. Ein wüstes Tohuwabohu begann. 35 Feindpanzer blieben brennend, zerrissen von detonierenden Fliegerbomben — die hier als Minen eingebaut waren — liegen. Der Rest zog sich zurück. Der Durchbruchsversuch war an dieser Stelle abgewiesen worden.

Und gerade in dieser Krisenzeit zeigte sich das wahre Wesen des Generals. Seine persönliche Tapferkeit war Vorbild und Ansporn zugleich. Seine Fürsorge für die ihm anvertrauten Soldaten ließ ihn immer wieder nach vorn fahren und dort eingreifen, wo die Lage kritisch wurde.

Auf dem Rückzug, der am 4. November 1942 begann, sorgte von Vaerst dafür, daß keiner seiner Soldaten zurückblieb.

Ende November 1942 wurde er durch eine schwere Krankheit gezwungen, nach Deutschland zurückzukehren. Wenn man bedenkt, daß das Klima in Afrika für Zweidrittel aller über vierzig Jahre zählenden Soldaten unzumutbar ist, wird es klar, was ein Mann wie Gustav von Vaerst, der immerhin 48 Jahre zählte, leisten mußte, um hier überhaupt bestehen zu können.

Auf dem Rücktransport erreichte ihn die Nachricht, daß er mit Wirkung vom 1. Dezember 1942 bevorzugt zum Generalleutnant befördert sei.

Über Weihnachten und Neujahr zu Hause, war er bald von seiner Krankheit kuriert. Es drängte ihn wieder zurück zur Front. Er erhielt eingangs März 1943 seine Beförderung zum General der Panzertruppe und ging wenig später noch ein drittes Mal auf den afrikanischen Kriegsschauplatz zurück.

General von Vaerst, der in Libyen und Ägypten die 15. PD geführt hatte, wurde neuer Oberbefehlshaber der 5. Panzerarmee, und der alte Oberbefehlshaber, Generaloberst von Arnim, übernahm die Nachfolge Rommels als OB der Heeresgruppe Afrika.

An der Spitze dieser 5. Panzerarmee machte Vaerst weitere zwei Monate des erbitterten Ringens im Brückenkopf Tunesien mit.

Am 7. Mai 1943 traten die Engländer in Tunesien abermals zum Sturm an. Die letzten Panzer der 15. PD griffen unter Oberst Irkens an. Doch sie konnten der gewaltigen Panzerübermacht nicht länger standhalten, und am Nachmittag standen die 11. Husaren des Generals Montgomery am Stadtrand von Tunis. Gleichzeitig damit drangen die amerikanischen Truppen in das geräumte Bizerta ein.

Mit seinen letzten zwei zur Verfügung stehenden Panzern und mehreren hundert seiner alten Afrikaner kämpfte sich General der Panzertruppe von Vaerst bis zur Küste bei Porto Farina durch. Noch einmal stellte der General unter Beweis, daß er mit seinen Leuten kämpfen und untergehen wollte. Der letzte Funkspruch des AOK 5 lautete:

„Unterlagen und Gerät vernichtet. Auf Wiedersehen. Es lebe Deutschland! Gustav von Vaerst."

Er hätte Gelegenheit gehabt, mit dem Flugzeug nach Deutschland oder auf das italienische Festland zu gelangen. Aber sein Ehrenkodex ließ dies nicht zu. Er blieb bei seinen Männern und ging mit ihnen zusammen in die Gefangenschaft. Vier Jahre saß er in den USA und England hinter Stacheldraht, ehe auch er in die Heimat entlassen wurde.

Gustav von Vaerst, * 19. April 1894 in Meiningen
Letzter Dienstgrad: General der Panzertruppe
Einsätze:
Erster Weltkrieg:
Frankreich, Rußland, Rumänien
Zweiter Weltkrieg:
Polen, Frankreich, Griechenland, dreimal Nordafrika
Auszeichnungen:
Ritterkreuz am 30. Juli 1940

Irnfried von Wechmar wurde am 12. Februar 1899 geboren. Er entstammt einer alten Soldatenfamilie. Ein Urahn wurde im Siebenjährigen
Krieg als Kommandeur und Chef des 4. Husarenregimentes von Friedrich
dem Großen mit dem Pour le mérite ausgezeichnet. Sein Großvater ritt
in der berühmten Offizierspatrouille des Grafen Zeppelin zu Beginn des
Krieges 1870/71 mit.

Irnfried von Wechmar wurde im Kadettenhaus Potsdam und sodann
in der Hauptkadettenanstalt Groß-Lichterfelde erzogen.

Als der Erste Weltkrieg ausbrach, trat er — eben erst fünfzehneinhalb-
jährig — als Fähnrich in das Garde-Fußartillerieregiment ein, um als
Artillerist im Range eines Leutnants den ganzen Krieg an der Front
mitzumachen. Zuletzt war er Batterieführer und wurde mit dem Eisernen Kreuz II. und I. Klasse ausgezeichnet.

Im Freiwilligen Landjägerkorps dienend, wurde er nach dem Kriege
in das Hunderttausend-Mann-Heer übernommen. 1922 nahm Wechmar
seinen Abschied, weil es sein Wunsch war, sich als Journalist in Berlin
niederzulassen. Elf Jahre arbeitete er in diesem Beruf, ehe er 1933 als
Hauptmann reaktiviert wurde.

Als Major übernahm von Wechmar die Führung der Aufklärungsabteilung 3 in Berlin-Stahnsdorf. Mit dieser Truppe nahm er am Polen- und
Frankreichfeldzug teil.

Mit dem ersten Einsatz deutscher Truppen in Afrika im Februar 1941
wurde die AA 3 als eine der Spitzenverbände in Marsch gesetzt. Auf
dem Dampfer „Saarfeld" erfolgte die Überfahrt. Zwei Tage und Nächte
waren die Panzeraufklärer auf See. Als das Schiff endlich an der Pier
des Hafens von Tripolis anlegte, sah Wechmar dort eine Gruppe deutscher Offiziere in der neuen Tropenuniform stehen. Nur einer, ein General, trug noch seinen feldgrauen Rock. Im Kragen den Pour le mérite
und das Ritterkreuz.

„Rommel!" bemerkte Oberleutnant Thiel, der Chef der 1. Kompanie,
und ließ sein Fernglas sinken.

„Mensch, Thiel", fiel der Abteilungskommandeur dem Oberleutnant ins Wort, „wie kommt denn der Rommel hierher?"

„Wo Rommel herkommt, Herr Major", meinte der drahtige Chef der Ersten, „das weiß man nie. Eines aber weiß man genau: er ist immer da, wo etwas losgehen wird."

Diese Worte des Oberleutnants, der Rommel von früher her kannte, sollten sich sehr bald bewahrheiten. Aber an diesem 13. Februar 1941, dem Tage der Landung der AA 3 in Tripolis, zeigte sich noch eine andere Eigenschaft Rommels.

„Wechmar", befahl Rommel nach der Begrüßung, „Sie müssen in fünf Stunden ausgeladen haben und marschbereit sein."

Spähwagen, Funkstellen, Pak und Geschütze, Kräder und Lastwagen wurden aus dem Bauch der „Saarfeld" gehievt. Dazu Munitionskisten, Benzinfässer und -kanister, Tropenverpflegung.

Im ersten Licht der Morgensonne des 14. Februar 1941 rollte die AA 3 — „die Schwertspitze des DAK" — gemeinsam mit der Panzerjägerabteilung 39 unter Major Lansa vom Kai, sammelte sich im offenen Viereck und wurde von Generalleutnant Rommel und hohen italienischen Offizieren begrüßt. Dann übernahm Wechmar das Kommando:

„An die Fahrzeuge! — Fertig zum Abmarsch!"

Durch das Araberviertel, vorbei an uralten Ziehbrunnen, an Kakteenhecken und Palmengruppen fuhr die Abteilung ostwärts. Der erste Nachtmarsch in Afrika begann. Der Kommandeur fuhr mit seinem Adjutanten, Oberleutnant von Fall, voraus.

„Pope", wandte er sich scherzhaft an den Ordonnanzoffizier, Oberleutnant Pope, „Sie können auch mitfahren. Und Sie, Thiel", wandte er sich an den ältesten Kompaniechef, „Sie führen den Haufen nach. Aber Tempo, mein Gutester! Am frühen Nachmittag müssen wir in Sirte sein."

„Orje" Großmann, der Kommandeurfahrer, gab Gas, und schon setzte sich die Kolonne und der Befehlswagen in Bewegung. Als Major von Wechmar am nächsten Mittag vor dem Wüstenhotel in Sirte aus dem Wagen sprang, um sich beim Kommandeur der hier führenden italienischen Division „Pavia" zu melden, trat ihm Rommel aus der Kühle der Halle entgegen.

„Willkommen in der Wüste", begrüßte er Wechmar. „Ich habe für Sie folgenden Auftrag:

1. Sicherung der rechten Flanke der auf den Höhen ostwärts Sirte eingesetzten Division ‚Pavia'.

2. Aufklärung in Richtung Nofilia — el Agheila.

3. Zusammenarbeit mit der italienischen Aufklärungsabteilung Santa Maria, deren Führer gleich hier sein wird."

Zum Schluß kam dann einer der seltenen Lobessprüche Rommels: „Ihre Abteilung ist gut marschiert! Wann wird sie hier sein?"

„In einer Stunde, Herr General", erwiderte der Kommandeur.

Als schließlich die AA 3 ankam, fotografierte Rommel die Männer, während der Chef des Stabes einen FT-Spruch an das Führerhauptquartier aufgab:

„Die ersten deutschen Truppen sind soeben an der vordersten Front in Afrika eingetroffen."

„Wir brauchen noch einen Funkdecknamen für Ihre Abteilung, Wechmar", bemerkte Rommel, als er sich verabschiedete. „Sie heißen vorerst ,Tiger'. Zeigen Sie sich dieses Namens würdig und werden Sie in kürzester Zeit das, was Sie immer bleiben sollen: die ,Herren des Vorfeldes'!"

Oberleutnant von Fall führte kurz darauf den ersten deutschen Spähtrupp nach Osten. Wechmar verabschiedete ihn mit den Worten:

„Es bleibt bei unserem Prinzip: geringster Verlust bei größtem Ergebnis! Ein Schafskopf, der mehr einsetzt, als er zur Erreichung des befohlenen Zieles nötig hat. – Ich will nur heile Knochen wiedersehen, Fall!"

Diese Worte kennzeichnen die Haltung des Majors und seine Fürsorge für die ihm unterstellten Soldaten. Nach dieser Maxime handelte er.

Ziel des Spähtrupps war En Nofilia. Die Entfernung bis dahin betrug 150 Kilometer. Der erste Ghibli röhrte über die schnell errichteten Zelte der AA 3 hinweg, und der kavalleriegelbe Stander des Kommandeurs mit dem schwarzen Kreuz bog sich hart durch. Aus Süden fegte der heiße Wüstensturm heran, und als er aufhörte, begann der Garbi, jener Sturm, der aus Norden und von See her kam und nach dem heißen Wind eiskalten Meereshauch mitbrachte.

Oberleutnant von Fall kehrte ohne jeden Verlust vom Spähtrupp zurück und meldete En Nofilia feindfrei.

Am nächsten Morgen trat die AA 3 mit der Colonna Santa Maria und den Panzerjägern unter Major Lansa an. Der Marsch führte über die Via Balbia in Richtung En Nofilia.

Plötzlich tauchten Flugzeuge auf, die aber bald als eigene Maschinen erkannt wurden. Fahrer Großmann kramte die Leuchtpistole hervor, um durch das ES anzuzeigen, daß hier eigene Fahrzeuge rollten.

Mit lautem Krachen ging plötzlich die Pistole los. Wie ein Knallfrosch hüpfte die Leuchtkugel brennend im Wagen umher, prallte gegen die

Rücksitze, flog in Griffweite zu „Orje" Großmann zurück. Der packte zu und beförderte das Geschoß ins Freie, wo es weiterschwelte.

Von Wechmar hatte alledem zugesehen. Abschließend faßte er sein Urteil gelassen zusammen:

„Man sollte nicht mit Leuchtpistolen schießen, wenn man davon nichts versteht. — Außerdem", wandte er sich direkt an den Fahrer, „wenn du mich nicht magst, dann sag's doch gleich! Dann brauchst du doch nicht auch noch den Wagen in Brand zu setzen. Den benötigen wir noch länger."

„Orje" Großmann knirschte mit den Zähnen, aber er mußte auch am Abend noch den Spott seiner Kameraden über sich ergehen lassen.

En Nofilia wurde kampflos besetzt. Die „Herren des Vorfeldes" hatten zum erstenmal in blitzschnellem Erkennen der Lage gehandelt und 150 Kilometer Boden nach Osten gewonnen.

Der nächste Spähtrupp, den Wechmar ansetzte, erreichte den Arco dei Fileni, den Triumphbogen, der die Via Balbia überspannt. Abermals erschien Rommel bei von Wechmar.

„Gewaltsame Aufklärung auf El Agheila", lautete der Befehl, den er von Wechmar gab.

Rommel brachte für die Abteilung einen Sack voll Apfelsinen mit und blieb, eine Seltenheit, auch zum Mittagessen da.

Die beiden verstärkten Spähtrupps auf el Agheila wurden einmal von Oberleutnant Everth, dem Chef der Panzerspähkompanie, und zum anderen von Oberleutnant Winrich Behr, dem Chef der Kradschützenkompanie, geführt. Im ersten scharfen Gefecht wurden während dieses Vorstoßes englische Spähwagen vernichtet und die ersten Gefangenen eingebracht.

Die Wehrmachtsberichte vom 26. Februar und vom 4. März 1941 meldeten zum erstenmal die Anwesenheit deutscher Truppen in Afrika. Leutnant von Grumme, der Ordonnanzoffizier, kam aus der Heimat nachgereist und brachte die Nachricht mit, daß von Wechmar zum Oberstleutnant befördert worden war. Die beiden jüngsten Leutnante der Aufklärungsabteilung hefteten dem Kommandeur die Oberstleutnantssterne auf die Schulterstücke.

Wechmar setzte weitere Spähtrupps nach Osten und Süden an. Immer stießen diese Spähtrupps weit in das Vorfeld hinein vor, ständig waren diese wenigen Männer von verborgenen Feinden bedroht.

Am Nachmittag des 23. März kam der Befehl zur Wegnahme von el Agheila. Der Abteilungskommandeur rief seine Chefs zur Besprechung.

„Teddy", wandte er sich an Oberleutnant Behr, „Sie gehen mit Ihrer Kradschützenkompanie nur so weit auf der Via Balbia vor, daß der Tommyposten auf dem Holzturm der Wüstenfestung Sie nicht sehen kann. Dann biegen Sie nach Norden ein und verbringen die Nacht in den Dünen am Meer. Mit Morgengrauen treten Sie so rechtzeitig an, daß Sie el Agheila gegen 6 Uhr von Norden her erreichen."

Als der Morgen des 24. März kalt heraufzog, war die AA 3 bereits im Vorstoß auf el Agheila. Ein Funkspruch von Oberleutnant Behr meldete, daß die Kradschützen bereits am Nordrand der Stadt standen und daß die Stadt nur schwach feindbesetzt sei.

„Hiiinein!" befahl Wechmar über Sprechfunk, und als unmittelbar darauf Leutnant von Seybel, der den Spitzenspähtrupp führte, den glatten Vormarsch ohne Feindberührung meldete, wandte sich Wechmar an seinen Fahrer Orje:

„Tempo, Tempo! Los, Mensch, an die Spitze!"

Ein paar der mitrasselnden Panzer wurden von Oberleutnant von Fall als Schutz nach vorn gezogen. Wenig später zeigte sich die Richtigkeit dieses Entschlusses, als einer der Panzer auf eine Mine fuhr. Es krachte laut, die Ketten des Panzers rissen. Wenn der Kübelwagen des Kommandeurs auf diese Mine gefahren wäre, dann hätte es böse ausgesehen.

Als die Abteilung el Agheila erreichte, war die Kradschützenkompanie Behr bereits in der Stadt, und auf dem hohen Holzturm wehte die Flagge der Abteilung.

Wenig später tauchte Rommel auch hier wieder auf. Er kletterte zusammen mit von Wechmar und Major Mauser, dem Ia der 5. Leichten, auf den Turm und gab hier seine weiteren Befehle:

„Nächstes Ziel ist Marsa el Brega", sagte er mit einer Handbewegung nach Osten. Dorthin, wo die Wüste im Glast der Mittagssonne glitzerte und gleißte.

In el Agheila trat auch der „Wasserdoktor" des DAK, Dr. Zunga, zum erstenmal in Aktion. Er untersuchte das Wasser des Brunnens. Es war ungenießbar.

Der Vorstoß auf Marsa el Brega fand ohne Beteiligung der AA 3 statt. Teile des DAK nahmen die Stadt in Besitz. Das nächste Ziel war Agedabia. Eine Kampfgruppe des DAK unter Oberstleutnant Ponath sollte es – mit der AA 3 als Vorhut – erobern.

Mit dem Zug der schweren Achtradspähwagen übernahm Leutnant Wolf die Spitze. Er hatte eben die vordersten Sicherungen des MG-

Bataillons 8 passiert, als er auf Zweimanntanks der Engländer stieß. Die Engländer eröffneten das Feuer aus ihren schweren MG.

Mit Feuerstößen aus ihren 2-cm-KwK nahmen die deutschen Panzerspähwagen das Gefecht auf. Plötzlich aber jaulten Artilleriegeschosse und schlugen vorn in den Hang ein, hinter dem Wechmar am Scherenfernrohr stand. Der Oberstleutnant erkannte einen Feindpanzer, der offenbar als Artilleriebeobachter vorgefahren war und dieses Feuer lenkte.

„Spähtrupp Pletschner fährt vor!" befahl Wechmar.

Als sich der Spähtrupp im Vorbeifahren abmelden wollte, erhielt er das Zeichen zum Halten. Den bekannten Einsatzstock in der Faust, rannte der Abteilungskommandeur auf Pletschners Wagen zu.

„Aufpassen, Pletschner!" warnte der Oberstleutnant den Feldwebel. „Wenn Sie über die Höhe hier vor uns hinaus sind, senkt sich die Straße in ein Wadi. Dort ist eine Brücke. Dann steigt die Via Balbia wieder an, und hinter der nächsten Höhenkette steckt der Tommy, der das Feuer der Feindartillerie lenkt."

Der Kommandeur wechselte noch einen Händedruck mit dem Feldwebel. Ein kurzes Winken, dann rollten die drei Spähwagen an und erreichten wenig später die Höhe.

Pletschner erkannte einen Spähwagen des Gegners.

„Ein Uhr feindliches Panzerfahrzeug. — Feuer frei!"

Der Schütze richtete das Ziel an. Die erste Granate verließ das Rohr.

„Zu kurz!" rief Pletschner hinter dem Doppelglas hervor.

Die nächsten Abschüsse krachten.

„Gut so, getroffen!"

Drüben quoll Rauch empor. Aber trotzdem schwenkte das Feuer der Feindartillerie auf den Spähtrupp ein.

„Spähwagen von rechts!" meldete im Anfahren der Kanonenschütze.

Sofort blickte Pletschner in die angegebene Richtung. Er sah den charakteristischen hohen Antennenbügel und die acht Räder.

„Das kann nur Leutnant Wolf sein!"

Er war es, der jetzt den Spähwagen des englischen Artilleriebeobachters unter Feuer nahm. Nach drei Schüssen ging dieser Feindwagen in Flammen auf. Die aussteigende Besatzung wurde gefangengenommen. Beide Spähtrupps kehrten ohne Verluste zur Abteilung zurück.

Eine Stunde darauf begann der Angriff. Das MG-Bataillon 8 ging zu Fuß vor. Beiderseits der Küstenstraße stapfte es durch den Sand. Links davon fuhr die AA 3 weiter. Sie war nicht mehr auf Agedabia angesetzt, sondern sollte nun gleich weiter vorstürmen. Statt ihrer fuhr das Panzerregiment 5 auf der rechten Flanke des MG-Bataillons mit wenigen Wagen den Angriff.

Am Abend dieses Tages erreichte Oberstleutnant von Wechmar die Küstenstraße nördlich Agedabia und fand das Gelände bei Soluch feindfrei. Abermals gingen Spähtrupps vor. Dem Gegner keine Zeit lassen, selbst vorzufühlen, immer schneller als der Feind vorgehen und das Gelände besetzen — nach dieser Devise handelte von Wechmar.

Leutnant Wolf meldete feindliche Panzerkräfte 15 Kilometer ostwärts vom Standort der Abteilung. Adjutant Oberleutnant von Fall brachte die Meldung zum Kommandeur, der sich eben rasierte.

„Da muß etwas geschehen, Herr Oberstleutnant", meinte er nach der Meldung.

„Natürlich, Mensch!" sagte von Wechmar in das Handtuch hinein, mit dem er den letzten Seifenrest abwischte. „Zunächst Meldung an das DAK."

Der Adjutant sprang aus dem Omnibus, der als Gefechtsstand diente, und eilte zur Funkstelle zurück. Unteroffizier Vertig, der Funktruppführer, setzte den Spruch ab. Darüber hinaus ließ von Wechmar noch einen Kradmelder zum MG-Bataillon 8 fahren.

Zwanzig Minuten später traf Oberst Olbrich, Kommandeur des Panzerregiments 5, beim Omnibus ein. Er fuhr von hier aus nach vorn, und wenig später stellte sich heraus, daß die gemeldete feindliche „Panzerbereitstellung" aus abgeschossenen Feindpanzern bestand, die noch von der Winterschlacht der Briten gegen die Italiener hier herumstanden.

Oberstleutnant von Wechmar war „sauer". Generalmajor Streich schüttelte nur den Kopf, und Rommel, der aufgekreuzt war, um den Panzerkampf zu führen, meinte gelassen:

„Das nächste Mal will ich intakte englische Panzer sehen und nicht zerschossene Karren!"

Die Abteilung trat zum weiteren Vorstoß an. Der Kommandeur fuhr an der Spitze. Rasch ging es vorwärts. Bengasi lag in greifbarer Nähe. Als Rommel wieder auftauchte, wollte von Wechmar ihm gerade vorschlagen, doch auf Bengasi weiterzumarschieren, als Rommel mit einem leichten Lächeln sagte:

„Ich weiß schon, Wechmar, Bengasi!"

„Sie erhalten eine Panzerkompanie und einen Zug Artillerie. — Das ist ungefähr mein halbes Afrikakorps", fügte er lächelnd hinzu. „Und dann: Hinein!"

Um Mitternacht sollten die Verstärkungen bei der Abteilung sein. Unter Oberleutnant Behr fuhren die Kradschützen als Spitzengruppe vor. Sie erreichten Bengasi im Morgengrauen. Behr durchstieß die Stadt und erreichte den Ausgang nach Barce.

Als die Sonne herauskam, erreichte auch die Abteilung Bengasi, und Oberleutnant Behr konnte melden:

„Befehl ausgeführt, Bengasi besetzt!"

„Gratuliere, Teddy!" Von Wechmar freute sich. „Das habt ihr wieder gut gemacht!"

Unter einer Palmengruppe wurde der Gefechtsstand eingerichtet. Hier traf im Verlauf des Vormittags Rommel ein.

„Es hilft nichts", meinte er mit einem Seitenblick auf die Schläfer, „wir müssen weiter!" Er machte eine Pause. „Ihre verstärkte Abteilung tritt um 12 Uhr an."

Ein Händedruck, ein Gruß in die Runde, und dann sah man nur noch die Staubwolke des abbrausenden Wagens.

Um 12 Uhr fuhren die „Herren des Vorfeldes" wieder weiter. Die Spähtrupps voran, wühlten sie sich durch den Staub. Eine glühende Sonne schien alles versengen zu wollen. Schweiß rann von Wechmar in breiten Strömen den Rücken hinunter. Sein Gaumen war trocken, die Nasenschleimhäute waren ausgedörrt.

Der zweite Flugplatz von Bengasi wurde erreicht. Auch er war verlassen. Nächstes Ziel waren die Höhen bei Benina und das Fort Benina selbst.

Auf einmal begann ein Feuerüberfall der englischen Artillerie. Die zu Wechmars Abteilung kommandierten Panzer rollten vor. An einem Hang krachte es mehrmals: Minen! Drei Panzer blieben mit zerrissenen Ketten stehen. Zum Glück geriet keiner in Brand.

„Auf die Höhe hinauf!" gab Wechmar den Angriffsbefehl. „Kradschützen nach vorn!"

Abgesessen, mit Karabinern, MG und Handgranaten griff die 3. Kompanie an. Oberleutnant Behr ließ seine drei Züge links und rechts der Piste vorstoßen. Sie erreichten das Plateau, auf dem sechs Feindgeschütze standen. Sprungweise erstürmten sie die Widerstandsnester. MG-Garben ratschten, Handgranaten krachten auseinander. Im Nahkampf wurde der Feind geworfen. Die hier verteidigenden australischen Infanteristen wehrten sich zäh und tapfer. Es kam zu erbitterten Nahkämpfen. Dann war die Höhe erobert. Lediglich das Fort Benia war noch in der Hand des Gegners.

„Im Morgengrauen nehmen wir das Fort!" entschied der Oberst-leutnant.

Was dem Abteilungskommandeur Sorgen bereitete, war das Ver-schwinden eines Kradschützenzuges unter Leutnant Langemann. Dieser Zug war beim Angriff auf das Plateau so weit vorgeprellt, daß die Ver-bindung zu ihm verloren ging.

Oberleutnant Behr ließ Leuchtzeichen schießen, der Zug antwortete nicht. Erst am Morgen des nächsten Tages machte sich Leutnant Lange-mann bemerkbar, indem er, aus eigenem Entschluß hinter dem weichen-den Gegner herstoßend, das Fort Benia besetzte.

„Weiterer Vorstoß!" lautete der Befehl des DAK.

Wieder ging es durch dichte Schleier aus Sand, über Hügel und durch Senken, durch Geröllfelder und Kameldornbüsche.

In einer Marschpause erkletterte Oberleutnant von Fall eine Ansamm-lung von Steinen, die sich zu einer beachtlichen Höhe türmten. Er ent-deckte eine Panzerbereitstellung des Gegners und zählte 40 Feind-panzer.

„Wir lassen den Gegner auflaufen", entschied von Wechmar. „Die Abteilung gliedert sich zur Abwehr auf der Höhe. Die Trosse gehen hinter der Höhe in Deckung."

Der Oberstleutnant wollte das Vorfeld auch gegenüber dieser Über-macht behaupten. Das bedeutete er auch dem Verbindungsoffizier Rom-mels, als dieser nach vorn kam. Dann wandte sich Wechmar an seine nähere Umgebung.

„So, Soldaten — nun ist es so weit!" erklärte er. „In der Nacht wird der Tommy nicht mehr kommen. Die Gefahrenzeit liegt in den Morgen-stunden. Was mich betrifft, so werde ich jetzt einige Augen voll Schlaf nehmen; mein Anteil an dieser Art von Ausspannung war in den letzten Nächten etwas gering für einen besseren älteren Herrn."

Diese Gelassenheit, diese Bombenruhe des Kommandeurs übertrug sich schlagartig auch auf jeden Soldaten der Abteilung. Wenn der „Alte" sich erst noch zu einem Nickerchen niederlegte, dann konnte es nicht allzu schlecht stehen; das war ihre Überzeugung.

Die Engländer kamen nicht. Erst gegen Mittag des anderen Tages fühlten ihre Panzer in Rudeln zu sechs bis sieben Wagen vor.

„Nach Einbruch der Dunkelheit treten wir an", entschied von Wech-mar. „Wir fahren dann nach Kompaßmarschzahl!"

Als die Dämmerung niederfiel, marschierte die AA 3 weiter. Spitze fuhren die Kradschützen unter Oberleutnant Behr. Die Wagen quälten sich über Steinblöcke, durch Erdrisse, über Sandhügel und Geröll vorwärts. Dann tauchten schemenhaft die Umrisse eines Feindpanzers auf.

„Freiwilliger Stoßtrupp zu mir. Bewaffnung MPi und leichte MG, rasch!" befahl Behr.

Mit diesem Vortrupp pirschte sich der Oberleutnant an den ersten Panzer heran, er war leer. Der zweite und dritte ebenfalls. Im vierten Panzer brannte Licht. Oberleutnant Behr öffnete die Luke und forderte die Tommys mit vorgehaltener MPi zum Aussteigen auf. Der Motor des fünften Panzers wurde eben angeworfen. Ein Feuerstoß aus der MPi des Oberleutnants brachte ihn wieder zum Stehen. Es stellte sich heraus, daß diese Panzer wegen Betriebsstoffmangel hier stehengeblieben waren. Behr setzte einen Funkspruch an die Abteilung ab und rollte mit seiner Kompanie nach Mondaufgang vor.

Es ging weiter, es rommelte! Oberleutnant Everth übernahm schließlich die Spitze. Er fuhr auf eine Mine. Oberstleutnant von Wechmar, der dahinter fuhr, sprang aus dem Kübel und rannte nach vorn. Er stürzte über einen Kameldornbusch und brach sich im Fallen einen Zahn aus. Aber er fand Everth unversehrt vor. Sie waren nur auf eine „Thermosflaschen-Mine" gefahren.

Feldwebel Schuberth ging mit seinem Pionierzug los. Sie nahmen die hier dicht verlegten Minen auf und trugen sie auf einen Haufen. Plötzlich durchlohte eine gewaltige Detonationsflamme den Himmel. Das Donnern der Explosion riß Oberstleutnant von Wechmar aus seinem Kartenstudium hoch; er sah einen Körper mehrere Meter hoch über einen Kübelwagen hinwegfliegen. Steil stand der Rauchpilz einer Minenexplosion über der Wüste.

Einem der Pioniere war eine Mine aus der Hand geglitten und in den Haufen der scharfen Minen gefallen, die nicht entschärft werden konnten, weil man die Konstruktion noch nicht kannte. Feldwebel Schuberth und zwei seiner Pioniere starben. Sechs Soldaten, darunter auch Oberleutnant Everth, wurden teilweise schwer verwundet. Feldwebel Waschke übernahm den Pionierzug. Die Gräber blieben in der Wüste zurück, als es weiterging. Im Bestattungsplan des Gräberoffiziers, Oberfeldwebel Schlitt, waren drei neue Kreuze eingezeichnet.

Auf der Piste Mechili–Derna ging es weiter. Derna war bereits von Ponaths MG-Bataillon 8 genommen worden. Gegen Mitternacht wurde die „Perle der Cyrenaika" erreicht. Auf dem Flugplatz von Derna wurde Oberstleutnant von Wechmar durch Generalmajor von Prittwitz, dem soeben auf dem Kriegsschauplatz eingetroffenen Kommandeur der 15. PD, in die neue Aufgabe eingewiesen:

„Mit Morgengrauen Antreten auf der Via Balbia über Tmimi — el Gazala in Richtung Tobruk."

Kurz vor Tobruk wurde die AA 3 nach Acroma umdirigiert. Es ging mitten durch eine britische Verteidigungsfront aus Artillerie- und Pak-Stellungen hindurch. Während der Kampf um Tobruk entbrannte, erhielt die AA 3 einen weiteren Befehl, der sie wieder den Truppen voraus ins Niemandsland schickte:

„Ich erwarte, daß die Aufklärungsabteilung noch heute nacht Bardia erreicht. — Rommel."

Tobruk wurde südlich und ostwärts umgangen. Dann glänzte das Mittelmeer vor den Landsern. Die Umgehung war gelungen, die Abteilung bog rechts auf die Via Balbia ein. Gespenstisch weiß standen die Sanddünen gegen den dunklen Horizont. Rechts lag die Wüste, ein paar Djebel hoben ihre Köpfe aus den Wellen des Sandes.

Um 7 Uhr früh erreichte die Abteilung Bardia. Die auf der Höhe oberhalb der Bucht liegende Stadt wurde durchsucht. Kein Gegner war zu sehen. Nur eine Hurricane landete auf dem Flugplatz und wurde von Leutnant Gustaf, dem Pak-Führer, in Empfang genommen. Die 1. Kompanie blieb als Besatzung in Bardia zurück, als die Abteilung der Kampfgruppe Herff zugeteilt wurde.

Eine 70 Mann zählende Einsatzgruppe der Engländer wurde wenig später im Hafen von Bardia durch Leutnant Kernhardt und Oberleutnant Thiel gefangengenommen. Zum erstenmal hatte die Abteilung eine Verschnaufpause, und als am Nachmittag des 13. April plötzlich Bewegung in das Lager kam, da galt diese keinem neuen Aufbruch, sondern wurde durch einen Funkspruch hervorgerufen, der folgenden Wortlaut hatte:

„Ritterkreuz an Kommandeur verliehen. Herzlichen Glückwunsch, Rommel."

Als Oberleutnant von Fall den Kommandeurs-Omnibus betrat, blickte von Wechmar auf.

„Was bringen Sie Neues, Fall?" fragte Wechmar, als er den Adjutanten erkannte. Der Oberleutnant nahm Haltung an. Seine Hand glitt zur Tropenmütze empor.

„Ich bitte, Herrn Oberstleutnant zur Verleihung des Ritterkreuzes meinen Glückwunsch aussprechen zu dürfen."

Wie versteinert stand der „Alte" vor dem jungen Offizier. Irnfried von Wechmar schrieb selbst in seinem Buch: „Herren des Vorfeldes" darüber:

„War denn das, was geleistet worden ist, wirklich so gut, daß es diese hohe Auszeichnung verdient?

Ja, die Tapferkeit der Soldaten, der Unteroffiziere, der Offiziere, der Spähtrupp- und Zugführer — ob Unteroffizier, Feldwebel oder Leutnant — war echt soldatisch. Und über alles Lob erhaben war die Einsatzbereitschaft und Umsicht, der Schwung und Wagemut der Kampfgruppenführer und Kompaniechefs. Unübertroffen die Treue, der Fleiß und die nie versagende Mitarbeit und beratende Hilfe des Adjutanten."

Seinem Adjutanten streckte der Oberstleutnant die Hand entgegen.

„Das verdanke ich Ihnen, mein Alter! Ihrer Treue, Ihrem Pflichtbewußtsein; und allen anderen — der ganzen Abteilung, jedem einzelnen, vom Ältesten bis zum Jüngsten. — Ich freue mich ja so für die Abteilung."

Ein paar Tage darauf kam Rommel, um die Auszeichnung persönlich zu überreichen. In seinem „Mammut" brauste er bis vor den Gefechtsstand und stand schon vor dem Oberstleutnant, noch ehe der den Rock anziehen konnte. Soldaten eilten herbei und umstanden die Gruppe. Rommel sprach ein paar Worte, dann legte er dem neuen Ritterkreuzträger das schwarzweißrote Band um den Hals.

Wenige Tage darauf wurde Leutnant Günter Wolf namentlich im Wehrmachtsbericht genannt, weil er mit einem Achtradspähtrupp sieben Feindpanzer vernichtet hatte.

Weiter ging der Vorstoß. Die Abteilung war jetzt der Kampfgruppe Herff unterstellt. Es ging durch den Zaun, der die ägyptische Grenze ankündigte, nach Osten und schließlich nach Südosten weiter. El Hamra war das Ziel. Vom rechtzeitigen Eintreffen dort hing der Ausgang der gesamten Operation ab, die der Kommandierende General befohlen hatte. Das Pistenkreuz bei el Hamra wurde erreicht.

Bei diesem Vorstoß durch die Wüste zeichnete sich abermals Oberleutnant Behr aus. Er war bei der Eroberung des Halfayapasses im Wehrmachtsbericht genannt worden. Bei el Agheila war er ebenso vorn dran, wie beim Vorstoß auf Bengasi und bei der Erbeutung der Feindpanzer bei Abiar. Oberstleutnant von Wechmar reichte seinen Chef der Kradschützenkompanie zum Ritterkreuz ein, und Oberst Herff gab den Vorschlag befürwortend weiter.

Am 14. Mai 1941 erhielt Winrich Behr das Ritterkreuz. Als diese Meldung durchkam, hielt die AA 3 gerade bei Azeiz. Die Front war erstarrt. Man rüstete sich zum zweiten Schlag. Rommel, der den jungen Offizier persönlich beglückwünschte, brachte eine Neuigkeit mit:

„Die AA 3 wird abgelöst. Sie soll für einige Zeit herausgezogen und aufgefrischt werden."

Eine schöne Zeit begann. Weiße Dünen, grüne Büsche und kein Dienst. Nur die Werkstatt unter Major (Ing.) Riek schaffte pausenlos, um die Schäden an Fahrzeugen und Waffen zu beheben. Am 14. Juni war die Herrlichkeit zu Ende. Der Feind rüstete sich zu seiner Gegenoffensive. Er wollte die deutsche Front bei Sollum — Capuzzo angreifen und vernichten.

Die AA 3 wurde alarmiert und rollte in Eilmärschen vorbei an Tobruk, das immer noch vom Gegner gehalten wurde, in Richtung Sidi Omar.

Am nächsten Tag erfuhr Oberstleutnant von Wechmar, daß der Gegner bereits angegriffen habe. Die Abteilung führte Oberleutnant von Fall, denn von Wechmar mußte nach Derna ins Lazarett.

Wenn ein Sanka eintraf, war von Wechmar draußen und fragte, ob ein Mann seiner Abteilung dabei sei. Nach sechs Wochen holte Leutnant Gustaf ihn ab und meldete, daß die Abteilung zwischen Tobruk und Bardia liege. Fast vollzählig waren alle Soldaten versammelt, als der Wagen hielt. Der Kommandeur sah die bekannten Gesichter, er sah die Freude — und er freute sich auch.

„Endlich daheim!" meinte er, als er den Gefechtsstandsomnibus betrat.

Der Kampf ging weiter. Der Sommer war angefüllt mit Spähtruppunternehmungen, Einsätzen zwischen Sollum und Halfaya. In vierzehntägigem Turnus kamen jeweils 25 Soldaten der Abteilung in das eigene Erholungsheim bei Cyrene. Anfang November wurde dieser Erholungsturnus unterbrochen, und auch aus den anderen Anzeichen merkten die Männer der AA 3, daß sich wieder etwas tat.

Am Morgen des 16. November wurde die AA 3 als Flankensicherung der Stützpunktfront eingesetzt. Der britische Großangriff sah sie in der Abwehr der feindlichen Vorstöße. Oberstleutnant von Wechmar führte in den Winterabwehrkämpfen das aus den Abteilungen 3 und 33 gebildete Aufklärungsregiment. Dieses Regiment trug seinen Namen und war dem Deutschen Afrikakorps, das General Crüwell jetzt kommandierte, direkt unterstellt.

Diesmal leisteten die Männer um Irnfried von Wechmar in der Abwehr und als Nachhut im Rückzug Großes. Sie deckten die Absetzbewegungen im Dezember 1941 bis in die Agedabia-Stellung.

Ende Januar 1942 gab Oberstleutnant von Wechmar das Regiment und damit auch seine AA 3 ab, an deren Spitze er über zwei Jahre im Kriegseinsatz gestanden hatte. Hauptmann Wolfgang Everth wurde sein Nachfolger. Wechmar erhielt noch im Januar das Deutsche Kreuz in Gold.

Von 1942 bis 1943 war der bewährte Offizier Chef der Propagandatruppen des Heeres und konnte so seine journalistischen Fähigkeiten unter Beweis stellen.

1943 bis 1944 führte er — inzwischen Oberst geworden — das Panzergrenadierregiment 147 an der Ostfront. Auch hier zeigte er sich als wirklicher Führer und Vater seiner Soldaten.

Das Kriegsende erlebte Wechmar als Kommandant des Verteidigungsbereiches Esbjerg-Fanö in Dänemark. Von hier ging er in die Gefangenschaft nach England.

Nach seiner Entlassung nahm Frhr. von Wechmar zunächst seine journalistische Tätigkeit wieder auf. Er wurde Korrespondent mehrerer großer Zeitungen in Bonn, gründete die Bundespressekonferenz mit, deren Präsident er ein Jahr lang war. 1951 wurde er Pressereferent des Verbandes Deutscher Soldaten und Chefredakteur von „Soldat im Volk".

Im Frühjahr 1959 leistete er, bereits sechzigjährig, eine Reserveübung bei der 5. Panzerdivision der Bundeswehr ab und wurde Oberst der Reserve. Er war inzwischen zum Ehrenritter des Johanniterordens ernannt worden.

Wenige Monate darauf, am 27. November 1959, starb er nach einem schweren, unheilbaren Leiden.

Irnfried Freiherr von Wechmar, * 12. Februar 1899
Letzter Dienstgrad: Oberst
Einsätze:
Erster Weltkrieg: Frankreich
Zweiter Weltkrieg: Polen, Frankreich, Nordafrika, Rußland, Dänemark
Auszeichnungen:
Erster Weltkrieg:
Eisernes Kreuz II. und I. Klasse
Zweiter Weltkrieg:
Spangen zum EK II. und I. Klasse
Panzerkampfabzeichen
Ritterkreuz am 13. April 1941
Deutsches Kreuz in Gold im Januar 1942
Gestorben am 27. November 1959

General der Kavallerie Siegfried Westphal   Generalmajor Alwin Wolz

Abfahrt vom Hauptquartier des Oberbefehlshabers Süd an die Front. Links Generalfeldmarschall Kesselring, Mitte Generalmajor Westphal

Britische Panzer greifen überraschend an. Die „Acht-Acht" feuert in der Eile vom Fahrgestell aus, ohne abzuprotzen

27. Mai 1942: 17 britische Panzer bleiben im Feuer der „Acht=Acht" vor den deutschen Stellungen liegen. Vorn das siegreiche Geschütz „Dora" der 1. Batterie I/43, im Hintergrund abgeschossene britische Panzer

GENERAL DER KAVALLERIE
SIEGFRIED WESTPHAL

Die große Bewährung
in Afrika

Als einer der wenigen Generale, die in wichtigen Generalstabsstellungen ausschließlich an den Feldzügen gegen die Gegner im Westen teilgenommen haben, war Westphal nacheinander Erster Generalstabsoffizier einer Division, eines Armeekorps, der Panzergruppe Afrika und der Panzerarmee Afrika. Er war sodann mit Wahrnehmung der Geschäfte beauftragter Chef der deutsch-italienischen Panzerarmee, Führer der 164. leichten Afrika-Division, Chef der Führungsabteilung des Oberbefehlshabers Süd und gleichzeitig Chef der deutschen Operationsabteilung beim italienischen Comando Supremo. Schließlich wurde er Chef des Generalstabes des Oberbefehlshabers Süd, des Oberbefehlshabers Südwest (Oberkommando der Heeresgruppe C) und des Oberbefehlshabers West.

Siegfried Westphal ist seiner Herkunft nach Ostdeutscher, wurde aber am 18. März 1902 in Leipzig geboren. Mit sechzehn Jahren trat er in die Armee ein. Zu jener Zeit war er wegen körperlicher Schwächlichkeit nur bedingt tauglich. Der Erste Weltkrieg ging eben zu Ende.

In der Hauptkadettenanstalt Berlin-Lichterfelde legte er die Reifeprüfung ab. Im Dezember 1922 wurde er Leutnant und tat das folgende Jahrzehnt in den Reiterregimentern 11 und 16 des 100 000-Mann-Heeres der Weimarer Republik Truppendienst.

Im Jahre 1932 wurde der nunmehrige Oberleutnant Westphal zur Kriegsakademie in Berlin kommandiert.

Im August 1935 erfolgte seine Versetzung in die Operationsabteilung des Generalstabs des Heeres. Hier erlebte Westphal bis November 1938 unter anderem die Entstehungsgeschichte und den Aufbau der mechanisierten und motorisierten Divisionen. Er lernte viel; seine Arbeit vermittelte Einblicke in die großen Zusammenhänge. Der Chef des Generalstabes, General Beck, und der spätere Generalfeldmarschall von Manstein waren seine Lehrmeister.

Am 9. November 1938 schied Westphal aus dieser Dienststellung aus und erhielt wieder ein Truppenkommando.

Als Chef der 2. Schwadron im Reiterregiment 13 erlebte er erneut den engen Kontakt von Reiter und Pferd. Zu seinem Bedauern mußte er bereits am 26. August 1939 als Erster Generalstabsoffizier der 58. ID nach dem Westen gehen. Kurze Zeit später wurde er I a des XXVI. Armeekorps, das mit Beginn des Westfeldzuges am 10. Mai 1940 aus dem Raum Kleve zum Angriff antrat.

Am 22. Juni 1940 wurde im Wald von Compiègne durch Generaloberst Keitel und General Huntzinger der Waffenstillstandsvertrag zwischen Deutschland und Frankreich unterzeichnet. Um die Durchführung der darin niedergelegten Bedingungen sicherzustellen, wurde eine deutsch-französische Waffenstillstandskommission gebildet. Ihr gehörte Westphal vom 1. August 1940 bis zum 14. Juni 1941 an.

In Wiesbaden arbeitete diese Kommission. Ihr Vorsitzender war General von Stülpnagel, später General Vogl. Hier konnte Westphal seine Sprachkenntnisse vervollkommnen und manches lernen. Aber er drängte zur Front.

Seine Versetzung als Erster Generalstabsoffizier zu der aus dem DAK und anderen deutschen sowie italienischen Verbänden aufzubauenden „Panzergruppe Afrika" am 15. Juni 1941 stellte ihn vor völlig neue Aufgaben. Mehr als auf allen anderen Kriegsschauplätzen galt es hier, selbständige Entschlüsse — oft von großer Tragweite — zu fassen.

In den folgenden achtzehn Monaten erlebte Westphal das Auf und Nieder des Afrikafeldzuges: Offensive, Defensive und Rückzüge.

Westphal meldete sich bei Rommel in Bardia. Er empfand das von diesem mittelgroßen, gelegentlich fast schüchtern wirkenden Mann ausgehende Fluidum. Sie verstanden sich sogleich.

Dem neuen I a des soeben gebildeten Kommandos der Panzergruppe Afrika stellte sich als eine seiner ersten Aufgaben die Ausarbeitung des Angriffsplanes gegen die Küstenfestung Tobruk.

Um näher an der Front zu sein, verlegte Rommel seinen Gefechtsstand zuerst nach Gazala und schließlich nach Gambut. Der beabsichtigte Angriff auf Tobruk jedoch verzögerte sich von einem Termin auf den anderen. Die Seetransportlage war so schlecht, daß die Operation schließlich auf Dezember 1941 verschoben werden mußte. Es kam einfach nicht genug Nachschub an Waffen und Munition über das Mittelmeer heran.

Lassen wir den damaligen Oberstleutnant Westphal selbst aus dieser Phase des Afrikakrieges berichten:

„Es war für ihn (Rommel) daher ein Wettlauf mit der Zeit, als er wegen des Ausbleibens von Nachschub immer wieder gezwungen war, den Angriff auf Tobruk zu verschieben. Um die Absichten des Gegners zu erkunden, wurde von der 21. PD am 14. September 1941 ein Aufklärungsvorstoß nach Bir Habata unternommen.

Dieser Aufklärungsvorstoß brachte keinerlei Anhaltspunkte für eine bevorstehende englische Offensive.

In den nachfolgenden Wochen verstanden es die Engländer meisterlich, durch Tarnung und durch Abwehr der deutschen Luftwaffe den Einblick in ihr Hinterland zu verwehren. Auch Agentenmeldungen kamen nicht zu uns durch. So wurde Rommel am 18. November 1941 von der britischen Offensive zwar nicht operativ, aber doch taktisch überrascht.

Es ist mir nicht bekanntgeworden, daß der damals von Rommel für den Angriff auf Tobruk festgelegte Operationsplan dem englischen Feldmarschall Auchinleck in die Hände gefallen war."

Auf jeden Fall aber griff die britische 8. Armee am 18. November 1941 deshalb an, um Rommel zuvorzukommen.

Es war die dritte britische Offensive in der Wüste. Mit 100 000 Mann, 800 Panzern und 1000 Flugzeugen war die Stoßkraft der britischen 8. Armee stärker denn je.

Es kam zur berühmten Panzerschlacht am Totensonntag — der Panzerschlacht bei Sidi Rezegh.*

Am 23. November 1941 wurde der Feind hier vom Deutschen Afrikakorps unter General Crüwell vernichtend geschlagen. Rommel befahl, sofort zur überholenden Verfolgung des Gegners anzutreten und der 8. Armee den Rückweg über Sollum und Bardia abzuschneiden.

Westphal warnte: die zur Verfügung stehenden Divisionen des Afrikakorps seien zu schwach, außerdem fielen sie dann bei Tobruk aus.

Rommel jedoch wollte vorwärts, den Feind vernichten und das Tor nach Ägypten aufstoßen.

„Ich fahre nach Sidi Omar und führe selbst die 21. Panzerdivision gegen den Halfayapaß!"

Mit diesen Worten verabschiedete sich Rommel von Westphal und schloß sich, begleitet von seinem Stabschef, Generalmajor Gause, dem Afrikakorps an.

Währenddessen trieben die Ereignisse an der Einschließungsfront bei Tobruk einem Höhepunkt entgegen. Bei gleichzeitigen Ausfällen aus der Festung ließ der britische Oberkommandierende Auchinleck auch aus dem Raum Sidi Rezegh gegen die Belagerer antreten. Am 27. November

---

* siehe Kapitel „General der Panzertruppe Ludwig Crüwell"

wurde der Belagerungsring um die Festung gesprengt. Bei El Duda nahmen neuseeländische Truppen die erste Verbindung mit der Festungs-
besatzung auf.

Vom 24. bis 28. November mußte Westphal, auf sich allein gestellt,
die Front vor Tobruk führen. Die Kommandierenden Generale der italienischen Armeekorps X, XX und XXI mit insgesamt sieben Divisionen
unterstellten sich seinem Befehl ebenso wie die Divisionen Sümmermann
und der Artilleriekommandeur der Panzergruppe Afrika, Generalmajor
Bötticher.

Vielfach versuchte Westphal am 27. November, Rommel zu erreichen,
immer vergebens. Nicht weniger als fünf Fieseler „Störche" gingen während der Suche nach Rommel verloren.*

Schließlich konnte Westphal sich nicht anders helfen, als das Afrikakorps zurückzuholen. Er befahl dem Generalkommando des Deutschen
Afrikakorps (15. Panzerdivision, 21. Panzerdivision):

„Unter Aufhebung aller entgegenstehenden Befehle hat das Deutsche
Afrikakorps sofort im Eiltempo auf Tobruk zu marschieren.

Kdo. Panzergruppe Afrika, I a."

Am 28. November stand Generalmajor von Ravenstein mit seiner
21. PD bei Bardia an der ägyptischen Grenze. Er sollte entsprechend
Rommels Befehl den Angriff nach Osten fortsetzen — ins Ungewisse hinein, hinter sich fast die ganze britische Streitmacht! In dieser schwierigen
Situation erhielt er nun über Funk den Befehl Westphals, in den Raum
Tobruk zurückzukehren. Er ließ sofort antreten und kämpfte sich durch
die Neuseeländer hindurch nach Tobruk zurück.

Rommel glaubte zuerst an einen Trick durch feindliche Funktäuschung.
Dann kam ihm der Gedanke, daß dieser Befehl von seinem I a ausgegangen sein könne.

„Westphal stelle ich vor ein Kriegsgericht!" sagte er in einer ersten Auf-
wallung. Aber als ihm Westphal dann die Lage vorgetragen hatte, reichte
er ihn zum Ritterkreuz ein und billigte dessen Entschluß vollauf. Er erkannte die Entscheidung, die sein I a als „operatives Gewissen der Armee" gefällt hatte, als notwendig an.

Am 6. Dezember 1941 mußte der Plan, Tobruk zu erobern, zunächst
aufgegeben werden. Die Achsenstreitkräfte mußten bis zu den Ausgangs-

---

* Über die Lage an jenem Tag und über Westphals eigenmächtiges Handeln
siehe S. 25 f.

stellungen vom März/April zurückweichen. Die Rückzugskämpfe fanden erst Anfang 1942 im Raum Agedabia ihren Abschluß.

Am 19. Dezember 1941 erhielt Siegfried Westphal als erster Generalstabsoffizier des Heeres das neugestiftete Deutsche Kreuz in Gold.

Rommel überflog im „Storch" mit Westphal die neue, 60 Kilometer breite Linie der Stellung Marada — Marsa el Brega, um sich einen Überblick über die Abwehrmöglichkeiten zu verschaffen. Die Leere des künftigen Schlachtfeldes, der Mangel an Truppen waren erschreckend. Sorgfältige Berechnungen ergaben aber, daß infolge des Eintreffens einiger Panzerkompanien und Artilleriebatterien bis Ende Januar 1942 noch eine gewisse eigene Überlegenheit bestand, solange die Briten noch nicht aus der Tiefe aufgeschlossen und ihren Nachschub noch nicht herangeführt hatten.

Dann allerdings würde sich die Situation sehr rasch umkehren.

Daher schlug Westphal seinem Oberbefehlshaber vor:

„Wir müssen dem Gegner zuvorkommen, ehe er aufs neue zu einem geballten Angriff bereit ist."

Rommel brannte darauf, die erlittene Scharte wieder auszuwetzen. Am 13. Januar 1942 hatte er seinen Entschluß gefaßt:

„Wir greifen an!"

Siegfried Westphal war der einzige, den diese Eröffnung nicht überraschte, denn er hatte in den vergangenen Tagen und Nächten mit Rommel gemeinsam alle Möglichkeiten eines neuen Angriffs geprüft.

Nach umfangreichen Täuschungsmaßnahmen — die eigenen Absichten wurden auch dem OKW und dem Oberkommando des italienischen Bundesgenossen gegenüber geheimgehalten — trat die Panzergruppe Afrika am 21. Januar 1942 zum Angriff nach Osten an. Bis zum 24. Januar wurde Giof el Matar erreicht. Die 1. britische PD wurde eingekreist und in der Schlacht um Msus aufgerieben. Ein großes Versorgungslager fiel in deutsche Hand.

Im „Storch" stiegen Rommel und Westphal auf, um sich einen Überblick über das Schlachtfeld zu verschaffen. Sie erhielten starkes Flakfeuer. Siegfried Westphal hörte die Splitter durch den Flugzeugrumpf fetzen, während Rommel dem Flugzeugführer Anweisungen gab, welche Haken er schlagen sollte.

Während der „Storch" zu entkommen trachtete, sah Westphal hoch über sich ein Dutzend Hurricanes.

Nun schien es „Matthäi am letzten" zu sein. Aber die britischen Jäger sahen den dicht über dem Wüstenboden dahinhuschenden „Storch" nicht.

Auf dem Rückflug wurde die Maschine zum zweitenmal von Kugeln durchlöchert.

Über Benina ging der Vorstoß trotz italienischen Einspruchs auf Bengasi weiter. Mit unverminderter Schnelligkeit wurde die Verfolgung des Gegners durch die Cyrenaika fortgesetzt. Derna fiel in deutsche Hand. Die Bucht von Bomba wurde erreicht.

Hier, vor der Gazala-Linie, mußte der Angriff eingestellt werden. Weder die Kräfte der Soldaten noch die Betriebsstoff- und Munitionslage hätten einen Angriff auf diese starke Stellung vor Tobruk zugelassen.

Am 9. Februar 1942 erhielt Westphal das Panzerkampfabzeichen in Silber; für einen Generalstabsoffizier in dieser Stellung eine außergewöhnliche Auszeichnung. Am 15. Februar flog er mit Rommel von Misurata nach Rom. Zum erstenmal stand er dem „Duce" gegenüber, dem er in den kommenden Jahren noch oft Berichte vortragen sollte.

Zwei Tage später landete Rommels He 111 auf dem Flugplatz Rastenburg in Ostpreußen. Mit seinem Oberbefehlshaber fuhr Westphal in das Führerhauptquartier „Wolfsschanze".

Hitler war froh, daß Rommel die zeitweise überaus bedrohliche Lage in Nordafrika gemeistert hatte, aber nicht sonderlich am afrikanischen Kriegsschauplatz interessiert. Sein ganzes Interesse gehörte der Ostfront. Daher war von ihm eine klare Weisung für die Kampfführung in Nordafrika im Jahre 1942 nicht zu erhalten.

Auch von Generaloberst Jodl konnte Westphal nichts erfahren. Ein zweites Gespräch mit Jodl am 18. Februar ergab ebenfalls keine klare Stellungnahme zu den vorgetragenen Problemen.

Im Frühsommer war auch mit einer neuen britischen Offensive zu rechnen. Sollte man ihr zuvorkommen? Reichten die eigenen Kräfte aus, um einen neuen Sturm auf Tobruk zu wagen?

Die Italiener und andere waren für Abwarten. Rommel zögerte längere Zeit, schloß sich aber dann den Vorschlägen seines I a an:

Um zu überleben, müsse man unter allen Umständen erneut angreifen.

Am 26. Mai 1942 trat die Panzergruppe Afrika zum Angriff auf die Gazala-Stellung und Tobruk an. Geben wir an dieser Stelle General Westphal abermals das Wort:

„Rommels Plan war, mit drei deutschen und den zwei schnellen italienischen Divisionen den Südflügel der britischen Riegelstellung bei Bir

Hacheim zu umgehen und die 8. Armee im Rücken zu fassen, während die Front durch die italienischen Fußkorps gefesselt wurde.

Diese Absicht mißglückte vollständig. Die frontale Bindung (durch die Italiener) war so unwirksam, daß die Engländer sich mit aller Wucht auf Rommels Umfassungskräfte stürzen konnten. Der Angreifer wurde nun im Rücken des Feindes selbst eingeschlossen."

Westphal befand sich in dieser schwierigen Situation vorn bei der kämpfenden Truppe. Er war mehrere Tage von Rommel getrennt und saß mit zwölf Funkstellen in einem Kessel beim Afrikakorps.

Rommel befand sich mit zwei Funkstellen in einem anderen Kessel. Er ließ immer wieder funken:

„Wo ist Westphal? Ist er tot, verwundet oder gefangen?"

Erst nach mehreren Anläufen konnte die Umklammerung durchbrochen, Stab und Armee wieder vereinigt werden.

Am 1. Juni wurde Westphal bei Got el Ualeb in vorderster Linie durch Granatwerfer schwer verwundet. Er mußte nach Europa überführt werden, da in Afrika die notwendige Operation nicht möglich war.

Bir Hacheim fiel am 16. Juni 1942. Sechs Tage später teilten El Duda und Sidi Rezegh dieses Schicksal. Der Weg nach Tobruk war freigekämpft.

Am Abend des 20. Juni fiel die so lange heiß umkämpfte Festung. Rommel wurde Generalfeldmarschall, Westphal Oberst.

Mitte August meldete sich Oberst Westphal bei el Alamein wieder zum Dienst. Rommel begrüßte ihn mit den Worten:

„Ihre Rückkehr ist mir eine Division wert."

Ende August begann der Durchbruchsversuch durch die britische Front in Richtung Alexandria. Er scheiterte, weil ein gerade in Tobruk eingelaufener Tanker im Hafen, ein zweiter unmittelbar vor dem Hafen versenkt wurden — wieder war für die Panzer und die Nachschubkolonnen kein Treibstoff vorhanden.

Fast eine Woche lagen die deutschen und italienischen Truppen wegen Benzinmangels fest und wurden in ihrer Bewegungsunfähigkeit Tag und Nacht von der britischen Luftwaffe gebombt.

Rommel und Westphal hausten inmitten der Angriffsverbände in einem Erdloch, wurden mehrfach verschüttet und buddelten sich gegenseitig wieder heraus.

Was die Afrikaarmee in dieser Woche auszuhalten hatte, übertraf beinahe alle späteren schweren Belastungen. Der Verlust an Menschen und Material zehrte an der Substanz.

In der Nacht zum 24. Oktober 1942 begann der sorgfältig vorbereitete und sich durch verschiedene Anzeichen ankündigende Großangriff der Armee Montgomery.

Rommel befand sich auf einem dringend notwendigen Erholungsurlaub. Sein Stellvertreter war General Stumme. Als der General im Morgengrauen des 24. Oktober mit Oberst Büchting — dem Armeenachrichtenführer — an die Front fuhr, wurde sein Wagen bei der Höhe 28 beschossen. Oberst Büchting fiel durch Kopfschuß. General Stumme erlitt einen Herzschlag.

Den Oberbefehl über die Panzerarmee übernahm vorübergehend General Ritter von Thoma. Er blieb auf dem Gefechtsstand des DAK.

Auf eine innerhalb einer Stunde zu beantwortende Anfrage Hitlers, ob es sich bei dem britischen Angriff um ein größeres Stoßtruppunternehmen oder um eine Offensive handele, meldete Westphal unverzüglich:

„Der lange erwartete britische Großangriff hat begonnen. Rückkehr von Feldmarschall Rommel notwendig."

In der Abenddämmerung des 25. Oktober traf Rommel auf dem Gefechtslandeplatz el Daba ein. Westphal trug ihm über die schon recht zugespitzte Lage vor.

Am 3. November, dem zehnten Tag der Schlacht um el Alamein, befahl Rommel den Rückzug. Als Oberst Westphal beim Mittagessen saß, ging ein Führerbefehl ein. Der Oberst hatte den Befehl eben gelesen, als Rommels Befehlspanzer vorfuhr. Westphal übergab Rommel den Funkspruch, dessen Inhalt, auf eine knappe Formel zusammengepreßt, lautete:

„Siegen oder sterben!"

Dieser Befehl traf in einem Augenblick ein, da Rommel eine Antwort auf die Entsendung eines Ordonnanzoffiziers — Hauptmann Berndt — ins Führerhauptquartier erwartete. Berndt, der Hitler gut kannte, sollte versuchen, von diesem volle Handlungsfreiheit für die „Panzerarmee Afrika" zu erlangen.

War dies die Antwort darauf?

„Dieser Funkspruch ist wohl kaum in Kenntnis unserer Lagemeldung verfaßt worden, Herr Feldmarschall", argwöhnte Westphal; er ahnte, worum es Hitler mit diesem Funkspruch ging. Er drückte dies auch deutlich aus, als er fortfuhr: „Das ist eine Aufmunterungsspritze! Wer weiß, vor wie vielen Tagen dieser Ukas schon verfaßt wurde."

Rommel schwankte und gab am späten Abend des 3. November 1942 zunächst den Befehl aus:

„Kampf bis zur letzten Patrone!"

Am nächsten Vormittag erschien der Oberbefehlshaber Süd, Feldmarschall Kesselring, auf dem Gefechtsstand der Panzerarmee. Er stimmte Rommel und Westphal zu, daß Hitlers Befehl vom Vortag undurchführbar sei.

Rommel und Kesselring meldeten das dem OKW und ersuchten um Zurücknahme des Befehls. Anschließend fuhr Rommel zum Gefechtsstand des DAK und befahl dessen Ausweichen auf die Fuka-Linie. Die übrigen Korps und Divisionen der „Panzerarmee Afrika" erhielten ihre Befehle durch Funk.

Feldmarschall Rommel meldete am 26. November 1942 dem OKW durch einen im Original erhalten gebliebenen Funkspruch:

„Oberst i. G. Westphal, mit der Führung der Geschäfte des Chefs des Generalstabs der deutsch-italienischen Panzerarmee beauftragt, hat sich in den außergewöhnlich schweren Abwehrkämpfen in der Alamein-Stellung und in den anschließenden Rückzugskämpfen der Armee bis in die Marsa-el-Brega-Stellung erneut hervorragend bewährt.

Im Verlauf der Kämpfe hat er bei den schweren, anhaltenden Versorgungskrisen in bewundernswerter Ruhe und Umsicht oft im stärksten Feindfeuer alle Schwierigkeiten durch entscheidend getroffene Maßnahmen überwunden. Wenn die Armee trotz aller fast unüberwindlich erscheinenden Schwierigkeiten geordnet und immer wieder kämpfend die Marsa-el-Brega-Stellung erreichen und besetzen konnte, so ist das zum großen Teil ein hohes Verdienst des Obersten Westphal, der in diesen schweren Wochen Chef und I a in einer Person sein mußte.

Oberst Westphal wurde bereits am 8. Dezember 1941 und am 26. Januar 1942 zum Ritterkreuz vorgeschlagen. Ich schlage ihn heute zum dritten Male zu dieser voll verdienten Auszeichnung vor.

Besonders hervorzuheben ist noch, daß Oberst Westphal am 1. Juni 1942 in vorderster Linie beim Sturm auf Got el Ualeb (Gefangennahme einer englischen Brigade) schwer verwundet wurde und daß er ohne Schonung seiner Person, kaum wiederhergestellt, unmittelbar aus dem Lazarett heraus sich wieder bei der Armee zurückmeldete.

gez. Rommel."

Am 30. November 1942 erhielt Oberst Westphal das Ritterkreuz des Eisernen Kreuzes.

Eine Woche später übernahm er auf dem Gefechtsfeld die Führung der verwaisten 164. leichten Afrikadivision. Schließlich wurde er am 1. Januar 1943 zur Führerreserve in die Heimat versetzt. Feldmarschall Rommel schrieb seinem scheidenden Gehilfen in die Beurteilung:

„Er ist ein Offizier, der nach Charakter und Befähigung im Interesse des Heeres schnell in oberste Führungsstellen befördert werden sollte."

Als Oberst Westphal befehlsgemäß dem Heerespersonalamt sein Eintreffen auf dem europäischen Festland telefonisch meldete, antwortete man auf seine Fragen nach der nächsten Verwendung:

„Entweder im Westen, Osten oder nach Norwegen. Niemals gehen Sie wieder in den Süden."

„Hoffentlich werde ich ein Truppenkommando erhalten, um das ich dreimal gebeten habe", entgegnete Westphal.

Bereits drei Wochen später wurde Westphal von Feldmarschall Kesselring angefordert und war nun doch wieder „im Süden", diesmal in Italien. Eine Kur, die eine verschleppte Amöbenruhr kurieren sollte, mußte er sofort abbrechen.

Die folgenden Anstrengungen brachten ihn in den nächsten Monaten so weit herunter, daß die Ärzte im Sommer 1943 erklärten, er sei nicht mehr felddienstverwendungsfähig. Westphal nahm von diesem Gutachten keine Notiz.

„Wegen tapferen Verhaltens in Verbindung mit hervorragenden Führungsverdiensten" wurde Westphal am 1. März 1943 zum Generalmajor befördert. Er war nur sieben Monate Oberst gewesen.

Bis zum 15. Juni 1943 blieb Generalmajor Westphal Chef der deutschen Führungsabteilung beim italienischen Commando Supremo. Dann wurde er Chef des Generalstabs des Oberbefehlshabers Süd, später des Oberbefehlshabers Südwest — beides war Generalfeldmarschall Kesselring.

Der OB Südwest (Oberkommando der Heeresgruppe C) übernahm den Befehl in ganz Italien und somit auch den Bereich der bisher in Norditalien eingesetzten Heeresgruppe B des Feldmarschalls Rommel.

Ursprünglich war Rommel als Oberbefehlshaber für Gesamtitalien vorgesehen. Das wurde im letzten Augenblick geändert, weil — wie Generaloberst Jodl zu Westphal sagte — der OB Süd die seit dem Ausscheiden der Italiener aus dem Krieg an deutscher Seite entstandene schwere Krise vorbildlich gemeistert und der Stab unter Westphals Leitung vorzüglich gearbeitet habe.

Auf dem OB Südwest lasteten viele Sorgen. Das Halten der Front in Süditalien, die immer erdrückender werdende Überlegenheit der Alliierten an Material und vor allem in der Luft, die durch tägliche Bombardements der italienischen Eisenbahnen immer wieder unterbrochene Versorgung der Truppe besonders mit Munition und Betriebsstoff, die Ernährung der italienischen Zivilbevölkerung und die Wahrscheinlichkeit einer neuen Invasion.

Wo war sie zu erwarten? Bei Rom? Bei Livorno? Bei Genua oder Venedig? Bei Rimini oder auf der Halbinsel Istrien?

Die eigene Luftaufklärung drang schon lange nicht mehr durch. Die Agentenmeldungen waren spärlich und widerspruchsvoll. Man tappte also im dunkeln. Der OB Südwest mußte sich demnach auf alle Möglichkeiten einstellen.

Feldmarschall Kesselring befahl für jede denkbare Variante der Entwicklung, welche Divisionen gegebenenfalls an die betreffenden Landestellen in Eilmärschen heranzuführen seien.

Bei diesen Verbänden handelte es sich um Truppen, die im Bedarfsfall aus Norditalien, aus Istrien, aus der Heimat, aus Südfrankreich oder sogar aus der kämpfenden Front herauszulösen waren.

Noch am Vortag der alliierten Landung bei Anzio-Nettuno erklärte Admiral Canaris, der zufällig das Oberkommando der Heeresgruppe Südwest besuchende Chef der deutschen Abwehr, General Westphal auf dessen besorgte Fragen, für eine derartige Operation der Alliierten lägen zur Zeit keinerlei Anzeichen vor.

Als am nächsten Morgen, dem 22. Januar 1944, gemeldet wurde, die Amerikaner seien bei Anzio und Nettuno an Land gegangen, gab Westphal nur das Stichwort "„Fall Richard" durch. „Richard" bedeutete: feindliche Großlandung im Raum Rom.

Die gesamte Bewegung rollte auf Straße und Schiene planmäßig ab.

Nach zwei sorgfältig vorbereiteten Angriffen, die zum Teil auch wegen des tief aufgeweichten Bodens steckenblieben, waren die Versuche, den alliierten Brückenkopf zum Einsturz zu bringen, gescheitert.

Generalmajor Westphal war der Ansicht, die seit mehreren Jahren überanstrengte und ausgeblutete Truppe sei nicht mehr angriffsfähig. Diese Erkenntnis sei so wichtig, daß sie nicht nur schriftlich gemeldet werden dürfe. Sie müsse baldigst Hitler mündlich vorgetragen werden.

Feldmarschall Kesselring wendete ein, er selbst sei nicht abkömmlich. Er war aber einverstanden, daß Westphal zu Hitler flog.

Generaloberst Jodl ließ den Generalstabschef der italienischen Front zunächst nicht zu Hitler vor. Er, Jodl, würde das „besser" vortragen.

Hitler wurde bei Jodls Vortrag sehr erregt. Jetzt verlangte er selbst den Mann zu sehen, der seine Truppen „schlecht gemacht" hätte.

Westphal wurde am Abend des 6. März 1944 zum Vortrag befohlen. In fast fünfstündiger Ausführung gelang es ihm schließlich, Hitler zu überzeugen.

Als er sich wenig später von Feldmarschall Keitel verabschiedete, gab dieser ihm mit auf den Weg:

„Sie haben Glück gehabt. Wenn wir alten Esel auch nur die Hälfte von dem gesagt hätten, dann würde der Führer uns aufhängen lassen."

Westphal entgegnete:

„Vielleicht wäre es gut, wenn die älteren Herren auch mehr widersprächen."

Im April wurde Westphal Generalleutnant, wiederum vorzeitig. Feldmarschall Kesselring sagte dazu später:

„Beide Beförderungsvorschläge wurden von mir persönlich ausgesprochen. In beiden Fällen wurden seine Führungsverdienste gewürdigt; die Anträge gipfelten aber in der Feststellung seines tapferen Verhaltens vor dem Feind."

In „Soldat bis zum letzten Tag" schreibt Kesselring, der Westphal schon aus Afrika kannte:

„Ich konnte mir keinen besseren Stabschef als General der Kavallerie Westphal wünschen ...

Er hatte mein volles Vertrauen, volle Freiheit in der Äußerung seiner Ansichten, hatte den Stab fest in der Hand, war organisatorisch hoch befähigt und unermüdlich in der Erfüllung seiner verantwortungsvollen Aufgabe. Ein besonders guter Vortrag, überdurchschnittliches taktisches Können und ebensolche Befehlstechnik zeichneten ihn aus ..."

Mit einer schweren Sepsis wurde Westphal Ende Mai 1944 in letzter Stunde in ein römisches Lazarett eingeliefert und dort operiert. Er war mehrere Tage ohne Bewußtsein.

Eine halbe Stunde vor dem Einmarsch der Amerikaner in Rom wurde Generalleutnant Westphal aus der Stadt gebracht und nach Meran in Südtirol verlegt. Bis zum 31. August 1944 war er dienstunfähig.

Am 9. September 1944 wurde Siegfried Westphal als Chef des Generalstabs des Oberbefehlshabers West nach Frankreich berufen. Wenige Tage zuvor hatte Generalfeldmarschall von Rundstedt erneut den Oberbefehl über das Westheer übernommen.

Am 24. Oktober erfuhr Westphal im Führerhauptquartier, daß das OKW im Westen eine neue Offensive plante. Als Angriffsziel war Antwerpen vorgesehen.

In der Folgezeit wurde versucht, Hitler zur Annahme einer inzwischen ausgearbeiteten und den verfügbaren Kräften entsprechenden „Kleinen Lösung" zu gewinnen — vergebens. Hitler wies diesen Vorschlag als unannehmbaren „schwächlichen Gedanken" zurück.

Die Ardennenoffensive begann am 16. Dezember 1944 und — scheiterte.

Anfang März 1945 wurde Feldmarschall von Rundstedt als OB West durch Feldmarschall Kesselring abgelöst. Westphal, am 1. Januar 1945 zum General der Kavallerie befördert, sollte ebenfalls abgelöst werden. Doch Kesselring beharrte darauf, ihn als Chef des Generalstabs zu behalten.

Als am 5. Mai 1945 die Truppen des Oberbefehlshabers West die Waffen streckten, wurde Westphal durch den alliierten Oberbefehlshaber, General Eisenhower, als deutscher Oberbefehlshaber Süd zur Durchführung der Kapitulation und Demobilmachung aller deutschen Truppen in Oberbayern und Österreich eingesetzt. Diese Tätigkeit war mit dem 6. Juli 1945 beendet. Viele Hunderttausende von Soldaten aller Dienstgrade wurden in dieser Zeit in die Heimat entlassen.

Für Westphal begann eine zweieinhalbjährige Gefangenschaft. Zunächst war er bei Landsberg am Lech interniert, dann im Interrogation Center Freising. Von hier aus wurde er am 2. Oktober 1945 als Zeuge nach Nürnberg geschafft. Dort blieb er bis zum Juni 1946.

Gemeinsam mit Feldmarschall von Manstein unterstützte er den ex officio bestimmten Anwalt Dr. Laternser in der Verteidigung der als „verbrecherische Organisation" angeklagten „Gruppe Generalstab und OKW".

Erst im Januar 1948 kehrte Westphal zu seiner Familie nach Breese im Bruch zurück. Er hatte im Jahre 1933 die ungarische Baronesse Judith von Sewaldt auf Szentandras und Alap geheiratet. Der Ehe waren zwei Söhne entsprossen. Der ältere, Hubertus, der trotz seiner kurzen militärischen Laufbahn bei der Bundeswehr schon glänzend beurteilt wurde, verunglückte am 9. September 1961 tödlich als Oberleutnant in einer Panzeraufklärungskompanie.

Westphal begann 1948 mit schriftstellerischer Tätigkeit. Er, der sich seit je für Geschichte und Sprachen interessierte und Englisch und Französisch spricht, schrieb zuerst für deutsche Tageszeitungen. Abhandlungen kriegsgeschichtlicher Art folgten, und schließlich verfaßte er sein erstes eigenes Buch, das anfangs 1950 erschien: „Heer in Fesseln".

Gleichzeitig trat er als Volontär bei einer großen Gesellschaft der Stahlindustrie ein, in der er es schließlich zu einer Führungsposition brachte.

In seiner weiteren schriftstellerischen Arbeit widmete er sich dem Dienst der Rehabilitierung deutscher Soldaten.

Im November 1959 wurde Westphal Präsident des Ringes deutscher Soldatenverbände. Westphal hielt zahlreiche Vorträge im Ausland, insbesondere in vielen Städten der Schweiz. Ferner sprach er mehrfach in London auf Anregung der deutschen Botschaft jeweils vor einem geladenen Kreis.

Nicht zuletzt aber ist Siegfried Westphal langjähriger Vorsitzender des „Verbandes Deutsches Afrikakorps" und des Rommel-Sozialwerkes. Der Europäische Frontkämpferbund (FEDAC) ernannte ihn 1955 zu seinem Vizepräsidenten.

Seit Sommer 1963 leitet er als Direktor der Rheinischen Stahlwerke das Bonner Büro dieses Konzerns.

Westphal gewann viele Freunde in aller Welt. Zu ihnen gehören, um nur einige Namen zu nennen, der Staatspräsident von Pakistan, Ayub Khan, der französische Armeegeneral und Senator Béthouart und Sir Basil Liddell Hart, der moderne Clausewitz.

Innerhalb des Verbandes Deutsches Afrikakorps besitzt der General a. D. das Vertrauen eines jeden Mannes, der auf dem afrikanischen Kriegsschauplatz gekämpft hat.

Jedem von ihnen wurde der Generalstabsoffizier, der immer wieder auch durch persönlichen Mut und selbstlose Einsatzbereitschaft von sich reden machte, zum nachzueifernden Vorbild.

Siegfried Westphal, * 18. März 1902 in Leipzig
Letzter Dienstgrad: General der Kavallerie
Feldzüge:
Holland, Belgien, Frankreich, Nordafrika, Italien, Holland, Belgien, Frankreich und Deutschland
Deutsche Kriegsauszeichnungen:
Eisernes Kreuz I. Klasse am 10. Mai 1940
Eisernes Kreuz II. Klasse am 28. Mai 1940
Deutsches Kreuz in Gold am 19. Dezember 1941
Panzerkampfabzeichen in Silber am 9. Februar 1942
Ritterkreuz des Eisernen Kreuzes am 30. November 1942

GENERALMAJOR
ALWIN WOLZ

*Rommels Luftwaffenflak
in Afrika*

„An allen Kämpfen der deutschen Truppen in Afrika", so schrieb Generalmajor a. D. Alwin Wolz anläßlich des 10. Treffens des Afrikakorps im Oktober 1967, „nahmen von Anfang an schwere und leichte Flakbatterien der Luftwaffe teil. Schließlich war der Kommandeur des Flakregiments 135 *(Wolz selbst)* zugleich auch der Flakführer der Panzerarmee Afrika. Außer in den wenigen Wochen, in denen er aus besonderem Grund dem DAK unterstand, gehörte er dem engsten Gefechtsstab des Feldmarschalls Rommel an. Er befand sich infolgedessen an sehr vielen Tagen im Armeegefechtsstand oder auf den Fahrten zur Truppe sozusagen in Tuchfühlung mit dem Oberbefehlshaber.

Der Regimentskommandeur hatte die zusehends ärgerlicher werdende Aufgabe, sein Flakregiment entsprechend seiner Zweckbestimmung zur Bekämpfung der feindlichen Luftwaffe einzusetzen, die immer gefährlicher und manchmal sogar kampfentscheidend zur Wirkung kam. Nicht nur, weil er von seinen Luftwaffenvorgesetzten dazu angehalten wurde, sondern auch aufgrund der nüchternen Beurteilung der Luftlage mußte er sich ständig mit aller Energie gegen die völlige Zweckentfremdung der schweren Acht-Acht-Geschütze als Panzerabwehr stemmen."

Diese kurze Darstellung der Lage zeigt, mit wie vielen Schwierigkeiten die Flak in Afrika zu ringen hatte. Daß Oberst Wolz immer wieder gegenüber dem Willen des Oberbefehlshabers unterlag und die Flak im Erdeinsatz gegen Panzer einsetzen mußte, war unumgänglich notwendig. In diesen Einsätzen erzielte die Flak sagenhafte Erfolge. Wie der Gegner diese deutsche Flak beurteilte, zeigt der Funkspruch eines bei el Hamma in Tunesien zusammengeschossenen englischen Panzerverbandes:

„Achtung, Achtung! Oase el Hamma eine einzige Flakfestung. Viele Acht-Acht zwischen den Palmen. Nicht angreifen!"

Alwin Wolz wurde am 22. September 1897 in Windsfeld/Mittelfranken geboren. Bis zum 15. Juli 1915 besuchte er das Humanistische Gymnasium und trat am 1. August 1915 als Kriegsfreiwilliger beim Ersatz-

Seebataillon in Wilhelmshaven ein. Er kam zum 3. Marine-Infanterie-regiment nach Flandern. Eingangs Mai 1916 wurde er als Fahnenjunker zum Kgl. bayr. IR Nr. 5 kommandiert und kämpfte mit diesem Regiment bis Kriegsschluß. Zuletzt als Leutnant und Kompanieführer.

Bereits hier zeichnete er sich aus. Er erhielt das EK II. und I. Klasse, den Bayerischen Militärverdienstorden mit Schwertern und das Verwundetenabzeichen.

Nach Kriegsschluß ging Wolz als Leutnant zum Freikorps nach Bamberg und gehörte anschließend für kurze Zeit zur Reichswehr. Im Oktober 1919 trat er zur Bayerischen Landespolizei über und brachte es in den folgenden sechzehn Jahren zum Polizeihauptmann.

Im Jahre 1935 wurde Wolz in die Wehrmacht übernommen. Er ging zur Luftkriegsschule nach Berlin-Gatow. Als Major erhielt er sodann ein Kommando als Chef einer Scheinwerferbatterie der I./Flak-Regiment 25 in Ludwigsburg.

Im Sommer 1937 wurde er Chef dieser Flak-Abteilung, und ein Jahr später stellte er mit der III./Flak-Regiment 5 eine neue Scheinwerferabteilung auf. Nach seiner Beförderung zum Oberstleutnant übernahm Wolz am 26. August 1939 als Kommandeur das Flak-Regiment 25.

Nach Kriegsbeginn war sein Regiment vorerst im Heimatgebiet eingesetzt. Beim Übergang über den Oberrhein im Juni 1940 aber war es im Erdeinsatz. Es erhielt die Aufgabe, die französischen Bunker der Maginot-Linie am westlichen Rheinufer zu zerstören.

Nicht weniger als 39 Bunker, zum Teil mit Stahlkuppeln, wurden vom Flak-Regiment 25 vernichtet. Nachdem der französische Festungsgürtel, der stärkste der Welt, durchbrochen und der Rhein überquert war, fuhr Oberstleutnant Wolz in seinem Befehlswagen und mit einem Radfahrzug, einer leichten sowie einer schweren Flak-Batterie nach Straßburg hinein und hißte dort die Fahne einer seiner Batterien auf dem weltberühmten Münster. Für diesen Vorstoß erhielt er die Spangen zum EK.

In der Flak-Gruppe Harz und anschließend in der Flak-Gruppe Sylt galt es, Einflüge feindlicher Flugzeuge abzuwehren. Dann übernahm Wolz die Führung des Flugabwehrkommandos Dänemark, um anschließend wieder zur Flak-Gruppe Harz zurückzukehren.

Nach der Übernahme der Flak-Gruppe Hannover wurde er 1941 zum Oberst befördert.

Am 1. Februar 1942 erhielt Oberst Wolz den Versetzungsbefehl nach Afrika. Er sollte dort das Flak-Regiment 135 als neuer Kommandeur übernehmen.

Dieses Regiment war von Major Hecht und seinem Regimentsadjutanten Hauptmann Marwan-Schlosser aufgebaut worden und hatte bereits große Erfolge erzielt.

Als sich Oberst Wolz auf dem Gefechtsstand der Panzerarmee Afrika meldete, empfing Rommel ihn sehr freundlich. Doch als Wolz die baldige Zuteilung einer Transportnummer für den noch bei Neapel liegenden Regimentsstab erbat, erhielt er die für Rommel charakteristische Antwort:

„Kanonen, Wolz, sind vordringlicher!"

Wolz konnte diese Entscheidung mit Gelassenheit hinnehmen. Er hatte bereits eine Möglichkeit gefunden, überschüssigen Transportraum auf einem Frachter für sein Regiment zu erhalten.

Eine Zeit des Aufbaues begann. Als Rommel, um näher bei der Truppe zu sein, Ende März sein Hauptquartier in die Gegend von Umm er Rzem verlegte, folgte der Stab des Flak-Regiments 135 nach.

Am 24. Mai 1942 zog Wolz mit seinem Regimentsstab in die Gegend der Führungsabteilung des DAK nach Bir es Sferi. Er versammelte hier seine Kommandeure, um die Einsatzgrundsätze für den bevorstehenden deutschen Großangriff durchzusprechen. Die taktische Gliederung des Regiments war wie folgt:

Regimentsstab und 1./Flak 43 zur Korpskampfstaffel;

3./Flak 43 zur Kampfstaffel Rommel;

I./Flak 43 (ohne 1. und 3.) zur 15. Panzerdivision;

I./Flak 18 (ohne 2.) zur 21. Panzerdivision;

2./Flak 18 zur 90. leichten Division;

II./Flak 25 mit 7. und 9. zum Arko 104;

hinzu kamen zwei unterstellte Heeres-Flak-Bataillone.

Am 27. Mai, der Umgehungsmarsch des DAK um Bir Hacheim rollte, erhielt die Spitze der vor dem Flak-Regimentsstab 135 marschierenden Division Feindberührung. Oberst Wolz setzte die Korpskampfstaffel ein, die er selbst führte.

Weit auseinandergezogen fuhren die Acht-Acht in dem deckungslosen Gelände vor. Um schnellstmöglich zum Schuß zu kommen, feuerten die Kanonen von den Rädern. Zwar wurden sie von den Zugmaschinen abgehängt, aber nicht vom Fahrgestell auf ihre Kreuzlafetten gesenkt.

Die ersten Feindpanzer standen bald schwarzqualmend auf dem Gefechtsfeld. Aber dann erwiderte die Artillerie des Gegners das Feuer.

Oberst Wolz brach das Gefecht ab, da er dem DAK folgen mußte, das in heftige Kämpfe verwickelt war.

General Nehring, der neue Kommandierende General des DAK, kam zu Wolz. Gemeinsam fuhren sie vor, um sich von der Lage an der Spitze zu überzeugen. Heftiges Artilleriefeuer zwang den Wagen zum Ausweichen, und dabei stießen sie auf die zurückfliehenden Fahrzeuge der Korpsführungsstaffel, die ihrerseits von zurückgehenden Divisionsgefechtstrossen durchrollt wurden.

In dem großen Pulk der Fahrzeuge sah Oberst Wolz plötzlich einige Acht-Acht mitfahren. Nehring und Wolz fuhren in den Pulk hinein, um diese Kanonen aufzuhalten. Da sahen sie sich plötzlich Rommel gegenüber, der mit eingekeilt gewesen war.

„An dem ganzen Schlamassel ist nur die Flak schuld", rief Rommel zornig, „weil sie nicht geschossen hat!"

Noch ehe Wolz antworten konnte, war der Oberbefehlshaber bereits weitergefahren. Wolz brachte die drei 8,8-cm-Geschütze zum Halten. An diese drei Kanonen schlossen sich die hinter Wolz rollenden drei Acht-Acht der 1./Flak 43 sofort an. Als die letzten Troßfahrzeuge in wilder Fahrt vorbeigebraust waren, sahen Wolz und General Nehring, was die Ursache zu dieser schnellen Flucht gewesen war.

In ungefähr 1500 Meter Entfernung rasselten, dichte Staubwolken aufwirbelnd, 35 Feindpanzer heran. Die Geschütze, die mit je 150 Meter Seitenabstand in Stellung gegangen waren, eröffneten auf Wolz' Befehl das Feuer. Die ersten Panzer brannten auf, der Gegner zog sich zurück.

Wenig später erschien Major Gürke, der Kommandeur der I./Flak 43, und brachte auf der linken Flanke der kleinen Flak-Front die sechs Geschütze der 2./Flak 43 in Stellung. Eine halbe Stunde darauf führte der Armeeadjutant die 3./Flak 43 heran, die Rommel geschickt hatte.

Damit stand schließlich eine drei Kilometer breite Flak-Front. Zum erstenmal in der Kriegsgeschichte sollte hier in der Wüste Flak eine Schlacht entscheiden.

Oberst Wolz gab die Kampfführung an Major Gürke ab. Dieser hatte so die Gelegenheit, seine drei schweren Batterien geschlossen zum Einsatz bringen zu können. Wolz selbst fuhr zu General Nehring zurück, der seinen Gefechtsstand nur 1000 Meter hinter diesem Flak-Riegel eingerichtet hatte und damit dessen Bedeutung unterstrich.

Inzwischen war Feindartillerie hinter der Panzerfront des Gegners in Stellung gegangen. Während der letzten Tagesstunden des 27. Mai feuerte sie pausenlos auf die Geschützstellungen, die teilweise geräumt werden mußten, um die Bedienungen zu retten. Oberst Wolz ging mit Major Gürke im Feuer von Geschütz zu Geschütz, um die Männer zu ermutigen.

„Wir mußten einfach aushalten", sagte General Wolz nach dem Krieg. „Nur so konnten wir die Angriffe der feindlichen Panzergruppe in den Rücken des DAK abwehren."

In dem Gefecht Flak gegen Panzer wurden 24 Feindpanzer abgeschossen. Die Flak-Front hatte sich zum erstenmal durchschlagend bewährt.

Am 5. Juni — der Regimentsstab stand mit der II./Flak 25 am westlichen Flügel des Einschließungsringes von Bir Hacheim — traf Rommel dort ein. Es war Mittag, und Wolz meldete dem OB in glühender Sonne.

„Wolz, Sie ziehen sofort die AA 3, die Panzerjägerabteilung 33 und die II./Flak 25 aus dem Bir-Hacheim-Unternehmen heraus und fassen sie zur Kampfgruppe Wolz zusammen. Mit Ihrer Kampfgruppe gehen Sie nach Bir Scerrara, nordostwärts Bir Hacheim."

Als die neugebildete Kampfgruppe am bezeichneten Punkt eingetroffen war, war auch Rommel zur Stelle und gab gegen 17 Uhr folgenden Befehl:

„Starker Feind hat heute gegen die ostwärts Got el Ualeb stehende ,Ariete' angegriffen und konnte abgewehrt werden. Das DAK geht zum Gegenangriff über, und zwar mit der 21. PD nördlich, entlang des Trigh Capuzzo, und mit der 15. PD über Bir Harmat gegen Bir Bellefaa.

Ihre Kampfgruppe, Wolz, hat sofort anzutreten, rechts der 15. PD anzugreifen, den Trigh Capuzzo ostwärts Bellefaa in Besitz zu nehmen und dadurch dem Gegner den Rückzug zu verlegen."

Rommel wollte mit der Kampfgruppe Wolz fahren. Es ging sofort und ohne Befehlsausgabe los. Die Kampfgruppe überquerte nach geraumer Zeit die Marschpiste der 15. PD und ging in den Flächenmarsch über.

Gegen 18.30 Uhr stieß sie ostwärts Bir Harmat auf den Feind. Wieder ließ Wolz in überschlagendem Einsatz angreifen. Für jeweils eine Hälfte der Geschütze galt: „Abkuppeln, abprotzen, feuern!" Für die andere: „Aufprotzen, anhängen und vorfahren!" So war der Rhythmus des Angriffs, der zügig vorwärts ging und den Feind warf.

Im letzten Büchsenlicht des schwindenden Tages sah Oberst Wolz, daß sich feindliche Spähwagen im Rücken seiner Kampfgruppe einschoben und Rommel den Rückweg zum DAK verwehrten.

Auch am 6. Juni kam es zu schweren Kämpfen der Flak gegen Feindpanzer. Rommel selbst schreibt darüber in seinem nachgelassenen Buch „Krieg ohne Haß":

„Unter meiner Führung stieß die Kampfgruppe Wolz in den Rücken der bei Knightsbridge stehenden Briten. Links an uns angelehnt fuhr die

15. PD in den Kampf. Sie sollte die Briten von Süden her umklammern. Von drei Seiten her krachten die Kanonen der Engländer ... Am Abend standen über fünfzig zusammengeschossene Panzer auf dem Schlachtfeld."

Hinter diesen Worten stand ein erbarmungsloser Kampf. Den ganzen Tag über hatte Oberst Wolz die Kampfgruppe gegen einen hartnäckigen Panzerfeind und gegen Artillerie zu führen. Auf eine Breite von sechs Kilometern auseinandergezogen, kämpfte er jetzt mit vier Batterien (eine Batterie der I./Flak 43 war noch hinzugekommen).

Am Abend des 6. Juni hatten diese vier Batterien zusammen nur noch neun Panzergranaten zur Verfügung. Verschiedentlich mußte mit Zeitzündergranaten gegen Panzer geschossen werden.

Am 7. Juni befahl Rommel der Kampfgruppe, in Richtung Bir Hacheim zurückzufahren. Am Abend folgte der OB nach und gab ihr den Angriffsbefehl auf diesen Stützpunkt. Die Kampfgruppe mußte durch die Minenfelder fahren und sich sechs Kilometer nördlich Bir Hacheim bereitstellen.

Im ersten Morgengrauen des 8. Juni herrschte dichter Nebel, und als sich dieser Nebel hob, sah Wolz, der sich in der Feuerstellung befand, daß das Gelände bis zum Fort bretteben war. Sofort zog er die beiden bereits in Stellung gebrachten Batterien hinter eine Geländewelle zurück.

Rommel kam zur Kampfgruppe Wolz und richtete seinen Gefechtsstand in einem größeren Loch ein, fünfzig Meter vom Gefechtsstand Wolz entfernt. Der allgemeine Angriff, den die Kampfgruppe Kiehl auf Bir Hacheim fuhr, blieb liegen. Zwei Schützenkompanien, die zugesagt worden waren, trafen nicht ein. Die 2-cm-Flak wurde vom Feind festgenagelt, als sie eben versuchte, durch eine Minengasse vorzugehen.

Oberst Wolz sprang zum OB hinüber und schlug ihm vor: erstens den Angriff der Kampfgruppe Wolz einzustellen, zweitens ihn selbst von der Führung der Kampfgruppe zu entbinden und zum Regiment zurückkehren zu lassen. Dies, weil die Kampfgruppe nach Abzug der AA 3 und anderer Einheiten nurmehr aus der II./Flak 25 und einem Pionierzug bestand.

Rommel billigte diese Vorschläge, und Oberst Wolz übergab die Kampfgruppe an Major Dittrich, den Kommandeur der II./Flak 25. Als der Oberst in Begleitung von Hauptmann Marwan-Schlosser, dem Regimentsadjutanten, zum Regimentsgefechtsstand zurückfuhr, rollte ihr Wagen auf eine Mine. Es krachte laut, eine dicke Qualmwolke waberte empor. Als sich der Rauch verzog, sah Wolz, der aus der Nase blutete, daß sein braver Fahrer Busch schwer verwundet war. Busch erlag wenig später dieser Verwundung.

Die übrigen Insassen kamen mit dem Schrecken davon, und Rommel beglückwünschte sie am Abend zu ihrer Errettung.

Eine Bestandsaufnahme ergab, daß von den 46 Acht-Acht 23 ausgefallen waren. Bei den 78 2-cm-Kanonen waren es zum Glück nur 12 Ausfälle, und die sechs Flak-Vierlinge des Regiments waren sämtlich noch einsatzbereit.

Das Regiment hatte 99 Tote, 312 Verwundete im Lazarett und 92 Verwundete bei der Truppe zu verzeichnen. Das waren insgesamt 26 Prozent des gesamten Bestandes.

Immer wieder wurde in diesen Tagen der Alarmruf der Engländer aufgenommen:

„Ack — Ack!"

Wenig Tage später sollte die Flak wieder vor Tobruk kämpfen. Für diesen Angriff auf Tobruk schlug Oberst Wolz während der ersten Phase den Flak-Einsatz als Fernartillerie und Luftschutztruppe vor.

Vor Tagesanbruch des 20. Juni 1942 befand sich Rommel auf seinem vorgeschobenen Gefechtsstand bei Punkt 149 zwischen El Duda und El Adem. Wolz hatte mit seinem Stab ebenfalls dorthin verlegt. Immer wieder blickte er auf die Uhr. Als sie 5.40 Uhr anzeigte, hörte der Oberst das Brummen von Flugzeugmotoren. Die ersten Stukas tauchten auf. Sie erreichten die Festung und heulten auf die Forts herunter. Rauch- und Staubfontänen wuchsen zu gigantischen Pilzen empor. Dann setzte das Artilleriefeuer ein.

Rommel, das Fernglas vor den Augen, beobachtete. Der Angriff auf Tobruk rollte, und gegen neun Uhr meldete das DAK die Eroberung von zehn Werken. Gleichzeitig mit den Panzern waren auch die ersten Acht-Acht ins Hauptkampffeld vorgedrungen.

Als Oberst Wolz einen Djebel erreichte, sah er unter sich die Hafenbucht von Tobruk. Er erkannte auslaufende Schiffe.

„Die Acht-Acht muß her!" rief er aus.

Wenig später eröffneten die Kanonen das Feuer. Einige kleinere Schiffe wurden versenkt.

Tobruk fiel. Die Schlacht in der Marmarica war zu Ende. Nicht zu Ende war Rommels Offensive. Es ging weiter in Richtung Ägypten und Nil. So schnell ging der Vorstoß weiter, so viele Opfer forderte er, daß Oberst Wolz am Abend des 26. Juni schweren Herzens feststellen mußte, daß zwei seiner dreieinhalb Flak-Abteilungen am Rande ihrer Kraft waren. Dennoch drängten die Kolonnen weiter, und in den Morgen-stunden des 27. Juni kämpften die 1. und 2./Flak 6 mit der 90. Leichten gemeinsam im Angriff südlich Marsa Matruk gegen diese letzte Festung vor Alexandria.

Die 90. Leichte schloß Marsa Matruk ein, und mit ihr griffen die Kanonen der 7./Flak 25 an, die aus ihren Luftschutzstellungen herausgezogen worden waren. Am 28. Juni unterbrach die Kampfgruppe Marcks mit der unterstellten 1./Flak 6 die Küstenstraße ostwärts des Hafenbereiches. Marsa Matruk war eingekesselt.

Die zur Auffrischung in Bardia liegenden Flak-Reserven wurden von Oberst Wolz im Eiltempo herangeholt. Es waren die 8. und 9./Flak 25. Zum erwarteten Nachtgefecht gab der Oberst seine Weisungen.

Als in der Finsternis plötzlich Zwozentimeter das Feuer eröffneten, fuhr Wolz sofort dorthin. Er mußte feststellen, daß die Geschütze irrtümlicherweise die neueingetroffene italienische PD „Littoria" beschossen hatten.

Um Mitternacht war es schließlich soweit. Der Feind versuchte, aus der eingeschlossenen Festung auszubrechen. Meterlange Flammen brüllten aus den Mündungen der Acht-Acht. Krachend flog ein aus nächster Nähe getroffener Lastwagen in die Luft. Er verwandelte sich binnen Sekunden in eine grelle Fackel, die die Umgebung erhellte. In diesem Licht boten die übrigen Fahrzeuge ein gutes Ziel, während die Flak im Schatten lag.

Binnen weniger Minuten bildete sich aus den abgeschossenen Feindfahrzeugen eine hellauf lodernde Wand. Aus den Flammen drang das grausige Stöhnen der Verwundeten. Lebenden Fackeln gleich, rannten Menschen, irr vor Schmerz, durch die Nacht. Immer wieder versuchten weitere Wagen, einzeln und in Gruppen den Durchbruch zu erzwingen. Kein einziger von ihnen kam durch.

„Bergungstrupps vor!" befahl Oberst Wolz, als eine Kampfpause eintrat. „Leistet den armen Teufeln erste Hilfe und holt sie dort heraus."

Freiwillige Soldaten leisteten den Sanitätern Unterstützung. Die geborgenen britischen Verwundeten boten mit ihren schrecklichen Verbrennungen ein Bild des Grauens. Selbst die abgebrühtesten Frontsoldaten waren erschüttert.

Im Morgengrauen setzte der Feind seine Kräfte erstmalig massiert zum Durchbruch an, und nun gelang es einem Teil, zu entkommen.

Die deutsche Infanterie aber eroberte Marsa Matruk.*

---

* siehe Kapitel „Oberst Albert Panzenhagen"

278

Am Abend des 29. Juni verlegte der Stab des Flak-Regiments 135 in die Dünen bei Fuka, zwischen der Küstenstraße und dem Meer. Nachtangriffe feindlicher Bomber galten der Straße, auf der die Fahrzeugkolonnen des DAK vorpreschten. Schwere Detonationen erschütterten die Luft. Trotzdem ging es in einem Zug weiter nach el Alamein. Erst hier kam der Vormarsch zum Stehen.

Von Tobruk aus hatte sich die Flak binnen neun Tagen 500 Kilometer vorgekämpft. Beim ersten Angriff auf die Alamein-Stellung am 1. Juli 1942 schlug Oberst Wolz den Einsatz von vier schweren Flak-Batterien vor.

„Weniger wäre gleich Nichts!" lautete seine Begründung.

Feldmarschall Rommel erlaubte jedoch nur den Einsatz von zwei Batterien gegen die feindlichen Stellungen. Die anderen blieben als Reserve für den Fall eines britischen Gegenangriffs.

Als dann am 2. Juli das DAK in seiner Südflanke durch Panzer gepackt wurde, mußten sogar diese beiden Batterien wieder vom Kampf gegen die Befestigungen abgezogen und mit den anderen zusammen als Pak eingesetzt werden. Am 3. Juli wurde klar, daß das geschwächte DAK nicht mehr imstande war, den Durchbruch zu erzwingen.

Als Oberst Wolz in diesen Tagen das Fazit der Kämpfe zog, zeigte es sich, daß Major Gürke, der Kommandeur der I./Flak 43, binnen weniger Tage das Silberne und Goldene Verwundetenabzeichen erhalten hatte und trotz dieser Verwundungen bei der Truppe geblieben war.

Die I./Flak 18 hatte in den vergangenen Angriffswochen mehrfach ihren Kommandeur gewechselt. Der Kommandeur der II./Flak 25, Major Dittrich, war bei Marsa Matruk verwundet worden.

Rommel kam zu der Überzeugung, daß ein Durchbruch frühestens nach Freikämpfen der Südflanke der Alamein-Stellung — die von den Neuseeländern gehalten wurde — möglich sein würde.

Die Gliederung des Flak-Regiments 135 war jetzt:

Armeehauptquartier: leichte 10./Flak 25

Armeekampfstaffel: schwere 3./Flak 43

Korpskampfstaffel: schwere 1./Flak 43

15. Panzerdivision: Stab, 2., 4. und 5./Flak 43

21. Panzerdivision: Stab und 3.–5./Flak 18

Aufklärungsabteilung 580: schwere 2./Flak 6

Armee-„Feuerwehr": Stab und 7.–9./Flak 25

In Auffrischung: 1. und 2./Flak 18, 6./Flak 25, 1./Flak 6

Als am Morgen des 10. Juli der Feind überraschend im Norden angriff, während Marschall Rommel im Südabschnitt weilte, griff Oberst Wolz aus eigener Initiative ein und meisterte mit einer Handvoll Männern diese Krisenlage. Er ließ die Fahrzeuge des Stabes, nur mit den Fahrern besetzt, zur Moschee Sidi Abd el Rahman zurückfahren und organisierte mit den drei verfügbaren MG die Abwehr.

„MG und Karabiner", befahl er, „feuern auf große Entfernung! Wir täuschen durch häufigen Stellungswechsel und Schnellfeuer starke Kampfgruppen vor!"

Als der Gegner auftauchte, schossen alle drei MG los. Der Feind, in Stärke eines Regiments, blieb liegen und ging in Deckung.

„Marwan-Schlosser, Sie fahren jetzt zum Armeestab", sagte Wolz zu seinem Adjutanten. „Lassen Sie sich von Oberstleutnant von Mellenthin ein paar leichte Flak zur Verstärkung mitgeben."

Der Hauptmann fuhr los und erhielt vier 2-cm-Heeresflak. So schnell wie möglich fuhr er mit dieser „Rettungskolonne" zurück.

Der Feind, der bereits die Stellungen der italienischen Division „Sabrata" durchbrochen hatte, wurde von Oberst Wolz mit seinen wenigen Männern abgewehrt.

In den folgenden Gefechten wurde die Kampfgruppe Wolz, der inzwischen die 2./Flak 53 zugeführt worden war, ständig eingesetzt. So auch während des deutsch-italienischen Großangriffs am 13. Juli, der wie alle anderen vorhergehenden Versuche im feindlichen Artilleriefeuer liegenblieb.

Die folgenden vierzehn Tage wurden durch ständige Feindangriffe geprägt. Doch immer wieder meisterten Rommel und seine Panzerarmee Afrika, vor allem das DAK, die Lage. Oftmals war es die Flak, die Krisensituationen beseitigte. Die 7., 9. und 10./Flak 25 wurden in der HKL vernichtet. Immer wieder führte Oberst Wolz Stoßgruppen gegen den bei der „Sabrata" einbrechenden Feind.

Vom 26. Mai bis zum 25. Juli 1942 hatte das Flak-Regiment 135 folgende Verluste:

Gefallene: 10 Offiziere und 119 Mann

Verwundete: 22 Offiziere und 777 Mann

Vermißte: 6 Offiziere und 185 Mann

Die Zeit der Auffrischung und Vorbereitung auf die neue Offensive gegen Alexandria und Kairo begann. Am 25. August verlegte der Regimentsgefechtsstand in das Wadi Deir el Harra. Vier Tage später erhielt Oberst Wolz den Befehl, am 30. August, also am nächsten Tag, zum Angriff anzutreten. Er rief seine Kommandeure zusammen und besprach mit ihnen den Plan für die bevorstehende Offensive.

Die Verluste des DAK zum Angriffsbeginn durch Minen und Feindartillerie waren hoch. Als Oberst Wolz am 1. September mit seinem Adjutanten eine Erkundungsfahrt unternahm, geriet er dreimal in einen Bombenteppich. Der Wagen wurde von Splittern durchsiebt. Eine Sprengbombe, die das Schicksal der Insassen besiegelt hätte, schlug nur einen Meter neben dem Wagen ein – und explodierte nicht.

Am Abend des 1. September schoß die Flak binnen weniger Minuten vier Douglas-Bomber ab. Einen Tag später mußte Rommel den Angriff einstellen, und am 3. September zogen sich seine Truppen ein paar Kilometer weit zurück. Bis zum 6. September wurden die Rückwärtsbewegungen fortgesetzt, bis die endgültig zu haltende Linie erreicht war. Der britischen Royal Air Force war es erstmalig gelungen, eine Offensive zu zerschlagen.

Während der Kämpfe um Alamein zeichnete sich die Flak ständig aus. Oberst Wolz führte als Flakführer der Panzerarmee auch die Abwehrkämpfe, nachdem die große Offensive der Engländer unter Montgomery eingesetzt hatte und die Achsenstreitkräfte immer weiter zurückgehen mußten. Wolz wurde mit dem Deutschen Kreuz in Gold und der Silbernen Tapferkeitsmedaille der Italiener ausgezeichnet.

Auch im tunesischen Raum, den die Panzerarmee Afrika schließlich erreichte, machte Oberst Wolz in den kommenden Monaten von sich reden. Mit einer schweren Flak-Abteilung begleitete er das Panzergrenadierregiment Afrika auf Gafsa und vernichtete die Widerstandsnester des Gegners.

Bei El Hamma baute Oberst Wolz einen Flak-Riegel auf. Als hier ein Rudel englischer Panzer angriff, wurde dieser Verband völlig zusammengeschossen, und deren Kommandeur setzte den eingangs geschilderten offenen Funkspruch ab, der den Respekt kennzeichnet, den die Gegner vor der Schlagkraft dieser Waffe hatten.

In der Nacht zum 9. April 1943 mußte die 164. Leichte mit dem Stab Wolz und der I./Flak 33 auf das Höhengelände Chebket el Hassane ausweichen. Auch die 15. PD ging in die Gegend südlich Ras es Zaouia zurück. Hier stand noch die I./Flak 43.

Oberst Wolz setzte auf dem Höhengelände von Chebket el Hassane die I./Flak 33 mit der 3. Batterie an der Piste nach Etlet el Hamra, die 1. Batterie an der Straße nach Mahares und die 2. Batterie zwischen den beiden vorgenannten Batterien ein.

Gegen zehn Uhr tauchten plötzlich auf der Piste von Etlet el Hamra Feindpanzer auf. Die eigene Aufklärungsabteilung wich zurück. Es handelte sich beim Gegner um fünfzig Kampfwagen, denen es in der Deckung der Olivenplantagen gelungen war, bis dicht an die Verteidigungsstellungen heranzukommen. Wenige Minuten später war das Bataillon Richter von der 164. Leichten, das die vorderste Sicherungslinie hielt, von Panzern überrollt. Gleichzeitig damit setzten Panzerrudel weit ausholend zur Umfassung der deutschen rechten Flanke an. Sie konnten ungehindert durchrollen, da keine Kräfte mehr zu ihrer Abwehr zur Verfügung standen.

Oberst Wolz befahl Major Richter, auf den Höhenzug bei Punkt 141 zurückzugehen, der 1000 Meter nordwestlich der Straßengabelung El Agareb — Etlet el Hamra — Mahares lag.

Auf dem Höhenzug kam es zum Nahkampf Flak gegen Panzer. Drei Panzer wurden bei gleichzeitigem Verlust von drei Flak abgeschossen. Der Feind stellte seinen Angriff an dieser Stelle ein.

Als von der 164. Leichten der Befehl eintraf, auf die Linie der Höhen 128 bis 141, etwa vier Kilometer südwestlich El Agareb, auszuweichen, blieb Oberst Wolz zunächst mit Hauptmann Barthel vor dieser Linie stehen, um das Herausziehen der Batterie Güntzel zu organisieren, die im schwer befahrbaren Boden auf der Höhe 141 steckengeblieben war. Als Wolz anschließend mit Hauptmann Barthel in den Sattel zwischen den Höhen 128 und 141 zurückfuhr, stellte er fest, daß die gesamte 164. Leichte abgerückt war. Die Division hatte Befehl erhalten, den Rückmarsch nach El Djem anzutreten.

An der Straßengabel 1,5 Kilometer südlich el Agareb traf Wolz schließlich Generalmajor von Liebenstein. Beide Offiziere sahen zu ihrer Überraschung, daß in diesem Augenblick von Westen, auf der Piste von Atolinos, die vordersten Teile der 15. PD anrückten. Damit war die weitere Besetzung der Höhenlinie 128—141 zwingend notwendig, um den Rückzug der 15. PD zu decken.

Sofort warf Wolz seine sechs 2-cm-Flak unter Hauptmann Vogel beiderseits der Straße nach vorn. Als nächstes hielt er die 2./Flak 53 an. Die beiden Acht-Acht und die drei 2-cm-Kanonen dieser Batterie setzte der Oberst im Sattel zwischen den Höhen 128—141 ein.

Vom Panzerregiment unter Oberst Irkens erhielt Wolz auf General von Liebensteins Befehl drei Panzer zur Verstärkung der Flak-Kampfkräfte.

Während General von Liebenstein und Oberst Irkens ihren Verbänden nachfuhren, blieb Oberst Wolz am Widerstandsriegel zurück, um die Verteidigung zu organisieren.

Am Abend tauchten die Feindpanzer wieder auf. Der Kampf begann. Sieben Feindpanzer wurden abgeschossen, die übrigen Angreifer drehten vor dieser feuerspeienden Front ab. Der Rückzug der 164. Leichten und vor allem der 15. PD war gesichert. Der Durchbruch dieser 50 Feindpanzer auf el Agareb und weiter zur Straße Sfax—Triga wurde verhindert.

Für diesen Erfolg wurde Oberst Wolz zum Ritterkreuz eingegeben, das ihm am 17. Juni 1943 verliehen wurde.

Bereits am 1. Mai 1943 jedoch mußte der Oberst den afrikanischen Kriegsschauplatz verlassen, um in Hannover die Flak-Brigade XV zu übernehmen. So überlebte er das Ende in Afrika und geriet auch nicht in Gefangenschaft.

Ende Oktober 1943 wurde Wolz „Flak-Einsatzführer Nordwestdeutschland". Sein Gefechtsstand befand sich in Stade auf dem Gefechtsstand der 1. Jagddivision.

Ende April 1944 wurde Alwin Wolz mit der Führung der 3. Flak-Division beauftragt. Von Hamburg aus leitete er die Flak-Abwehr in Norddeutschland. Ihm oblag die Sicherung der wichtigsten Industrieanlagen und der Städte.

Am 28. Januar 1945 wurde er mit einer neuen Aufgabe betraut. Er sollte den Schutz der Oderübergänge und Brückenköpfe zwischen Crossen und Küstrin übernehmen.

Wolz, inzwischen Generalmajor, sorgte dafür, daß 30 Flak-Batterien im Abschnitt Küstrin eingesetzt werden konnten, die entscheidend dazu beitrugen, daß die Sowjets die Oderbrücken in diesem Abschnitt nicht in Besitz nehmen und auch die Oderlinie nicht wie geplant überrennen konnten.

Am 7. Februar kehrte Generalmajor Wolz nach Hamburg zurück und wurde am 15. April 1945 zum Kampfkommandanten von Hamburg ernannt. Er sollte die Hansestadt bis zum letzten Mann verteidigen.

Generalmajor Wolz aber übergab die Stadt am 3. Mai 1945 kampflos an den Brigadegeneral Spurling von der 7. britischen PD. Durch diesen Entschluß eines verantwortungsbewußten Offiziers wurde Hamburg nicht in ein „Stalingrad an der Elbe" verwandelt.

Der Kriegshistoriker Walter Görlitz schreibt dazu in der „Welt" vom 22. September 1967:

„In kritischer Lage, in der es darauf ankam, als Kommandeur zu entscheiden, ob ein gegebener Befehl noch sinnvoll oder unsinnig geworden war, hat der bayerische General Wolz ein Beispiel für die alte preußische Soldatenregel geliefert, daß man Stabsoffizier würde, damit man wisse, wann man nicht mehr zu gehorchen habe."

Alwin Wolz, * am 22. September 1897 in Windsfeld.
Letzter Dienstgrad: Generalmajor
Einsätze:
Erster Weltkrieg: Flandern und Frankreich
Zweiter Weltkrieg: Heimatkriegsgebiet, Dänemark, Nordafrika, Norddeutschland
Auszeichnungen:
Erster Weltkrieg:
Eisernes Kreuz II. und I. Klasse
Bayerisches Militärverdienstkreuz mit Schwertern
Verwundetenabzeichen
Zweiter Weltkrieg:
Spangen zum EK II. und I. Klasse
Deutsches Kreuz in Gold
Italienische Silberne Tapferkeitsmedaille
Ritterkreuz am 17. Juni 1943
Flak-Kampfabzeichen, Erdkampfabzeichen der Luftwaffe

DIE RITTERKREUZTRÄGER DES AFRIKAKORPS

(In Klammern die laufende Nummer in der Reihenfolge aller Verleihungen)

Eichenlaub mit Schwertern und Brillanten

Hauptmann Hans-Joachim Marseille (4.)	4. 9. 1942 (†)
Generalfeldmarschall Erwin Rommel (6.)	11. 3. 1943 (†)
Generalfeldmarschall Albert Kesselring (14.)	19. 7. 1944 (†)
General der Fallschirmtruppe Bernhard Herm. Ramcke (20.)	20. 9. 1944

Eichenlaub mit Schwertern

General der Panzertruppe Erwin Rommel (6.)	20. 1. 1942 (†)
Oberleutnant Hans-Joachim Marseille (12.)	18. 6. 1942 (†)
Generalfeldmarschall Albert Kesselring (15.)	18. 7. 1942 (†)
Hauptmann Joachim Müncheberg (19.)	11. 9. 1942 (†)
Generalleutnant Fritz Bayerlein (81.)	20. 7. 1944
General der Fallschirmtruppe Bernhard Herm. Ramcke (99.)	20. 9. 1944
Generalleutnant Ernst-Günther Baade (111.)	16. 11. 1944 (†)
General der Panzertruppe Walther K. Nehring (124.)	22. 1. 1945

Eichenlaub zum Ritterkreuz

Oberstleutnant i. G. Martin Harlinghausen (8.)	30. 1. 1941
Generalleutnant Erwin Rommel (10.)	20. 3. 1941 (†)
Oberleutnant Joachim Müncheberg (12.)	7. 5. 1941 (†)
Generalleutnant Ludwig Crüwell (34.)	1. 9. 1941 (†)
Generalfeldmarschall Albert Kesselring (78.)	25. 2. 1942 (†)
Oberleutnant Hans-Joachim Marseille (97.)	6. 6. 1942 (†)
Oberstleutnant Walter Sigl (116.)	3. 9. 1942 (†)
Generalmajor Bernhard Hermann Ramcke (145.)	15. 11. 1942
Generalleutnant Wolfgang Fischer (152.)	9. 12. 1942 (†)
Generalmajor Willibald Borowietz (235.)	10. 5. 1943 (†)
Hauptmann Hans-Günther Stotten (236.)	10. 5. 1943 (†)
Major Gustav Rödel (255.)	20. 6. 1943
Generalmajor Fritz Bayerlein (258.)	6. 7. 1943
Hauptmann Werner Schroer (268.)	2. 8. 1943
Generalleutnant Ulrich Kleemann (304.)	16. 9. 1943
Hauptmann Rolf Rocholl (287.)	31. 8. 1943

Oberst Heinrich Voigtsberger (351.)	9. 12. 1943 (†)
Leutnant Hans-Arnold Stahlschmidt (365.)	3. 1. 1944 (†)
General der Panzertruppe Walther K. Nehring (383.)	8. 2. 1944
Generalmajor Ernst-Günther Baade (402.)	22. 2. 1944 (†)
Hauptmann Josef Rettemeier (425.)	13. 3. 1944
Oberst Heinrich Warrelmann (555.)	19. 8. 1944
Generalmajor Werner Marcks (593.)	21. 9. 1944 (†)
Major Kurt Ehle (673.)	29. 11. 1944
Generalmajor Eduard Crasemann (683.)	18. 12. 1944
Oberst Fritz Fullriede (803.)	23. 3. 1945

Ritterkreuz zum Eisernen Kreuz

(in alphabetischer Reihenfolge)

Oberfeldwebel Peter Arent	4. 12. 1942 (†)
Generalleutnant Jürgen von Arnim	4. 9. 1941 (†)
Oberstleutnant Paul Audorff	27. 6. 1943
Oberst Ernst-Günther Baade	6. 7. 1942 (†)
Hauptmann Wilhelm Bach	9. 7. 1941 (†)
Oberstleutnant Hans-Levin von Barby	13. 12. 1941 (†)
Oberstleutnant Fritz Bayerlein	26. 12. 1941
Oberleutnant Winrich Behr	14. 5. 1941
Oberst Helmut Beukemann	14. 5. 1941
Oberst Georg von Bismarck	18. 10. 1940 (†)
Major Rudolf Boeckmann	6. 8. 1942
Major Ernst Bolbrinker	15. 5. 1941
Oberstleutnant Willibald Borowietz	24. 7. 1941
Major Georg Briel	28. 7. 1942
Oberst Fritz Frhr. von Broich	1. 9. 1942
Oberstleutnant i. G. Ulrich Bürker	26. 1. 1943
Oberstleutnant Rudolf Buhse	17. 8. 1942
Oberstleutnant Hans Cramer	27. 6. 1941
Generalmajor Ludwig Crüwell	14. 5. 1941
Hauptmann Curt Ehle	27. 7. 1941
Hauptmann Wolfgang Everth	11. 7. 1942
Oberst Herbert Ewert	22. 8. 1942
Major Günther Fenski	31. 12. 1941
Oberst Wolfgang Fischer	3. 6. 1940
Generalleutnant Gotthard Frantz	25. 5. 1943
Oberleutnant Ludwig Franzisket	23. 7. 1941
Generalmajor Stefan Fröhlich	4. 7. 1940
Hauptmann Walter Fromm	5. 7. 1941

Oberstleutnant Fritz Fullriede	18. 4. 1943	
Generalmajor Alfred Gause	13. 12. 1941	
Oberst Erich Geissler	3. 8. 1942	
Hauptmann Kurt Gierga	27. 6. 1941	
Hauptmann Werner Grün	8. 2. 1943	
Major Ernst Gürke	12. 11. 1942	
Grenadier Günther Halm	7. 8. 1942	
Major i. G. Martin Harlinghausen	4. 5. 1940	
Major Max Hecht	4. 2. 1942	
Unteroffizier Erich Heintze	7. 3. 1942	
Oberst Maximilian von Herff	13. 6. 1942	
Major Otto Heymer	13. 4. 1941	(†)
Major Josef Hißmann	13. 5. 1943	
Hauptmann Richard von Hößlin	28. 7. 1942	
Generalleutnant Otto Hoffmann von Waldau	28. 6. 1942	(†)
Oberleutnant Gerhard Homuth	14. 6. 1941	
Gefreiter Arnold Huebner	7. 3. 1942	
Leutnant Erhard Jähnert	6. 1943	
General der Flieger Albert Kesselring	30. 9. 1939	(†)
Hauptmann Rudolf Kiehl	11. 7. 1942	
Generalmajor Heinrich Kirchheim	14. 5. 1941	
Oberst Ulrich Kleemann	13. 10. 1941	
Oberstleutnant Gustav-Georg Knabe	1. 6. 1941	
Hauptmann Friedrich von Koenen	17. 9. 1943	
Leutnant Körner	29. 9. 1942	
Hauptmann Heinz Kroseberg	19. 6. 1942	
Oberleutnant Johannes Kümmel	9. 7. 1941	
Generalmajor Kurt von Liebenstein	5. 5. 1943	
Oberstleutnant Werner Marcks	5. 2. 1942	(†)
Leutnant Hans-Joachim Marseille	22. 2. 1942	(†)
Hauptmann Helmut Mahlke	16. 7. 1941	
Unteroffizier Reinhard Melzer	30. 6. 1941	
Oberst Erwin Menny	26. 12. 1941	
Oberst Johann Mickl	13. 12. 1941	
Oberstleutnant Werner Mildebrath	14. 8. 1942	
Oberst Gerhard Müller	15. 9. 1942	
Generalmajor Gottlob Müller	6. 1943	
Hauptmann Klaus Müller	14. 10. 1942	(†)
Oberleutnant Joachim Müncheberg	14. 9. 1940	(†)
Major Friedrich-Heinrich Musculus	26. 2. 1943	
Hauptmann Hans Klärmann	18. 9. 1942	
Generalmajor Walther K. Nehring	24. 7. 1941	
Generalmajor Georg Neuffer	8. 8. 1943	

Oberst Walter Neumann-Silkow	5. 8. 1940 (†)
Oberstleutnant Albert Panzenhagen	7. 10. 1942
Oberleutnant Peter-Paul Plinzner	20. 10. 1941 (†)
Oberstleutnant Gustav Ponath	13. 4. 1941 (†)
Generalmajor Bernhard Hermann Ramcke	21. 8. 1941
Oberleutnant Karl-Wolfgang Redlich	9. 7. 1941 (†)
Hauptmann Werner Reißmann	1. 8. 1942
Hauptmann Josef Riepold	3. 8. 1942 (†)
Oberleutnant Rolf Rocholl	3. 8. 1942 (†)
Oberleutnant Gustav Rödel	22. 6. 1941
Generalmajor Erwin Rommel	26. 5. 1940 (†)
Oberleutnant Wolfgang Ryll	13. 10. 1941 (†)
Major August Seidensticker	17. 7. 1943
Oberleutnant Ott-Friedrich Senfft von Pilsach	27. 6. 1941
Leutnant Werner Schroer	5. 11. 1942
Oberleutnant Theodor Schwabach	30. 6. 1940
Oberleutnant Franz Schweiger	16. 2. 1942 (†)
Oberfeldwebel Otto Schulz	22. 2. 1942
Oberleutnant Otto Stiefelmayer	24. 7. 1942 (†)
Oberleutnant Rudolf Struckmann	30. 1. 1942
Leutnant Hans-Günther Stotten	4. 7. 1940 (†)
Oberst Johannes Streich	31. 1. 1941
Oberst Gustav von Vaerst	30. 7. 1941
Major Heinrich Voigtsberger	9. 7. 1941
Hauptmann Walter Sigl	21. 7. 1940
Leutnant Hans-Arnold Stahlschmidt	28. 8. 1942 (†)
Oberst i. G. Siegfried Westphal	30. 11. 1942
Oberstleutnant Irnfried Frhr. von Wechmar	13. 4. 1941
Hauptfeldwebel Wilhelm Wendt	30. 6. 1941
Major Bernhard Woldenga	5. 7. 1941
Oberst Alwin Wolz	17. 6. 1943
Leutnant Konrad Zecherle	7. 6. 1943
Generalleutnant Heinz Ziegler	18. 4. 1943

(Dienstgrade zur Zeit der Verleihung)

QUELLENVERZEICHNIS

Alexander, Harold R.	D' El Alamein à la Sicile (Paris 1945)
ders.	The Battle of Tunis (1957)
Alman, Karl	Sprung in die Hölle (Rastatt 1964)
ders.	Panzer vor! (Rastatt 1966)
ders.	Kampffeld Mittelmeer (Rastatt 1967)
ders.	Trommelfeuer am Longstop
ders.	Panzerschlacht bei Sidi Rezegh
ders.	MG-Gruppe stürmt den Ruweisat
	(alle Rastatt 1959—1966)
Agar-Hamilton, J. A. I. und Turner, L. C. F.	Crisis in the desert (London 1952)
Arcy-Dawson, John de	Tunisian Battle (1944)
Arnim, Hans-Jürgen von	Tunesien nach 14 Jahren (Zs. 1957)
Audouin-Dubreuil, Louis	La Guerre de Tunisie (1945)
Avallone, Enzo	Riposta a Montgomery (Rom 1959)
Audorf, Paul	Lebenslauf, Berichte (i. Ms.)
Barnett, Corelli	Wüstengenerale (Hannover 1961)
Barré, Georges	Tunisie 1942—1943 (Paris 1950)
Bauer, Prof. Eddy	Der Panzerkrieg (Bonn 1965)
Benz, Heinrich	Fallschirmjägerregiment 5 in Afrika (i. Ms.)
Bernig, Heinrich H.	Hölle Alamein (Balve 1960)
ders.	Rommels Panzer greifen an
ders.	Montgomery's 8. Armee greift an
	(beide München 1961)
Bharucha, P. C.	The North African Campaign 1940—43 (London 1956)
Böhmler, Rudolf	Fallschirmjäger (Bad Nauheim 1961)
Bourgeon, Charles	Les Carillons sans Joie (Paris 1959)
Braddock, David W.	The Campaigns in Egypt and Libya 1940—1942 (Aldershot 1964)
Bradley, Omar N.	A Soldiers Story (New York 1964, 2. Aufl.)
Buchheit, Gerd	Hitler, der Feldherr (1958)
Büschleb, H.	Feldherrn und Panzer im Wüstenkampf (Neckargemünd 1966)
Butcher, H. C.	My three years with Eisenhower (1946)
Carell, Paul	Die Wüstenfüchse (Hamburg 1961)
ders.	Unternehmen Barbarossa (Frankfurt/Main 1963)
Clark, Mark W.	Calculated Risk (London 1951)

Carver, Michael	El Alamein (Tübingen 1963)
ders.	Tobruk (London 1964)
Clauss, M. W.	Vor 20 Jahren: Rommels letzter Angriff (Zs. 1963)
Crisp, Robert	Brazen Chariots (London 1959)
Cramer, Hans	Die letzte Panzerschlacht des Deutschen Afrikakorps (Zs. 1962)
Department of Military Art and Engineering	A Military History of World War II (New York 1953)
Dettmann, Fritz	Mein Freund Marseille (Berlin 1944)
Divine, Arthur Durham	Road to Tunis (1944)
Eisenhower, Dwight D.	Kreuzzug in Europa (Amsterdam 1948)
Esebeck, Hanns-Gert von	Afrikanische Schicksalsjahre (Wiesbaden 1949)
Frankenberg, E. von	Die Legende vom Afrikakorps (Zs. 1963)
Fröhlich, Stefan	Fliegerführer Afrika (i. Ms.)
Fuller, J. F.	Der Zweite Weltkrieg 1939—1945 (Wien 1952)
Fullriede, Fritz	Kampfgruppe Fullriede in Tunesien (i. Ms.)
Gavin, James M.	Airborne warfare (Washington 1947)
Gause, Alfred	Sonderunternehmen gegen Bizerta—Tunis am 9. 12. 1942 (Zs. 1957)
Görlitz, Walter	Der Zweite Weltkrieg 1939—1945 (Frankfurt/Main 1957)
ders.	General Wolz — 70 Jahre (Zs.)
Graziani, Rodolfo	Africa settentrionale (Rom 1948)
Harlinghausen, Martin	Berichte, Ausschnitte (i. Ms.)
Hart, B. H. L.	Rommels letzter Schlag (Zs. 1953)
Haupt, Werner	Das Ende in Afrika (Zs. 1963)
Heckstall-Smith, Anthony	Tobruk (London 1959)
Herington, John	Air war against Germany and Italy 1939—1943 (Canberra 1954)
ders.	Conquest of Tunisia (1954)
Heym, Stefan	Of Smiling Peace (Boston 1944)
Hißmann, Josef	Insch Allah (Bochum 1967)
Howe, George Frederick	Northwest Africa (Washington 1957)
Huebner, Arnold	Lebenslauf, Tagebuch, Berichte (i. Ms.)
ders.	Flak-Kanoniere in Afrika (in Möller-Witten „Männer und Taten")
Infantry Journal Press	History of the Third Infantry (Washington 1947)
Helms, Karl-Heinz	Kurzdaten Ritterkreuzträger des Afrikakorps (i. Ms.)
Jars, Robert	Les Campagnes d' Afrique (Paris 1957)
Keilig, Wolf	Das deutsche Heer 1939—45 (Bad Nauheim 1955)
Kesselring, Albert	Soldat bis zum letzten Tag (Bonn 1953)

Kirchheim, Heinrich	Der Tod von General von Prittwitz (i. Ms.)
Kitzmüller	Boulogne sur Mer Mai 1940 (Zs. 1964)
Knoche, Wilhelm	Fallschirmjägerregiment 5 in Afrika (i. Ms.)
Kollatz, Karl	General der Fallschirmtruppe Ramcke
ders.	Oberstleutnant Werner Marcks
ders.	Generalleutnant Fritz Bayerlein
ders.	Generalleutnant Ernst-Günther Baade
ders.	General der Panzertruppe Hasso von Manteuffel
ders.	Oberleutnant Erich Schuster
ders.	Handstreich vor Tunis
ders.	Panzerschlacht bei Sidi Rezegh (alle Rastatt 1958–1966)
Kurowski, Franz	Panzer – Bomben – Wüstensand (1957)
ders.	Das Tor zur Festung Europa (Neckargemünd 1966)
ders.	Kampffeld Mittelmeer (Rastatt 1967)
ders.	Deutsche Offiziere in Staat, Wirtschaft und Wissenschaft (Herford 1967)
ders.	Brückenkopf Tunesien (Herford 1967)
Lange, Curt von	Flakartillerie greift an (Berlin 1941)
Lange, H. W. W.	Rommel in Thala (Zs. 1961)
Manteuffel, Hasso von	Tunesieneinsatz – Auszüge aus den täglichen Meldungen des OKH an das OKW vom 17. 3. bis 9. 5. 1943 (i. Ms.)
Maravigna, P.	Come abbiamo perduto la Guerra in Africa (Rom 1949)
Majesty's Her's Stationary Office	(London 1956)
Marcks, Werner	Lebensweg, soldatischer Werdegang (i. Ms.)
Messe, Giovanni	Come fini la Guerra in Africa (Rom 1949, Band I und II)
Möller-Witten, Hans	Männer und Taten (München 1959)
Montgomery, Bernard	Von Alamein zum Sangro (Bern 1949)
ders.	Memoiren (München 1958)
Moorehead, Alain	Afrikanische Trilogie (Hamburg 1948)
Müller, Gerhard	Panzerregiment 5 – Ritterkreuzträger in Afrika (i. Ms.)
Murphy, W. E.	Point 175. The Battle of Sunday of the Dead 1941 (Wellington N. Z. 1954)
Nehring, Walther K.	Die 1. Phase der Kämpfe in Tunesien bis zum 9. 12. 1942 (i. Ms.)
Ministero della difesa	Operazioni italo-tedesche in Tunisia (Rom 1950–1952)

291

Pakenham-Walsh, R. P.	North-West Afric (1948)
Panzenhagen, Albert	Berichte, Werdegang (i. Ms.)
Pauly, Dr. Kurt	Das Wirtshaus von Kavalki (Zs. 1964)
Ramcke, B. H.	Vom Schiffsjungen zum Fallschirmjägergeneral (Berlin 1943)
Reisch, Max	Mausefalle Afrika (Neckargemünd 1962)
Rexford-Welch, S. C.	The Royal Air Force Medicinal Services (London 1958)
Robinett, Paul McDonald	Armor Command (Washington 1958)
Roatta, Mario	Otto milioni di Baionette (Mailand 1946)
Rommel, Erwin	Krieg ohne Haß (Heidenheim 1950)
Sauer, Paul	Kompanie Sauer in Tunesien (i. Ms.)
Schmidt, Heinz-Werner	Mit Rommel in Afrika (1951)
Schulz, Joh.	Die verlorene Armee (Balve 1960)
ders.	Der Weg nach Tobruk (Balve 1959)
ders.	In Gambut war der Teufel los
ders.	Endrunde Tunis
ders.	Unternehmen Zola
ders.	Duell in der Nacht
ders.	So fiel Bir Hacheim (alle München 1957—1961)
Schuster, Erich	Stoßtrupp in Tunesien (i. Ms.)
Scoullar, J. L.	Battle for Egypt (Wellington N. Z. 1955)
Seemen, Gerhard von	Die Ritterkreuzträger 1939—1945 (Bad Nauheim 1955)
Seventh Army	Report of Operations of the United States Seventh Army (New York 1945)
Stahlschmidt, Hilde	Mein Sohn Hans-Arnold Stahlschmidt (i. Ms.)
Strauß, Dr. Franz Josef	Die Geschichte der 2. Wiener Panzerdivision (1962)
Marwan-Schlosser, Hptm.	Flak-Regiment 135 in Afrika (i. Ms.)
Ryll, Edgar	Das Afrika-Regiment 361 (i. Ms.)
Streich, Johannes	Mit der 5. Leichten Division in Afrika (i. Ms.)
Strunz, Bruno	Die 334. Infanteriedivision (i. Ms.)
Suire	L' Offensive Rommel en Tunisie (Zs. 1961)
	Tankers in Tunisia (Fort Knox 1943) (Herausgeber: Armored Replacement Training Center)
	The Tiger kills (London 1944; herausgegeben von H. M. Stationary Office)
Tuker, Sir Francis	Approach to battle (London 1963)
Vaerst, Gustav von	Lebensweg (i. Ms.)

Warlimont, Walter — Im Hauptquartier der deutschen Wehrmacht 1939—1945 (Frankfurt/Main 1962)

Wechmar, Irnfried Frhr. von — Herren des Vorfeldes (Berlin 1942)

Westphal, Siegfried — Heer in Fesseln (Bonn 1950)

ders. — Unterlagen, Befehle, Berichte (i. Ms.)

ders. (Herausgeber) — Schicksal Nordafrika (1954)

Wolz, Alwin — Rommelnde Luftwaffen-Flak in Afrika (i. Ms.)

Yindrich, Jan — Fortress Tobruk (London 1951)

Young, Desmond — Rommel (Wiesbaden 1959)

ZEITSCHRIFTEN

Der Adler (1943–1943)
Berliner Illustrirte (1941–1943)
Der deutsche Fallschirmjäger (1952–1967)
Deutsche Soldatenzeitung (sporadisch)
Alte Kameraden (sporadisch)
Deutsche Allgemeine Zeitung (sporadisch)
Mitteilungsblatt Kameradschaft der 2. Wiener Panzerdivision, Jgg. 1962 und 1964
Die Oase (1952–1967)
Panzer-Kampftruppen (1961–1967)
Die Wehrmacht (1941–1943)
Der Windhund (1966)
Das Ritterkreuz (1964–1967)
Das Reich (1942)
Hinzu kommen Zeitungsausschnitte aus fast allen deutschen Zeitungen, die dem Autor zur Auswertung zugingen.

Der Autor dankt allen Persönlichkeiten und Institutionen, die durch selbstlose Hilfeleistung dazu beigetragen haben, diesen Bericht über den Gesamtfeldzug in Afrika zu gestalten. Insbesondere seien hier genannt der „Verband Deutsches Afrikakorps e. V." und sein Präsident, Herr General der Kavallerie a. D. Siegfried Westphal.